中井　正幸　著

東海古墳文化の研究

雄山閣

序　美濃の初期古墳をめぐって

地域の文化と社会秩序の確立が形を整えてきたのは弥生時代後期である。ときに社会秩序の確立の証しを墳墓の形態や祭祀儀礼の道具や習俗などのなかに具体的な姿をみようとしてきた。共通した一定の文化内容の広がりの範囲を一つのまとまりとして捉え、地域社会の形成の形として認識している。

弥生時代後期における尾張・美濃の平野部を中心とする方形の墳丘墓と赤彩土器群、さらに三遠式銅鐸の製作と広がりは、伊勢湾岸―著者中井正幸君に云う環伊勢湾文化―の特有の文化を象徴するもので、この地域に広域的なまとまりの存在を示すものである。とくに、墓制と一体的な赤彩土器群は、祭祀儀礼に結びついた社会的・政治的な結びつきの強さを表わすものであり、北部九州、吉備、出雲、丹後、近畿の同時代の地域文化動向に匹敵する強力な地域圏の広がりの姿を具示するものである。

地域のまとまりの原点を占めた地はどこなのであろうか。また、地域の盟主を位置づけた基本的な生産力は何であったのか。地域がどのように拡大展開されてゆくのか。支配の形はどのように編成されるのか。東海の地を限ってみても、その解答には地道な調査研究と思考のひらめきが必要である。古代、中央政権胎頭の揺籃期における政治的力の維持と拡大の過程のなかで、地域の盟主はどのように関わりを持ったかを知る手がかりは、初期古墳の動向である。

中井君の研究の一過程である『東海古墳文化の研究』は、東海地域における初期大型古墳の成立とその背景、さらに各地域に展開するその後の大型古墳造営の歴史的経緯を、とくに美濃地域の古墳を通して考察してこられた。

初期大型古墳の成立の基本的流れを確固としたのでは、四世紀末の造営になる大垣市昼飯大塚古墳であり、埴輪群にみる畿内的様相の姿で、石製祭器にみる祭祀儀の形態に、中央政権と地域の首長間の政治的構造の所産と認識を強めてこられた。

伊勢湾をとりまく濃尾平野や伊勢平野における大型古墳の発掘調査例は極めて少ない。美濃地域においても自治体による遺跡の大規模な発掘調査例は、大半が開発に伴うもので、顕在する大型古墳は必然的に避けて開発が進んできた。愛知・三重県でも同様である。ただ、沖積地や小丘陵の開発に伴う調査で、弥生時代の諸様相が明らかになったことは大きな成果で、墳丘墓と東海地域の初期古墳の墳丘形に特長的な前方後方墳成立の在り方に大きな解釈を与えた事は評価される点である。

こうした成果と旧前の考古的資料の綿密な分析結果から中井君は、地域首長たちの強い独自性の完成を表出された点は大きい。ともすれば前方後円墳を中心とした地域論には、中央政権との一元的な体制論のなかで解釈される向きが多い。三角縁神獣鏡や他の銅鏡、石製腕飾類、石製模造品など、美濃の場合、大型の前方後円墳に限るものでなく、前方後方墳や小古墳からの出土も顕著である。これは美濃地域のみでなく、尾張・伊勢でも同様であり、全国各地にみられる様相でもある。弥生時代の地域構造の独自性が中央政権と政治的な関係のなかでは対等の位置づけを維持したのが、初期古墳の首長の姿として理解された。

この歴史観は、氏が調査した昼飯大塚古墳にみえる極めて畿内的な様相に満ちた美濃最大の前方後円墳の成立と中央政権の関係の深さの強さを裏づける結果とも受けとめ得る。伊勢地方の場合でも、筒野古墳をはじめとする前方後方墳群の地域に、突如として伊勢最大の古墳であり、きわめて畿内的な各種の組み合わせをもつ埴輪で占められた、宝塚一号墳の存在がある。造営の背後に見えるものは、中央政権の伊勢進出の具体的な姿であり、その視野には東国進出と伊勢の確保の形である。

初期古墳の成立の背景には、その時点での造営を可能にした大きな生産力と基盤が存在する。当然その生産力を経年的に維持してゆく姿が同地域内の古墳継続性につながる。

地域を確立した生産力は何なのか。この力を明らかにすることが、中央政権の力の維持と各地域に求めた最大の理由でもあり、地域の確立の存在を証左するものである。中井君のこれまでの研究は、地域が何であるのか、地域と地域がどう関わり合い、進めて中央政権と関わりを深めていったのかの研究の集大成でもある。

二〇〇五年三月

三重大学名誉教授
八賀　晋

目　次

図表一覧

図表一覧

東海古墳文化の研究

序章　歴史学と地域研究

本書の目的と研究視点

1　歴史学のなかの地域史

地域史という言葉が聞き慣れてから久しい。地方史と語られていた段階は、まだ近畿地方での中央史観に対する用語として広まった観があるが、現在はそれぞれの地域ごとの歴史を正当に評価する動きのなかで定着している。また、地方史の言葉が昂揚した際、中央史観からみた地域歴史学でなく、地域に根ざした民衆の視点に立った側面を重視する考えも備え併せていた。(1)

一九六〇年代以降の高度成長経済に伴う列島各地での大規模な開発行為に伴う発掘調査によって、多くの遺跡の消滅を引き換えに地域の歴史が個性豊かなものであることが考古学的に実証されるようになり(2)、考古学からのアプローチを積極的に地域史とむすびつける動向も顕在化し、考古学の立場での地域の歴史を再構築する動きは活発化した。(3)さらに、それを地域国家論として評価するまでにも至った。(4)こうした歴史学と各地における発掘調査を通した考古学による地域史の取り組みは、現在にまでも引き継がれ、市町村史の編纂にも姿を現わすようになっている。

さて、こうした考古学的な成果にもとづく地域史の構築は、果たしてどれだけ進み再構築に至っているのか、あるいはまだ調査の進展が遅いため鮮明になっていないのか、またその叙述方法に問題があるのかなど検討を要する課題も多い。一方、発掘調査で得られた情報は、その出土品もさることながら調査図面や写真、様々な自然科学的なデータなど膨大になったと言える。しかし、その事実や情報がどれだけ地域に還元され、地域の住民と共有されているのだろうか。また、次々と明らかにされた土地の履歴が、有効に都市計画やまちづくりにも反映できないものなのだろうか、など新たな課題にも直面している。

こうした情勢は地域の問題に限らず、様々な学問領域にも興っている。考古学と最も密接に関わる歴史学を例に取ってみても、考古学的な調査を含め他の分野の研究の進展や相互の学際的研究によって、日本列島の歴史に関する資料は戦後大幅な蓄積をみていることは今更述べる必要性がないほどである。こうした状況からいかに列島史を再構築できるかという同等の課題に直面しており、その足がかりは地域史にあるといっても過言ではないだろう。

また、地域史への究明を人類史の構築とともにこれからの日本考古学の重要な選択肢とみる考えがあり、その場合の地域史は「地域に歴史上の相貌を与え、地域を個性あらしめてきたもの」を抽出し、「時代をこえたそれぞれの地域における文化の脈流」を浮かび上がらせることの必要性を説く[5]。このような研究動向を踏まえた上で、本書のなかを構成する内容は、そのほとんどが埋蔵文化財や史跡などの「遺跡」や「遺物」の考古資料を扱った地域史に関するもので、その再構築を目指した過程である。次項以降では、本書が対象とする地域と地域史の資料をどのように用いて叙述するのかなど視点や方法を予め触れておくこととする。

2　伊勢湾と濃尾平野の地域的特性

濃尾平野は、西に滋賀県、北に福井県、そして東に長野県と県境をもち、木曽三川を介して岐阜県と愛知県と三重県が一つにまとまった広大な沖積平野である。河口には伊勢湾が広がり、太平洋に躍り出ることができる。まさに日本列島のなかの「へそ」にあたる中央部に位置する。ただし、現在にみる木曽川、長良川や揖斐川などは何度も破堤を繰り返し、流路を変えながら現在のような管理された河川をなしているし、こうした河川へ流れ込む中小の河川もそのたびに変更を余儀なくされている。したがって、厳密には研究対象とする時代（段階）の河川流路の復元が重要な基礎作業になることは明らかで、これを無視して集落論や土器の移動など考古資料を操作することは避けなければならない。

筆者がフィールドとする「大垣市」も、揖斐川が形成した沖積地と洪積台地からなるが、沖積地での遺跡の存在すら十数年前までは輪中地帯ということもあって、信じる人は少なかった。しかし、小面積の調査やそれを踏まえた発掘調査によって、少なくとも弥生時代前期以降には、現在の地表面から約一～二メートル埋没したところで遺跡を確認するに至り、埋没微高地とともに旧河川が網の目のように展開している様相をイメージできるまでに達した。したがって、本書ではこうした地形環境を射程に入れた研究姿勢を前提とするために、大垣市が行った遺跡詳細分布調査の成果をもとに地形環境の復元図を参考にしつつ、その後の論を展開していきたい[6]。

こうした地形環境の復元が、地域の歴史研究にとっていかに重要なことかは、あまり考古学のなかで論じられてこなかった。また、その必要性を唱える考古学者もみずからはその研究に向かうこともなく、それをわずかに担当する地理学者への共同研究かもしくは援用でしかなかった。今後はこうした研究の方法や連携を具体的に検討する必要性を強く感じているが、ここでは一九八八年から一九九八年頃までに行った筆者らと地理学者との成果を盛り込むのみであることをお断りしておきたい。

沖積地への調査研究はまた次のような歴史的背景も孕んで、研究を妨げてきたことを再認識しておきたい。それはこの地域が、河川の洪水から身を護るために生み出した「輪中」とほぼ重複していることで、早くに先入観で古い時代の遺跡はないという既成概念が強く働いていたことを挙げておかなければならない。輪中景観は今にも受け継がれるとともに、河川を制御する輪中堤と集落内に作った堀田《ほりた》と呼ばれる水田、住居に水屋と呼ばれる蔵兼避難場所が一体となって水防共同体を形成している[7]。こうした景観と先入観からくる歴史の既成概念は、地域の歴史を解明していく上では払拭されなければならない問題である。

3　研究の課題と視点

さて、こうした地域をフィールドとして扱う本書の目的をここで明らかにしておきたい。

日本列島は広くみて、その歴史的文化圏は東北地方中部以北、東北地方南部から東日本、西日本、九州南部以南、というように約四つほどに認識できるという[8]。このうち伊勢湾沿岸は東日本の西部に位置し、西日本との接触が頻繁に行われていた。こうした地域圏の境界近くの地域が、どのように地域社会を形成しそして政治的社会へと醸成していったのか、その自律的側面を問題としてみたい。そのとき、中央政権など中心機構との関係から地方がどのように位置づけをされながら政治的な関係を変化させていったのか、という他律的な側面も充分配慮する。したがって、本書での目的は一言で言いあらわすと、考古学による地域社会の形成過程とその構造的特質の解明となる。

対象とする地域は、木曽三川を軸とした濃尾平野と伊勢湾を介したドーナッツ状の範囲とし、その範囲を本書では「環伊勢湾」と仮称する。また、対象とする時代は地域社会が共同体的社会から政治的社会へ移行すると言われている弥生時代から古墳時代を扱う。考古資料からすれば、前方後円墳や前方後方墳の祖形が登場する弥生時代後期から寺院が建立する飛鳥時代までの三世紀から七世紀までとなる。その際の時期区分は和田晴吾による区分を採用しながらも、三世紀後半から四世紀後半を「前期」、四世紀末から五世紀後半を「中期」、五世紀末から六世紀を「後期」、七世紀を「終末期」として表記する[9]。なお、ここでの「古墳時代」は、「古墳」とする高塚が出現し、それが消滅するまでの期間を指す時代総称を意味するものではなく、社会的な規範にもとづく画期を重視して用いたいが、いまだ明確な指標を示すことができない。そこで、ここでは奈良県桜井市箸墓《はしはか》古墳がその重要な指標の一つになっていることを重視する立場をとっておきたい。また「古墳」を「首長墓」と表記する場合は、その被葬者が地域社会の統率者であることを前提としている。この地域社会の範囲や構造が地域史を構築する場合の重要な鍵を握るが、ここでは小規模な村落をまとめる統率者を小首長とみなし、古墳としては直径（一辺）二〇メートルを基準とし中・小首長の区別をする。さらに複数の村落をとりまとめ、のちの律令期の郡の1/3から1/2程度の範囲を統率する首長を「地域首長」とし、この上位にたつ郡レベルの首長を「盟主的首長」と表記する。

なお、本書では先に掲げた目的を達成するため次のような課題を設け、それに対して筆者が担当した調査やそれを発展させて考察した論文で構成している。またその経緯などは各節の補記などで記した。

まず、第一の課題は環伊勢湾の地域社会がどのように形成されてきたか、その過程を明らかにするための前提となる地域圏を探ることにある。この地域は前述したように河川による平野の形成が繰り返され、幾たびかの氾濫や流路の変遷を伴った。それを人間社会がどのように受けとめ、あるいは克服しながら地域社会を形成していったのか、そのプロセスを重視したいからである。そのためにはまず過去から現代までの地形環境の変化を知る必要があるが、ここでは大垣市が実施した調査成果を参考に論を進めたい。

この課題に対して考古学が取り組めるアプローチは、遺跡の動静を平野の形成に密接に関わった河川と有機的に結びつけて考えること、そして集落遺跡を補完する意味において当時の地域集団社会の首長の墓を共同体社会の中で位置づけながら探ることである。「考古資料」としての古墳が、各地の政治勢力の動向やその存在形態を解明するための「史料」となりうることはすでに先学により指摘されている(10)。そして便宜上、美濃・尾張・伊勢など、律令期の旧国単位の名称を借用しながら、本書では「古墳群領域」という概念を導入して地域分析を行う。ここでいう領域は支配領域と同義ではなく、また政治的領域を指すものでもなく、地理的にも比較的まとまっているという程度のものとみて、本書での暫定的・仮説的地域圏を表わす[11]。そして首長層の築く首長墓が一定の領域で時系列に築造されているとき、それを首長墓系譜として捉えて地域の政治的な分析に用いることとする。

これに比較的近い手法を用いた研究に、都出比呂志が行った古墳時代の首長系譜と地域圏の分析がある[12]。こうした視点と方法がこの伊勢湾沿岸周辺において適応できるものかどうかも目的の一つになろう。都出がフィールドとした淀川水系に比べ、この地域は集落遺跡の調査や地域圏の研究の蓄積が少ない現状にあるので、古墳に表出された墓制とそこから読みとる社会構造や政治構造が主な研究対象となる。

第二の課題は、こうした地形環境との適合や影響を踏まえつつ、伊勢湾沿岸の地域社会が古墳時代において独自の地域圏を確立したとき、その形成と維持に必要となった政治的紐帯・連携の特質を明らかにすることである。つまり、各地域の首長間の紐帯や、あるいは幾つもの共同体を統括するような有力首長層の台頭、さらに地域圏間を紐帯したかもしれない政治的地域社会がどのように存続したのかを探る作業である。その場合には前方後円墳に代表されるような墓制が各地へ波及・浸透したとき、中央との政治的な関係が発露していると考えられるので[13]、こうした地域社会における政治的な醸成を首長墓の造営や、群集墳による造墓活動から解き明かしたい。前方後円墳や群集墳に託された墓制が、その立地も含め、墳形や規模、埋葬施設の様相、副葬品の内容などに中央と地方との関係を何かしら表象していると考えるからである。

さて、前方後円墳や前方後方墳など様々な墳形がその規模によって政治的な秩序として形成されていると解釈されて久しいが[14]、古墳時代を通じて地域社会の構造が中央政権との関わりのなかでどのように捉えることができるのか、「前方後円墳体制[15]」や「前方後円墳国家[16]」と集約される時代像から地域はどのように描き出されるのか、といった地域社会側からみた中央の社会構造の変質も同時に捉えたい。このことに対するアプローチは、濃尾平野に特徴的である前方後円墳と前方後方墳との共存造墓、大型前方後円墳の出現背景、そして造墓と墓域などの広い視点にたった比較検討が必要である。こうした地域分析を行った事例としては、古墳時代前期から終末期までを扱った和田晴吾による京都府南山城地域の研究[17]があるし、最近ではこうした中央と地方との問題を首長墓やその動向だけを扱うのではなく、地方経営側からみた視点にたって水利や灌漑など農業経営からのアプローチを若狭徹が実践している。[18]

また、中央と地方との関係において、この地域は早くに「初期大和政権の勢力圏」として重要な歴史的位置にあったことが説かれている。[19]このことのさらなる具体像が発掘調査による情報によって蓄積されていると思われるので、このあたりの問題についても個別古墳の調査分析から迫りたい。

第三の課題は古墳が政治的な秩序や地域間の政治的関係を表出することを踏まえつつも、造墓に伴う儀礼や祭儀を媒介にしながら機能していたことを確認するものである。この問題を扱うことによって、地域社会からどのような伝統が継承され、どのような新しい要素が地域社会に浸透・融合していったのか明らかにしたい。社会構成史を扱う分野では、儀礼研究が集団の心性を明らかにし、集団の秩序の維持に必要な「強制」もしくは「慣習」を論究することができるとする点で、[20]儀礼を共有する社会集団間の関係を重視する。

こうした側面を扱うにあたっては、検討対象を埋葬習俗や葬送儀礼とし、本書では古墳上の儀礼を様々な考古資料から推測し考察を加える。その場合、遺物がどのように遺構と関わっているかは重要な視点である。すなわち、古墳上における遺物―副葬品を含めてであるが―がいかなる状態で出土し、遺物がどのように扱われていたのかを復元することは、当時の儀礼行為を考察する上で欠かすことができない情報だからである。こうした立場にたち、調査方法や調査視点の研鑽にも注意を促したい。これは儀礼という抽象的な事象に対しても、考古学が遺構・遺物を通して迫りうることのできる分野であることを証左したいからである。

儀礼行為を考察した一例に、三角縁神獣鏡などの配布から研究を進めた福永伸哉の研究がある。これは鏡を通して推察される儀礼を、管理する主体者側とその配布を受け取る側との間に政治的関係があったことを指摘したもので[21]、儀礼行為が首長間の関係や中央との関係を読み解く上で重要な手がかりになることを示唆するものである。

4　地域史の現代的課題

地域史を扱う上でもう一つ重要な研究視点が浮上している。それは地理学が早くに実践し追求してきたことであるが、地域に対する景観研究である。

実はこれまでに考古学が地域に果たした役割は、新たな歴史的事実の発見やその蓄積だけではなく、地中の土層を確認しつつ、それがどのように堆積したのか、またその堆積とそれによって廃絶した住居や建物、墓との関係がいかなるものなのか、などその土地の履歴を把握してきたのである[22]。洪水堆積を扱えば、水害史を扱うことになるし、噴砂や断層などを扱えば地震研究につながる[23]。こうした視点を広げていけば、発掘調査はよい土地履歴復元作業ともなり、防災や今後の都市計画とは密接な関わりをもつことができるし、そうした視点での調査報告も管見できるようになった[24]。

こうした研究が現代の都市計画やまちづくりに参画できるようになれば、景観を重視する視点は地理学とも共通する。こうした視点に近い考え方にジオアーケオロジーがあるが、これは「単一の科学分野のみで、過去の複合環境をあきらかにすることはむずかしい」ため、「古代の景観を復原する際には、広い視野と共同研究の体制が強く求められる。植生、地形、土性、水文環境、動物生態などは相互に関連しあっており、しかも現在とは著しく異なる。」とその目的を明確にもつ[25]。また、歴史地理学でも「歴史資料や考古学の成果を有効に用いながら、その時代または時点の景観を一定の範囲で復原する」役割を定義しており、現在の景観の存在理由を、「過去にその景観を作った人びとの「地表経営」の意図」と読み解くのである[26]。これまで歴史的景観という側面から歴史学や考古学などは関わってきたが、これからは考古学による調査や手法によって得られる情報を利用することによって、現代の効果的な景観づくりに貢献できるものと考えている。それがひいては地域圏の形成過程と現代社会をむすぶ接点として、考古学が歴史学に必要な意義ある分野と再認識されるであろう。景観研究を通して、考古学が地域に働きかけることは多いのではなかろうか[27]。

本書では古墳時代を通して、過去の地域圏とその形成過程を当時の中央政権との関係や様々な要因を持ち出しながら明らかにしようとする。このことは他の時代にも可能な分析方法であり、それを有機的に結びつけていく作業と役割が考古学に問われている。考古学が単に過去の事実を究明する学問ではなく、事実をひとつひとつ明らかにしていく科学である一方で、人間環境をとりまく様々な社会変化を叙述できる文学でもある。そして何よりも過去と現在を自然や地形環境を通して復元できる接着剤的な役割を果たすことのできる学問であることを認識しなければならない。「いま遺跡をまえにして、われわれは、われわれの歴史の継続と伝統と維持について、いかなる途を選択するのか、せまられている」のはまさにそのとおりなのである[28]。

（1）門脇禎二・甘粕健編『民衆史の起点』日本民衆の歴史一、三省堂、一九七四年。
（2）甘粕健編『地方史と考古学』地方史マニュアル九、柏書房、一九七七年。
（3）森浩一『考古学と古代日本』中央公論社、一九九四年。同『地域学のすすめ—考古学からの提言』岩波新書、二〇〇二年。
（4）門脇禎二『日本古代政治史論』塙書房、一九八一年。
（5）川西宏幸「日本考古学の未来像」（『古墳時代の比較考古学—日本考古学の未来像を求めて』同成社、一九九九年）三—二一頁。

（6）青木哲哉・足利健亮・伊藤安男・日下雅義・鈴木元・高橋学・高田康成・中井正幸『大垣市遺跡詳細分布調査報告書』大垣市埋蔵文化財調査報告書第五集、大垣市教育委員会、一九九七年。

（7）伊藤安男『治水思想の風土』古今書院、一九九四年。土木学会中部支部編『国造りの歴史』中部の土木史、名古屋大学出版会、一九八八年。

（8）山尾幸久『古代王権の原像』学生社、二〇〇三年。

（9）和田晴吾「古墳築造の諸段階と政治的階層構成―五世紀代の首長制的体制に触れつつ」（『ヤマト政権と交流の諸相』名著出版、一九九四年）一七―四七頁。

（10）白石太一郎「古墳からみた古代豪族―葛城地域の政治勢力の動向を中心として」（国立歴史民俗博物館編『考古資料と歴史学』吉川弘文館、一九九九年）六一―九七頁。のち「葛城地域における大型古墳の動向」（『古墳と古墳群の研究』塙書房、二〇〇〇年）一三九―一七二頁に改題改筆所収。

（11）こうした旧国などの領域的な地域概念から離れ、古墳時代固有の原理に基づく地域認識から地域構造の究明を行うことを提唱している新納泉の意見は注視したいと考えている。新納泉「空間分析からみた古墳時代社会の地域構造」（『考古学研究』第四八巻第三号、二〇〇一年）五六―七四頁。

（12）都出比呂志「交易圏と政治組織」（『日本農耕社会の成立過程』岩波書店、一九八九年）三五九―三九九頁。

（13）小林行雄「古墳発生の歴史的意義」（『史林』第三八巻第一号、一九五五年）一三四―一五九頁。のち『古墳時代の研究』青木書店、一九六一年、一三五―一六〇頁に加筆所収。

（14）近藤義郎『前方後円墳の時代』岩波書店、一九八三年。

（15）都出比呂志「日本古代の国家形成論序説―前方後円墳体制の提唱」（『日本史研究』第三四三号、一九九一年）五―三九頁。

（16）広瀬和雄『前方後円墳国家』角川選書、二〇〇三年。

（17）和田晴吾「南山城の古墳―その概要と現状」（『京都地域研究』VOL4、立命館大学人文科学研究所、一九八八年）二一―三四頁。

(18) 若狭徹「古墳時代の地域経営―上毛野クルマ地域の三～五世紀」（『考古学研究』第四九巻第二号、二〇〇二年）一〇八―一二七頁。同「古墳時代における地域開発と祭祀の相関―水利権・水の祭祀・居館・埴輪」（『文化の多様性と二一世紀の考古学』考古学研究会、二〇〇四年）一八六―二〇〇頁。
(19) 小林行雄「初期大和政権の勢力圏」（『史林』第四〇巻第四号、一九五七年）一―二五頁。のち『古墳時代研究』青木書店、一九六一年、一九三―二二三頁に加筆所収。
(20) 吉田晶「国民的歴史学と歴史学―社会構成史研究のあらたな発展を求めて」（『現代と古代史学』校倉書房、一九八四年）六〇―八七頁。
(21) 福永伸哉「古墳の出現と中央政権の儀礼管理」（『考古学研究』第四六巻第二号、一九九九年）五三―七二頁。
(22) 高橋学『平野の環境考古学』古今書院、二〇〇三年。
(23) 寒川旭『地震考古学―遺跡が語る地震の歴史』中公新書、一九九二年。
(24) 第七回東日本埋蔵文化財研究会山梨大会実行委員会編『治水・利水遺跡を考える―人はどのように水とつきあってきたか』東日本埋蔵文化財研究会・山梨県考古学協会、一九九八年。
(25) 日下雅義「景観の復原と遺跡」（『古代景観の復原』中央公論社、一九九一年）七―二六頁。
(26) 足利健亮『景観から歴史を読む』ＮＨＫライブラリー、一九九八年。
(27) 日本まちづくり協会編『景観工学』理工図書、二〇〇一年。篠原修・景観デザイン研究会『景観用語事典』彰国社、一九九八年など。
(28) 田中琢「総論」（『岩波講座日本考古学』第七巻、現代と考古学、一九八六年）一―三〇頁。

第一章　古墳時代における濃尾平野の地域圏と社会

第一節　地形環境と古墳時代の遺跡立地

1　はじめに

岐阜県と愛知県を跨ぐように広がる濃尾平野は、その歴史を木曽三川を抜きにしては語ることはできない。ここではまず過去の歴史を遺跡から考える場合、当時の地形環境を様々なデータによって復元する必要性を遺跡の立地や性格から考えてみようとするものである(1)。地形環境の復元とは、地形環境の変遷を細かく把握し、環境史・土地開発史・災害史を視野に入れながら、環境と人間活動の関わりを考えることである(2)。そのためには、地理学や地形学、考古学などを総合的に検討して進める必要があり、濃尾平野のように河川の土砂堆積によって遺跡が埋没しているような地域では必要な視点と手続きである。

本節では、濃尾平野西部にあたる岐阜県西濃地域と揖斐川を対象に、大垣市域の発掘調査で明らかになった遺跡を通して地形環境の復元を検証してみたい。こうした作業の目的の一つは、西濃地域が美濃のなかでも有数の古墳造営の場であり、それらの歴史的背景を考察する上でも、当時の地形環境を復元する作業は重要な側面であると考えるからである。もう一つはこの地がいかにして河川と共存しながら格闘してきたかを、考古学や歴史学を通して読み解きたいからである。河川が地形環境や歴史に対して大きな役割と影響をもっていたことは充分予測できることではあるが、まず濃尾平野における河川の形成がいかなる地形的な要因のなかで説かれているかを確認し、そして縄文時代以降の遺跡に触れながら、揖斐川水系が果たしてきた歴史的な役割を、物流や情報伝達、洪水防御などの側面から言及してみたい。

2　揖斐川水系と遺跡

(一) 濃尾平野の地形と揖斐川

濃尾平野は東高西低という地形をなす。これは平野とその西に位置する養老山地の境にある養老断層による影響が大きく、養老山地は断層変位によって三千メートル近い落差を引き起こしている。[3] 断層による過去の活動も重なり沈降する東側の地は、上流からの河川による堆積物によって厚く覆われ、それゆえ地震に弱い地盤にあると言われている。揖斐川をはじめ木曽三川が平野の西寄りに傾く原因は、実はこうした地形的な要因が大きく働いているのである。

また、河道の変遷について記録をひもとけば、木曽川では七六九年（神護景雲三）に、鵜沼川の河道の付け変えがあったり、一五八六年（天正一四）には木曽川を襲った大洪水により本流が今の境川から移ったとされる。揖斐川でも一五三〇年（享禄三）の大洪水により、揖斐川と根尾川の河道が現在のようになったとされるように、[4] 洪水が河道を変える大きな自然的な要因としてこれまで知られてきた。河道は固定しているものではなく、幾度なく変遷しているのであり、現在みる堅固な堤防によって制御された河川は、明治末以降の姿であることを再確認しておきたい。

さて、図1・2は各所のボーリングデータや空中写真をもとに作成された地形環境の復元図である。[5] 図1は気候

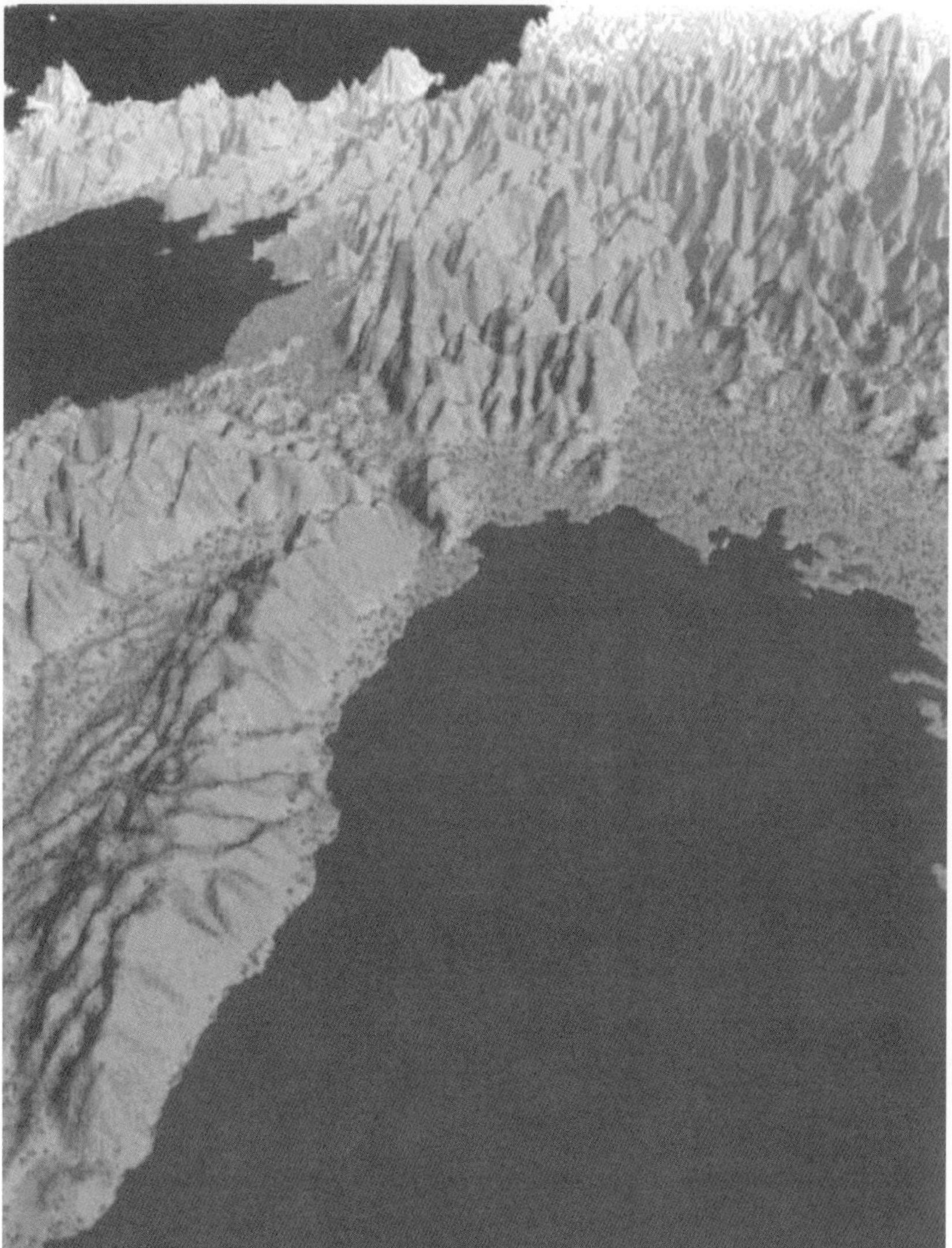

図１　地形環境復元図（縄文海進最盛期）（注５文献による）

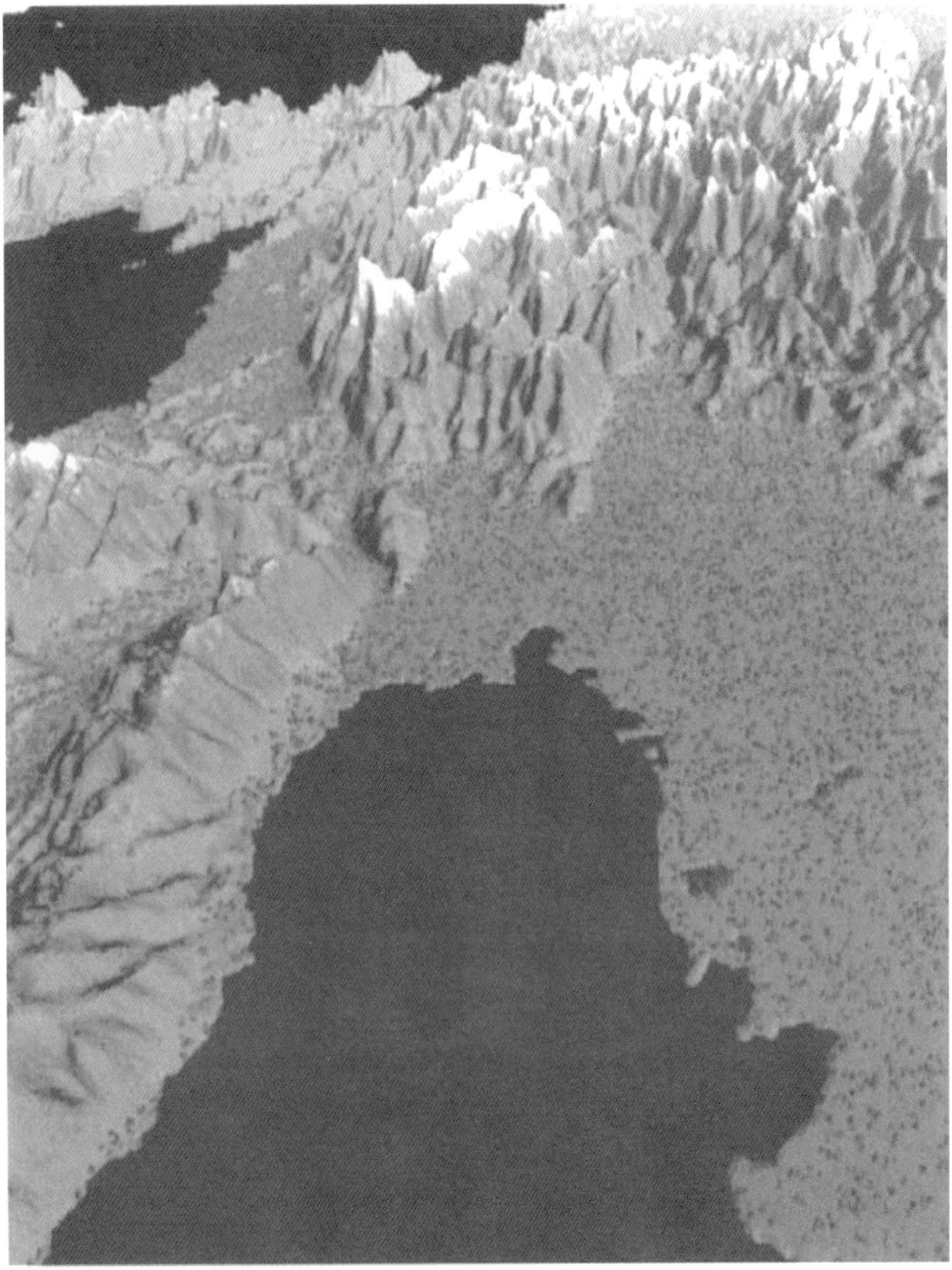

図２　地形環境復元図（三角州帯Ⅰａ形成期）（注５文献による）

が温暖化した以降で、河川による浸食谷にそって海進が進み、約六四〇〇年前には海面が上昇して海水が内陸部に入り込んだいわゆる「縄文海進」の頃の復元図である。大垣で言えばJR大垣駅まで汀線があったとされ、現在の大垣城本丸付近は波打ち際となり、このとき形成された砂堆の上に大垣城本丸が立地したと考えられている。(6)図2は三〇〇〇年前から始まった河川による堆積が進んだ頃の復元図を示している。気候はこんどは寒冷期にあたり、多量の砂礫が海に堆積し、急速に陸化が促進したと考えられている。大垣市荒川南《あらかわみなみ》遺跡で発見された火山灰は、遠く伊豆のカワゴ平から飛んできた約三〇〇〇年前のもので、この間に堆積したことが判明している。(7)

その後、三角州が形成される段階には、河川の河床も低下して相対的に低い崖があちこちで形成され、西は杭瀬川と大垣市街地、東は大垣市街地と新規川の間にわずかな崖が形成された。当時の揖斐川はこの崖を境に流れていたとも考えられ、杭瀬川と新規川とに分流していた可能性が高いという。こうした段丘化した範囲を除いた東西の三角州帯で河川が運ぶ土砂が急速に速まり、弥生時代後期から古墳時代にかけての集落が形成されていくと思われる。そして、古代からは微起伏を埋める堆積が進み、現在のような平坦な土地が形成されることとなり、揖斐川も杭瀬川付近が本流であったと考えられている。東大寺領大井荘が展開する時期はまさにこうした地形環境にあったと思われる。(8)

(二)　低湿地に眠る遺跡群

さて、以上のような濃尾平野での地形環境の復原を念頭に置いた上で、これまでに少しずつ考古学が明らかにした遺跡や遺物などを手がかりに人との関わりを考えてみたい。

岐阜県海津市には羽沢《はざわ》貝塚と庭田《にわた》貝塚という二つの縄文時代の貝塚が早くから知られている。庭田貝塚は集落形成が縄文前期の約六〇〇〇年前まで遡り、貝塚の形成は約五〇〇〇年前の中期初頭で、海に適応した集団が新たに

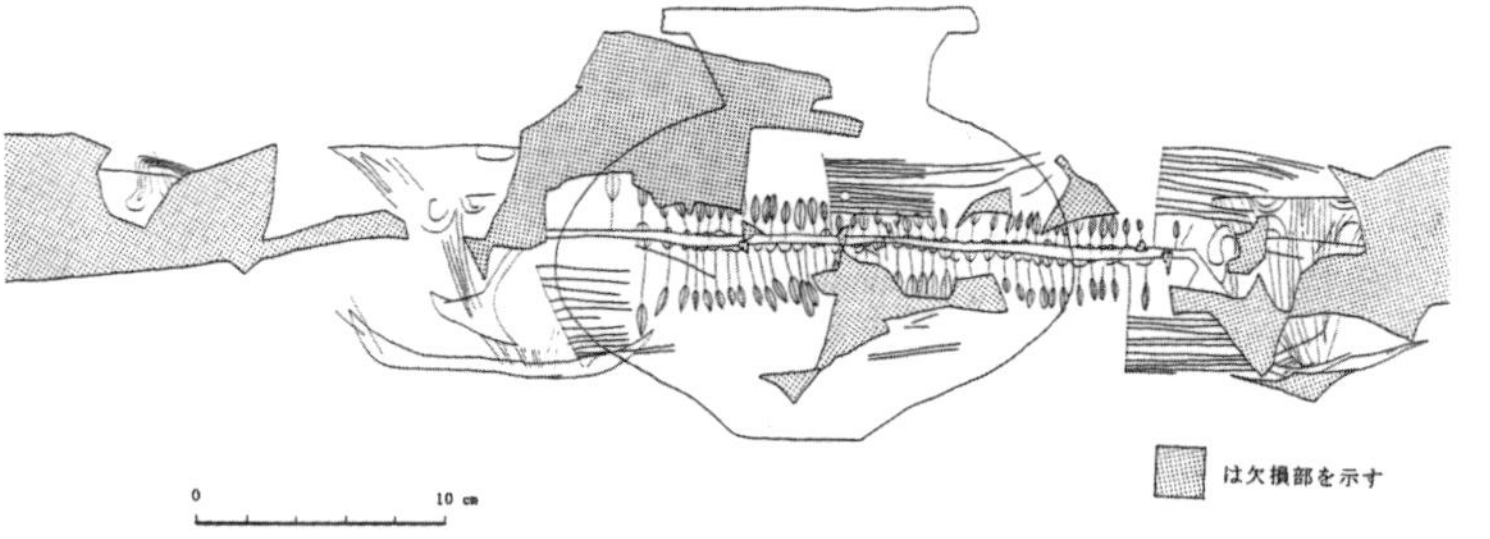

図3　荒尾南遺跡出土の線刻土器（注17文献による）

移住したのではなく、中期になって海に適応した生活を始めたと考えられている。[9]また、羽沢貝塚は、汽水性のヤマトシジミが九九％を占める主淡貝塚（淡水貝の貝塚）であるが、その集落形成は中期後半（四五〇〇～四〇〇〇年前）で貝層の形成は晩期後葉（二三〇〇～二二〇〇年前）からとされる。[10]また、揖斐郡揖斐川町末福《すえさき》遺跡からは、クスノキの内側をくり抜いて作られた縄文時代の丸木舟（長さ約二・六メートルと三・五メートル）が出土しており、山地にまで舟を利用して河川を溯った姿を読みとることができる。[11]

弥生時代の遺跡については、ここ数年の発掘調査により低地に埋もれた遺跡を少しずつ明らかにしている。例えば、標高三メートルの大垣市米野《こめの》遺跡では、幅八～一〇メートル、深さ二・五メートル、長さ一二〇メートルにも及ぶ大溝が確認されている。[12]この周囲はこれまで堀田と呼ばれる低湿地帯にあたっていたことから、過去に人間が生活していたとは予想もしていなかったところであった。しかし、溝からは多量の土器や木製品が出土し、近くに集落を推定するのに充分なものであった。さらに船の舳先が出土したことから、大溝を通って集落間を往来していたことも推測された。またヤマトシジミやわずかにカキやハマグリなどの海産貝が出土したことや[13]潮の満ち引きが溝の中に認められたことから、遺跡から数キロ南に海があったと推定された。[14]

この米野遺跡の北に位置する標高四メートルの今宿地区も同様に、これまで堀田が密集する低湿地帯であり、到底ここで生活できる環境ではないという先入観が働いたが、発掘調査の結果、弥生時代後期から古墳時代にかけての集落と水田遺構が発見された。[15]また、標高五メートルの荒尾地区でも弥生時代前期から後期、そして古墳時代初頭までの集落と墓域が確認され、[16]ここではとりわけ弥生時代後期の方形周溝墓の溝から出土した壺の表面に描かれた大型船の線刻画が注目された。線刻は土器の胴部をほぼ一周し、これを展開してみると櫂の数は八二本あって、舳先と艫は高々と反りあがっている様子が描かれている（図3）。船の中央と艫などには四本の旗もある。[17]こうした船を多視点化した線刻に対しては、大型船とする見解や葬送によるものとする見解などがあって解釈が分かれている。

以上のように沖積地での遺跡は、当初から遺跡の存在が明らかとなっていたわけでなく、意識的に深く掘削するなどの調査によってはじめて確認されたものであった。したがって、現在までに確認されていない地域においても遺跡が埋没している可能性は充分あり、その手がかりはこれまでに採集、もしくは工事中に出土した土器などの情報にある。[18]例えば、標高三メートルに位置する輪之内町四郷《よごう》遺跡や標高八メートルの岐阜市江東《こうとう》遺跡などもこれに該当すると思われ、いずれも弥生時代後期から古墳時代初頭と古代から中世に至る遺物が多い特徴をもつ。このようにこれまでに発掘調査がおよんでいない地域において、考古学的な手がかりがほとんどない状態でも、将来にわたって発掘調査によって遺跡の存在が確認される場合のことを考えると、過去に土器が出土した地点などはその周辺に当該期の遺跡がある可能性は極めて高いと言える。

したがって、輪中地帯である揖斐川水系において、過去に繰り返し起こった河川の氾濫や洪水によって、遺跡は厚い堆積層に覆われていると考えてよく、古墳時代以前の遺跡を考えるときは埋没している遺跡のことを常に頭に入れておかねばならないし、古墳やその時代の遺跡の動静を考える上でも、変化を伴う地形環境を充分考慮しておく必要がある。我々が目のあたりにする景観は必ずしも過去のそれとは一致せず、むしろ埋没してしまっている微高地（自然堤防上など）に居住空間や墓域を想定せねばならないのである。

図4　今宿遺跡の水田遺構（筆者撮影）

（三）地形環境の変化と弥生集落の動静

このように遺跡の立地やその動静を考える場合、とりわけその当時の地形環境の変化が大きく遺跡の存続に影響を及ぼしたと考えられる。そこで実際発掘調査において、洪水などによる土砂の堆積から遺跡への影響が把握できる事例を二例ほど紹介する。

まず一つは前述した大垣市域東部に位置する今宿《いまじゅく》遺跡である。この遺跡は標高四メートルに立地し、検出された弥生時代から古墳時代初頭にかけての遺構面は標高二・〇〜二・五メートルにあった。廻間Ⅲ式期の水田遺構は高さ一メートルあまりの畦からなる大区画と、その中を高さ四〇〜六〇センチほどの畦によって小区画をなしていた（図4）。現場ではこうした一メートルあまりある高い畦を一気に覆うほどの砂粒が堆積し、それを埋め尽くしていたのが観察できた。堆積した砂粒は遺跡の北東方向から大水によって流入したものと指摘され[19]、現揖斐川の支流の破堤が推測された。その時期は松河戸Ⅰ式期である。その後、この遺跡では中世まで待たないと人々の生活の痕跡が見出せないので、先にみた洪水堆積物によって土地利用に大きな変化がもたらされたと考えられる。

もう一つは米野遺跡である。この遺跡も前述したように、地表面約一メートル下から廻間Ⅱ式期に掘削されたと考えられる大溝が確認され、恐らく低地の集落間をつなぐ水路（運河）としても機能していたと考えられた。この溝からは廃棄された土器や木製品など多量の遺物が出土している。その上層には遺物がほとんど含まれず、粗い砂が約一メートルあまり堆積していたのみであった。恐らく溝を完全に埋めつくしてしまうほどの激しい洪水がこの

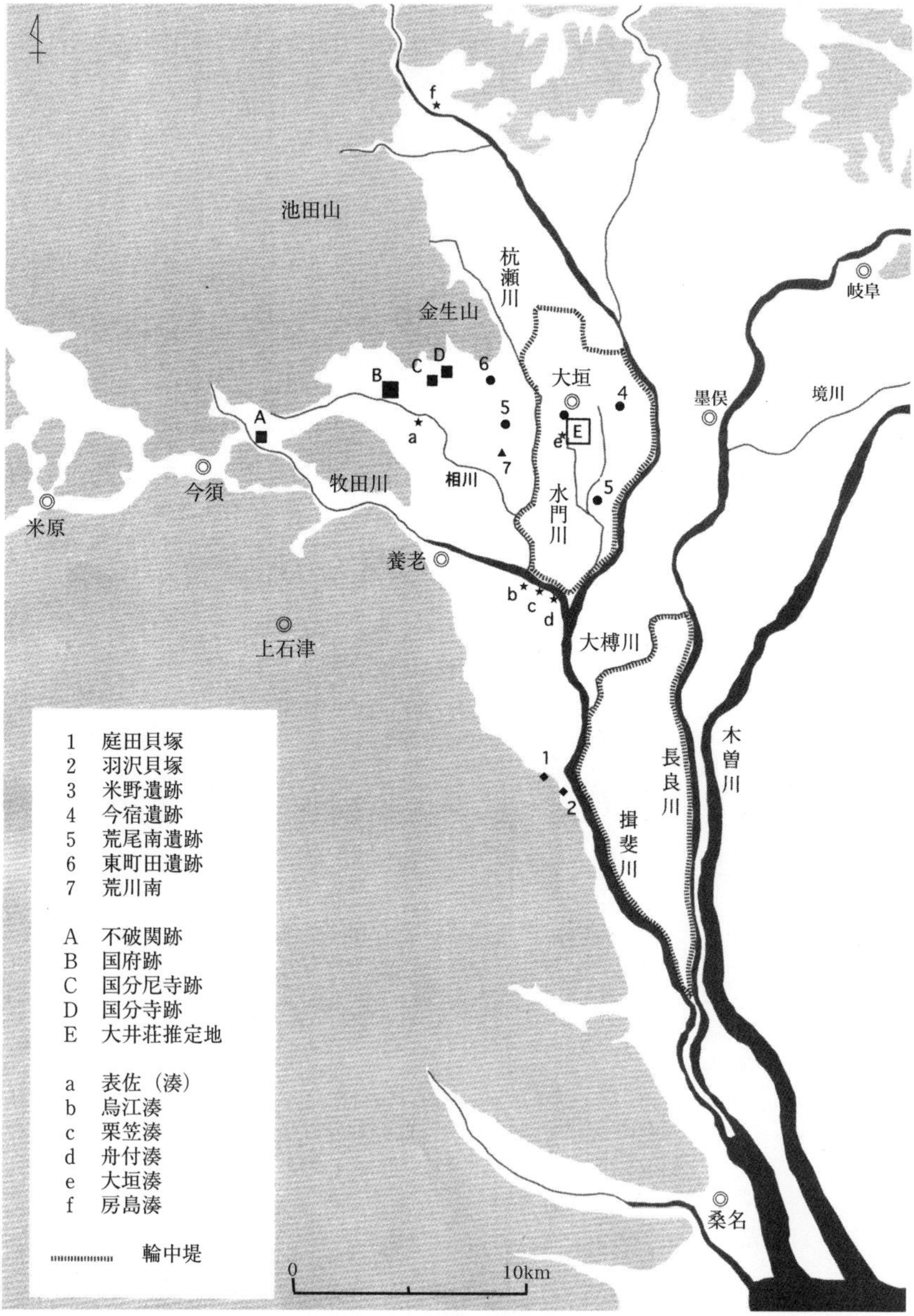
池田山
金生山
杭瀬川
岐阜
大垣
墨俣
境川
A
B
C
D
E
1
2
4
5
6
7
a
b
c
d
e
f
今須
米原
牧田川
相川
水門川
養老
上石津
大榑川
木曽川
長良川
揖斐川
桑名
1　庭田貝塚
2　羽沢貝塚
3　米野遺跡
4　今宿遺跡
5　荒尾南遺跡
6　東町田遺跡
7　荒川南
A　不破関跡
B　国府跡
C　国分尼寺跡
D　国分寺跡
E　大井荘推定地
a　表佐（湊）
b　烏江湊
c　栗笠湊
d　舟付湊
e　大垣湊
f　房島湊
輪中堤
0
10km

図5　揖斐川水系と遺跡

地を襲い、集落を含め埋没させてしまったものと思われる。その時期は廻間Ⅲ式期段階である。ここでも近世の新田開発が及ぶまで、人が定着し活動できる痕跡を見出すことはできない。

このような今宿遺跡と米野遺跡でみられる堆積状況から、弥生時代後期から古墳時代初頭にかけて大垣市域の広い範囲において、集落や水田などを埋積するような大規模な洪水があったことは明らかである。二つの遺跡は離れているので、必ずしも同一時の洪水が遺跡を覆ったとは即断できないが、ほぼ同じ時期に洪水を引き起こすような多雨があり、その結果、洪水による土砂で集落や水田などが埋没した地形環境の変化を推測することができる。河川の洪水などによって多量の土砂が集落に流入した結果、その堆積によってそれまでの生活機能が失われ、砂によって覆われた土地はその後の土地利用にも影響を及ぼし、人々はその土地からの移動を余儀なくされたものと考えられる。

ところで、今宿遺跡や荒尾南《あらおみなみ》遺跡での居住域や墓域は、自然堤防上などのやや高い微高地に立地していたが、発掘調査を実施せずともこのような埋没微地形を復元し、その範囲を把握することができれば、立地を含めた遺跡の動静を読み解くことができる。こうした地形環境の復元作業を空中写真やボーリングデータ、そして発掘調査などの考古学的なデータを用いて行ったのが大垣市域における分布調査の成果である[20]（図6）。

この調査によって市域のほぼ全域が旧河川となりうる窪みに挟まれた微高地で復元された。地形図は各時代の復元地形が重なり合っているため一見複雑にみえるものの、今後の発掘調査などを通して遺跡の有無、旧河川の存否やその時期などを特定していく作業を積み重ねれば、各時代ごとに分かれた何枚かの復元図が完成する。この地形図にこれまでの調査や過去に土器などが出土した地点、あるいは試掘調査をした地点を記入していけば、徐々に復元図の精度を高めていくことになる。実際、今宿遺跡では水田遺構の西側に検出された住居が復元上の微高地の縁にあったり、また荒尾南遺跡でも同様に集落域と墓域が明確にわかれて立地することが確かめられている。こうし

11.興福地遺跡

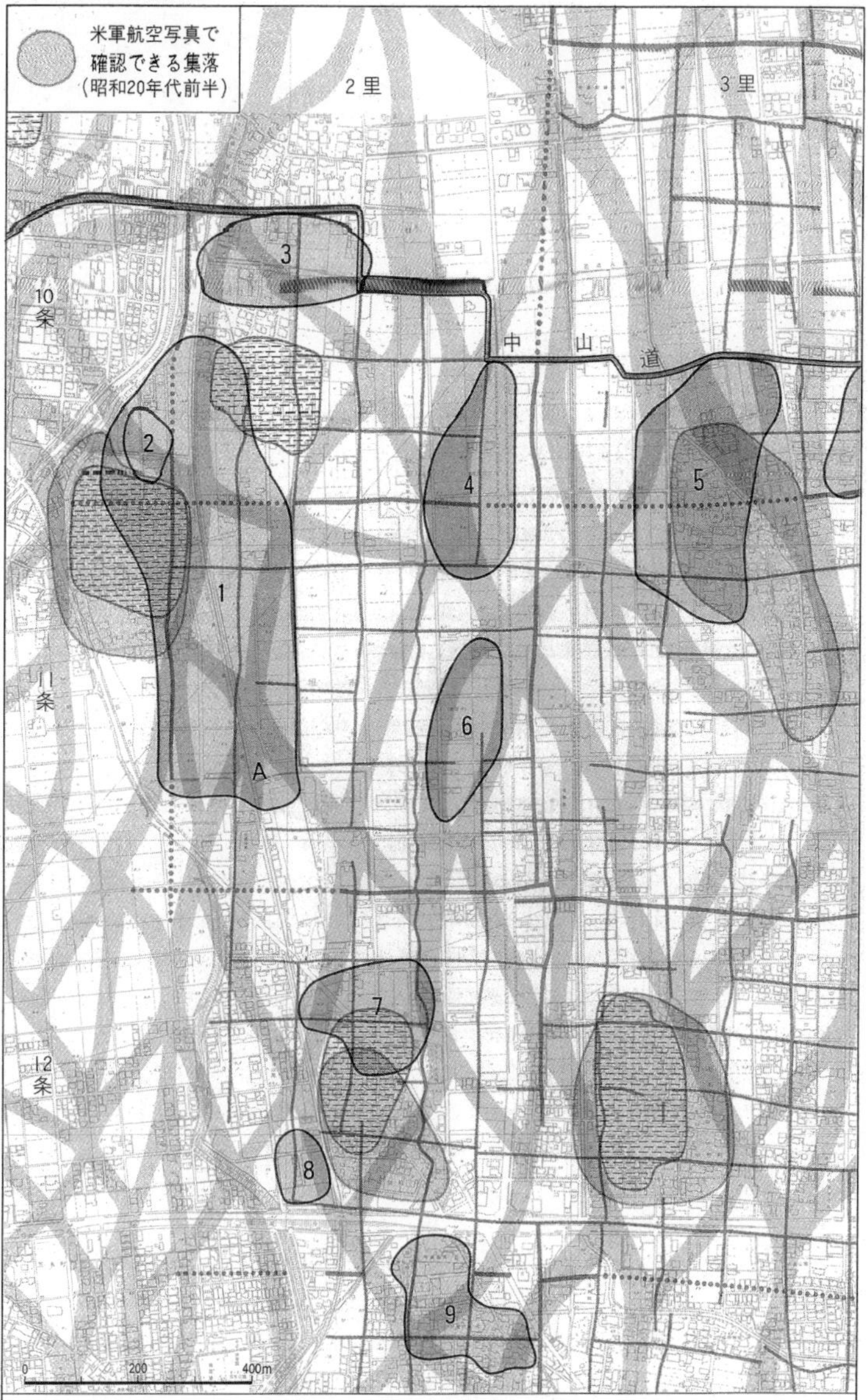

1 興福地遺跡　2 池尻城跡　3 興福地村北遺跡　4 興福地向田遺跡　5 西之川遺跡　6 塚越遺跡
7 河間遺跡　8 河間村内遺跡　9 笠縫城跡

図6　埋没微地形と条里地割と埋蔵文化財包蔵地（注5文献による）

た地形環境を考慮した復元図は、地盤の弱いところや逆に安定性のあるところを読みとることができるため、防災や都市計画などに広く活用することができる利点もある[21]。

（四）地形環境からみた前方後円墳の造墓要因

さて、沖積地における集落は先にみたように古墳時代初頭で一度断絶するケースが多く、その原因が河川の氾濫などによる土砂の堆積と考えた。したがって、揖斐川水系における弥生時代の集落は古墳時代まで継続するものが極めて少なく、つまるところ、地形環境の変化が集落形成に大きな影響を及ぼした可能性が高い。しかしながら、扇状地や台地上に立地するほぼ同時期に形成された集落や墓域などはこれらと少し事情が異なり、少なくとも古墳時代の墓域や首長墓が形成された地域は、沖積地以外の山地や丘陵、台地上へとその立地に変化が窺えるのである。今後、沖積地に弥生時代の遺跡と同じように洪水などによって埋没した古墳が確認されるかも知れないが、荒尾南遺跡や今宿遺跡などでは、洪水堆積層で遺跡は覆われて継続しなかったように、それまで集落と墓域が一体となった構造は古墳時代には展開しない可能性が高い。

以上のように揖斐川水系における古墳時代までの遺跡を概観した結果、縄文海進以後陸化していく過程において、中小の河川が網目のようにめぐり、ところどころに自然堤防のような微高地が形成され、河川と居住域を巧みに利用した地域を読み解くことができた。まさに「河川との共存」の時代であったと考えられる。その一方で、ひとたび河川が氾濫すると、洪水となって災害を引き起こすことを経験的に熟知していた地域社会は、集団社会の象徴たる首長墓を安定した台地上に求めたことが、四世紀以降赤坂周辺に出現する前方後円墳などの首長墓群の成立背景と考えることができる。さらに、前方後円墳などに埋葬された地域首長は、地域社会の維持のため低地における中小河川のコントロールを求められたであろうし、治水や灌漑などの土木技術を必要としたことは容易に推察される。

美濃西部に前方後円（方）墳が集中する歴史的現象は、こうした揖斐川水系の広い地域において大小河川を制御する技術力をもちながら、河川に依存した交易や流通網を掌握した勢力の登場とみることができる。

3　河川の歴史的役割

（一）舟運からみた揖斐川

洪水を引き起こして集落を埋め尽くしたり、あるいは河道を変えてしまうような環境変化の中で、人々は河川をうまく利用してそれと共存してきた。このことは様々な面で窺うことができるが、最も端的にそれを伝えるものに舟運が挙げられよう。ただし、具体的に揖斐川の舟運を裏づける考古資料は乏しいので、まず、文献や記録に留める中世から近世にかけての主な湊を中心に迫りたい。(22)

垂井町表佐《おさ》は、具体的に湊の表記はないものの、物資運搬上の拠点として記録に登場する。一四八三年（文明一五）、足利義政の銀閣寺造営にあたって、木曽の木材を運送するルートとして、木曽川から下る材木を墨俣をへて表佐まで運送したというのである。一五八九年（天正一七）には豊臣秀吉が、方広寺大仏殿建立に必要な木材を木曽に求めたときも、また伏見城築城に必要な用材を木曽から求めたときも、「犬山より表佐まで河下」と記録に残る。(23)当時木曽川の流路は現在とは大きく異なり、境川を流れて長良川とは墨俣《すのまた》で合流していた。中継地点となった墨俣でいったん陸揚げされた後表佐へ駄送されたのか、あるいは揖斐川と相川を利用しながらそのまま表佐まで運送したのかは文献に残らないが、墨俣と表佐が当時の運送上の重要な拠点となっていたことは間違いない。表佐からは柏原経由で、近江の朝妻湊《あさづま》を経て琵琶湖を利用し大津から京都や伏見へと回漕された。

さて、揖斐川沿いには牧田川と合流する位置に「三湊」と呼ばれる烏江湊《からすえ》・栗笠《くりがさ》・舟付《ふなつき》の三つの湊がある。(24)この三湊は、主に木曽川と桑名を結んだり、牧田から今須を経て琵琶湖の朝妻湊を結ぶ九里半街道をもって東西、北国を結ぶ重要な商品流通路の拠点であった。まさに伊勢湾と琵琶湖の間を舟運と街道で結んでいたのである。(25) 栗笠湊や烏江湊は、すでに織豊期に利用されていたことを伝えるが、文献からは近世初期に成立したと考えられている。そして元和以降は、木曽三川の水運権を掌握した尾張藩の庇護のもと、大垣湊が登場するまでは重要な位置を占めた。三湊に取って代わる大垣湊（船町湊）は、大垣城下の発展にともない一六二〇年（元和六）には、久瀬川から開削された水門川を背景に、三湊を凌ぐ湊として成長し、たびたび三湊との争いが記録に残る。一八八二年（明治一五）には、大垣と桑名間に定期船が就航するなど、大垣と桑名間に鉄道が敷かれるまでは重要な交通手段となっていた。

ところで、揖斐川上流には伊尾津湊《いびつ》、南方湊《みなみかた》、房島湊《ほうじま》（番所）があり、揖斐川の下流からの上り舟の終点、下り舟の基点として発展した。(26) 成立時期は不詳であるが、一五九四年（文禄三）の記録に登場し、主に段木《つだ》流通として知られた。明治には農業の次に運船業に従事する人が多く、船も一八八一年（明治一四）には四七九艘に及んだ。近世においても大垣藩に段木・炭などを、岡田家江戸屋敷には塩鮎・うるか・塩松茸・紙・茶などを輸送する記録も残るなど広域な舟運の拠点として知られた。。また、治水工事用に必要な物資、竹・石・松杭木などの川下げも頻繁にあったことも見逃せない。以上のような湊が物資の流通の拠点として、記録上中世から近世にかけて揖斐川水系に存在したことは明らかで、古代以前にもこうした河川を利用していたことは想像に難くない。

(二)　考古資料からみた流通（舟運）の手がかり

一般に、考古資料を用いて流通やその拠点を説明することは容易ではない。しかし、あえて試みるならば、流通についてはその拠点となった湊や津、あるいは陸揚げした物資を保管した倉庫などを確認すれば、手がかりを得られる。陸路のことも想定しなければならないが、他地域のものが持ち運ばれたり、逆に当地特有のものが遠方で確認できれば、人を介した流通や交易を示唆することになる。このように河川を介した舟運を視野において、他地域からの持ち込み（搬入）を考古学的に検討してみる。

古代において海のない美濃側では、生活必需品である塩を尾張側から手に入れたことが遺跡から出土する製塩土器を手がかりにつきとめられている（図7）。図示した土器は、煎熬容器ではなく粗塩を焼き直して固形塩を製作する焼塩土器ではないかとされている。こうした土器が少なからず美濃地域で増えてきているが、なかでも長良川沿いで確認された関市重竹《しげたけ》遺跡や木曽川沿いの可児市宮之《みやの》脇《わき》遺跡からは七世紀後半から八世紀前半の竪穴

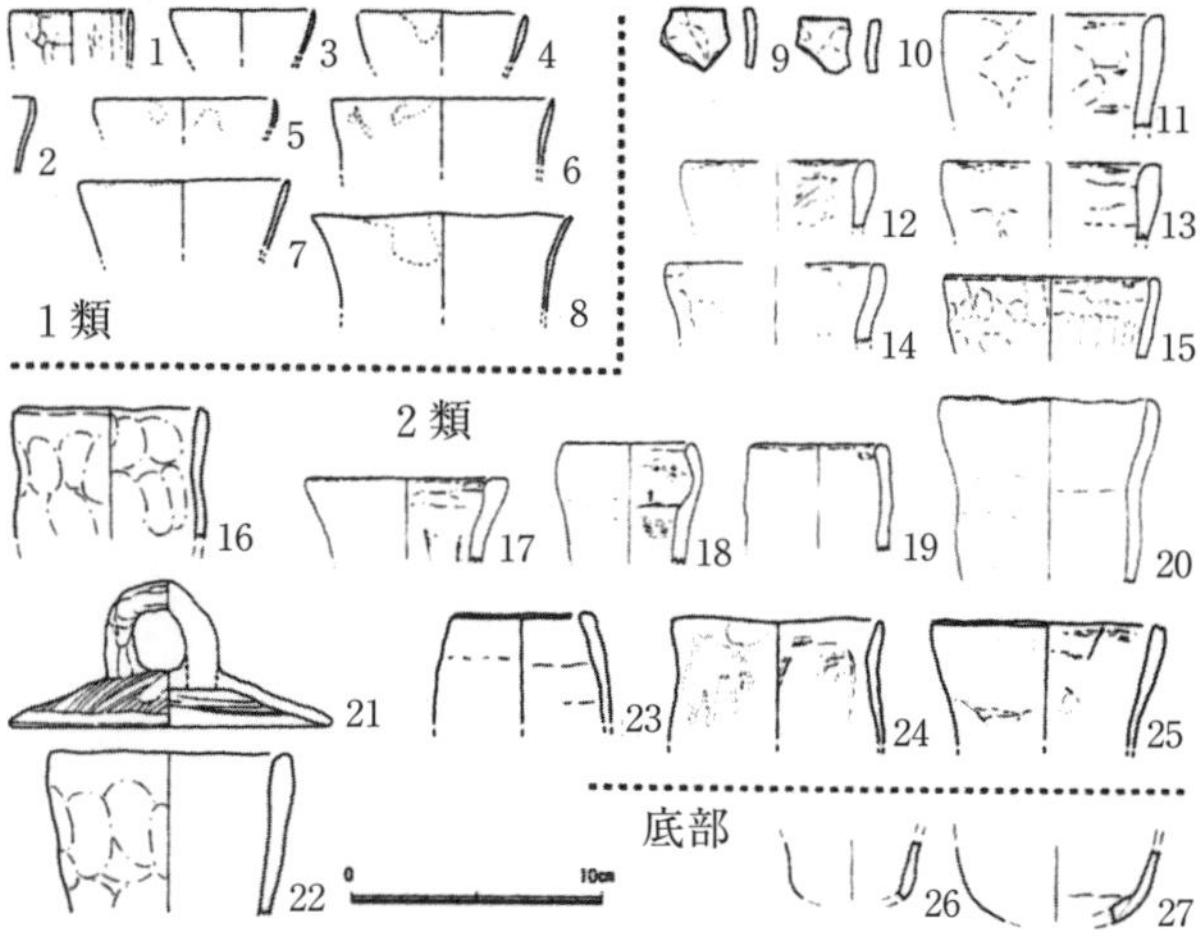

図7　美濃出土の製塩土器（注27文献による）

1城之内遺跡，2弥勒寺遺跡，3～8宮之脇遺跡B地点，9・10曽根城跡，11～14御望遺跡，15芥見長山遺跡，16前洞遺跡，17～20重竹遺跡，21・22今遺跡，23～25宮之脇遺跡A地点，26・27重竹遺跡（1-15，17-21，23-25各報告書より転載）

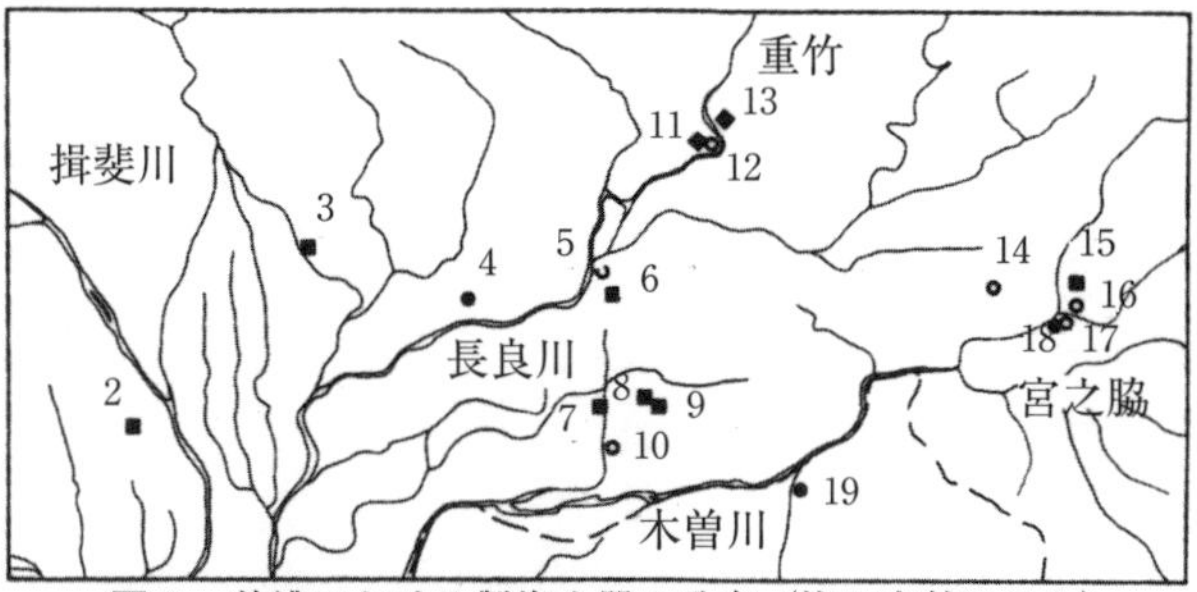

図8　美濃における製塩土器の分布（注27文献による）

（◆美濃式1・2類，■美濃式2類，●美濃式＋4類系，○4類系）2曽根城跡，3御望遺跡，4城之内遺跡，5芥見町屋遺跡，6芥見長山遺跡，7前洞遺跡，8山田寺遺跡，9野口廃寺，10三井遺跡，11弥勒寺跡，12弥勒寺東遺跡，13重竹遺跡，14尾崎遺跡，15今遺跡，16牧野小山遺跡，17川合遺跡，18宮之脇遺跡，19上野遺跡

住居より多量の製塩土器が出土している。おそらく、尾張から舟運にて河川を遡って粗塩を運び、ここで焼塩土器を用いて固形塩を製作した拠点的な集落と位置づけられている。(27) こうしたことを考えると、七世紀から八世紀にかけての河川は重要な舟運に利用されていたことがわかる（図8）。

さて、遡る古墳時代においては、各地域の首長間の相互交流が河川を介して行われた可能性がある。例えば、四世紀後半から五世紀前半にかけて築造された大垣市昼飯大塚《ひるいおおつか》古墳や遊塚《あそびづか》古墳からは、朝鮮半島南部との関わりが指摘できる柄付手斧や陶質土器が出土していたり、瑞龍寺山《ずいりゅうじやま》や権現山《ごんげんやま》(28)そして三井山《みいやま》から出土している六世紀代の陶質土器(29)は、当時の朝鮮半島との交渉の結果得られた大伽耶の製品であると考えられている。また、関市陽徳寺裏山《ようとくじうらやま》一号墳から出土した角杯は、北陸との関わりで指摘されるように(30)、対外交流ルートに河川が果たした役割は小さくないと考えられる。

このような舶載文物の流入という視点からみると、銅鏡などの青銅製品にも注目することができる。美濃市観音《かんのん》寺山《じやま》古墳の方格規矩四神鏡や岐阜市瑞龍寺山山頂《ずいりゅうじやまさんちょう》から出土した内行花文鏡、そして関市砂行《すぎょう》遺跡の方格規矩鏡片などは、中国からもたらされた舶載鏡である。このうち瑞龍寺山鏡は弥生時代後期に破砕され、そして墳墓に副葬されたと解釈するならば、この鏡は伝世することなく副葬されているし、観音寺山鏡は頭部付近の二箇所から割れて出土していることから破砕鏡として取り扱われ、約三〇〇年間伝世した後に副葬されたと推定できる。(31) こうした舶載鏡が美濃までたどり着く経路に、長良川に沿ったルートを想定することは、これらがいずれも河川に近い場所から出土していることからあながち荒唐無稽ではない。

また、先に触れた荒尾南遺跡出土の絵画壺に線刻された船は、こうした河川での往来を示唆した大型船であったとも評価できるため、弥生時代に遡る交流・交易は列島各地で活発に繰り広げられているように、この地域も同様な動きをとり、決して閉鎖的ではなかった社会を描くことができる。濃尾平野の地域社会は大小の河川を巧みに利用した舟運技術やルートを確保し、そこから伊勢湾を経て東西の海へと出かけ開放的であったに違いない。弥生時代から古墳時代にかけて当地で製作されたS字甕が、濃尾平野を中心に各地へと拡散したこともこの証左となろう。[32]また、考古資料ではないが、揖斐の門入《かどにゅう》における水銀や大垣金生山《きんしょうざん》のベンガラや赤鉄鉱などの資源に注目すれば、これらも当然交易の対象になりえたと考えられる。[33]

(三)　輪中堤と囲堤集落の形成

揖斐川をはじめ大小河川は長い年月をかけて、現代の景観を決定づける輪中の形成にも大きな役割を果たしている。木曽三川の堤防で囲まれた輪中は、濃尾平野西部の西濃地域にとりわけ集中する。明治初年には輪中は約八〇の分布をみるほど、濃尾平野西部の代表的な景観となった[34]（図9）。この輪中は記録上、江戸時代はじめに登場したと理解されているが、ここでは広義の輪中（輪中堤は「囲堤集落」とも提唱されている[35]）、すなわち堤で囲まれた集落（田畑を含む）を指して、その代表として揖斐川水系に広がる高須輪中と大垣輪中を取り上げる。高須輪中は濃尾平野最大規模の輪中で面積は四六・五キロ平方メートルにも及ぶ。その範囲は東を長良川と木曽川、西を伊尾川、北を一六一九年（元和五）に開削された大榑《おおぐれ》川、南を長良・木曽・伊尾川の合流点で囲まれた地域となる。徳川家康の配下、徳永寿昌が高須に配置された後に形成されたと考えられている。

一方、大垣輪中は高須輪中に次ぐ大きさで面積は四四・四平方キロメートルを占め、東を伊尾川、西を杭瀬川、北を平野井川、南を牧田川で囲むが、大垣輪中は古大垣輪中を中心に古宮《ふるみや》、中之江、伝馬《てんま》、禾ノ森《のぎもり》、浅草、今村輪中を統合する複合輪中でもある。古大垣輪中は笠縫堤から大島堤までの輪中堤を含み、周囲の輪中のなかでも最も古いものとされている。その輪中は堤で囲まれた範囲を、集落のみを堤防でめぐらすもの（第一類）、耕地だけを堤防でめぐらすもの（第二類）、集落と耕地をめぐらしたもの（第三類）の三つに分類されているが、木曽三川の輪中は第三類のものが最も多い特徴をもつ(36)。さらに、輪中は堤で集落などを囲むという形態上の概念だけではなく、水防共同体としての一体性をもつことに特徴がある。

ところで、輪中は前述のように居住域を囲堤するという点において、弥生時代の環濠集落に類似する。ただ、環濠集落と囲堤集落とは形成時期に大きく隔たりがあるため、同列に扱うことはできない。しかし、愛知県一宮市猫島《ねこじま》遺跡の環濠が洪水から集落を護るためのものと性格づけがなされているように(37)、今後木曽三川の輪中の系譜を解明するためにも、濃尾平野における環濠の系譜や機能などについて再検討する必要はある。

こうした囲堤集落の起源や築堤の技術系譜については、まだ未解明な部分が多い。しかし、囲堤集落については中国や台湾、ミャンマー、ベトナムなど広くアジアに分布することが指摘されており(38)、中国ではこうした囲堤を「基囲」と呼び、南海（南シナ海）と九龍半島の西側の入江に注ぐ珠江が形成する三角州には、囲堤「基囲」が分布する。

一方、輪中堤の形成過程については、まず部分堤から上流部のみ馬蹄形の堤防を築いた尻無堤《しりなしづつみ》（築捨堤）の初期段階を経て、無堤地にも築堤が及び完全に囲堤する築廻堤《つきまわしつつみ》・懸ケ廻堤《かけまわしつつみ》となる変遷が説かれている。視点を変えて文献上に登場する「堤」に着目してみれば、古大垣輪中内に位置する東大寺領大井荘にも関連する堤が登場する。すなわち、一〇四〇年（長久元）堤防を管理する防河役の免除やこれをめぐる美濃国司との争いが一〇六一年（康平四）に出てきたり、一一九九年（正治元）には笠縫堤が洪水によって被害にあったことが残るなど、平安時代末には堤防が存在しているのである。同じ東大寺領の荘園である摂津国猪名荘や阿波国新嶋荘では、海近くの河口に位置するため海側に防潮堤としての堤が築かれていることを考えれば、先述の堤は美濃国大井荘の西に本流を置いた古揖斐川を意識した部分堤を記述した可能性もある。津布良《つぶら》堤や墨俣堤も同じような部分堤であったかも知れない。

こうした河川を制御するための部分堤は、織田信長が日光川に築堤したり、豊臣秀吉が一五九三年（文禄二）徳永寿昌らに命じて尾張側の木曽川築堤工事を開始したことや、一六〇一年（慶長六）美濃側で加納城主奥平信昌による築堤工事が、各務《かがみ》郡から羽栗郡、中島郡にわたって小規模な堤「猿尾《さるお》」（猿の尾のように川の中に突き出た堤）を伴いつつ築いたことからも指摘できる。[39]さらに、引き続き一六〇九年（慶長一四）には再度幕府から堤防修築や猿尾の築堤が命ぜられるなど、川筋に沿った築堤はその後も続いた。有名な「御囲堤《おかこいづつみ》」は一六〇八年（慶長一三）に始まり、木曽川左岸四八キロメートルにわたって築堤されていることから、この時期には長大な堤が土木工事により築かれていることがわかる。

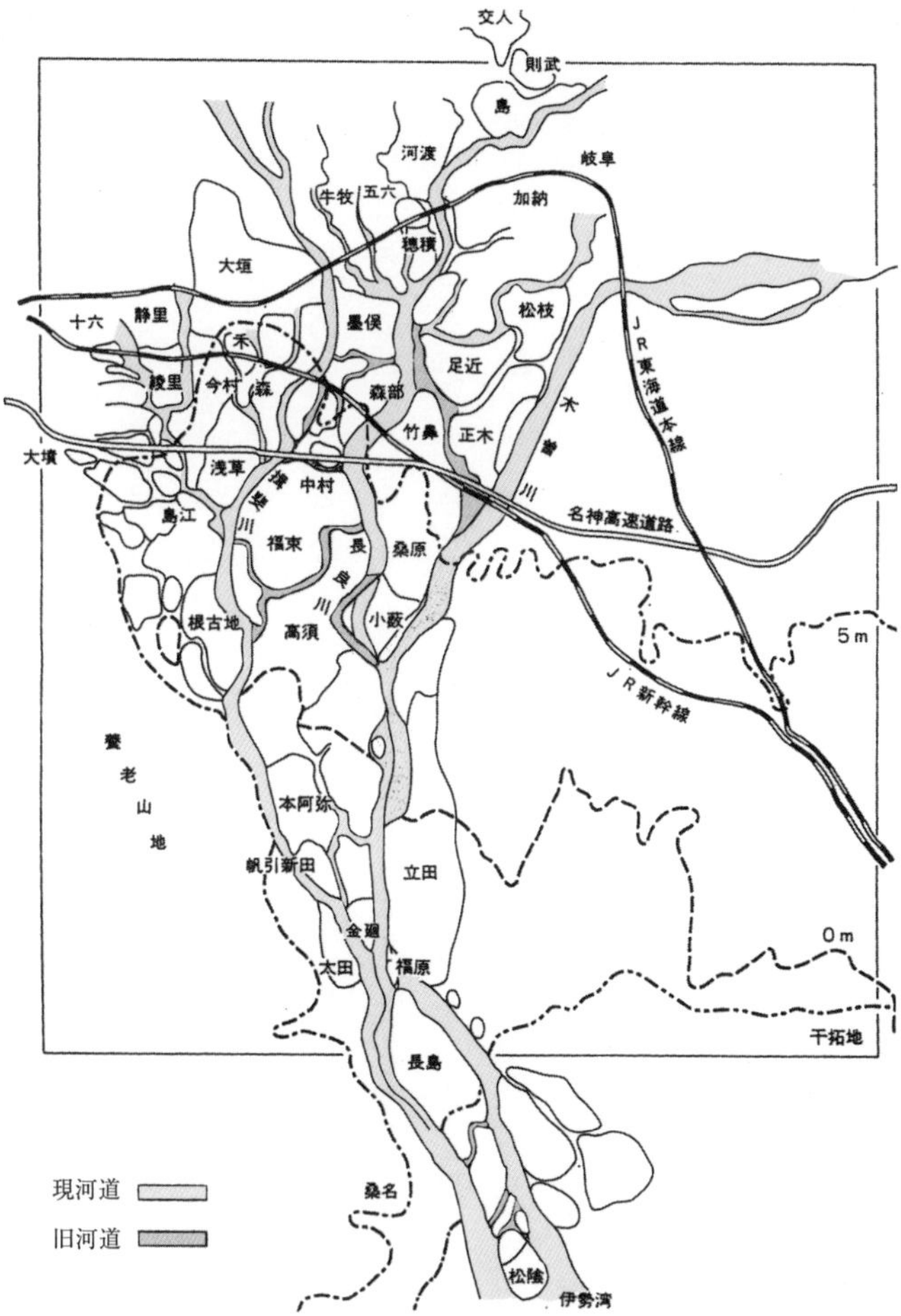

図９　輪中と輪中地域（注35文献による）

　ところで、堤防ではないが、築堤に関する興味深い記録が残る。八二七年（天長四）、美濃介となった藤原朝臣高房は、安八郡の陂渠（溜池と推定）の堤防が決壊し、水を蓄えることができないためこれを修復しようとしている（『文徳実録巻四』仁寿四年二月条）。現在この位置を確認することはできないが、貯水を目的とした池に堤防があったことをうかがわせ、池と土木技術との関連性からして、渡来系の技術導入なども視野に入れなければならない。

こうした築堤と渡来系技術との関連性は、大阪府八尾市久宝寺《きゅうほうじ》遺跡龍華地区の調査でも指摘されている[40]。この遺跡からは幅四・五メートル、長さ九メートル以上におよぶ五世紀の合掌型の木組みが検出され、木組みは堰ではなく、川の流れを弱め川岸を護る役割を果たした「水制」と考えられた。この遺跡での水制は上向き水制で、これだと根本のところで砂州ができやすく、護岸の役割を果たすことになるという。時代は異なるが、秀吉が指示を出した前述の猿尾はこれによく形態が似ている。さらに、大阪府八尾市亀井《かめい》遺跡で確認された堤防は、幅約八〜一二メートル、高さが一・五メートル、長さは八〇メートルにも及び、堤の下半部に敷葉工法が用いられており[41]、土層間には植物の茎と樹皮が詰め込まれ、補強材として使われていた。これは低地の開発を支える築堤を目的に渡来系の技術を駆使したものと理解され、水制や築堤技術を、朝鮮半島の全羅北道の碧骨堤などの堤に起源を求めようとする考えもある[42]。

4　古道の整備と交通

これまでみてきたように揖斐川水系の遺跡は、洪水に絶えず見舞われつつも、治水技術を駆使して築堤を行い、河川と共存してきた。人々は河川を交通手段として利用し、舟運を通してこの地域の文化・経済の発展に結びつけてきたのである。考古学が明らかにした遺跡や遺物からも上記のことを追認する事例は多く、地形環境の変化に柔軟に対応してきたことがうかがえた。

その後八世紀になると、不破郡に不破関や美濃の国分寺、国分尼寺そして国府が設置され、東山道も整備された。この地が美濃のなかでも西偏の地にありながら、律令体制の中枢機関が置かれる意味は重要であるが、これまでみてきたような揖斐川などの水利上有利な地に設置されていないのは、畿内から近江国を通過することや洪水などを回避するためと考えられる。

東山道の整備によって、揖斐川を重視したルートから不破関を通る東西ルートも重要視され、大垣周辺には十字形ともいう錯綜ルートが確立する。揖斐川が官衙地区から離れるといっても、赤坂湊の存在からわかるように、ここからは杭瀬川をへて揖斐川に出てそして桑名に至るルートにつながるのである。このルートはのちに源義朝が、赤坂湊から知多半島野間まで下っているし、近代以降では金生山の石灰産業にとって重要な運送の役割を果たしている。

以上のように、濃尾平野の歴史とそこを舞台に発達した地域社会は、それぞれの時代の地形環境の変化とその影響を受けながらも着実に広がりをもっていた。そして平野を形成した河川そのものの存在を巧みに利用しながら、対内外との交渉や交易を通じて活発な活動を繰り広げていたのである。

（1）日下雅義『歴史時代の地形環境』古今書院、一九八〇年。地理学の分野からこうした視点が提唱されている。
（2）高橋学「臨海平野における地形環境の変貌と土地開発」（日下雅義編『古代の環境と考古学』古今書院、一九九五年）一五八—一八五頁。
（3）鈴木康弘『活断層大地震に備える』ちくま書房、二〇〇一年。
（4）岐阜地方気象台編『岐阜県災異誌』一九六五年、四—五頁。
（5）青木哲哉・足利健亮・伊藤安男・日下雅義・鈴木元・高橋学・高田康成・中井正幸『大垣市遺跡詳細分布調査報告書』大垣市埋蔵文化財調査報告書第五集、大垣市教育委員会、一九九七年。各所のボーリングデータや空中写真をもとに立命館大学高橋学氏が作成された地形環境の復元図である。
(6) 該当する地区で地表面から四・五～五メートル深掘した際に、細砂からなる薄い堆積層を確認している。中井正幸編『大垣城跡Ⅰ』大垣市埋蔵文化財調査報告書第八集、大垣市教育委員会、二〇〇〇年。
(7) 中井正幸編『荒川南遺跡』大垣市埋蔵文化財調査報告書第四集、大垣市教育委員会、一九九五年。
(8) 田島公「東大寺領大井荘の成立時の荘域と現地比定」(『日本歴史』第六六五号、二〇〇三年)八七―九九頁。
(9) 渡辺誠編『庭田貝塚範囲確認調査報告書』南濃町文化財調査報告書第四冊、南濃町教育委員会、一九九六年。
(10) 渡辺誠編『羽沢貝塚発掘調査概報』南濃町文化財調査報告書第五冊、南濃町教育委員会、一九九七年。
(11) 岐阜県博物館編『特別展　濃飛の縄文時代』一九八五年、四〇頁。
(12) 高田康成「米野遺跡」(『大垣市埋蔵文化財調査概要―平成七年度』大垣市文化財調査報告書第三〇集、大垣市教育委員会、一九九七年)三―四頁。同「平野の開発」(『昼飯大塚古墳の登場とその背景を探る』第二回大垣歴史フォーラム、大垣市教育委員会、二〇〇一年)一―八頁。
(13) 森勇一氏の分析結果による。
(14) 立命館大学高橋学氏のご教示による。
(15) 春日井恒編『今宿遺跡』岐阜県文化財保護センター調査報告書第三七集、財団法人岐阜県文化財保護センター、一九九八年。
(16) 鈴木元編『荒尾南遺跡Ⅰ』大垣市埋蔵文化財調査報告書第一〇集、大垣市教育委員会、二〇〇一年、同編『荒尾南遺跡Ⅱ』大垣市埋蔵文化財調査報告書第一三集、大垣市教育委員会、二〇〇三年。
(17) 千堂克彦編『荒尾南遺跡』岐阜県文化財保護センター調査報告書第二六集、財団法人岐阜県文化財保護センター、一九九八年。
(18) 中井正幸「弥生時代後期から古墳時代前期への土器の展開―湖北地方とその周辺―美濃西部について」(『滋賀県埋蔵文化財センター紀要―昭和六三年度』一九八九年)五九―六九頁。
(19) 立命館大学高橋学氏のご教示による。
(20) 中井正幸「自然・歴史地理学的調査による遺跡の分布調査」(『考古学ジャーナル』第三二七号、ニュー・サイエンス社、一九九〇年）七―一一頁。
(21) 中井正幸「考古学視点からの災害研究」（『古代学研究』一五五号、二〇〇一年）四七―五二頁、須貝俊彦「養老断層の活動履歴調査と天平・天正大地震」（『古代学研究』一五四号、二〇〇一年）六一―六五頁。
(22) 高牧実「濃尾三川の舟運」（『幕藩体制確立期の村落』吉川弘文館、一九七三年）五四三―五七九頁。
(23) 太田三郎「木材輸送と表佐湊」（『垂井町史』通史編、垂井町、一九六九年）二三四―二三七頁。
(24) 「交通」（『養老町史』養老町、一九七八年）二三四―二五七頁。
(25) 岐阜県教育委員会編『歴史の道調査報告書　九里半街道』一九八二年。
(26) 丸山幸太郎「水運の発達」（『揖斐川町史』揖斐川町、一九七一年）三一七―三三七頁。
(27) 森泰通「東海地方における消費地出土の製塩土器―特に固形塩の問題をめぐって」（『シンポジウム製塩土器の諸問題―古代における塩の生産と流通』塩の会シンポジウム実行委員会、一九九七年）一―三八頁。
(28) 定森秀夫「陶質土器から見た東日本と朝鮮」（『青丘学術論集』第一五集、財団法人韓国文化研究振興財団、一九九九年）六四―七〇頁。同「日本出土の高霊タイプ系陶質土器（一）―日本列島における朝鮮半島系遺物の研究」（『京都文化博物館研究紀要―朱雀』第二集、一九八九年）二五―四一頁。
(29) 渡辺博人「各務原市三井山出土の陶質土器」（『美濃・飛騨の古墳とその社会』同成社、二〇〇一年）三四六―三五一頁。
(30) 入江文敏「角杯形土器小考」（『網干善教先生華甲記念―考古学論集』一九八八年）五三一―五五三頁。
(31) 岡村秀典「伝世のひろがり」（『三角縁神獣鏡の時代』吉川弘文館、一九九九年）一〇二―一一一頁。
(32) 赤塚次郎「廻間式土器」（『廻間遺跡』愛知県埋蔵文化財センター調査報告書第一〇集、財団法人愛知県埋蔵文化財センター、一九九〇年）五〇―一〇九頁。
(33) 岐阜県『地下資源調査報告書』第四輯、一九五四年。八賀晋「古代の鉄生産について―美濃・金生山の鉄をめぐって」（『学叢』第二一号、京都国立博物館、一九九九年）二一―一二二頁。永江秀雄「門入と丹生の研究」（『徳山村―その自然と歴史と文化（二）』一九八五年）二一一―二三〇頁。
(34) 安藤萬寿男編『輪中―その展開と構造』古今書院、一九七五年。

(35) 伊藤安男「囲堤集落とその分布」(『治水思想の風土』古今書院、一九九四年)一六―二一頁。
(36) 伊藤安男「輪中地域における水意識」(前掲注35)二四一―三二二頁。
(37) 赤塚次郎氏のご教示による。赤塚氏は「そもそも環濠に、はたして防御的な機能が付加されていたかは問題であり、その内容は多様」と疑問を呈し、環濠の機能に「例えば洪水対策用の施設であるとか、用排水用の水路といった場合が考えられる」として「洪水対策としての輪中的な使用はすでに中期前葉の一宮市猫島遺跡の環濠に見られ」ると考えている。赤塚次郎「首長居館と集落」(『季刊考古学―特集いま、日本考古学は!』第八〇号、雄山閣、二〇〇二年)八三―八四頁。
(38) 伊藤安男「中国広東省珠江デルタ」(前掲注35)七七―九七頁。
(39) 渡辺博人編『前渡猿尾堤調査報告書』岐阜県木曽川右岸流域浄水事業建設工事事務所・岐阜県教育委員会・各務原市教育委員会、一九九〇年。渡辺博人編『前渡猿尾堤第三調査区発掘調査報告書』各務原市文化財調査報告第二四号、岐阜県土木事務所・各務原市埋蔵文化財調査センター、一九九八年。
(40) 寺川史郎・金光正裕編『久宝寺北(その一～三)』大阪府教育委員会・財団法人大阪文化財センター、一九八七年。
(41) 森川貞雄編『一九九二・一九九三年度亀井遺跡発掘調査概要』大阪府教育委員会、一九九四年。寺川史郎・尾谷雅彦編『亀井・城山』財団法人大阪文化財センター、一九八〇年。
(42) 小山田宏一「渡来人と治水技術」(『古代の土木技術』大阪府立狭山池博物館図録三、大阪府立狭山池博物館、二〇〇一年)三二―三七頁。

[補記] 本節は新稿であるが、旧稿「揖斐川水系と大垣周辺の遺跡」(春日井市教育委員会編『第一〇回記念春日井シンポジウム資料集』春日井シンポジウム実行委員会、二〇〇二年)を生かしながら書き改めている。

第二節　土器の地域色

1　はじめに

地域圏を考える場合、集住の拠点となった集落を住居や水田などの遺構から明らかにしたり、あるいは当時の人々が使用した土器や木製品などを通して集落を越えた交流・交易を考察して、地域間関係を探る先学の蓄積がある。[1]

本節では第一章で扱った地形環境の復元を視野に入れながら、最も大きな画期と予測される三〜四世紀の地域圏について、土器を素材として考えてみたい。俎上に挙げる土器は「欠山様式」または「廻間様式」とされる土器群である。これらの土器様式をめぐる研究は、編年や他地域との併行関係、そして移動に関する問題など多岐にわたるが、[2]ここでの目的は当該期の土器の地域差を明らかにすることにあるので、土器編年を議論する予定はなく、ある「時間的小様式」における「地域的様式差」を指摘するに留めたい。[3]それではまず美濃側の沖積地の様相を具体的にみる契機となった今宿遺跡の土器群を取り上げて、次に特徴的な器種についての分布の意味を考えることからはじめたい。

2　今宿遺跡の土器様相

今宿遺跡は第一節でも取り上げた沖積地に立地するもので、一九九二年の大垣市教育委員会の試掘調査ではじめて確認された[4]。現況は水田で、近世には堀田と呼ばれる輪中景観をなすほど低湿な土地であったにもかかわらず、分布調査の一環を兼ねて行った試掘調査の結果、地表下約二・二メートル、標高一・八メートルにおいて遺物包含層と遺構面を確認することができた。その後、財団法人岐阜県文化財センターによって本発掘調査が実施され、弥生時代から古墳時代にかけての遺構が確認されている[5]。

(一) 試掘調査の土器 (図10)

試掘調査で出土した土器はおもに甕、鉢、高坏、器台と壺で、山中式後半期から廻間Ⅰ式期前半に属していた[6]。甕は、くの字状口縁台付甕(以下く字甕)、S字状口縁台付甕(以下S字甕)、有段状口縁台付甕(以下有段甕)に分かれ、く字甕は、試掘段階において最も多く認められた台付甕であった。有段甕は、口縁部外面に刺突を施すものとナデのみで刺突がないものに分類でき、前者は内面にハケメ調整を施し、後者は口径が若干小さく口縁部が直立するもので、外面は丁寧にヨコナデを施していた。S字甕は、口縁部に押引刺突文を施し、体部は羽状ハケをなすa類が多く、b類もわずかに確認できた。高坏は、有段高坏と有稜高坏に分類でき、そのうち有段高坏は坏部内面に多条沈線を施すものが大半で、口径が二〇センチ前後のものから三〇センチのものがあった。脚部の完形品は認められなかったが、破片から内彎する低い脚部が考えられた。この他に内面に多条沈線をもたない一群も同時に確認できた。

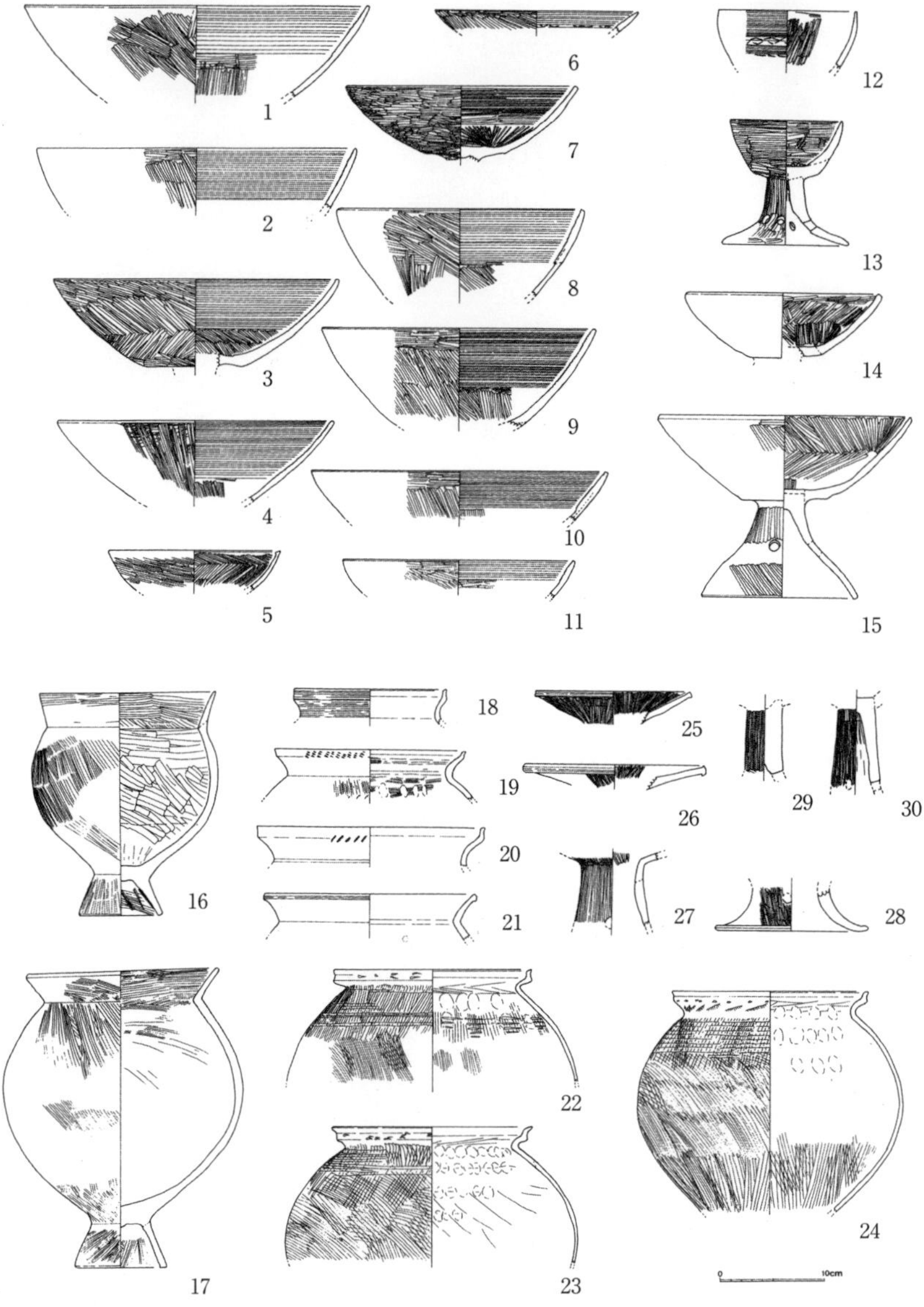

図10　今宿遺跡の土器（1）（注４文献による）
加飾高坏（1～4，6～12），高坏（5，13～15，29，30），
台付甕（16～21），Ｓ字甕（22～24），器台（25～28）

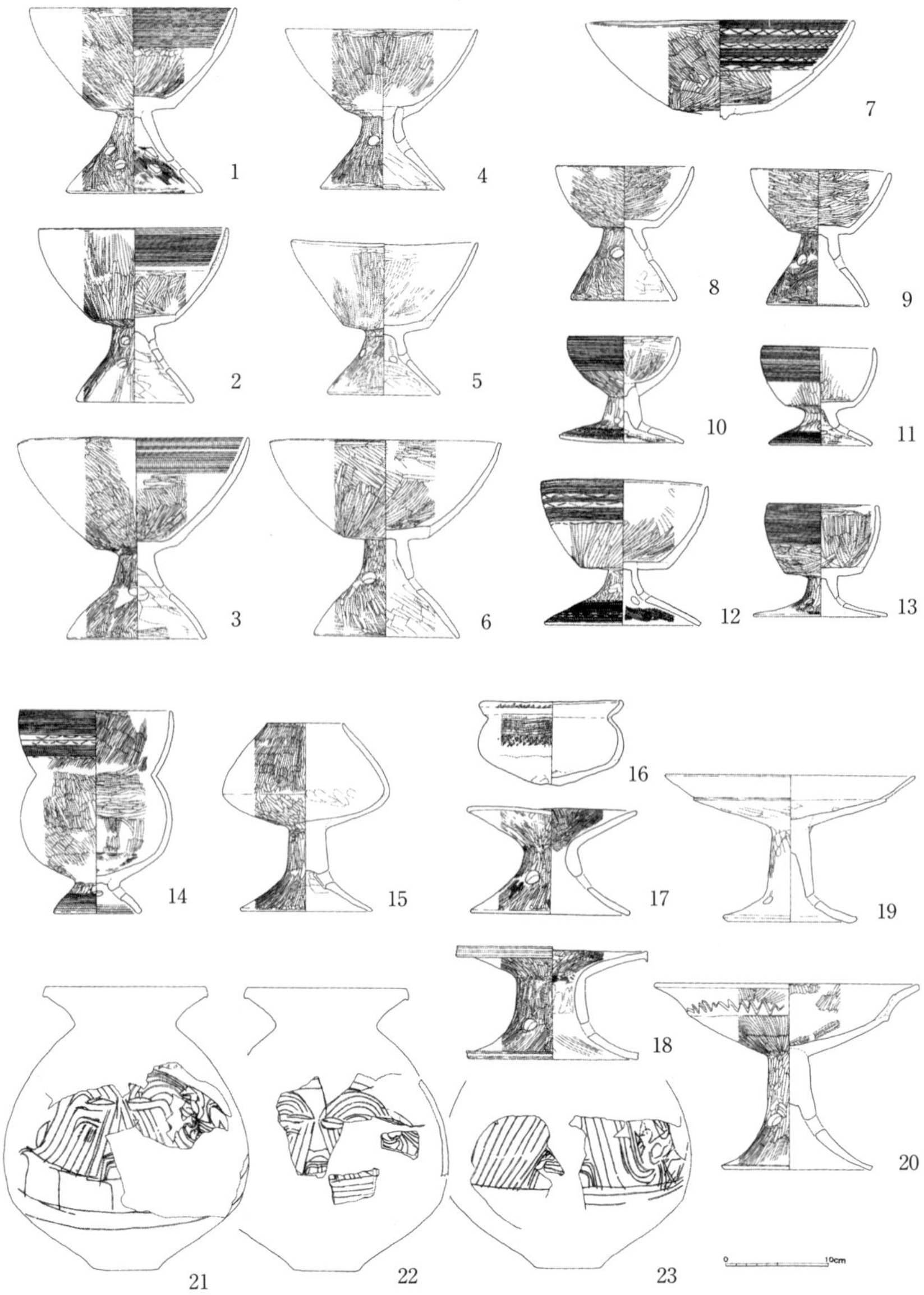

図11　今宿遺跡の土器（2）（注5文献による）
XIII層（1，4～7，12～14，21，23），XIV層（2，8，9，22），
XV層（3，10，11，15～20）

（二）今宿遺跡の土器様相（図11）

その後の発掘調査によって、試掘調査では捉えることのできなかった遺構面を検出し、多量の土器群は層位的に取り上げられて、遺構の変遷や土器の層位ごとにみた器種別組成からの検討が加えられている。(7) とりわけ遺構では、弥生時代から古墳時代にかけての水田遺構が検出され、弥生時代後期に始められた後背湿地における水田経営のあり方が把握できた点は大きな収穫であった。

また、これに隣接するかのように竪穴住居や掘立柱建物が区画溝を境にして確認されたことは、この地域に集住と生産域がセットとなるような拠点集落があったことを明らかにした点で意義深い。こうした集落遺跡に消費された土器群の様相をみると、遺跡全体としては甕の割合が高く、続いて高坏、壺、鉢と器台となる傾向にあることが明らかとなった。そして、甕と高坏の分析からは、S字甕の出現が尾張低地部と同じように廻間I式後半で美濃側では早い段階にあること、有段高坏のなかには内面に多条沈線や山形文などで加飾する一群が顕著であることを指摘している。

3　甕と高坏にみる地域色

以上のように今宿遺跡で確認された土器群によって、S字甕を含む甕の様相がかなり具体化した。そして、それはその前後に調査された美濃側の遺跡と比較することで、さらにその特徴が鮮明に浮かび上がったと言える。例えば、長良川水系の岐阜市堀田《ほりた》・城之内《しろのうち》遺跡(8)や関市松原《まつばら》遺跡(9)、そして美濃加茂市尾崎《おざき》遺跡(10)、木曽川水系の宮之脇遺跡(11)などとはS字甕の出現時期に時間差があることや台付甕と平底甕が共伴する地域があるなど濃尾平野において地域性が認められたのである。さらに尾張側においても、名古屋台地側と愛知県清洲市廻間《はざま》遺跡などの低地部との差が一層鮮明になった(12)。このような日常的な煮沸用具である甕に地域性があることは、濃尾平野がS字甕で斉一的な印象が強い一方で、それぞれの地域社会における土器様式に、地域的小様式があることを指摘しうるのに充分である。そして、ここから考えられる地域圏が、揖斐川や長良川そして木曽川という南北を基軸とする水系を中心に形成されていることを予測させるものの、今後は台付甕でも地域性を導きだせると考えられるように、さらなる小地域圏を設定することは可能である。

　さて、次に今宿遺跡を特徴づけた加飾の高坏に注目してみよう。この加飾高坏については、その後地域性や変遷が幾つか論じられ(13)、今宿遺跡の調査後約一〇年あまりたった現在でも、その加飾高坏の比率の高さは変わっていない。こうした先学の指摘するところを踏まえ、この加飾高坏から地域圏を考えてみたい。

図12　甕と高坏の二相（注5, 18文献による）

　今宿遺跡から出土している高坏には、坏部内面に加飾した一群とそうでない一群が共伴する（図12）。その加飾した高坏も前述したように大きく二つに分かれる。一つは坏部内面の多条沈線が、一定の厚みの粘土を一度被覆してから施したもので、その沈線は刷毛状の工具を螺旋状に回転させたものや平行に移動させたものがみられる。もう一つは同じ坏部内面ではあるが、粘土を補うことなく直接沈線を同様な方法で施すもので、この両者は試掘調査の段階ではほぼ共伴していた(14)。

　いずれにしても、このように本来加飾する部位としてあまり意味がないと考えられるところに様々な装飾を行う土器は、濃尾平野の廻間様式のある段階の特徴とみられている。[15] 加飾した土器のうち、壺に対しては墳墓から出土していることから早くから注目されるところであった。例えば、愛知県一宮市西上免《にしじょうめん》遺跡のSZ〇一の溝からは、パレス壺、二重口縁壺をはじめとした加飾壺と共伴して今宿遺跡と同様な加飾高坏が出土している（図13）。報告者はそれらの土器が墳丘上に配置された一括性の高いものとみなし、独特の加飾をした高坏を「西濃型高坏」として位置づけ、この地からの供献と解釈している。[16]

このうち供献された二重口縁壺は東海西部で広くみられる墳墓専用の加飾壺で、墓の周囲を取り囲むように配列したり、墳頂部に配置される点に特徴がある。奈良県桜井市ホケノ山古墳で出土した墳頂部の加飾壺は、こうした加飾壺の延長で理解されている。[17] 墳丘に供献され、そして配置されるような特別な土器に加飾高坏も加えてよいかどうかは今後の調査事例を待たなければならないが、日常的に不要な加飾をもつ土器が、地域色をもつ葬送用の土器として解釈されることは極めて魅力的な見解である。

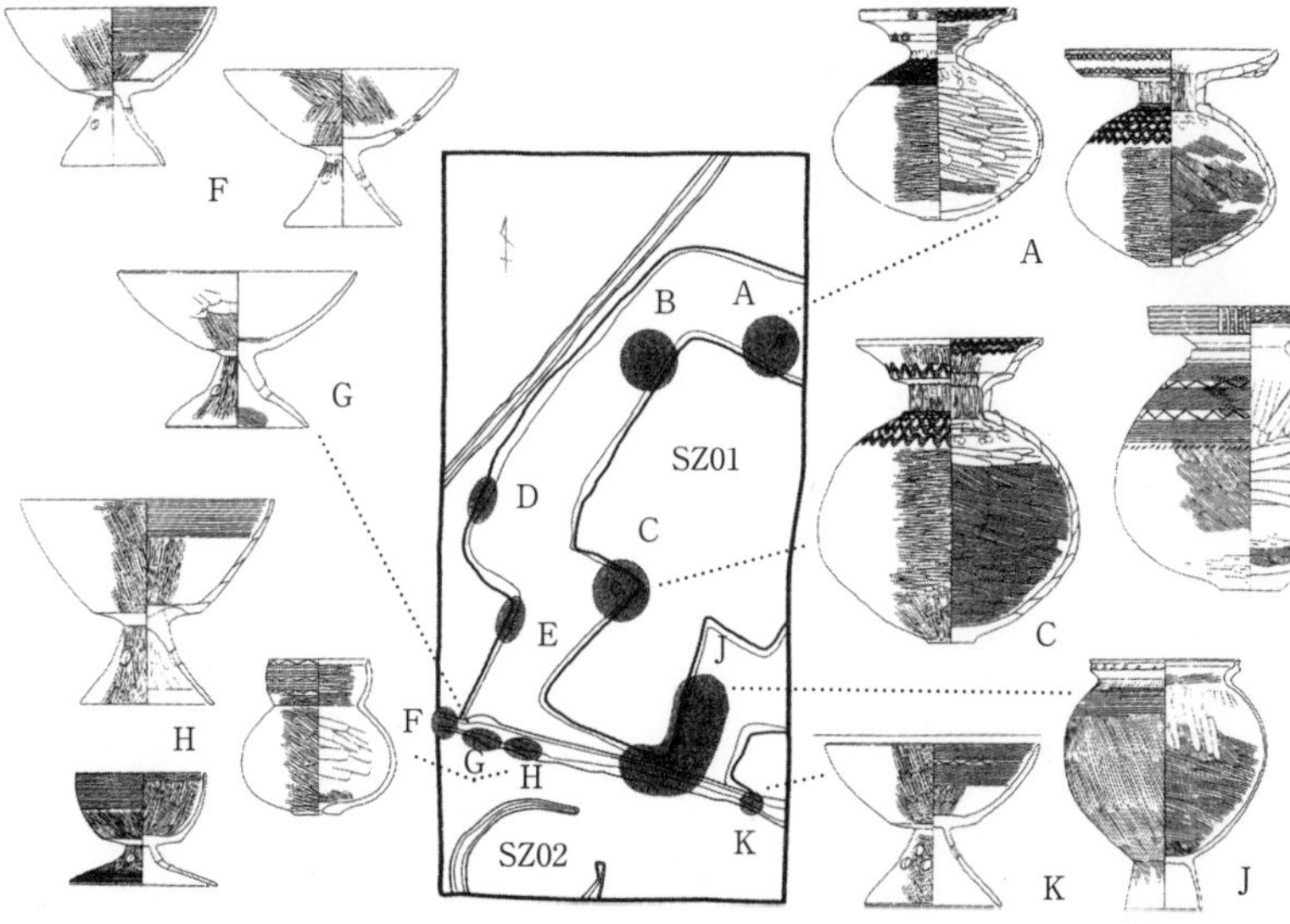

図13　西上免遺跡の土器群（土器1/10）（注13文献による）

さて、今宿遺跡で確認されたような加飾高坏は、現在のところその分布は荒尾南遺跡、米野遺跡そして江東遺跡など沖積地に立地する遺跡に中心があり、西は滋賀県近江町顔戸《ごうど》遺跡や東近江市斗西《とのにし》遺跡などの伊吹山麓周辺の北近江まで広がる。一方、分布の東は木曽川沿いの愛知県一宮市北道手《きたどうて》遺跡(18)などで認められ、滋賀県から関ヶ原を挟んで濃尾平野に広がりが確認できる。(19)こうした分布域の示唆するところは、小野木学や恩田知美が指摘しているように地域色としての分布圏が存在すると思われるが(20)、先にみたS字甕などの甕の分布圏とはやや様相を異にする。すなわち、S字甕などは河川を基軸とした分布域をもっているのに対して、加飾高坏は河川を挟んで大垣から一宮あたりまでの東西に広がり、まるで相互交流の結果を暗示するかのような広がりをもつからである。赤塚次郎が指摘するように、西上免遺跡SZ〇一から出土した土器群には加飾高坏の多条沈線のみならず、表面の羽状ミガキなどの調整手法が共通することからみても、両地での濃密な関係が考えられる。(21)おそらく、S字甕にみる分布域とは異なる基層部分の地域圏が存在し、加飾高坏の分布はその地域圏を越えた人の移動や文物などの交易による交流関係を反映しているものと考えておきたい。

4　伊吹山山麓から濃尾平野の地域色

今宿遺跡の土器群を手がかりに描いた地域圏は図14のとおりである。西から伊吹山山麓の北近江から西濃域を含む範囲、西濃低地部から尾張低地部とする沖積地の範囲、各務原台地から加茂野に至る段丘の範囲、長良川中流域の河川を中心とする範囲、名古屋台地を中心とする範囲などの地域圏が考えられる。これらの範囲は前述の加飾高坏からみれば、第一から第二の地域圏をまたぎ、有段甕であれば第一から第三の地域圏をまたぐようにあったり、第三と第四の地域圏では台付甕とともに平底甕が共伴するなど、細部では重複するものの、その基幹となるような

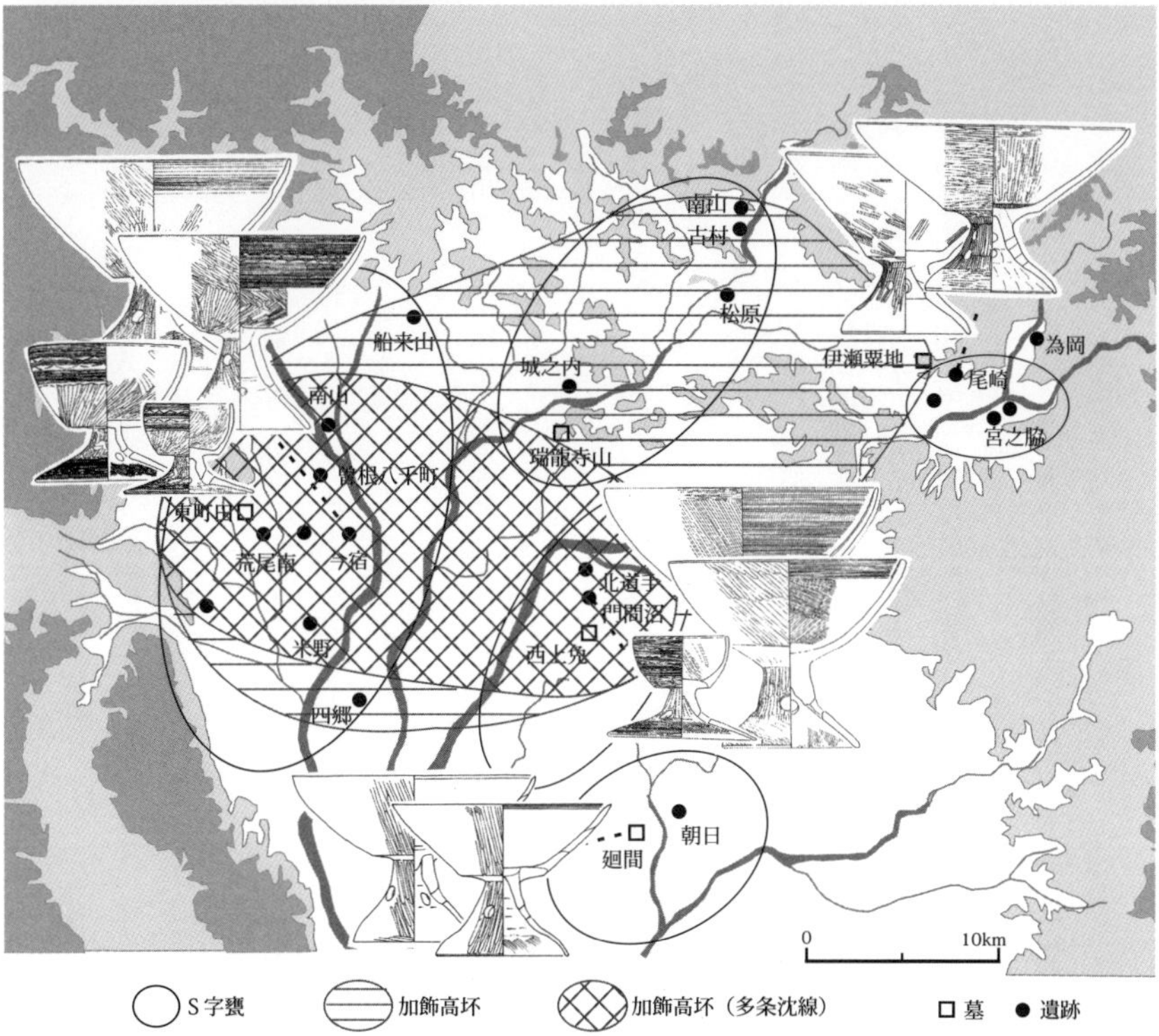

図14　土器から見た地域圏

範囲が設定できる。こうした加飾高坏は施文や技法などの差異から分類が試みられているため、将来その頻度差などから「時間的小様式を区別する違いだけでなく、地域差を示す[22]」ことも可能であろう。

以上のように、弥生時代から古墳時代にかけての土器群から、伊吹山山麓から西濃、西濃から海部に至る低湿地、西濃から中濃にかけてと加茂野のあたりで地域色が発露するような分布域を見出すことができた。この範囲こそがのちの地域圏とも大きく関わることになるが、次にそのような地域圏を基盤にして形成された古墳や古墳群の動向を整理しながら、地域社会の形成過程をみてみたい。

（1）都出比呂志「弥生土器における地域色の性格」（『信濃』第三五号第四号、一九八三年）二四五—二五七頁。のち「弥生土器の地域色」（『日本農耕社会の形成過程』岩波書店、一九八九年）二九八—三二〇頁に改題加筆所収。
（2）大参義一「弥生式土器から土師器へ」（『名古屋大学文学部研究論集』XLVII、史学一六、一九六八年）六五—九八頁。
・赤塚次郎「廻間式土器」（『廻間遺跡』愛知県埋蔵文化財センター調査報告書第一〇集、財団法人愛知県埋蔵文化財センター、一九九〇年）五〇—一〇九頁。
・内堀信雄・横幕大祐「山中〜宇田式併行期の美濃西部土器編年」（『土器・墓が語る—美濃の独自性〜弥生から古墳へ』第六回東海考古学フォーラム岐阜大会、一九九八年）一二一—一二〇頁。
・高木宏和・藤田英博「美濃（飛騨）地域」（加納俊介・石黒立人編『弥生土器の様式と編年—東海編』木耳社、二〇〇二年）一五一—二五一頁。
（3）都出比呂志「弥生土器の地域色」（前掲注1）三〇三—三〇四頁。
（4）中井正幸「今宿遺跡」（『大垣市埋蔵文化財調査概要—平成四年度』大垣市文化財調査報告書第二三集、大垣市教育委員会、一九九四年）一三—二一頁。
（5）春日井恒編『今宿遺跡』岐阜県文化財保護センター調査報告書第三七集、財団法人岐阜県文化財保護センター、一九九八年。
（6）中井正幸「美濃における庄内式併行期の土器様相—西美濃を中心に」（『庄内式土器研究VI』庄内式土器研究会、一九九四年）六七—八一頁。
（7）春日井恒「遺物概要」（前掲注5）一九—二四頁。報告書のなかで春日井は、多条沈線をもつ高坏をB3類とし、さらに口縁部内面の段の有無と沈線施文幅によりa（有段多条）、b（無段多条）、c（少条）に細分している。なお、沈線幅一・五センチ以上のものを「多条」、それ以下を「少条」と基準を設けている。
（8）高木洋編『堀田・城之内遺跡』岐阜市堀田土地区画整理組合・財団法人岐阜市遺跡調査会、一九九六年。小野木学編『堀田城之内遺跡』岐阜県文化財保護センター調査報告書第三〇集、財団法人岐阜県文化財保護センター、一九九七年。
（9）篠原英政編『松原遺跡』関市文化財調査報告書第一九号、関市教育委員会、一九九四年。
（10）佐野康雄編『尾崎遺跡』岐阜県文化財保護センター調査報告書第一〇集、財団法人岐阜県文化財保護センター、一九九四年。

（11）吉田英敏編『川合遺跡群』可児市教育委員会、一九九四年。

（12）東海考古学フォーラム岐阜大会実行委員会編『土器・墓が語る—美濃の独自性〜弥生から古墳へ』第六回東海考古学フォーラム岐阜大会、一九九八年。石黒立人「土器からみた古墳時代初頭の地域類型—器種構成を指標に」（『門間沼遺跡』愛知県埋蔵文化財センター調査報告書第八〇集、財団法人愛知県埋蔵文化財センター、一九九九年）二二六—二三二頁。

（13）加飾高坏を扱った論考は次のとおりである。

・石黒立人「伊勢湾地方と琵琶湖地方、あるいは東西の結節点—弥生後期の土器様相を中心として」（『古代』第八六号、一九八八年）一二三—一五〇頁。同「『弥生時代美濃地方とその特質』のその後—弥生時代における文化的多様性を如何に把握するか」（『岐阜史学』第九六号、一九九九年）四一—五二頁。

・赤塚次郎「廻間Ⅰ・Ⅱ式再論」（『西上免遺跡』愛知県埋蔵文化財センター調査報告書第七三集、財団法人愛知県埋蔵文化財センター、一九九七年）七九—九五頁。

・高木宏和「美濃の古式土師器—南山遺跡再考」（『美濃の考古学』第二号、美濃の考古学刊行会、一九九七年）九二—九九頁。

・小野木学「欠山式併行期の高坏からみた美濃の地域色」（『土器・墓が語る—美濃の独自性〜弥生から古墳へ』第六回東海考古学フォーラム岐阜大会、一九九八年）一二八—一三五頁。

・高木宏和・鈴木元・小野木学・村木誠・宮腰健司・石黒立人「濃尾地方における古墳時代初頭の地域差—美濃の高坏」（『S字甕を考える』第七回東海考古学フォーラム、二〇〇〇年）二六九—二八四頁。

・恩田知美「美濃地域における弥生時代後期から古墳出現前夜の土器様相—高坏を中心として」（『勢濃尾』創刊号、勢濃尾研究会、二〇〇二年）三一—四七頁。

（14）加飾高坏のなかの坏部内面の沈線について、段を有するものからなくなるものへの方向性を指摘している。高木宏和「美濃の古式土師器—南山遺跡再考」（前掲注13）九二—九九頁。また、このことが今宿遺跡の層位からも追認できるという指摘もある。春日井恒（前掲注5）九六頁。ただし、今宿遺跡の層位は多少の差として認識されているように、今後の調査事例の増加を待って判断したい。また、沈線幅の違いが小地域差であることにも触れている。小野木学「欠山式併行期の高坏からみた美濃の地域色」（前掲注13）九六頁。

(15) 赤塚次郎「壺を加飾する」(『考古学フォーラム』七、考古学フォーラム、一九九五年)一三―二六頁。
(16) 赤塚次郎「廻間Ⅰ・Ⅱ式再論」(前掲注13)八〇―八一頁。
(17) 奈良県立橿原考古学研究所編『ホケノ山古墳調査概報』学生社、二〇〇一年。
(18) 高橋信明・服部俊之・鬼頭剛編『北道手遺跡』愛知県埋蔵文化財センター調査報告書第六七集、財団法人愛知県埋蔵文化財センター、一九九六年。
(19) 高木宏和・鈴木元・小野木学・村木誠・宮腰健司・石黒立人「濃尾地方における古墳時代初頭の地域差」(前掲注13)二六九―二八四頁。
(20) 高坏を代表とする西濃地域と尾張低地部の共通性について、村木誠は「西濃から尾張低地部に分布が集中し、S字甕の分布に近いものもあり、西濃と尾張低地部の関わりが特に深かったと考えることは可能」とみる。村木誠「甕の意味を問う―美濃の事例研究」(『美濃の考古学』第二号、美濃の考古学刊行会、一九九七年)二九頁。
(21) 赤塚次郎「廻間Ⅰ・Ⅱ式再論」(前掲注13)八二―八三頁。
(22) 都出比呂志「弥生土器の地域色」(前掲注1)三〇四頁。

[補記] 本節は新稿であるが、内容は中井正幸「弥生時代後期から古墳時代前期への土器の展開」(『滋賀県埋蔵文化財センター紀要―昭和六三年度』一九八九年)および同「美濃における庄内式併行期の土器様相―西美濃を中心に」(『庄内式土器研究』Ⅵ、庄内式土器研究会、一九九四年)で発表した資料を中心に、その後の発掘調査で得た知見を考慮して書き改めている。今宿遺跡の調査を皮切りに、西濃における低湿地の調査が相次いで実施され、輪中地帯での過去の生活の痕跡を考古学的に明らかにできた。そういった意味でこの今宿遺跡の調査は沖積地における発掘の嚆矢となったものである。今では沖積地において遺跡の存在に疑義を挟むものは少ないが、当時は先入観として輪中地帯での遺跡の存在を否定する考えが強くあった。

第三節　美濃における古墳群の形成とその展開

1　はじめに

第一節で指摘したように、濃尾平野は地理的に畿内と東国の中間的位置にあり、古くから東西文化の交流やその結節点にあったし、それに河川が地域社会の形成に重要な役割を果たしたことを明らかにした。また、三世紀から四世紀にかけては、濃尾平野において前方後円墳の波及やその前夜の様相が発掘調査などによって次第に明らかになりつつある。各地での前方後円墳の出現は、それぞれの地域社会の政治構造と密接に関わる重要な現象であるが、それぞれの地域がどのようにこれを受けとめていったのかという受容の実態は今ひとつ不鮮明である。

そこで本節では濃尾平野の中でも後に東山道が通過する美濃平野を取り上げて、主要な古墳の分布や形成過程を整理し、古墳群の変遷や首長墓系譜を明らかにすることを目的とする。なお、この作業は首長墓系譜を通して政治的地域圏の検討や当時の政治的構造を探る上で基礎的な作業になるが、同時に美濃の地域的個性を抽出する一過程にも通じる。そのためにまず美濃における各地の首長墓の動向を概観するが、その場合、前方後円墳が出現する前後から終末期までを対象とし、小規模墳の様相にも注意を払いながら首長墓系譜を設定し、その画期と段階を検討する。(1)

さて、本論に入る前に研究史を概観しておきたい。岐阜県の古墳については、楢崎彰一がそれまでの踏査記録から一歩進んで、政治史的分析を発掘調査を通して深めた。楢崎は特に発生期古墳について、二〜三キロメートル四方領域を支配する小豪族の上にこれをまとめる大豪族の存在を想定し、小豪族が埋葬された小円墳は豊富な副葬品の出土より相対的に独立性の高い被葬者と解釈し、一定領域（郡）内の小豪族連合による地方国家が形成されたと論じた。(2) また、中司照世は自らの古墳踏査をもとに、「各地方において遅くとも四世紀後半にはいくつかの部族が結集し、部族連合体を結集していた」と考え、中でも「大型墳はその連合体の大首長墓」と位置づけ、大首長墓は「のちの律令制の数郡あるいは一国に相当する広範な地域を基盤」と解釈した。(3) 赤塚次郎は昼飯大塚古墳の評価や野古墳群の年代的再検討を行いつつ、尾張との関わりを視野に入れた研究を推進した。(4) そして、愛知県廻間遺跡の発掘事例を通して、濃尾平野での前方後方形墳丘墓や前方後方墳に着目し、その形成時期が前方後円墳に先行する三世紀には成立したことを論じ、前方後方墳に新たな方向性を示した。(5) 徳田誠志は濃尾平野の前期古墳について、墳形、規模、埋葬施設や副葬品から類型化を試みながら畿内政権の東進過程について論じ、各地域では「畿内政権の受容のしかたが異なっている」とし、「積極的な受け入れ方」が「畿内政権にとっての必要度の違い」と解釈した。そして美濃地域が畿内政権にとって近江・伊賀・伊勢地域を越え、重要な勢力基盤として位置づけられていた結果とみた。(6)

以上のようにこれまでの主な研究は、濃尾平野全体を視野に入れた研究が多く、また前期古墳を中心に力点が置かれた論考が目立った。したがって、一地域での終末期までの古墳群の動向については触れられることは少なく、地域間の関係も明らかにされていない現状にあったと言える。

2　古墳群の諸様相

本節では序章でも触れたように、一定の地域のなかでまとまりのある首長墓を「古墳群領域」（以下領域）なる概念を取り入れて分析を試みるが、この視点により美濃の古墳群はおよそ一二の領域に分けることができる。[7] すなわち、揖斐川水系では不破領域と池田領域と海津領域、揖斐川と根尾川を挟んだ大野領域、根尾川と長良川の間の本巣領域、そして長良川水系では方県領域、厚見領域、山県領域と武儀領域、木曽川流域は加茂領域、可児領域、各務領域である。[8] 以下やや長くなるが、古墳群領域ごとの首長墓などの動向について概観する。

A・不破領域

不破領域では大きく垂井の古墳群と大垣の赤坂古墳群に分けられるが、さらに前者は北群と南群に、後者は矢道、青墓、昼飯地区に細分できる。

垂井（北群） 垂井は相川を挟み、北部の古墳群と南部の南宮山を中心とする古墳群に分かれる。北部の代表的な古墳は垂井町親ヶ谷《おやがたに》古墳である。標高一八五メートルの尾根上に位置し、明治年間に鏡一四面や石製品を多数出土している。[9] 古墳は再測量により、墳丘長八五メートル以上を測る前方後円墳とされた。[10] 埋葬施設は南北方向の粘土槨で、箱形木棺と推定されている。後円部側には葺石がみられるが、埴輪は確認できない。この親ヶ谷古墳を盟主墳として尾根上に墳丘長三五・二メートルの前方後円墳である清塚《きよづか》四号墳や直径一〇メートルの清塚一号墳などが分布する。

親ヶ谷古墳の眼下には、扇状地上に立地する忍勝寺山《にんしょうじやま》古墳がある。忍勝寺山古墳の墳頂部は平坦に整地されているものの、周濠を備えた墳丘長五九・六メートル以上の帆立貝形前方後円墳と考えられる。[11] 過去に石製合子と銅鏃の出土を伝える。これ以後、顕著な首長墓はみあたらないが、終末期には南大塚《みなみおおつか》古墳が築造される。南大塚古墳は一辺二五メートル、高さ約六メートルの二段築成の方墳で、幅約五メートルの周溝を含めれば全長は三五メートルにも及ぶ。内部には全長一五・三メートルの両袖式の大型横穴式石室を採用し、石室からは須恵器、刀子、鉄

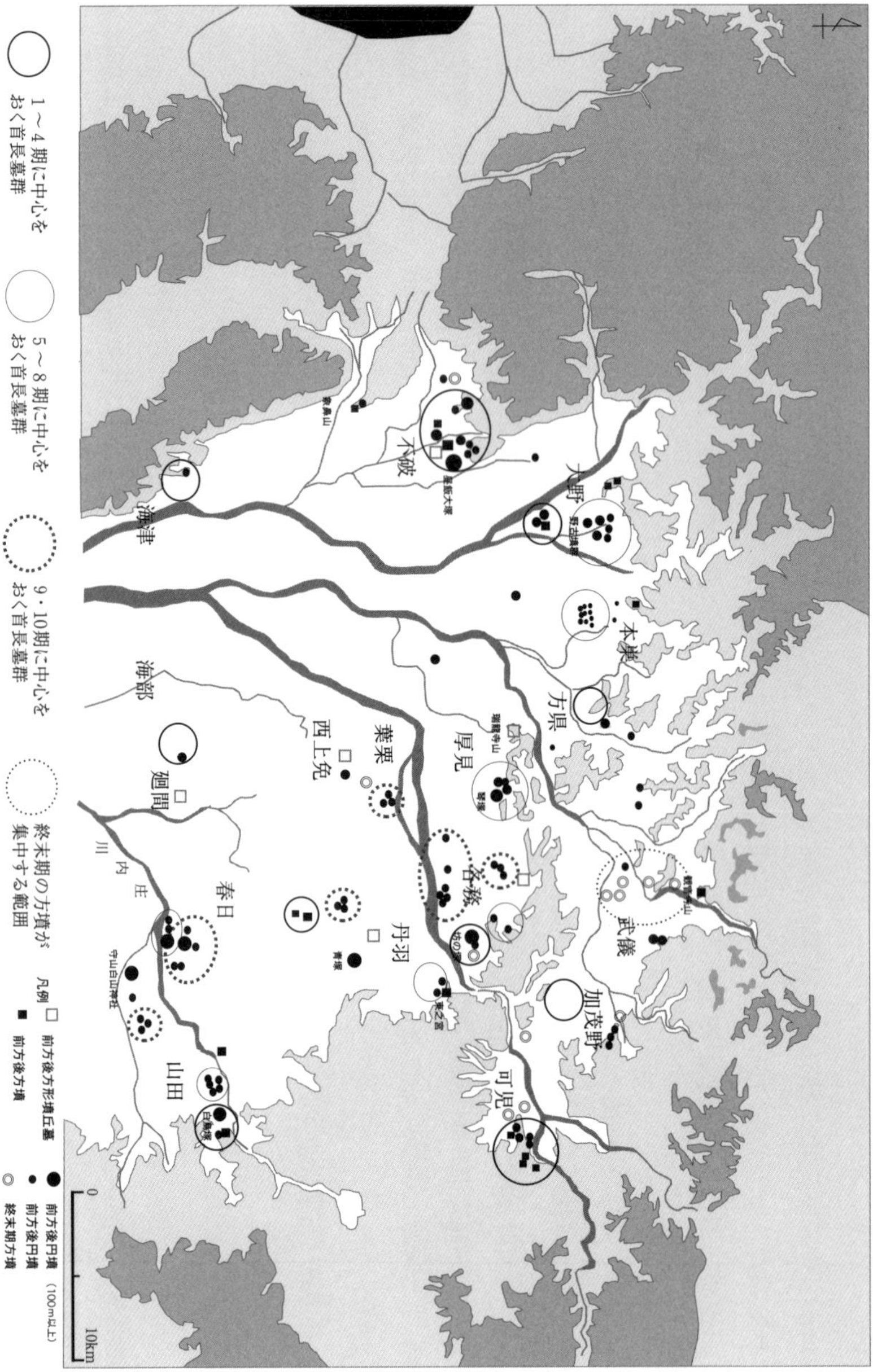

図15　濃尾平野の主な首長墓分布図

鏃が出土している。石室と須恵器から七世紀中頃と推定できる。[12] 他の大型墳には直径三五メートルの二段築成である円墳、兜塚《かぶとづか》古墳がある。

垂井（南群） 南部の古墳群は南宮山を中心に展開する。東・南斜面には尾根上に沿って方形墓（墳）群が形成され、[13] その代表的なものに養老町象鼻《ぞうびさん》山古墳群がある。標高一四二メートルの高所には墳丘長約四〇・一メートルを測る前方後方墳の一号墳を中心に、約二三基ほどの方形墓（墳）群が分布する。[14] 発掘調査が行われた一号墳は前方後方墳で、段築状の構造と埋め込みの葺石を備える。[15] 構築墓壙に伴う箱形木棺からは、双鳳紋鏡一面、琴柱形石製品三、鉄刀二、鉄剣六、鉄鏃五三などが出土している。

南宮山東斜面の標高二〇〇メートルに立地する垂井町南山五号墳（扇子平《おおぎこたいら》古墳）は、一辺五〇・一メートル、四一・五メートルの二段築成の大型方墳で、遠方に親ヶ谷古墳や昼飯大塚古墳を眺むことができる。葺石や埴輪（Ⅱ～Ⅲ期）を備える。なお、栗原古墳群のうち三号墳は墳丘長四四メートルの前方後円墳と推定されているほか、墳丘内から出土した土器と石組みなどから、前期古墳に先行する墳丘墓の可能性もある。[16] この他に宮代地区では車輪石や合子、琴柱形石製品など出土地不明ながらも前期古墳の存在を示唆する遺物が出土している点は留意したい。[17] なお、朝倉山《あさくらやま》古墳は墳形不詳ではあるが、外面調整にB種ヨコハケをもつ埴輪（Ⅳ期）が出土している。以上のように南部では大型墳は認められないものの、前方後円墳出現前後の墳丘墓が丘陵上に点在する。

赤坂　赤坂での古墳群は、矢道と青墓、そして昼飯地区の三つの小グループに分かれる。

矢道　大垣市矢道長塚《やみちながつか》古墳は標高一〇メートルの自然堤防上に立地し、隣接して高塚《たかつか》古墳がある。矢道長塚古墳は墳丘八七メートルの前方後円墳で後円部と前方部に陸橋部を付設し、周濠と葺石と埴輪を備える。[18] 後円部は一九二九年の粘土採取で削平され、主軸に直交する南北方向の粘土槨二基が発見されている。東棺では三角縁神獣鏡三面と鍬形石が、西棺は仿製三角縁神獣鏡二面を含む銅鏡三面と石釧七六個が出土し、副葬品と埴輪（Ⅱ期）が揃う標式古墳である。[19] 高塚古墳は大正年間に消滅しているが、墳丘長約六〇メートルの前方後方墳と推定される。葺石や埴輪の存在は不明であるが、竪穴状の石槨であったとされる施設からは仿製神獣鏡が一面出土している。[20]

また、矢道からも青墓からも離れた青野ではこれまで前期の首長墓が確認されていないものの、六神鏡一面や仿製内行花文鏡二面の出土が知られ、前期古墳の存在が推定される。[21] また西山二号墳（青野古墳）からは三環鈴とともに直刀が出土しているので、[22] 五世紀中葉を上限とする単独墳がみられる。終末期には直径約三一メートル、高さ五メートルを測る円墳、垂井町綾戸《あやど》古墳がみられる。周囲に幅八～一一メートルの周濠がめぐり、墳丘内部にはかつて横穴式石室が開口していた記録が残り、三足壺と鏡が伝えられる。[23]

青墓　青墓における代表的な古墳に遊塚《あそびづか》古墳がある。墳丘長八〇メートルの前方後円墳で、標高五〇メートルの独立丘陵上に立地する。葺石と埴輪（Ⅱ～Ⅲ期）を備え、後円部頂には粘土槨と推定された埋葬施設が、前方部頂には主軸に平行な埋納施設を有し、ここから陶質土器、滑石製祭器、鉄鏃や銅鏃などが出土している。[24] 標高二四メートルの扇状地上に立地する粉糠山《こぬかやま》古墳は墳丘長一〇〇メートルを測る前方後方墳で、埴輪（Ⅱ期）と葺石を備える。[25] 明治初年に古鏡、直刀、玉類や刀子形石製品が出土したと伝えられ、古鏡については珠文鏡をその候補にあてることができる。その後鉄刀六が後方部から偶然出土したことより、複数の埋葬施設の存在が考えられる。[26] 八幡山《はらまんやま》古墳は墳丘長四一メートルの前方後円墳で、墳丘上には葺石は認められるが埴輪は現状では確認できず、副葬品も不明である。このように青墓では遊塚古墳の前後に粉糠山古墳が、後続して八幡山古墳が築造された。

昼飯　昼飯は花岡山を中心とする丘陵と牧野台地を基盤とする古墳群に立地上分けることができる。花岡山《はなおかやま》古墳は標高七五メートルの丘陵上に位置し、発掘調査の結果、墳丘長五九・五メートルの二段築成をなす前方後円墳であることが明らかにされている。後円部頂にある長さ七・一メートルの竪穴式石室からは三角縁神獣鏡片と銅鏃などが出土しており、石製品や埴輪がないことを根拠に美濃における初期の古墳とされた。[27] 花岡山古墳のさらに尾根上には墳丘長五〇メートルあまりの前方後円墳があったことが記されているが詳細は不明である。また、花岡山古墳の眼下には標高二五メートルの牧野台地上に墳丘長約一五〇メートルの昼飯大塚古墳が位置する。葺石、埴輪（Ⅱ期）を備え、周囲には周壕をめぐらし、明治年間に碧玉製玉類、滑石製勾玉や棗玉などが出土したほか、銅鏃、巴形銅器、鏡二面の出土も伝える。[28] 埴輪も円筒埴輪のほか、家形・靫形・盾形・蓋形・甲冑形などの形象埴輪が確認でき、埋葬施設は長さ四・五メートルの竪穴式石室とそれに隣接した粘土槨が明らかにされている。後続する大型墳は現状では明確ではないが、金銅製馬具を出土した車塚古墳や東中道《ひがしなかみち》古墳などはその候補にあがる。[29]

B・池田領域

この領域には顕著な大型墳は確認されていないものの、後期から終末期にかけては池田山を中心に池田町願成《がんじょう》寺西墳之越《じにしつかのこし》古墳群を形成する。それに先行する中期初頭の築造と考えられる遠見塚《とおみづか》古墳は、直径三〇・四メートル、高さ四・九メートルの二段築成の円墳で、埋葬施設は粘土槨と推定されている。調査によって葺石と埴輪（Ⅲ期）をもつことが明らかにされた。[30] 雨乞塚《あまごいづか》二号墳も直径二六メートル、高さ四メートルの円墳で、墳頂部に長さ四・二八メートル、幅〇・九六メートルの竪穴式石室を備える。石室内からは鉄鎌、鉄鏃、馬具、鉇が出土し、葺石や埴輪（Ⅳ期）をもった五世紀中頃の古墳と考えられている。[31] こうした山地の高所に位置する円墳に対して、自然堤防上に立地する中期の前方後円墳は中八幡《なかやわた》古墳である。中八幡古墳は復丘長四三メートル、後円部径二三・五メートル、前方部幅一三メートルを測り、後円部裾には埴輪が据えられた。[32] 埴輪（Ⅳ期）の外面調整はB種ヨコハケなどであり、調査前に出土した鉄剣、鉄刀、鉄鏃のほかに伽耶系の馬具と三角板鋲留短甲を伴う。

C・大野領域

この領域では揖斐川と根尾川の合流点付近に位置する大野町上磯《かみいそ》古墳群と北部の野《の》古墳群に分かれる。

上磯　古墳群は標高二五メートルの自然堤防上に立地する古墳群で、前方後円（方）墳三基、円墳二基からなる。

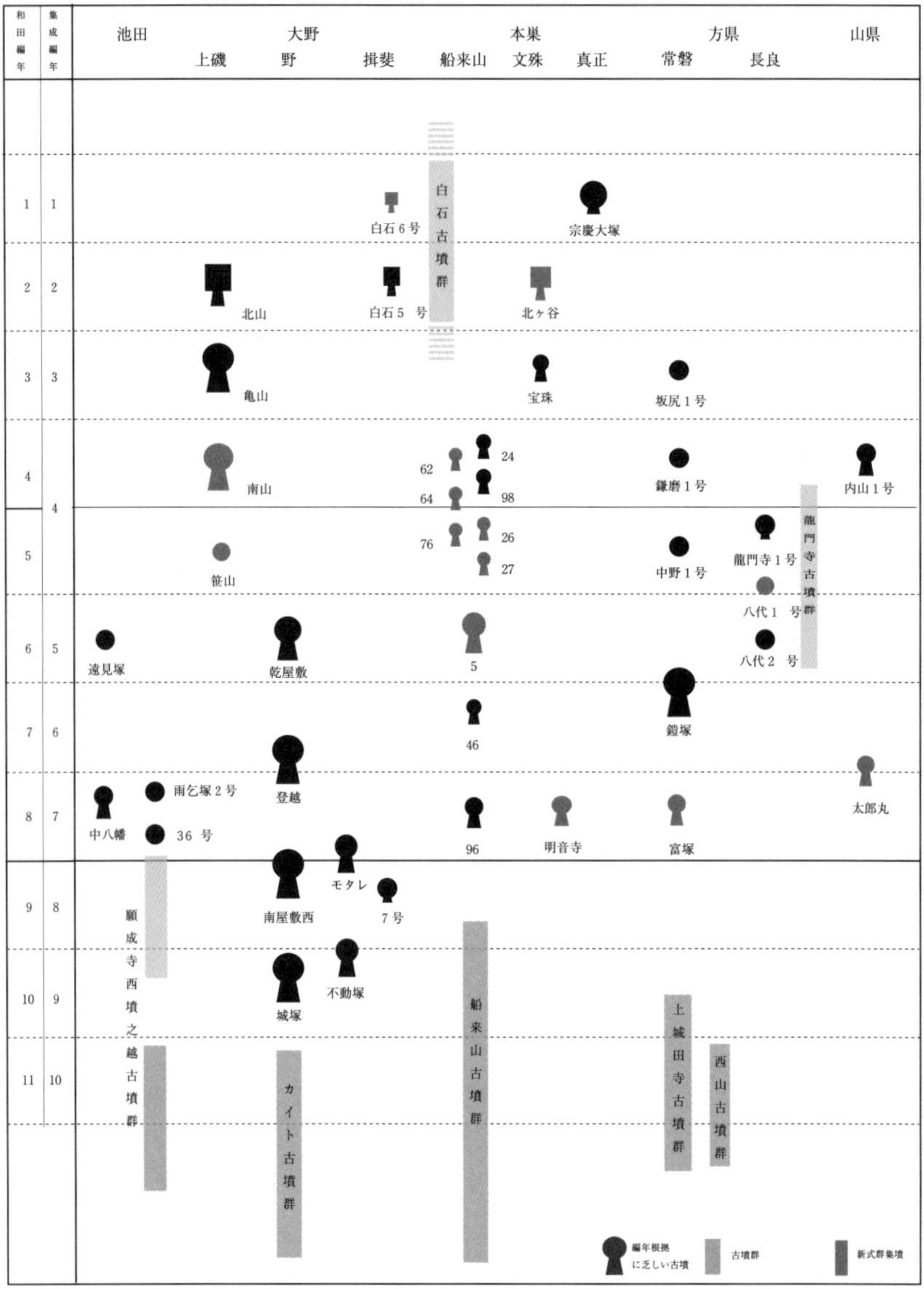

和田編年
集成編年
池田
大野
上磯
野
揖斐
船来山
本巣
文殊
真正
方県
常磐
長良
山県
白石古墳群
白石6号
宗慶大塚
北山
白石5号
北ヶ谷
亀山
宝珠
坂尻1号
南山
62
24
64
98
76
26
27
鎌磨1号
内山1号
笹山
中野1号
龍門寺1号
龍門寺古墳群
八代1号
八代2号
遠見塚
乾屋敷
5
46
鎧塚
登越
太郎丸
中八幡
雨乞塚2号
36号
96
明音寺
富塚
南屋敷西
モタレ
7号
願成寺西墳之越古墳群
不動塚
城塚
船来山古墳群
上城田寺古墳群
西山古墳群
カイト古墳群
編年根拠に乏しい古墳
古墳群
新式群集墳

首長墓系譜（1）

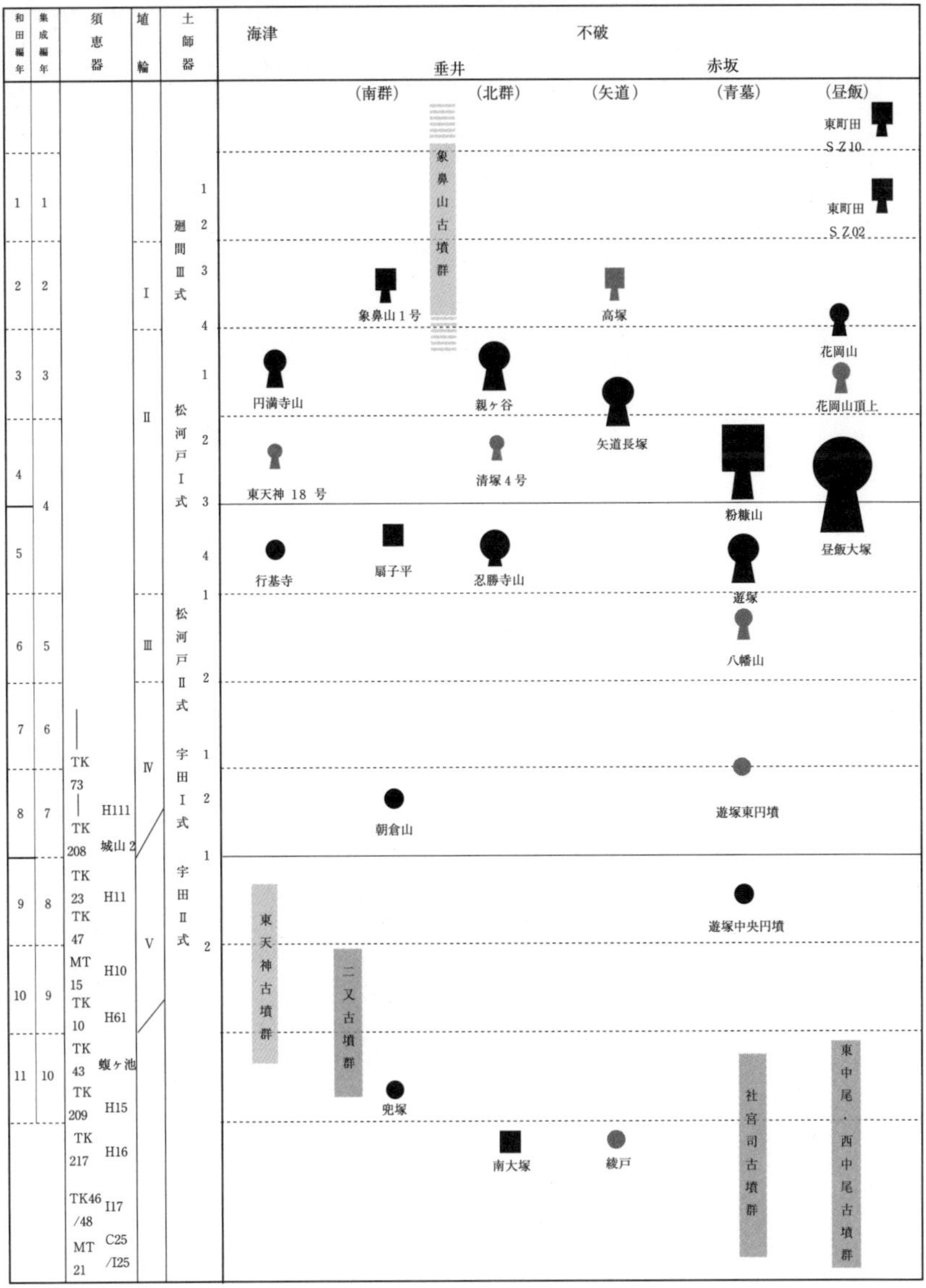

和田編年
集成編年
須恵器
埴輪
土師器
海津
不破
垂井
赤坂
(南群)
(北群)
(矢道)
(青墓)
(昼飯)
東町田 SZ10
東町田 SZ02
象鼻山古墳群
象鼻山1号
高塚
花岡山
円満寺山
親ヶ谷
矢道長塚
花岡山頂上
東天神 18 号
清塚4号
粉糠山
昼飯大塚
行基寺
扇子平
忍勝寺山
遊塚
八幡山
遊塚東円墳
朝倉山
遊塚中央円墳
東天神古墳群
二又古墳群
兜塚
南大塚
綾戸
社宮司古墳群
東中尾・西中尾古墳群
廻間Ⅲ式
松河戸Ⅰ式
松河戸Ⅱ式
宇田Ⅰ式
宇田Ⅱ式
Ⅰ
Ⅱ
Ⅲ
Ⅳ
Ⅴ
TK73
TK208
TK23
TK47
MT15
TK10
TK43
TK209
TK217
TK46/48
MT21
H111
城山2
H11
H10
H61
蝮ヶ池
H15
H16
I17
C25/I25

図16　美濃の

北山《きたやま》古墳は墳丘長八三メートルの前方後方墳であることが測量調査で明らかとなっている[33]。周濠は判然としないが、墳丘は二段築成をなし埴輪は未確認であるが葺石を備える。過去に「長宜子孫」銘内行花文鏡一面のほか、鉄斧、直刀、鉄鏃が出土している。また亀山《かめやま》古墳は墳丘長約九八メートルに及ぶ二段築成の前方後円墳である。葺石は備えるものの、埴輪は未確認である。後円部からは鉄刀、鉄鏃が、前方部からは四獣形鏡と六獣形鏡が江戸時代に出土している[34]。南山《みなみやま》古墳は約九六・三メートルを測る大型古墳であるが、現状での改変は著しく、地籍図からは前方後方墳とも読みとれるが判然としない。過去の出土記録はなく詳細は不明である。笹山《ささやま》古墳は直径約四〇メートルの円墳とされるが現在は消滅している。内行花文鏡一面と銅鏃二の出土記録が残る[35]。南山古墳隣接地と墳丘封土から出土した土器は、廻間Ⅰ式期からⅡ式期の土器が含まれており、これにより古墳築造の上限を知りうるだけでなく周辺の集落と造墓の関係を読みとることができる[36]。

野

上磯古墳から北へ四キロメートルの扇状地上には、前方後円墳六基、帆立貝形前方後円墳二基、方墳二基、円墳一〇基以上からなる野古墳群が位置する[37]。古墳群で最初に築造されたのは、六号墳（乾屋敷《いぬいやしき》古墳）で、その後四号墳（登越《のぼりこし》古墳）、三号墳（南屋敷西《みなみやしきにし》古墳）そして五号墳（城塚《しろづか》古墳または南出口《みなみでぐち》古墳）の前方後円墳が連続して築造された。このうち登越古墳は一九九一年に測量が行なわれ、墳丘長八三・三メートルを測る三段築成の前方後円墳とされるが[38]、検出された前方部裾の葺石を基準にすれば、墳丘長は八六・七メートルに及ぶ。南屋敷西古墳は一九八三年に範囲確認調査が行われ、墳丘長七六メートルを測る前方後円墳であることが明らかにされている[39]。副葬品に関する情報はないが、現在東京国立博物館に保管されている三葉環頭大刀が可能性としてある[40]。城塚古墳（南出口古墳）は墳丘長七五メートルを測る三段築成の前方後円墳で、副葬品としては後円部頂の石室から鏡、刀、馬具が出土したと伝えられるが、鍍金獣帯鏡は踏返鏡とも指摘されている。

一号墳（モタレ古墳）は現状では前方部が削平されているが、発掘調査によって前方部の痕跡が確認され、墳丘長約五四メートルの前方後円墳であることがわかった。(41)七号墳は墳丘長二九メートルを測り、埋葬施設は長さ三・二メートル、幅〇・八四メートル、高さ一・〇メートルの竪穴式石室が確認されている。(42)またモタレ古墳の東に位置する不動塚《ふどうづか》古墳は、墳丘長六四メートルの二段築成の前方後円墳で、埴輪と葺石そして周濠を備える。(43)

以上のように野古墳群は、乾屋敷古墳→登越古墳→南屋敷西古墳→城塚古墳とする大型前方後円墳からなる首長墓系譜と併存しながら、中規模クラスのモタレ古墳→不動塚古墳という首長墓系譜が、さらにこれらの周囲には小規模な円墳や方墳がとりまく構成をとる。

この野古墳群を見おろす丘陵上に立地する押ヶ谷《おしがたに》古墳は、墳長四五・七メートルの前方後円墳で、後円部径二四メートル、高さ四メートル、前方部幅二〇メートル、高さ二・五メートルを測る。葺石や埴輪は認められない。

揖斐　揖斐川上流左岸の標高一八〇メートルの尾根上には、前方後方墳二基と一辺一〇メートル前後の方形墓（墳）群からなる揖斐川町白石《しらいし》古墳群が分布する。このうち前方後方墳である六号墳（墳丘長二五メートル）と五号墳（墳丘長四〇メートル）には、段築、葺石や埴輪はみられない。周囲には後続する首長墓は認め難く、独立的な墓域にある造墓として理解できる。

D・本巣領域

本巣では北部の船来山《ふなきやま》を中心とする古墳群と扇状地上に位置する古墳に分かれる。

船来山　船来山（標高一〇〇メートル）に分布する古墳群には本巣市船来山二四号墳や二七号墳のように前期古墳が分布するほか、横穴式石室を埋葬施設とする古墳が七世紀まで築造をみる。(44)船来山二四号墳は径二〇メートル前後の円墳で埋葬施設は粘土槨と推定されるが、後円部に短い造り出しが付設する可能性がある。ここからは半肉彫式獣帯鏡一面、仿製鏡五面のほか石釧などが出土し、豊富な副葬品が知られている。同じく二七号墳の円墳からも鼉龍鏡一面が出土しているし、「伝船来山古墳群出土」とする車輪石や紡錘車形石製品が知られており、前期古墳が集中する。

この船来山古墳群では前期後半から中期にかけて、東西の丘陵上にそれぞれ首長墓系譜が認められる。東群には前述した二四号墳を嚆矢に、方形板革綴短甲を出土した墳丘長三九メートルの前方後円墳（九八号墳）や二七号墳までの四基が、一方西群では、六二号墳、六四号墳、七六号墳のような墳丘長約二〇～三〇メートルの前方後円墳が継続して築造されている。そしてこれらの系譜を統括するように五号墳が登場し、その後首長墓がみられなくなる。ちなみに五号墳は墳丘長約六二メートルを測る二段築成の前方後円墳で、埴輪はみられないものの葺石を備える。

文珠　船来山とは丘陵を異にして墳丘長四〇メートルの前方後円墳、本巣市宝珠《ほうじゅ》古墳が立地する。葺石、埴輪を備え、埋葬施設の粘土槨からは禽獣帯鏡一面、四獣形鏡一面と石釧一が出土している。さらに標高一一二メートルの山頂には北ヶ谷《きたがたに》古墳が確認されている。墳丘長五九メートルを測る前方後方墳と推定され、葺石が認められる。後方部と前方部の比高差は一・〇メートルと低く古相である。なお、眼下にある直径六〇メートルの円墳、文珠《もんじゅ》古墳は古墳自身に疑問が残る。

この他に船来山の後方の独立丘陵上に岐阜市明音寺《みょうじ》古墳群が分布する。明音寺一号墳は墳丘長五三・一メートルの前方後円墳で、二段築成の墳丘には葺石や埴輪は認められない。後円部と前方部の比高差は一・八メートルと前方部が低い。その南側にある二号墳は原形が保たれておらず、直径一二メートルの円墳とされるが前方後円墳の可能性も残る。珠文鏡と玉類が出土している。(45)

真正　船来山の南部に位置する本巣市宗慶大塚《そうげおおつか》古墳は標高一三メートルの扇状地上に立地する単独墳である。一九八八年の確認調査によって墳丘長が約六三メートルに及ぶ前方部が撥形に開く墳形が復元されている。くびれ部から出土した土器は廻間Ⅱ式期後半からⅢ式期とされる。(46)この他にも瑞穂市居倉大塚《いくらおおつか》古墳などがあるが詳細は不明である。(47)

E・方県領域

方県では鳥羽川右岸の丘陵上に分布する岐阜市常磐《ときわ》古墳群と長良川右岸に位置する龍門寺《りゅうもんじ》古墳群などに分かれる。

常磐　標高一〇〇メートルの丘陵山頂には坂尻《さかじり》一号墳、鎌磨《かまとぎ》一号墳が、そして別丘陵上に中野一号墳が立地する。坂尻一号墳は直径三〇メートル、高さ五・五メートルを測る大型円墳で、粘土槨からは「日・月」銘の三角縁神獣鏡一面と六神鏡一面、鍬形石一、石釧一、碧玉製合子一が出土している。また、鎌磨一号墳は直径二七メートルの円墳で、葺石と埴輪を備え、粘土槨からは方格T字鏡一面、石釧一などが出土している。さらに円墳である中野一号墳からは六神鏡一面、滑石製の刀子形石製品二や坩形石製品一が出土している。このように連続的に築かれた大型円墳群は、坂尻一号墳、鎌磨一号墳、中野一号墳という順序で築造されたと推測できる。なお、丘陵の麓に位置した墳丘長六〇メートルの前方後円墳とされる富塚《とみづか》古墳は、現在消滅しているものの四獣形鏡一面を出土している。[48]

こうした周囲の古墳群を見おろす標高二三二メートルの眉山山頂には墳丘長約七九メートルを測る鎧塚《よろいづか》古墳が立地する。この古墳は二段築成をなし葺石と埴輪（Ⅲ～Ⅳ期）を備え、埋葬施設は主軸に直交した竪穴式石室と推定される前方後円墳である。[49]後円部頂で採集された陶質土器[50]は、古墳築造時期に伴うものなのか、あるいはその後の儀礼に伴うものかは現状では速断できない。前方部前面に一二・五メートル×一一メートル以上、高さ三・五メートルの方墳を伴う。

長良　龍門寺古墳群は長良古墳群に属する前期から中期にかけての古墳群である。中でも龍門寺一号墳はこれまで直径一七メートル、高さ三メートルの円墳とされてきたが、割竹形木棺内に船載三角縁神獣鏡一面を含む三面と長方板革綴短甲一、石釧一などの豊富な副葬品を有する短い造り出しをもつ古墳と考えられる。[51]同じ丘陵上の一二号墳から一五号墳までの四基の円墳（直径一八メートルから二四メートル）には、鏡あるいは石釧が副葬されている。(52) 同じ長良古墳群に属する八代《やつしろ》一号墳は直径四五メートル、高さ四・五メートルを測る大型円墳であるが、隣接する直径四〇メートルの二号墳からは埴輪（Ⅲ期）が採集されていることから五世紀前半を下限と推測でき、龍門寺古墳群に後続する。北方の佐賀地区には墳丘長三六メートルの前方後円墳が位置するが、後円部の高さは二・八メートル、前方部一・〇メートルを測り、前方部が相対的にやや高い墳丘をもつ。葺石は認められるが埴輪は未確認である。

F・山県領域

この領域では岐阜市内山《うちやま》一号墳、太郎丸《たろうまる》古墳などの前方後円墳や東北浦《ひがしきたうら》古墳などの円墳で構成する三輪古墳群がある。内山一号墳は墳丘長四五メートルの埴輪（Ⅱ期）を備えた前方後円墳で、船載三角縁神獣鏡二面が出土している。一方、墳丘長約四五メートルの太郎丸古墳は、副葬品こそ不明であるが葺石、埴輪（Ⅳ期）を備え、後円部と前方部の比高差が四・〇メートルあまりと前方部が低い古墳である。

G・厚見領域

厚見は瑞龍寺山に分布する岐阜市瑞龍寺山古墳群と台地上の那加地区にある各務原市那加《なか》古墳群とに分かれる。

瑞龍寺山　瑞龍寺山には、瑞龍寺山第二―一号墳や第三―一号墳のように一〇メートル前後の円墳からそれぞれ四獣鏡、仿製内行花文鏡と石製品が出土しているほか、「伝瑞龍寺山古墳群出土」とする鍬形石や車輪石が採集されているなど、前期古墳の存在が推測される。(53) 一方、標高七メートルの自然堤防上には岐阜市佐波《さば》古墳が立地する。墳形・規模は不詳であるが、画文帯環状乳神獣鏡一面を含めた四面の鏡と石釧二、紡錘車形石製品二が出土していることから、この地に前期より有力な首長墓が存在したことを示唆している。(54)

那加　那加地区には四基の前方後円墳が築造される。その中で現存する各務原市柄山《からやま》古墳は墳丘長八三メートルの前方後円墳で、三段築成で葺石、埴輪（Ⅱ～Ⅲ期）を備える。南塚《みなみづか》古墳も墳丘長約八五メートルを測り、土山《どやま》古墳も墳丘長五八メートルの埴輪を備えた前方後円墳であることが記録されている[55]。岐阜市琴塚《ことづか》古墳は墳丘長一一五メートルの前方後円墳で、周囲には二重周濠を繞らす。副葬品の出土記録はないが、無黒斑の埴輪を伝えることから現状では五世紀中頃から後半と位置づけておきたい。

H・武儀領域

長良川の中流域に位置する美濃市周辺の藍見《あいみ》古墳群と関市小瀬地区の武儀《むぎ》古墳群に分かれる。

藍見　観音寺山古墳とその周囲には前方後円（方）墳が確認されている。このうち観音寺山古墳は標高一五五メートルの山頂に立地する墳丘長二〇・五メートルの古墳で、長さ七メートルの前方部がつく前方後方形を呈する。岩盤を掘り込む長さ四・一メートルの埋葬施設からは、破砕を受けたと推定される方格規矩四神鏡一面のほかに仿製鏡一面、翡翠製勾玉二、水晶小玉三やガラス小玉一八が出土している[56]。

小瀬　一方、関周辺での前期古墳は現在まで確認されていないが、五世紀前半には標高九三メートルの丘陵頂に直径約二二メートルの後円部に短い造り出しをもつ砂行一号墳が出現する。その第一主体部からは破片ながらも長方板革綴短甲が出土している[57]。その後、同様な造り出し円墳とする南青柳《みなみあおやなぎ》古墳にも鋲留短甲片が伴うように武具の副葬が顕著となる[58]。また、初期横穴式石室とされる埋葬施設とともに尾張系の埴輪を備えた後平茶臼《あとひらちゃうす》古墳も同じく短い造り出しをもつ[59]など、五世紀以降に造墓活動が活発化する。

この前後に墳丘長二四メートルの前方後円墳、片山西塚《かたやまにしづか》古墳が築造されると推定されるが、葺石を備えるものの埴輪は認められない[60]。後円部と前方部の比高差が〇・七メートルと小さく前方部の高い墳丘である。隣接する片山東塚古墳は円（方）墳である。このように五世紀前半から後半代にかけて後円部に短い造り出し部を有する墳形をもつ古墳や二〇～三〇メートル前後の小規模な前方後円墳が点在する特徴がみられる。

このほか、小瀬周辺には終末期古墳に属すると思われる大型方墳が数基分布する。そのうちの小瀬《おぜ》方墳は一辺二二・五メートル、高さ三・九メートルを測る三段築成の方墳で規模も大きい(61)。同じ小瀬には御前塚《おまえづか》古墳や八王子《はちおうじ》古墳のほかに、長良川右岸に位置する一辺二二メートルの池尻大塚《いけじりおおつか》古墳や一辺二四メートルの殿岡《とのおか》古墳が立地するなど、方墳の顕在化が窺える。

I・加茂領域

加茂は富加周辺の古墳群と美濃加茂を中心とした加茂野《かもの》の古墳群に分かれる。

富加　加茂郡富加町は正倉院文書の戸籍に出てくる半布里《はにゅう》の故地と推定されている地区で、この周囲に古墳群がみられる。丘陵上には前方後円墳三基、大型円墳一基を含む古墳群が形成されており、この地域が県主集団の本拠地とする考えもある(62)。夕田茶臼山《ゆうたちゃうすやま》古墳は標高二〇メートルの丘陵上に立地し、墳丘長三九・〇メートルを測る前方後円墳である。前方部が低くて狭く、葺石や埴輪は認められない(63)。愛宕《あたご》古墳は墳丘長二四・七メートルの小型の前方後円墳で、現状での後円部の高さは四・〇メートルを測り、葺石を備えるが埴輪は認められない。終末期になると、井高《いだか》一号墳（火塚古墳）が登場する。古墳は一辺二四・六メートル×二三メートル、高さ五・五メートルの二段築成の大型方墳で、内部には一段目に築かれた南へ開口する横穴式石室を採用している。石室長は約九メートルを測り、過去に須恵器、土師器、刀剣が出土している(64)。

加茂野　美濃加茂では大型円墳が顕著である。太田大塚《おおたおおつか》古墳は直径三二メートルの円墳で、粘土槨を埋葬施設とし、過去に内行花文鏡一面や鉄製品が出土している(65)。鷹之巣大塚《たかのすおおつか》古墳も同様に大型円墳と推定されており、方格規矩鏡一面、巴形銅器、鉄鏃、槍などが出土した(66)。木曽川に近い標高一一八メートルの丘陵上に位置する坂祝《さかほぎ》町前山《まえやま》古墳は、過去に古相の仿製鏡三面が出土しており注目できる前期古墳である(67)。しかしその後の中・後期の首長墓は顕著でなく、終末期になって大型方墳の火塚《ひづか》古墳が登場する。この坂祝町の火塚古墳は、一辺三一・〇メートル×二八・六メートル、高さ五・〇メートルを測る二段築成の方墳で、南に開口する横穴式石室は全長約一五・八メートルを測る大型の両袖式横穴式石室である。副葬品などは明らかではないが、石室構造から見て七世紀前半から中葉頃と考えられる。

J・可児領域

木曽川左岸に位置する可児市前波《まえなみ》の古墳群と御嵩町にある伏見古墳群に分かれる。

前波　前波古墳群は中恵土の中位段丘面上に立地し、西寺山《にしてらやま》古墳、野中《のなか》古墳、長塚《ながつか》古墳の三基の前方後円（方）墳から構成される。西寺山古墳は後方部が二段築成の前方後方墳で、前方部の大半が削平を受けているものの、発掘調査の結果、推定長六〇メートルに及ぶことが明らかとなった(68)。野中古墳は推定長五八メートルを測る前方後円墳である。後円部頂には主軸に直交した二つの竪穴式石室を備え、第一の石室からは鉄剣および鉄刀八が、第二の石室からは仿製三角縁神獣鏡一面が出土している(69)。また長塚古墳は墳丘長七二メートルの二段築成の前方後円墳で、葺石や埴輪は確認できない。前方部頂からは主軸に平行する木棺が確認され、捩文鏡一面と石釧一などが出土している(70)。これらの築造順序は、西寺山古墳、野中古墳、長塚古墳の順と推定されている(71)。

身隠山　前波古墳群から離れた丘陵上には可児市身隠山《みかくしやま》古墳群と称する御嶽《みたけ》古墳と白山《はくさん》古墳の大型円墳が立地する。御嶽古墳は直径三六メートル、高さ四・五メートルを測る二段築成の円墳で、粘土槨の埋葬施設からは「長生宜子」銘の内行花文鏡一面を含む三面の鏡や石釧三、硬玉製勾玉類が出土している(72)。一方、白山古墳は直径四二メートル、高さ四・五メートルの二段築成の円墳で、二つの粘土槨の埋葬施設をもち、西棺からは鼉龍鏡一面、仿製内行花文鏡一面のほか、鍬形石四、車輪石一、筒形石製品一、剣一などの豊富な碧玉製品や巴形銅器二を出土している(73)。二つの古墳は近接した時期で連続した築造が考えられる。

川合地区では後期から終末期にかけて大型墳が顕著にみられる。大正年間に消滅した狐塚《きつねづか》古墳は墳丘長六三メートルの前方後円墳で、川原石積みの横穴式石室内に凝灰岩製の石棺が配置されていた(74)。また、発掘調査により明らかとなった宮之脇一〇号墳は、後円部径一七・八メートル、造り出しを含めれば二一・〇メートルの古墳で、同じく一一号墳も造り出しを含む墳丘長が二〇・七メートルとなる古墳である。この一一号墳の墳丘裾からは須恵質埴輪とともに装飾須恵器が出土し、狐塚古墳築造前の六世紀前半の築造と考えられている。[75] 終末期古墳では直径一七メートルの三段築成の稲荷塚《いなりづか》一号墳を含む稲荷塚古墳群が分布し、近くには一辺二九・五メートルに及ぶ大型方墳、次郎兵衛塚《じろうべえづか》一号墳が立地する。二段築成の墳丘には三つの横穴式石室が作られ、中央の石室は一五・五メートルを測る大型の両袖式横穴式石室を採用し、六世紀末葉から七世紀の築造と考えられている。[76]

伏見　御嵩には高位段丘上に立地する伏見古墳群があり、東寺山《ひがしてらやま》一号墳や二号墳、そして高倉山《たかくらやま》古墳を含めた七基の古墳がある。東寺山一号墳は前方部が削平を受けているものの、墳丘長約四一メートルの前方後方墳とされる。前方部長が一四〜一五メートル、高さ一メートルと短い。後方部頂の粘土槨からは仿製鏡が一面のほか、銅鏃五などが出土しており、鏡は奈良県天神山古墳と同型鏡である。[77] 二号墳は墳長約五八メートルの二段築成となる前方後方墳で、墳丘に川原石の葺石を施す。一・二号墳ともに段丘の先端部に立地し、周囲を見渡すことができる好適地にある。また近くの伏見大塚《ふしみおおつか》一号墳は直径三〇メートルの竪穴式石室を備えた二段築成の円墳と報告されてい

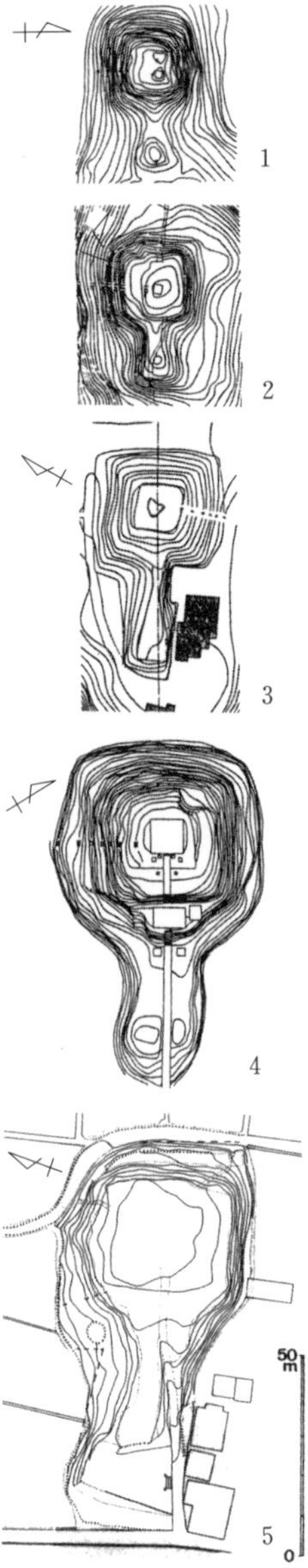

図17　美濃の前方後方墳
(1/250)（各報告書による）
（1高倉山古墳，2象鼻山1号墳，3東寺山2号墳，4北山古墳，5粉糠山古墳）

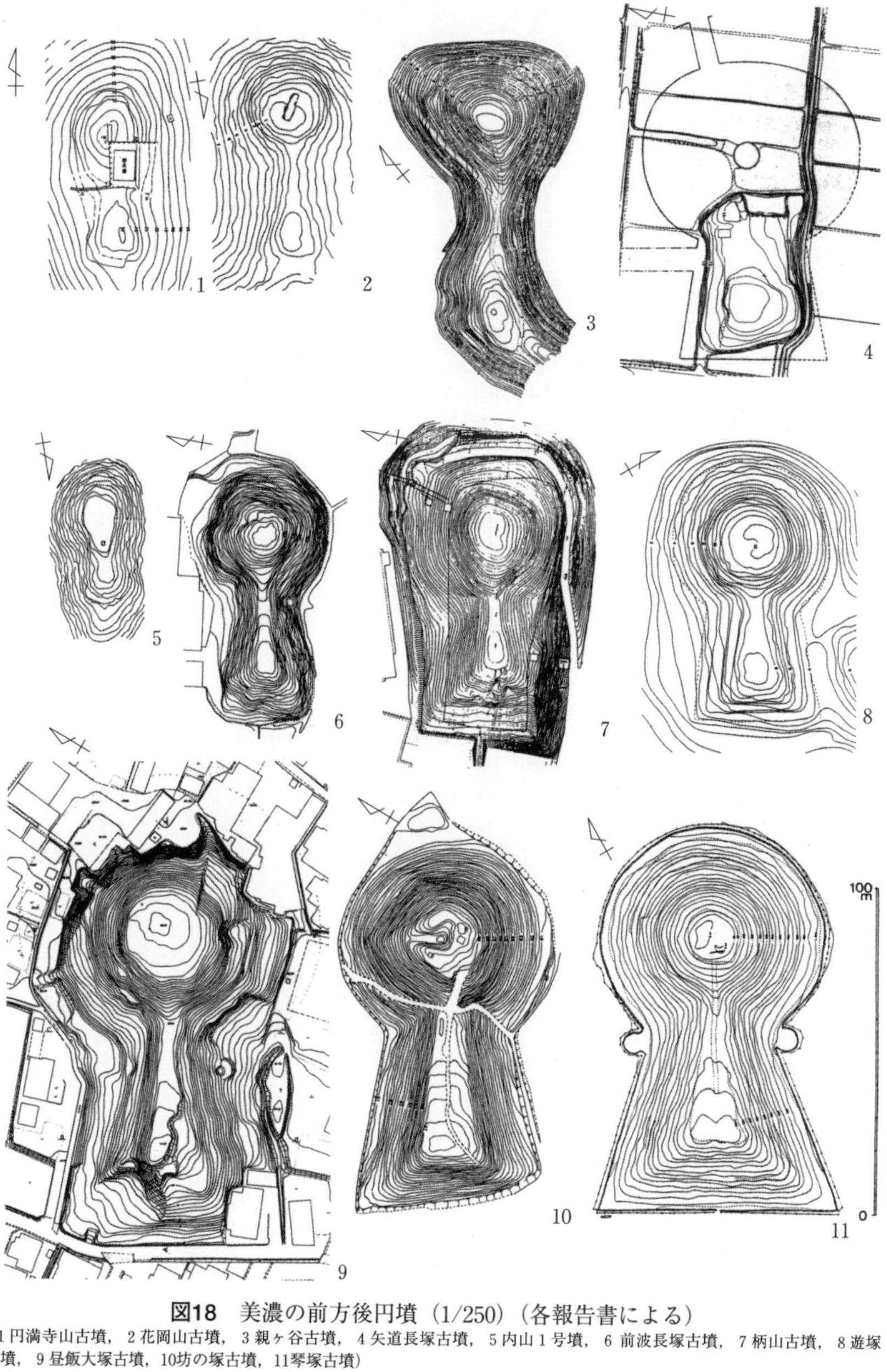

図18　美濃の前方後円墳（1/250）（各報告書による）
（1円満寺山古墳，2花岡山古墳，3親ヶ谷古墳，4矢道長塚古墳，5内山1号墳，6前波長塚古墳，7柄山古墳，8遊塚古墳，9昼飯大塚古墳，10坊の塚古墳，11琴塚古墳）

るが(78)、方墳の可能性を残す。

一方、標高一二四メートルの丘陵上に立地する高倉山古墳は、墳丘長四一・五メートル、後方部一辺二四・五メートル、前方部幅一三メートルを測る前方後方墳である(79)。また、高倉山古墳からさらに東へ入った位置に中切《なかぎり》一号墳がある。この古墳は墳丘長四二メートルを測り、後円部に長さ一〇・二メートルの片袖式横穴式石室を採用する前方後円墳である。石室の形態や石材の使い方から六世紀中頃に位置づけられ、美濃における前方後円墳に採用された最初の横穴式石室である。宮之脇一〇号墳と同様な須恵質埴輪を出土した美佐野高塚《みさのたかつか》古墳は、消滅前の観察から直径三〇メートルの円墳と推定されている(80)。

K・各務領域

鵜沼　各務原《かがみはら》台地に位置する各務原市鵜沼《うぬま》古墳群と境川上流の各務古墳群、そして蘇原《そはら》地区での古墳群と伊木《いぎ》周辺の稲羽の古墳群に分かれる。

鵜沼地区の坊《ぼう》の塚《つか》古墳は墳丘長一二〇メートルを測る前方後円墳で、その規模では昼飯大塚古墳に次ぐものである。墳丘は三段築成で葺石と埴輪（Ⅱ～Ⅲ期）を備え、後円部頂には竪穴式石室と思われる埋葬施設が推定されている。過去に滑石製祭器（刀子一・斧一）と勾玉、管玉、臼玉が採集され、これらの情報から上限は四世紀末葉と推定されている(81)。一輪山《いちりんやま》古墳は、直径九メートルから三〇メートルの幅で考えられている円墳である。舶載三角縁神獣鏡一面が出土している。衣裳塚《いしょうづか》古墳は直径五二メートル、高さ七メートルの大型円墳であるが、前方後円墳の可能性も残す。これらの前期古墳に後続する古墳は明確ではないが、直径三八メートルの大型円墳である金縄《きんじょう》塚《づか》古墳などは二段築成をなし、葺石を備えている点でその候補にある。やや離れて桑原野山《くわばらのやま》一号墳は初期の横穴式石室を採用した墳丘長約一八メートルの小規模な前方後円墳として確認されている(82)。

なお、各務・須衛地区には墳丘長三〇メートルあまりの前方後円墳として洞《ほら》ひさご塚《づか》古墳や郷戸《ごうど》古墳がある。終末期には一辺二二・七メートルを測る二段築成の大型方墳、鵜沼西町《うぬまにしまち》古墳が築造され、長さ一一・八メートルの大型石室が採用されている。この方墳によってこの地に引き続き首長墓が継続してあることが明らかとなった(83)。

蘇原　境川上流の南に位置する野口山の古墳群と各務山西端にある蘇原古墳群からなる。ここでは坂井狐塚《さかいきつねづか》古墳（墳丘長三〇～六〇メートル）、的場《まとば》古墳（墳丘長三〇～四〇メートル）そして野口南大塚《のぐちみなみおおつか》古墳（墳丘長約六〇メートル）などの前方後円墳が築造されたが、現在は消滅しており詳細は不明である(84)。

稲羽　伊木山上に位置する古墳群とその西方にある独立丘陵上の荒井山《あらいやま》古墳を含む古墳群である。墳丘長約三六メートルの荒井山古墳は埋葬施設に横穴式石室を採用した後期の前方後円墳で、現在は消滅している。伊木山に位置する墳丘長約五五メートルのふな塚古墳は、後円部と前方部にそれぞれに川原石積みの横穴式石室をもち、過去に出土した鉄剣や伝馬具（杏葉）が知られている(85)。近接する大牧《おおまき》一号墳は全長七・四メートルの横穴式石室の中に家形石棺を置く前方後円墳で、ふな塚古墳の次世代と推定される(86)。なお、大牧四号墳は墳丘長二三メートルの消滅した前方後円墳、西町一号墳も墳丘長一二メートルで短い造り出しをもつ円墳の可能性を残している。

L・海津領域

海津　海津市円満寺山《えんまんじやま》古墳は墳丘長約六〇メートルの葺石（埴輪）を備えた美濃でも初期に位置づけられる前方後円墳である。後円部頂の川原石を使った竪穴式石室からは、画文帯求心式神獣鏡一面のほか舶載三角縁神獣鏡二面を含む三面の鏡が出土している(87)。行基寺《ぎょうぎじ》古墳は標高一五〇メートルの丘陵上に立地し、墳形や規模は不詳であるものの、粘土槨と推定される埋葬施設からは仿製鏡四面と石釧四を含む副葬品が出土している。東天神《ひがしてんじん》古墳群は独立した標高約四〇メートルの丘陵に立地し、東天神一八号墳（狐山《きつねやま》古墳）の前方後円墳をはじめとする古墳群で構成される。東天神一八号墳からは舶載三角縁神獣鏡一面が過去に出土し、他の二三基の古墳は中・後期古墳と考えられる(88)。発掘調査された六・七・八号墳は木棺直葬とする円墳であり、須恵器片や埴輪片が出土している。

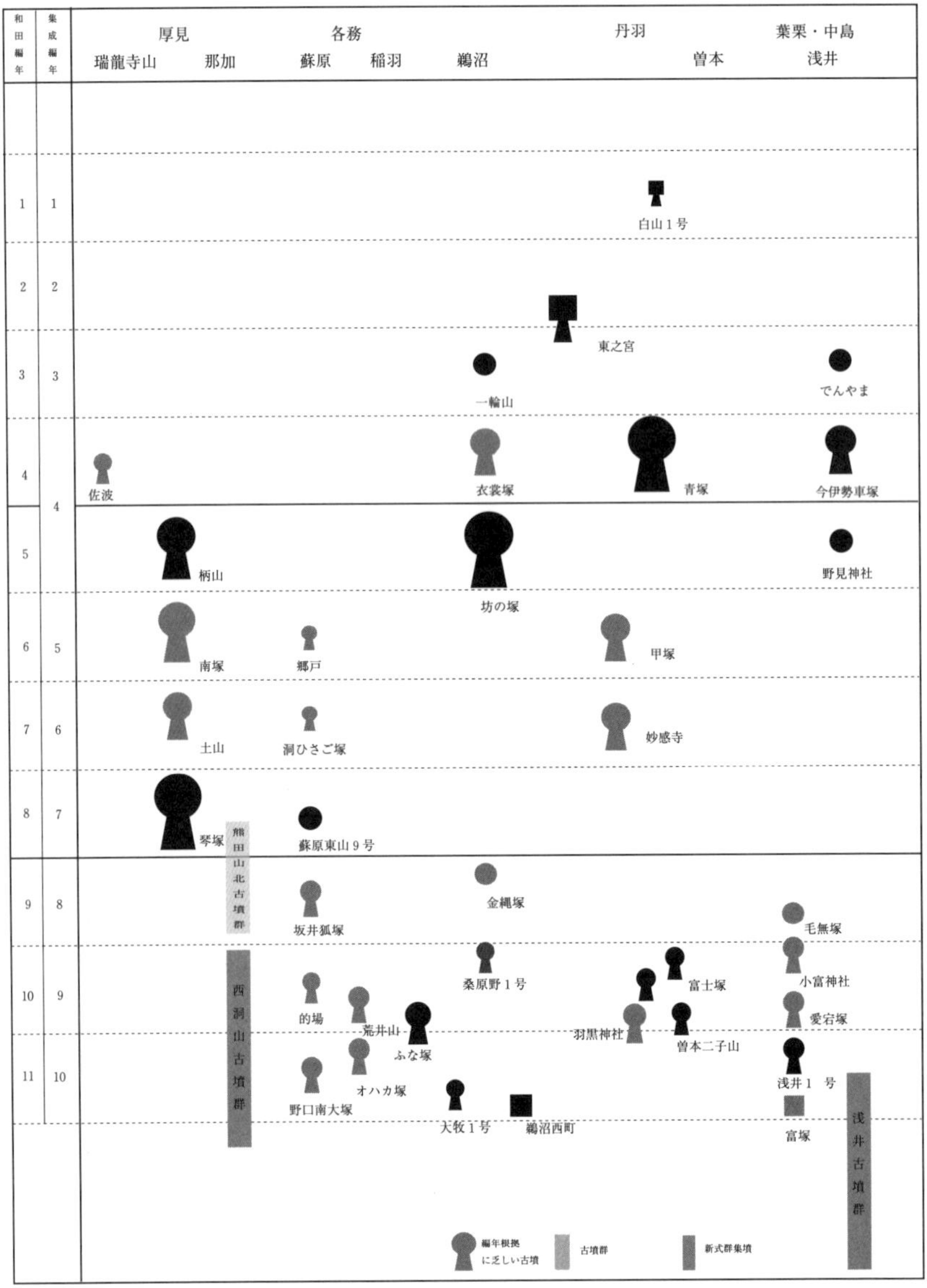
和田編年
集成編年
厚見
瑞龍寺山
那加
各務
蘇原
稲羽
鵜沼
丹羽
曽本
葉栗・中島
浅井
白山１号
東之宮
一輪山
でんやま
佐波
衣裳塚
青塚
今伊勢車塚
柄山
坊の塚
野見神社
南塚
鄉戸
甲塚
土山
洞ひさご塚
妙感寺
琴塚
蘇原東山９号
熊田山北古墳群
金縄塚
坂井狐塚
毛無塚
西洞山古墳群
桑原野１号
富士塚
小富神社
的場
荒井山
ふな塚
羽黒神社
曽本二子山
愛宕塚
野口南大塚
オハカ塚
大牧１号
鵜沼西町
浅井１号
富塚
浅井古墳群
編年根拠に乏しい古墳
古墳群
新式群集墳
首長墓系譜（2）

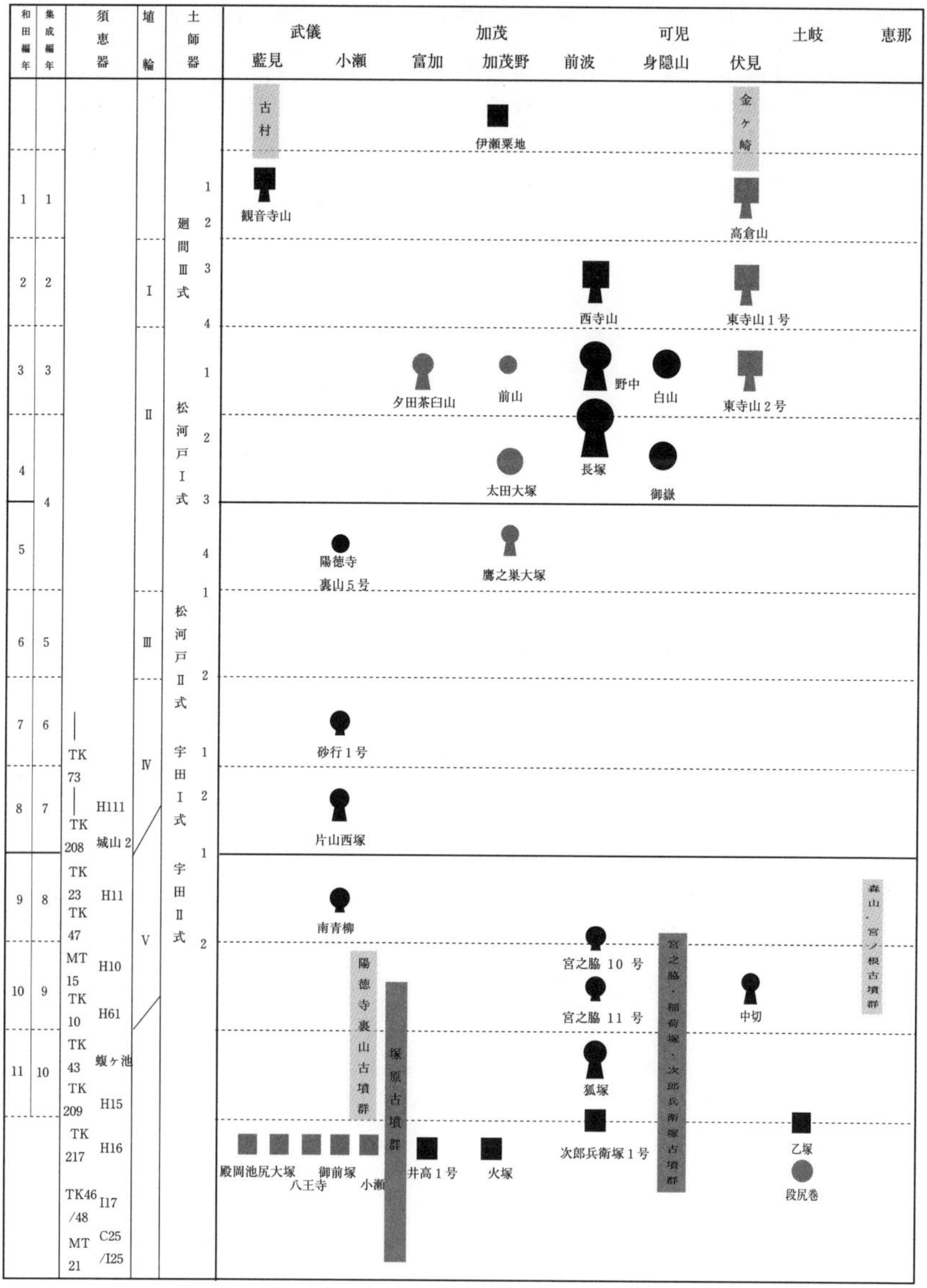

和田編年
集成編年
須恵器
埴輪
土師器
武儀
加茂
可児
土岐
恵那
藍見
小瀬
富加
加茂野
前波
身隠山
伏見
古村
伊瀬粟地
金ヶ崎
観音寺山
高倉山
廻間Ⅲ式
西寺山
東寺山１号
夕田茶臼山
前山
野中
白山
東寺山２号
松河戸Ⅰ式
太田大塚
長塚
御嶽
陽徳寺裏山５号
鷹之巣大塚
松河戸Ⅱ式
砂行１号
宇田Ⅰ式
片山西塚
宇田Ⅱ式
TK73
TK208
H111
城山２
TK23
H11
TK47
MT15
H10
TK10
H61
TK43
蝮ヶ池
TK209
H15
TK217
H16
TK46/48
I17
MT21
C25/I25
南青柳
森山・宮ノ根古墳群
宮之脇 10 号
宮之脇 11 号
宮之脇・稲荷塚・次郎兵衛塚古墳群
中切
陽徳寺裏山古墳群
塚原古墳群
狐塚
殿岡池尻大塚
八王寺
御前塚
小瀬
井高１号
火塚
次郎兵衛塚１号
乙塚
段尻巻

図19　美濃の

伝出土の須恵器からみても五世紀後半から造墓が開始され、七世紀代まで継続する古墳群である。[89] 一九二五年に発掘された城山《しろやま》古墳は墳形・規模が不明ながらも、仿製鏡一面と銅鈴一、銅釧一のほかに須恵器を副葬した古墳として注目できる。[90] ほかにも「伝城山」とする仿製鏡が三面、仿製三角縁神獣鏡一面があり、古墳を特定できないものの前期古墳の存在が示唆できる。[91] 東天神一八号墳や行基寺古墳は、円満寺山古墳から離れた別の首長墓系譜とも推定できるが、濃尾平野の西端に位置した北伊勢や尾張を睨むことのできる首長層の存在が推測できる。

3　古墳群領域と首長墓系譜

以上、各領域での古墳群について触れてきたが、これらの古墳群を首長墓系譜として整理したものが図16と図19である。ここでは首長墓系譜だけでなく、古墳群の変遷上重要と思われる主要な円墳や方墳も取り入れている。これをみると、西濃地域では不破・池田・大野の三領域と揖斐川下流域の海津の領域があり、不破領域では垂井北系譜と赤坂系譜の二つの首長墓系譜に集約される。さらに赤坂系譜は矢道、青墓と昼飯の三つの小系譜に細分できる。この不破領域での最初の盟主的首長は垂井北系譜の親ヶ谷古墳で、その後矢道系譜の矢道長塚古墳、昼飯系譜の昼飯大塚古墳、青墓系譜の遊塚古墳というように順次大型の前方後円墳が優位にたち系譜間を移動する。[92] これらの古墳からは三角縁神獣鏡を含む銅鏡や腕輪形石製品、さらには石製祭器の多量副葬など中央政権との緊密な関係をうかがわせる副葬品が出土している。こうした不破の首長墓系譜は、系譜間を移動するものの青墓の遊塚古墳を最後に断絶する。一方、金生山を隔てた池田系譜は不破領域に隣接する位置にあるが、前期の大型墳は認め難く、中八幡古墳のような四〇メートルクラスの前方後円墳が不破の首長墓系譜の後にやや間をおいて出現する。

濃尾平野の最北西端に位置する大野の領域では、揖斐川と根尾川の両河川で挟まれた地に二つの有力な首長墓系譜が前期と中期に登場する。先に優位にたった上磯系譜は、船載鏡や古相の仿製鏡を入手しえた勢力で、その背景には独自の勢力圏が想定できる。一方、中期になって野古墳群の中で形成される野系譜は、埴輪や埋葬施設そして墳形や段築構造などの要素に非常に強い規則性と秩序が読みとれ、その築造は六世紀中葉まで継続する。

また、揖斐川下流域の海津領域では、円満寺山古墳を嚆矢に首長墓が築造されるが、東天神一八号墳の後は円墳となり五世紀前半で変容する。揖斐川水系と長良川水系の間にある本巣系譜では、小規模墳が前期末葉から中期中葉まで造墓することが船来山古墳群でみられ、やや様相を異にする。同様な現象が方県系譜や山県系譜のある岐北地域でも確認できる。

一方、木曽川水系右岸にあたる各務原台地の東西では、那加系譜と鵜沼系譜という二つの首長墓系譜が形成され、それぞれ中期と前期に優位にたつ。鵜沼系譜は一輪山古墳から始まり、衣裳塚古墳をへて坊の塚古墳に至る前期の首長墓系譜であり、これに対して那加系譜の実態は不明な部分が多いけれども、琴塚古墳を盟主的首長とする勢力基盤が考えられる。前期にみられた鵜沼の首長墓系譜は、その後各務や稲羽そして蘇原地区に首長墓系譜を移動するが、いずれの古墳も小規模な前方後円墳で中期中葉頃が上限と考えられる。

長良川水系の上流域に位置する武儀領域では、観音寺山古墳のような前期古墳も確認できるが、現段階では顕著な首長墓は終末期まで見出しがたい。終末期には藍見と小瀬にそれぞれ池尻大塚古墳と小瀬方墳などの大型方墳が築造され、正確な築造時期は決められないものの、加茂領域や可児領域に並ぶ七世紀代の勢力圏が推定できる。その加茂領域は富加と加茂野の地域に分かれるが、加茂野では前期の円墳をみることができる。現在のところ前方後円墳が富加地区にみられるものの、その築造時期を正確に知ることはできないため断定は避けたいが、中・後期には主要な首長墓が見出せない両地域である。

可児領域では、前波系譜と身隠山系譜そして伏見において首長墓系譜が形成されるが、いずれも前期末葉から中期にかけて変化がみられる。前波系譜では長塚古墳を最後に系譜が途絶し、伏見系譜では前方後方墳から伏見大塚古墳のような円（方）墳となり、墳形に変化が見られる。

4　首長墓系譜の画期

さて、これまでの領域ごとの変化を考慮に入れながら、次に領域の空間的な特徴について目を向けてみたい。前期には、不破、大野、方県、加茂、各務、可児、海津のそれぞれの領域において、墳形や規模に違いはあるにしろ首長墓系譜がたどれるような古墳群が形成された。したがって、遅くとも前期後半には前方後円墳を中心とする秩序が、拠点的に浸透していたことをそこから読みとることができる。しかし、仔細に見れば前方後円墳が前期首長墓系譜の中で最初に築造されるのは不破の昼飯系譜のみで、やや遅れて上磯系譜、鵜沼系譜、可児の前波系譜そして海津系譜と稀少である。このことは、前方後円形を媒介した中央政権との関係が地域間において均質に浸透したわけではなく、強弱のあったことを示唆している。こうした地域間の較差は、前期古墳における副葬品のあり方にも如実に現われている。また、不破の赤坂系譜と可児の首長墓系譜においては、他の首長系譜を圧する密集度を誇り、特定の地域に複数の首長墓系譜が形成される点は特別な背景も想定しうるが[93]、ここに極めて強い政治的意図を背景とした地域圏の形成を読みとりたい。

さて、ここで注意を引くのが大野の上磯系譜である。上磯系譜は前期末葉から中期にかけて古墳築造を終了すると思われる古墳群であるが、北山古墳をはじめ墳丘長が約九〇メートルから一〇〇メートルに近い規模の首長墓から構成されており、この規模は揖斐川を挟んで対峙する不破の矢道長塚古墳の約九〇メートル、粉糠山古墳の一〇〇メートル、昼飯大塚古墳の約一五〇メートルの赤坂系譜と比較しても見劣りはしない。大野と不破の首長層は当時揖斐川水系を二分するように勢力を維持していたものと考えられるが、この二つの領域上の首長墓系譜は、赤坂系譜が三角縁神獣鏡や腕輪形石製品を多数保有しているのに対して、上磯系譜は舶載鏡や古相の仿製鏡のみを保有するというように対照的で、埴輪の有無にも違いが認められる。こうした事実から、上磯系譜のように弥生時代以来の地域社会が継承されている一方で、赤坂系譜のように拠点的に前方後円墳を象徴とする社会が生まれ、威信財などの受容や葬送儀礼などの共有が図られたものと考えられる。

ところが中期前半頃になると、各地の首長墓系譜に変化がみられた。つまり、これまで継続的に首長墓系譜を保持してきた不破領域や可児領域では、首長墓系譜が断絶するかあるいは円墳などに墳形が変化する。そして断絶した首長墓系譜に替わって新たに登場する系譜は、厚見領域の那加古墳群や大野領域の野古墳群のようにこれまでの墓域とはやや離れたところで古墳群が形成され盟主的首長を輩出する。この勢力はほぼ中期から後期中葉にかけて美濃平野を二分するような勢力配置となって存続するが、後期後半頃にはその勢力も衰退し断絶する。そして、後期後半になると各務原台地を中心とした首長墓系譜が小規模な古墳群を形成しながら登場するが、このとき同時期の他領域において前方後円墳がほとんどみあたらない点で注目すべき動向である。その後終末期には前方後円墳の消滅に続き、各地に直径三〇メートル前後の円墳や一辺二〇メートルから三〇メートル近くの方墳が登場する。

以上を総括すると、盟主的首長を輩出する系譜は、前期段階では不破が、ついで可児―大野―各務という領域の順で優位にたち、さらに中期から後期段階では大野領域と厚見領域が二分するようなかたちで、後期後半からは各務領域が美濃の勢力を集約するように優位にあった。いずれにしても前期から後期にかけて同一領域内で継続的に優位にたった首長墓系譜はほとんどなく、盟主的首長を輩出した首長墓系譜は固定的でなく絶えず動いていたのである。

5　古墳築造の諸段階

これまでにみた首長墓系譜を理解した上で、美濃の古墳群の形成過程を次の五段階として考えたい。

第一段階（一期〜二期）　第一の段階は美濃に前方後円墳が波及するまでの段階である。前方後円墳が波及する以前は、前方後方墳と方形墓（周溝墓）が同一墓域に共存しながら展開した。象鼻山一号墳を中心とする古墳群や白石五・六号墳を中心とする白石古墳群、さらに瑞龍寺山周辺の方形墓などが該当する。こうした前方後方墳と方形墓（墳）群との組合せを中心とする墓制の中に、はじめて前方後円墳が出現する意味は大きい。

第二段階（三期〜四期）　第二の段階は、最初に前方後円（方）墳を築造し、その地に拠点を構えた首長層が連続して首長墓を築いていく段階である。初期の前方後円墳には親ヶ谷古墳・花岡山古墳・矢道長塚古墳（不破領域）、宝珠古墳（本巣領域）、内山古墳（方県領域）、野中古墳（可児領域）、円満寺山古墳（海津領域）がみられ、墳丘長が四〇メートルから六〇メートル前後の規模をなす。立地は丘陵上や段丘上の眺望のきく好適地にあって、不破領域を除けば領域内に一基しかなく、散在的・拠点的な分布傾向を示す。

その後、墳丘はより大きく墳丘長が八〇メートルから一〇〇メートルを越すものが出現し、埴輪の採用も前方後円墳から円墳層まで拡充し、段築に至っては昼飯大塚古墳のように三段築成を備える古墳が登場する。美濃の前期前方後円墳の中で最も安定した時期である。またその一方で、前方後方墳は青墓系譜の粉糠山古墳を最後に美濃から姿を消すのも象徴的である。さらに、当初前方後円墳が築かれることのなかった本巣、方県、加茂の領域内にも、小規模な前方後円墳や円墳が築かれるようになり、その円墳からは三角縁神獣鏡や腕輪形石製品などの威信財が出土し、一層中央政権との関係が浸透したことを読みとることができる。

第三段階（五期～七期）　第三の段階は、前方後円墳を採用した首長層が連続的にその後も前方後円墳を採用したにも関わらず、中期の前半代で断絶するか、あるいは円墳化して規模が縮小する。しかし、その過程は領域の系譜間において同質ではなく、若干の差違がみられる。例えば不破領域の場合は、昼飯系譜において花岡山古墳から花岡山頂上古墳をへて昼飯大塚古墳に、隣接の青墓系譜でも粉糠山古墳や遊塚古墳へと連続するように、ともに拠点的な築造から周辺地域を統括した首長層の系譜が断絶するケースである。また、親ヶ谷古墳の垂井北系譜や円満寺山古墳の海津系譜のように、前方後円墳の築造後に後続する古墳が帆立貝形を呈したり円墳化するケースや、矢道系譜の長塚古墳や可児系譜の野中古墳のように首長墓の築造が停止するケースである。

これらの差違は中央政権と該当首長層との関係が一時的なものであったか、あるいはその後の威信財の受容内容の変化からみて、中央の首長層との関係変化が要因と考えられる。このように中期前半を境とする変動の過程は、領域ごとでは異なっていたとみてよいし、その背景にはそれまでの地域社会が再編されるような関係変化が伴っていたことが考えられる。さらに、この段階はそれまでとは異なる別の領域に突如古墳群が形成されることである。厚見領域の那加系譜では柄山古墳にはじまる四基にわたる大型前方後円墳が築造され、その中核となる琴塚古墳では墳丘長が一〇〇メートルを越す規模に達して濃尾平野の中でも優位に立つ。

第四段階（八期～一〇期）　第四の段階では、那加古墳群の築造が終焉を迎え、新たに揖斐川水系に登場した野古墳群が隆盛する。また一方で新たに木曽川水系に基盤をもつ古墳系譜が台頭する段階である。この段階には墳丘規模こそ三〇メートルから六〇メートル前後のものと、決して大型墳ではないにしろ新たに各務で荒井山古墳、稲羽ではふな塚古墳が、また境川付近においても坂井狐塚古墳、的場古墳、野口南塚古墳の三基の前方後円墳が築造される。また、横穴式石室の美濃への導入は、後期になってから最初に群集墳に採用される例が多く、前方後円墳には墳丘長四二メートルの中切古墳がやや遅れてこの段階に定着する。

第五段階（一一期）　第五段階は、前方後円墳が各務原台地での築造を最後に姿を消し、その後前方後円墳に替わって新たに方墳、円墳が首長墓の墳形として採用される段階である。墳丘の段築は二段築成のものから三段築成のものがあり、規模も円墳では直径三〇メートル前後のもの、方墳では一辺が二〇メートル以上のものが多くみられる。埋葬施設も一〇メートルを越す大型の横穴式石室が採用される。該当墳として代表的なものに南大塚古墳（不破）、小瀬方墳・池尻大塚古墳・井高一号墳（武儀）、坂祝火塚古墳（加茂）、鵜沼西町古墳（各務）、次郎兵衛塚一号墳（可児）などが挙げられる。

この大型方墳の出現は次の点で興味深いものがある。一つは大型方墳の築造が、これまで後期前方後円墳が築造されていた地域とは別の領域の系譜上に出現していることと[94]、二つめに武儀における小瀬方墳や池尻大塚古墳のような特定地域に方墳が集中することである。正確な築造時期を把握できるのは少ないが、この問題は美濃だけにとどまらず飛騨にも共通する歴史的現象で重要である。次郎兵衛塚一号墳は発掘調査の結果、六世紀末葉から七世紀前半の築造が明確となり、その他の古墳も横穴式石室の型式から七世紀前半から中頃を推定することが可能である。今後方墳の調査が進めば、築造時期や規格の問題など歴史的意味にも迫ることができ、同時に白鳳期の寺院建立時期とも併せて方墳の被葬者にも言及することが期待できる。

以上のように、美濃の古墳群の形成を分布状況と併せてみた場合、ほぼ一二のまとまりができ、それぞれのまとまりの中には一つないしは四つの首長墓系譜が形成されていることが明らかになった。古墳群のまとまりを本論では古墳群領域という暫定的な概念で整理したが、この領域が政治的・文化的・経済的地域圏として有効な分類であるかどうかは今後の検討課題である。しかし、前期首長墓系譜の形成拠点は、律令期の郡に相当する範囲内に対応するかのように確認できるし、中・後期の首長墓系譜の形成拠点を重複させれば、恵那郡と土岐郡を除く一二郡のうち九郡と一致することになる。このことはすなわち、律令期の行政区分である郡域と、前期以後の首長墓系譜の拠点として形成された領域がほぼ同じ地域圏にあることを意味し、首長墓系譜の詳細な分析から墓制の変遷だけでなく、政治的地域圏の醸成分析にも深く関わることができる視点となりうる。

各領域の首長墓系譜からは、古墳群形成過程上四つの画期と五つの段階を設定することができた。こうした首長墓系譜の動向や画期が列島規模の動向とどのように関連するのか、このような視点を今後地域の古墳から解き明かすことが重要である。美濃の古墳群を築造した勢力については、これまで中央政権が前進基地的な役割を担わせた豪族層であると説かれ理解されてきたが、(95)首長墓系譜の形成やその変動を分析していくと、中央政権の勢力は必ずしも斉一的に浸透するようなことはなく、中央政権にとっての美濃における勢力層の掌握は、拠点的でかつ一時的であったと思われる。こうした歴史的背景についてはさらに古墳そのものの調査や分析、副葬品などの研究を蓄積させる必要があるが、次節にて尾張地域における首長墓とその系譜について美濃を比較しながら整理することとする。

（1）西濃地域や美濃では次のように試みたことがある。
・中井正幸「西濃地域の首長墓系譜と前期古墳」（『大垣市埋蔵文化財調査概要―昭和六三年度』大垣市文化財調査報告書第一六集、大垣市教育委員会、一九九〇年）五三―六五頁。
・中井正幸「大垣地域の前期古墳」（美濃古墳文化研究会編『美濃の前期古墳』教育出版文化協会、一九九〇年）一九―四七頁。
・中井正幸・松居良晃「美濃」（『断夫山古墳とその時代』第六回東海埋蔵文化財研究会・愛知考古学談話会、一九八九年）三六四―四一八頁。
・中井正幸「前期古墳から後期古墳へ」（美濃古墳文化研究会編『美濃の後期古墳』大衆書房、一九九二年）四〇―五二頁。
・中井正幸「東山道の古墳」（『東日本における古墳出現期過程の再検討』日本考古学協会新潟大会実行委員会・新潟大学人文学部考古学研究室、一九九三年）一九六―二〇〇頁。
（2）一九六〇年から一九六一年にかけて遊塚古墳や龍門寺一号墳などの古墳の発掘調査を手がける一方で、『岐阜県史』や『岐阜市史』の編纂過程で主要な前方後円墳の測量調査を実施した。これの成果は三〇数年へた現在でも重要な基礎資料となってい

る。楢崎彰一「古墳時代」（『岐阜県史』通史編原始、一九七二年）二九〇―三七三頁。
（3）中司照世「畿内政権と東海の首長」（『図説発掘が語る日本史』第三巻、新人物往来社、一九八六年）一五五―一六一頁。
（4）赤塚次郎「造墓への情景―濃尾平野を中心とする前方後円墳の様相から」（『考古学の広場』第三号、考古学フォーラム、一九八六年）一―五〇頁、同「野の国縁起」（『花園史学』第八号、一九八七年）一一四―一二二頁。
（5）赤塚次郎「東海系のトレース」（『古代文化』第四四巻第六号、一九九二年）三五―四九頁。
（6）徳田誠志「畿内外縁地域の前期古墳について―畿内政権の東進過程」（『網干善教先生華甲記念考古學論集』一九八八年）二三五―二六一頁。
（7）ここでは扱わないが、土岐・恵那の二つの古墳群領域を含めると、一四の領域となる。
（8）土岐領域では第五段階に土岐市乙塚《おとづか》古墳や段尻巻《だんじりまき》古墳という大型方墳（円墳）が築造され、瑞浪《みずなみ》市でも荒神塚《こうじんづか》古墳とする野焼き段階の埴輪を有する大型円墳が認められる。しかし、前方後円墳は現状では確認されていない。
（9）一八七九年三月に発掘され、櫛田道古氏の報告によれば円鏡一四面とある。その後大正年間の藤井治左衛門氏の再調査では、内行花文鏡片と鍬形石片も採集されているので、鏡は一五面あった可能性がある。藤井治左衛門「不破郡の古墳」（『不破郡史』上巻、不破郡教育会、一九二六年）四九―五一頁。
（10）赤塚次郎・中井正幸・中司照世「岐阜県西濃地方の前方後方（円）墳の測量調査」（『古代』第八六号、一九八八年）五六―八三頁。
（11）中井正幸「西濃地域の首長墓系譜と前期古墳」（前掲注1『大垣市埋蔵文化財調査概要―昭和六三年度』）五六頁。
（12）楢崎彰一「古墳時代」（前掲注2）三〇三―三〇四頁。
（13）中井正幸・原田義久「不破郡南宮山山麓の古墳踏査」（『土器・墓が語る―美濃の独自性～弥生から古墳へ』第六回東海考古学フォーラム岐阜大会、一九九八年）三一〇―三一五頁。
（14）養老町教育委員会による分布調査の成果による。養老町教育委員会中島和哉氏のご教示による。このほかに赤塚次郎「象鼻山古墳群―岐阜県西濃地方の前方後方（円）墳の測量調査」（前掲注10）五六―六五頁や三重大学人文学部考古学研究室による分布調査の成果がある。養老町教育委員会編『養老町象鼻山古墳群分布調査確認調査報告書』一九九〇年。

（15）宇野隆夫編『象鼻山一号古墳―第一次発掘調査の成果』養老町埋蔵文化財調査報告書第一冊、養老町教育委員会・富山大学人文学部考古学研究室、一九九七年。同『象鼻山一号古墳―第二次発掘調査の成果』養老町埋蔵文化財調査報告書第二冊、養老町教育委員会・富山大学人文学部考古学研究室、一九九八年。同『象鼻山一号古墳―第三次発掘調査の成果』養老町埋蔵文化財調査報告書第三冊、養老町教育委員会・富山大学人文学部考古学研究室、一九九九年。

（16）大江命『栗原古墳群第三号墳発掘調査報告書』岐阜県文化財調査報告書第四輯、岐阜県教育委員会、一九六三年。

（17）合子は『垂井町史』通史編（垂井町、一九六九年）に写真が、琴柱形石製品は後藤守一『石製品』（『考古学講座』第二九巻、雄山閣、一九三〇年、一三六―一四二頁）に実測図が掲載されている。

（18）中井正幸編『長塚古墳』大垣市埋蔵文化財調査報告書第三集、大垣市教育委員会、一九九三年。

（19）藤井治左衛門「岐阜縣不破郡青墓村大字矢道長塚古墳」（『考古学雑誌』第一九巻第六号、一九二九年）一五―二三頁。同「岐阜縣不破郡青墓村大字矢道長塚古墳」（『考古学雑誌』第一九巻第七号、一九二九年）二〇―二五頁。同「岐阜縣不破郡青墓村大字矢道長塚古墳」（『考古学雑誌』第一九巻第九号、一九二九年）二八―三二頁など三回にわたる報告がある。

（20）南北約二・一メートル、東西一・二メートルの竪穴状に河原石を積み上げた石槨の記録が残る。藤井治左衛門「不破郡の古墳」（『不破郡史』上巻、不破郡教育会、一九二六年）五八―五九頁。

（21）「国分寺ノ西古墳址」出土とする鏡が大小二面とある。このうち一面の仿製内行花文鏡は、面径九・〇センチで現国分寺の西約二〇〇メートルの地点で耕地整理の際に採集されたもの。現在その地で古墳は確認できない。藤井治左衛門「青野志」（『大垣市史』青墓編、大垣市、一九七七年）七四四頁。

（22）一九四一年発掘され「青野古墳」と記録に残る。遺物には三環鈴と鉄斧（全長一一・一センチ）、鉄剣片（残存長二五・八センチ）がある。後に埴輪片（無黒斑）が一九六〇年に採集されている。

（23）三足壺は岐阜県では更木山《さらきやま》古墳（各務原市）、土田《どた》古墳（可児市）からも出土例があり、全国的にも九州と東海に集中している。鏡は出目地山《でめじやま》古墳出土とされたもので、藤井治左衛門氏の記録では伝綾戸古墳とされ、面径六・一センチを測る。

（24）楢崎彰一「古墳時代」（前掲注2）三〇六―三〇七頁。遊塚中央円墳は、遊塚古墳に隣接する直径約二四メートルの円墳で、葺石と墳丘裾に埴輪（Ⅳ期）を備える。なお墳頂の竪穴式石室からの遺物はない。墳頂部からは破砕された高坏や甕の須恵器片が出土している。

(25) 中井正幸編『粉糠山古墳』大垣市埋蔵文化財調査報告書第二集、大垣市教育委員会、一九九二年。

(26) 高田康成「粉糠山古墳出土鉄刀について」(『大垣市埋蔵文化財調査概要―平成五年度』大垣市文化財調査報告書第二五集、大垣市教育委員会) 二四―二八頁。

(27) 楢崎彰一・平出紀男編『花岡山古墳発掘調査報告書』大垣市教育委員会、一九七七年。

(28) 楢崎彰一・荻野繁春『昼飯大塚古墳範囲確認調査報告』一九八〇年。中井正幸「大垣地域の前期古墳」(前掲注2『美濃の前期古墳』) 一九―四七頁。その後に実施された第二次から第七次調査の成果は、次の報告書に掲載されている。中井正幸・阪口英毅・林正憲・東方仁史編『史跡昼飯大塚古墳』大垣市埋蔵文化財調査報告書第一二集、大垣市教育委員会、二〇〇三年。また、二〇〇四年の第八次調査によって、竪穴式石室と粘土槨のほかに、木棺直葬が確認されている (本書第三章第六節参照)。

(29) 東山田《ひがしやまだ》古墳がその候補に挙げられる。しかし、現況から前方後円墳とは判断しがたく、今後の調査に拠るところが大きい。MT二二型式期からTK四七型式期の須恵器片とB種ヨコハケの埴輪 (Ⅳ期) が採集されている。大垣市教育委員会「考古学的調査」(『遺跡詳細分布調査概要報告書 (Ⅰ) ―平成元年度』一九九一年) 五〇―五三頁。三輪嘉六「昼飯車塚古墳」(『日本馬具大鑑』第一巻古代上、一九九二年) 一〇三頁、一三七頁。東中道古墳跡は明治年間の字絵図より読みとることができる墳丘長六〇メートルあまりの前方後円墳跡。

(30) 八賀晋・横幕大祐・高田康成『遠見塚古墳発掘調査報告書』池田町教育委員会、一九九一年。なお、トンビ塚古墳の北方古墳からは石釧を出した古墳もある。

(31) 八賀晋編『雨乞塚二号古墳発掘調査報告書』池田町教育委員会、一九八九年。

(32) 真田幸成編『中八幡古墳発掘調査報告書』池田町教育委員会、一九八五年。

(33) 赤塚次郎・中井正幸・中司照世「北山古墳」(前掲注10) 六五―七二頁。

(34) 一六三〇年 (寛永七) には冠、刀、鏃出土という。

(35) 銅鏃については、揖斐郡川合上磯出土とされ「圓墳、鏡、刀片、小玉、埴瓮等」の記載から笹山古墳と考えられる。京都大学考古学研究室編「日本発見銅剣銅鉾及銅鏃聚成図録」(『吉利支丹遺物の研究　附日本青銅利器聚成』京都帝国大学文学部考

古学研究報告第七冊、一九二二年）九九頁。
(36) 中井正幸「弥生時代後期から古墳時代前期への土器の展開―湖北地方とその周辺―美濃西部について」（『滋賀県埋蔵文化財センター紀要―昭和六三年度』一九八九年）五九―六九頁。
(37) 野古墳群の分布についての復元案はこれまで次の文献に提示している。中井正幸「野古墳群の研究―乾屋敷古墳・モタレ古墳・不動塚古墳の測量調査成果」（『岐阜史学』第八四号、一九九一年）一―二〇頁。同「美濃・野古墳群と後期古墳」（『春日井シンポジウム資料集』春日井市制五〇周年記念行事実行委員会、一九九三年）一五―四五頁など。
(38) 高木宏和編『史跡野古墳群Ⅳ』大野町教育委員会、一九九一年。
(39) 八賀晋編『史跡野古墳群調査概報（Ⅰ）』大野町教育委員会、一九八三年。
(40) 末永雅雄『増補日本上代の武器』本文篇（木耳社、一九八一年）の第六八図「美濃大野郡野村古墳」として写真が、また石井昌国「古代の刀剣」（森浩一編『古代文化の探究・鉄』社会思想社、一九七四年）の一五八頁には実測図が掲載されている。
(41) 高木宏和編『史跡野古墳群―第一三号墳・第一四号墳・登越古墳周濠範囲確認調査（Ⅳ）』大野町教育委員会、一九九一年。
(42) 八賀晋編『史跡野古墳群調査概報（Ⅱ）』大野町教育委員会、一九八四年。
(43) 目加田哲『史跡野古墳群（Ⅵ）―不動塚古墳範囲確認調査概報』大野町教育委員会、一九九六年。
(44) 吉田英敏・岡戸邦仁・中森裕子『船来山古墳群』岐阜県本巣郡糸貫町教育委員会・本巣町教育委員会（船来山古墳群発掘調査団）、一九九九年。
(45) 正確には一号墳か二号墳かは判断できないが、過去に遺物が出土している記録から二号墳とした。
(46) 高木宏和編『宗慶大塚古墳』真正町教育委員会、一九八八年。
(47) 居倉大塚古墳は自然堤防上に位置した前方後円墳とも言われるが現存せず、過去に仿製鏡一面を出土した伝承をもつ。しかし、この鏡は瑞穂市伊久倉河宮跡出土とする説もあり確かではない。
(48) 古墳からは須恵器片が出土したと伝えるが、後述の記載を参考にすれば前期から中期前半にかけての古墳と思われる。「漢鏡二個、石刀子数個、曲玉及び管玉数個、小玉多数」（林魁一「蘇湯雑話」『ドルメン』第二巻第六号、一九三三年）三八―四一頁や「林魁一氏手記の同村同大字（常盤村大字上土居）富波出土、西部薬店主所蔵とある石製刀子一個」（後藤守一「石製品」

『考古学講座』第二八巻、一九三〇年、七六頁）には石製祭器の出土が明記されている。
(49) 墳頂部には板状の石材が認められることから、竪穴式石室と推定されている。内藤晃「東海」（近藤義郎・藤沢長治編『日本の考古学Ⅳ』古墳時代（上）、河出書房新社、一九六六年）三七七—三八六頁。
(50) 伊藤禎樹・尾谷雅彦「美濃鎧塚古墳の陶質土器」（『考古学雑誌』第七七巻第二号、一九九一年）二〇八—二二六頁。稲川由利子「岐阜市出土の埴輪」（『岐阜市歴史博物館研究紀要』第一三号、岐阜市歴史博物館、一九九九年）一—一六頁。
(51) 楢崎彰一『岐阜市長良龍門寺古墳』一九六二年。藤井治左衛門氏の記録には短い造り出しのスケッチが残る。
(52) 楢崎彰一『岐阜市長良龍門寺古墳群』（『名古屋大学文学部研究論集』ⅩⅩⅩⅧ、史学一三、一九六五年）一二七—一五六頁。
(53) 徳田誠志「古墳時代前期末の二古墳—岐阜県行基寺・前山古墳をめぐって」（『関西大学博物館学課程創設三〇周年記念論文集』一九九二年）五九—八四頁。
(54) 林魁一「美濃國稲葉郡佐波村六反畑古墳」（『考古学雑誌』第一六巻第六号、一九二六年）四四—五二頁。なお、車輪石一が出土したことが記されているが、拓本からみて石釧片である。
(55) 小川栄一「稲葉郡古墳調書」『岐阜師範学校郷土研究資料』第二号、一九三一年。
(56) 高木宏和「美濃観音寺山古墳（墳丘墓）」（前掲注1『東日本における古墳出現過程の再検討』）二〇八頁。
(57) 成瀬正勝「砂行一号墳と遺物」（『砂行遺跡』岐阜県文化財保護センター調査報告書第六五集、財団法人岐阜県文化財保護センター、二〇〇〇年）一九三—二一二頁。
(58) 岡田吉孝「南青柳古墳と遺物」（『南青柳遺跡　南青柳古墳　大平前遺跡』岐阜県文化財保護センター調査報告書第六八集、財団法人岐阜県文化財保護センター、二〇〇二年）一七三—一九二頁。
(59) 藤田英博・安田正枝「Ⅳ期の遺構と遺物（古墳時代後期）—後平茶臼古墳」（『後平茶臼古墳・後平遺跡』岐阜県文化財保護センター調査報告書第七七集、財団法人岐阜県文化財保護センター、二〇〇二年）一三三—一九七頁。
(60) 二〇〇三年の発掘調査の成果による。関市教育委員会田中弘志氏のご教示による。
(61) 篠原英政「小瀬方墳」（関市教育委員会編『新修関市史』考古・文化財編、関市、一九九四年）三七七—三七八頁。小瀬にはこのほか国道沿いに大型墳がある。直径約二〇メートル前後の円墳で、現状の高さが二・五メートルを測る。

(62) 戸籍の記載順序は、前代の官職名を氏名とする県主グループ、渡来系である秦人グループ、一般農民グループが地縁で結ばれて地域ごとにかたまっていた。八賀晋「古代の農民と村落」(『発掘が語る日本史』第三巻、新人物往来社、一九八六年) 二一二―二一九頁。
(63) 富加町教育委員会による測量調査にもとづく。島田崇正氏のご教示による。
(64) 堀田啓一・久野邦雄「美濃」(『古代学研究』第三〇号、一九六二年) 四九―五二頁。早川正一・吉田英敏ほか『富加村の古墳』富加村教育委員会、一九七〇年。
(65) 林魁一「美濃太田町大塚発見各種の遺物に就き」(『人類学雑誌』第三一巻第八号) 二六二―二六七頁。間宮端夫「美濃加茂市内の古墳」(『美濃加茂市史』通史篇、美濃加茂市、一九八〇年) 一四一―一五八頁。
(66) 林魁一「美濃国加茂郡加茂野村大字鷹之巣の古墳」(『東京人類学会誌』第一三巻一五〇号、一八九八年) 五〇九―五一一頁。なお、前方後円墳とする考えも提示されている。長瀬治義「可児地域の前期古墳」(前掲注1『美濃の前期古墳』) 五九―七〇頁。
(67) 徳田誠志「古墳時代前期末の二古墳」(前掲注53)。なお、この周囲にも直径約二七メートルの円墳が二基分布しており、ある程度まとまっていた古墳群とも推定される。
(68) 高橋克壽・魚津知克編『前波三ツ塚古墳群』可児市教育委員会、一九九九年。
(69) 長瀬治義「可児地域の古墳文化メモ (一) ～ (五)」(『岐阜県文化財保護協会可児支部会報』第二～六号、一九九〇年～一九九四年)。長瀬治義「岐阜県東濃地方の前方後方墳」(『古代』第八六号、一九八八年) 一六―二三頁。
(70) 高橋克壽ほか「長塚古墳」(前掲注68) 九―六九頁。
(71) 長瀬治義「前波古墳群の位置づけと意義」(前掲注68) 一八三―一八七頁。
(72) 柴田常恵「美濃国可児郡広見村伊香陵山白山社古墳」(『東京人類学会雑誌』第一八巻二〇二号、一九〇二年) 一三一―一四三頁。
(73) 八賀晋「岐阜県可児郡広見町白山神社古墳出土遺物」(『岐阜史学』第五五号、一九六八年) 五一―五五頁。
(74) 林魁一「美濃国可児郡今渡町大字川合狐塚」(『考古学雑誌』第一一巻第一号、一九二〇年) 五二―五五頁。

(75) 長瀬治義「宮之脇一〇号墳・宮之脇一一号墳」(『川合遺跡群』可児市教育委員会、一九九四年) 二五七―二七七頁。
(76) 長瀬治義「次郎兵衛塚一号墳」(前掲注75) 三〇八―三四四頁。
(77) 尾関章「東寺山古墳出土の鏡片について」(『岐阜県博物館調査研究報告』第一一号、岐阜県博物館、一九九〇年) 四三―五一頁。
(78) 大熊厚志『伏見大塚一号墳発掘調査報告書』御嵩町教育委員会、一九八三年。
(79) 長瀬治義「岐阜県東濃地方の前方後方墳」(前掲注69) 一六―二三頁。
(80) 長瀬治義「川合古墳群」(前掲注75) 二五一―三九四頁。
(81) 宇野治幸・渡辺博人「坊の塚古墳」(『各務原市史』考古民俗編・考古、各務原市、一九八三年) 三七三―三七九頁。
(82) 長浦淳公編『桑原野山一号古墳発掘調査報告書』各務原市教育委員会、一九八七年。
(83) 坂井尚美編『鵜沼西町古墳発掘調査報告書』各務原市文化財調査報告第三六号、各務原市埋蔵文化財調査センター、二〇〇三年。
(84) 稲葉郡蘇原村野口から発見された遺物に環頭大刀や三環鈴の模写が残り「漢鏡一、鈴二、金環七、銀環二、高麗剣一、曲玉八、管玉一〇、小玉千、紡錘車一、車輪石と思ふもの二」とある。現在野口南塚古墳出土と推定される遺物には、馬具ほか獣形鏡が知られる。林魁一「蘇湯雑話」(前掲注48) 四一頁。
(85) 渡辺博人編『ふな塚古墳発掘調査報告書―大牧四号墳』各務原市文化財調査報告第三〇号、各務原市埋蔵文化財調査センター、二〇〇〇年。なお、ふな塚古墳の遺物の実見には渡辺博人氏にご配慮頂いた。
(86) 渡辺博人編『大牧一号墳発掘調査報告書―同二号墳・三号墳の発掘調査』各務原市文化財調査報告第三七号、各務原市埋蔵文化財調査センター、二〇〇三年。副葬品のうちガラス玉とする中にトンボ玉があるが、七世紀にトンボ玉を持つ点で階層性が認められる。中司照世氏ご教示による。
(87) 網干善教・笠井保夫「円満寺山古墳調査報告」『関西大学考古学研究年報二』関西大学考古学研究会、一九六八年。
(88) 網干善教編『東天神古墳群六・七・八号墳』南濃町文化財発掘調査報告Ⅱ、南濃町教育委員会・龍谷大学考古学資料室、一九八一年。なお、これまで三角縁神獣鏡は東天神一号墳から画文帯六神三獣鏡が一面出土したことになっているが、これを東

天神一八号墳（別名狐山古墳）とする報告がある。岩瀬透「南濃町の古墳より出土した鏡」（『東天神古墳群六・七・八号墳』一九八一年）五〇―五二頁。徳田誠志・廣岡孝信編『遺跡分布調査報告書―諏訪神社裏山一号墳測量調査、出来山三号墳石室実測調査』南濃町文化財調査報告書Ⅲ、南濃町教育委員会・関西大学文学部考古学研究室、一九九六年。

(89) 伝東天神古墳群出土とする須恵器は、五世紀後半から七世紀にかけてのやや時間幅のある土器群である。岡本敏行「伝東天神古墳群出土土器」（前掲注88）四一―四九頁。

(90) 林魁一「美濃國海津郡城山村城山古墳」（『考古学雑誌』第一九巻第六号、一九二九年）四四―四五頁。

(91) 「伝南濃町出土」とする三角縁神獣鏡が掲載されている。森浩一『古墳』カラーブックス21、保育社、一九七〇年、一二五頁。さらに、この他にも仿製鏡などが数面出土したことが記録に残る。

(92) 阪口英毅「昼飯大塚古墳の内部施設にみられる個性とその背景」（前掲注28『史跡昼飯大塚古墳』）四六五―四七六頁。

(93) また不破領域に該当する古墳群の成立背景を、背後に控える金生山から産出する鉄鉱石に要因を求める考えも提示されている。八賀晋「「不破道を塞ぐ」考」（『論苑―考古学』天山舎、一九九三年）五〇一―五二九頁。

(94) 鵜沼西町古墳が確認されたことにより、この地の首長墓が断絶しておらず継続していることを示すものと思われるが、その基盤となる地域は稲羽から再び鵜沼に移っていることを重視しておきたい。長瀬治義「方墳の領域―律令前夜の美濃と飛騨」（『美濃の考古学』第五号、美濃の考古学刊行会、二〇〇二年）一―二四頁。

(95) 野村忠夫『古代の美濃』教育出版社、一九八〇年、二三八―二三九頁。

［謝辞］一九八七年から一九八八年頃に実施した親ヶ谷古墳、象鼻山一号墳、北山古墳の測量調査や一九八五年頃から一九九一年頃まで行った『前方後円墳集成―中部編』での集成作業を基礎としている。このとき中司照世、赤塚次郎両氏からは、美濃の古墳の資料化と踏査をはじめ、古墳に対する研究姿勢や観察について様々な指導を頂いた。

［補記］

1　本節は旧稿「美濃における古墳群の形成とその画期」（『古代文化』第四八巻第三・四号、一九九六年）を基礎に、その後の調査成果や新知見を加えながら書き下ろした新稿である。

2　旧稿以後に発掘調査が行われたり、調査報告書が刊行されて様相が把握できるようになった主な古墳は次のとおりである。新稿ではこのあたりの成果をできるだけ取り入れて書き直している。

A不破領域　昼飯大塚古墳、矢道長塚古墳、高塚古墳、東町田遺跡、象鼻山一号墳

C大野領域　野古墳群（登越古墳、南出口古墳、八号墳、九号墳、不動塚古墳）

D本巣領域　船来山古墳群

H武儀領域　片山西塚古墳、砂行一号墳、南青柳古墳、後平茶臼古墳

J可児領域　前波古墳群（西寺山古墳・野中古墳・長塚古墳）

K各務原領域　ふな塚古墳、大牧一号墳、鵜沼西町古墳

3　古墳の規模などの数値については、発掘調査が行われているものはそれを引用しているものの、それ以外では筆者が踏査により私見を加えて表記しているものを含んでいるのでお断りしておきたい。

第四節　尾張の首長墓系譜とその画期

1　はじめに

前節に引き続き、ここでは岐阜県側の一部と愛知県側を含む地域を中心に、各領域の古墳群の動向と首長墓系譜を整理し、そしてその特質について考察するものである。分析を進めていく対象地域を便宜上、木曽川水系、庄内川・矢田川水系、あゆち潟、尾張平野低地部というように地形や河川を基軸として分けるが、木曽川流域のところでは、美濃との関わりが深いため少し重複して説明する。なお、本稿で扱う首長墓は、前節と同じくこれまでに確認されている前方後円墳や前方後方墳、そして大型円墳や大型方墳などをそれとみなし、一定領域内に継続して築造された首長墓や古墳群を通して首長墓系譜を設定している。ひとまず各領域ごとに主な首長墓系譜を概観し、その上で系譜上の画期を提示する。(1)

2　尾張の首長墓

(一) 木曽川流域の首長墓 (各務・丹羽・葉栗・中島領域)

木曽川を挟んだ各務原台地の鵜沼と尾張北部の丹羽および葉栗領域を併せて扱う。美濃でも扱った各務領域の鵜沼では、船載の三角縁神獣鏡を副葬した一輪山古墳を嚆矢に、岐阜県下第二位の規模を有する坊の塚古墳（墳丘長一二〇メートル）と、その前後に築かれた衣裳塚古墳（墳丘長五二メートル）（前方後円墳の可能性も残す）が台地縁辺部に登場する。坊の塚古墳は三段築成の前方後円墳で、後円部には加工した凝灰岩製の石室石材が残る。この石材が東之宮《ひがしのみや》古墳の石室に用いられたそれと同一である可能性があり、古墳時代後期に盛行する木曽川中流域の凝灰岩製家形石棺の分布と絡めてその共有圏が窺える。[2]

また、木曽川を眼下に見下ろす伊木山と西方の独立丘陵上には、小型前方後円墳が後期後葉から集中して築造される。これらの埋葬施設にはいずれも横穴式石室を採用しているが、その中でもふな塚古墳や大牧一号墳には川原石積みが採用されており、独自の分布域をもつ。大牧一号墳はふな塚古墳に後続する墳丘長約四五メートルの首長墓で、両袖式の横穴式石室に家形石棺を備える最後の前方後円墳となる。この築造時期は挂甲や須恵器などからＴＫ四三型式期からＴＫ二〇九型式期と推定される。この他にも荒井山古墳（墳丘長約三六メートル）、オハカ塚古墳などの小型の前方後円墳を伴う。これらの前方後円墳の消滅後は鵜沼西町古墳のような大型方墳が築造され、引き続きこの地を勢力基盤とする首長層の存在を裏づける。[3]

Ａ・丹羽領域

白山平古墳群と丹羽の古墳　各務原台地の木曽川を挟んで対岸には、濃尾平野を一望できる白山平山がそびえ、その山頂に東之宮古墳（墳丘長約八〇メートル）が立地する。東之宮古墳は三角縁神獣鏡や人物禽獣文鏡、腕輪形石製品などの石製品や多数の鉄製品を副葬した初期の前方後方墳で、墳丘には葺石を備えるものの埴輪の情報はない。墳頂には主軸に平行する竪穴式石室が構築されており、構築墓壙の可能性もあるという。中期には甲塚《かぶとづか》古墳（墳丘長七〇メートル）や妙感寺《みょうかんじ》古墳（墳丘長九五メートル）が山麓に築造されるが、時期を特定する情報に欠ける。[4]

東之宮古墳からやや離れた扇状地上にある大口町仁所野《にしょの》遺跡には、前方後方形を呈する白山《はくさん》一号墳（墳丘長四九メートル）を中核に方形（周溝）墓群が確認されており、弥生時代後期からの墓域が展開する。[5] この地では前期後半になって突如として尾張北部最大の前方後円墳、犬山市青塚《あおつか》古墳（墳丘長一二三メートル）が出現する。三段築成となる墳丘平坦面には底部穿孔の二重口縁壺（壺形埴輪）がめぐり、前方部頂上に並べられた方形区画の円筒埴輪や鰭付朝顔形埴輪と異にする。[6] 周囲には浅い区画上の周濠をもつ。

小木古墳群　小牧市周辺の小木《こき》古墳群は前方後方墳と円（方）墳など五基から構成される前期後半を中心とする古墳群である。前方後方墳には宇都宮《うつのみや》古墳（墳丘長六二メートル）があり、浄音寺《じょうおんじ》古墳（墳丘長三九メートル以上）もその候補である。[7] 宇都宮《うつのみや》古墳からは仿製三角縁神獣鏡が出土するほか、甲屋敷《こうやしき》古墳からは船載三角縁神獣鏡が、天王山《てんのうやま》古墳からも仿製三角縁神獣鏡と六神鏡が出土したと伝えるように、三角縁神獣鏡が多数保有されている古墳群である。これとほぼ同時期に形成された方形墓（墳）を主体とする三ツ《み》山《やま》古墳群の築造をみるように、方墳が多い地域でもある。[8]

曽本・小折古墳群　小木古墳群の北には後期前半から形成される曽本《そもと》と小折《こおり》の古墳群がある。最初の築造は、尾張型埴輪をもつ帆立貝形古墳の江南市富士塚《ふじつか》古墳（墳丘長四五メートル）が、その後曽本二子山《そもとふたごやま》古墳（墳丘長六〇メートル）や大口町神福神社《しんぷくじんじゃ》古墳（墳丘長五四メートル）などの前方後円墳が連続して築造される。

B・葉栗・中島領域

浅井古墳群ほか　木曽川沿いの葉栗郡には浅井《あざい》古墳群が形成された。この古墳群ではおもに川原石を用いた胴張りの横穴式石室を採用する特徴をもつ。最初の築造は、埴輪を備える毛無塚《けなしづか》古墳（浅井一〇号墳・直径三八メートル）の大型円墳を嚆矢に、愛宕塚《あたごづか》古墳（浅井二〇号墳・墳丘長四〇メートル以上）、小塞神社《おぜきじんじゃ》古墳（浅井一号墳・墳丘長三二メートル以上）と小型の前方後円墳が順に築造をみる。これらは後期末葉から終末期にかけて集中して築造され、その後も八世紀前半まで造墓活動が続く。ここでも凝灰岩製の家形石棺[9]や川原石積みの横穴式石室が採用され、独自の分布圏をもつ[10]。なお、大型方（円）墳と推定される富塚《とみづか》古墳（一辺（直径）三〇メートル）は、まさにこうした時期の首長墓として築造される。

一宮市周辺での前方後円墳の築造は、前期後半の今伊勢車塚《いまいせくるまづか》古墳（墳丘長約七〇メートル）からである。その後でんやま古墳（直径四〇メートル）や野見神社《のみじんじゃ》古墳などの大型円墳に移行した後、首長墓は姿を消す。

（二）庄内川・矢田川流域の首長墓（山田・春日部領域）

C・山田領域

東谷山地区では前期において名古屋市尾張戸神社《おわりべじんじゃ》古墳（墳丘長五〇メートル）を嚆矢に、中社《なかやしろ》古墳（墳丘長五五メートル）と南社《みなみやしろ》古墳とが連続して形成され、埴輪を伴うものの築造時期は今ひとつ定かではない。やや距離をおいて築造された白鳥塚《しらとりづか》古墳は墳丘長一〇九メートルの前方後円墳で、墳丘は三段築成をなして葺石を備えるが、埴輪は未確認である[11]。

志段味古墳群　五世紀後半になると新たに名古屋市志段味地区に、帆立貝形古墳の志段味大塚《しだみおおつか》古墳（墳丘長五一・五メートル）が築造される[12]。その後もほぼ同規模で墳形も類似する勝手塚《かってづか》古墳（墳丘長五五メートル）をはじめ、東大久手《ひがしおおくて》古墳（墳丘長三八メートル）や西大久手《にしおおくて》古墳（墳丘長三七メートル）などが尾張型埴輪を備えつつ後期中葉まで連続して築造されたと考えられる[13]。これらの古墳群は墳形や副葬品などからみて、新興の古墳群として位置づけることができる。

小幡古墳群など　名古屋市守山地区では前期後半に推定できる守山白山神社《もりやまはくさんじんじゃ》古墳が小幡台地の西端部に築造され、これまで首長墓がみられなかった地域に出現する[14]。その規模は一〇〇メートルを越すものと推定され、三段築成の可能性をもつ大型前方後円墳である。葺石は備えるが、埴輪は未確認である。

図20　尾張の前方後方墳と前方後円墳（1/250）（各報告書による）
（1志段味大塚古墳，2勝手塚古墳，3高御堂古墳，4東之宮古墳，5白鳥古墳，6味美白山神社古墳，7妙感寺古墳，8守山白山神社古墳，9味美二子山古墳，10白鳥塚古墳，11青塚古墳，12断夫山古墳）

その後の首長墓は小幡台地へ移り、後期後半から中葉にかけて横穴式石室を埋葬施設とする池下《いけした》古墳(15)（墳丘長四五メートル）、小幡長塚《おばたながつか》古墳（墳丘長八一メートル）、守山瓢箪山《もりやまひょうたんやま》古墳（墳丘長六三メートル）、小幡茶臼山《おばたちゃうすやま》古墳（墳丘長六〇メートル）が連続して築造される。(16)

D・春日部領域

ここでは味美古墳群を味鋺《あじま》地区の北群と味美地区の南群に分ける。

味美古墳群（北群）　名古屋市北部の味鋺地区の庄内川自然堤防上で形成された古墳群で、中期前半から中期中葉にかけて、白山藪《はくさんやぶ》古墳、味鋺大塚《あじまおおつか》古墳（墳丘長約一〇〇メートル）、味鋺長塚《あじまながつか》古墳（墳丘長約七〇メートル）の前方後円墳が築造された。(17)このうち白山藪古墳（墳丘長四五メートル）は、粘土槨の両小口を土師質の塼積みによって閉塞した特異な構造をもつ前方後円墳で、三角縁神獣鏡を含む三面の鏡のほか鉄刀三、鉄剣一六、鉄鏃一〇など豊富な鉄製品を有する。(18)

味美古墳群（南群）　春日井市の味美地区の台地縁辺部で形成された古墳群で、中期末葉から後期末葉にかけて首長墓系譜が認められる。最初に築造されたと考えられる白山神社《はくさんじんじゃ》古墳（墳丘長八六メートル）の後は、三五メートルの円墳である御旅所《おたびしょ》古墳を間におき、味美二子山《あじよしふたごやま》古墳（墳丘長九五メートル）、味美春日山《あじよしかすがやま》古墳（墳丘長七四メートル）と大型前方後円墳が連続して築造される。二子山古墳には尾張型埴輪を採用し、それらが下原《しもはら》窯で生産されたことが明らかとなっている。(19)

一方、この地区ではほぼ同時期に出川《でがわ》大塚古墳（直径四五メートル）や篠木《しのぎ》二号墳および九号墳、オセンゲ古墳（直径四〇メートル）、富士社《ふじやしろ》古墳（直径四〇メートル）、オフジ古墳（直径四〇メートル）のように三〇～四〇メートルの大型円墳が築造される。中には出川大塚古墳のように仿製三角縁神獣鏡二面や仿製鏡二面、そして石釧などの石製品をもつ有力首長墓も認めることができる。

（三）あゆち潟と智多の首長墓系譜（愛智・智多領域）

ここでは名古屋台地南部から東海市名和を含めた南北六キロメートル、東西約三キロメートルの干潟とその周辺の台地に築造された古墳群を扱う。造墓の基盤となる台地は、潟を挟んで名古屋台地、瑞穂台地、笠寺台地とに分かれ、これに沿うように古墳群が形成されている。

E・愛智領域

熱田周辺の古墳群　名古屋台地では北部と南部に大きく造墓地を分けることができる。北部では中期後半から那《な》古野山《このやま》古墳（墳丘長五〇メートル以上）と大須二子山《おおすふたごやま》古墳（墳丘長一三八メートル）が築かれるが[20]、大須二子山古墳の築造時期については、副葬品に新旧の要素を含みいまだ定説をみない。また台地の先端付近では中期末葉から

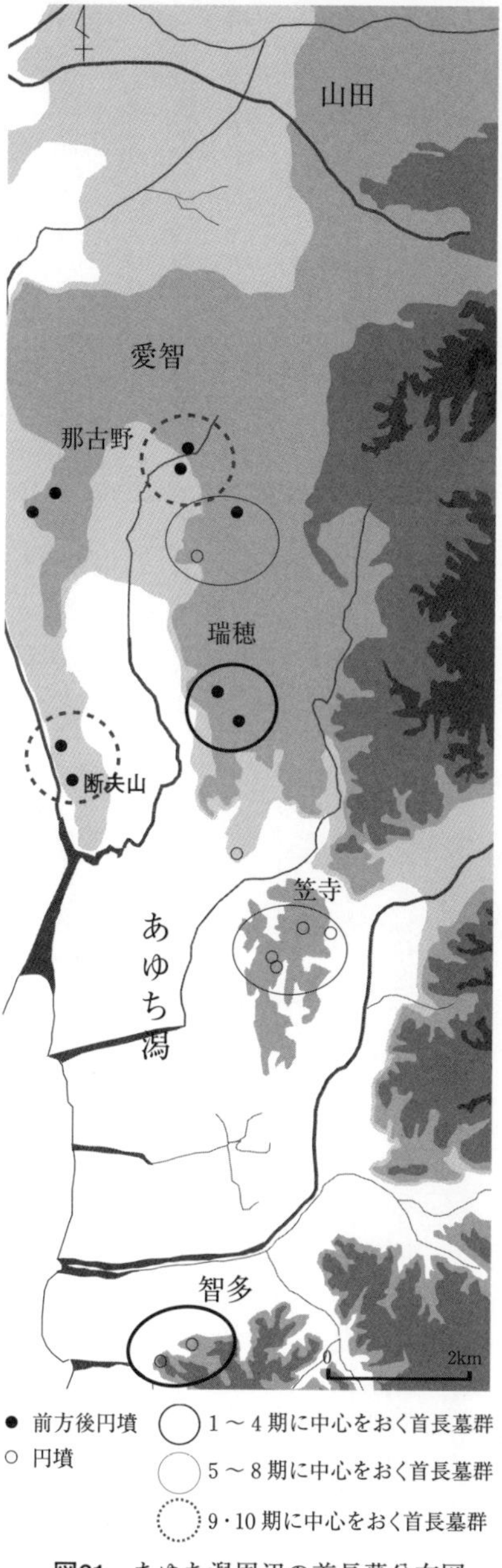

図21　あゆち潟周辺の首長墓分布図

後期初頭にかけて断夫山《だんぷさん》古墳(21)（墳丘長一五一メートル）と白鳥《しらとり》古墳(22)（墳丘長七〇メートル）が築かれ、短期間のうちに大型前方後円墳の築造をみる。なお、これらの古墳にはいずれも味美古墳群でみられたような尾張型埴輪を採用し、墳形も近似することが指摘されている(23)。

瑞穂周辺の古墳群　那古野と堀田潟を挟んで瑞穂台地がある。この台地上では前方後円墳である名古屋市八高《はちこう》古墳（墳丘長七〇メートル）と高田《たかだ》（五中山《ごちゅうやま》）古墳（墳丘長八七メートル）が連続して前期後半以後に登場することが埴輪から推定されている(24)。そして消滅はしているものの、中期後半頃から馬走塚《まはしりづか》古墳（墳丘長五五メートル）、西塚《にしづか》古墳（墳丘長六六メートル）と白山《はくさん》古墳（墳丘長七〇メートル）などの帆立貝形古墳や前方後円墳が築かれると考えられるが(25)、詳細は不明なところも多く課題を残す。やや北に位置する尾張最大の円墳、八幡山《はちまんやま》古墳（直径八〇～八二メートル）は中期中葉頃に築造され、一本松《いっぽんまつ》古墳（直径三六メートル）と連続した大型円墳の築造が認められる(26)。これらの造墓活動を、東山窯などの須恵器などの窯業生産と絡めて考える解釈もある(27)。

笠寺周辺の古墳群　瑞穂台地の南に呼続潟を挟んで笠寺台地がある。この台地では造り出しをもつと推定される名古屋市鳥栖《とりす》八剣《やつるぎしゃ》社古墳（墳丘長六〇メートル）や鳥栖《とりす》神明社《しんめいしゃ》古墳（墳丘長三〇メートル）、大型円墳の桜《さくら》神明《しんめい》社《しゃ》古墳（直径三六メートル）が築造される(28)。

F・智多領域

鳴海潟を挟んだ名和地区には、前期後半から中期前半にかけて東海市兜《かぶと》山《やま》古墳（直径四五メートル）や斎山《いつきやま》古墳（直径三〇メートル）という大型円墳が隣接して築造されるが(29)、前方後円墳は認められない。しかし、兜山古墳にみられるように、仿製三角縁神獣鏡を含む鏡四面や石製祭器などの副葬品は、中央政権中枢とのむすびつきが前期後半にあったことを推測させるのには充分である。

（四）濃尾平野沖積地（海部領域）

G・海部領域

ここでは尾張低地部の海部周辺の範囲を扱う。前期と推定しうる愛西市奥津社《おくつしゃ》古墳は直径二五メートルの円墳とされ、ここから出土したとされる三面の三角縁神獣鏡はいずれも古相を示す[30]。美和町二ツ寺神明社《ふたつてらしんめいしゃ》古墳（墳丘長約八〇メートル）には段築や葺石、埴輪などは認められないが[31]、前期後半以前と推定できる大型の前方後円墳の造墓を沖積地においても早くからみることができる。

3　古墳群領域と首長墓系譜と画期

これまでみてきた各領域での首長墓系譜を整理したものが図22（丹羽領域の一部と葉栗・中島領域については図19参照）である。のちの美濃との境界となる木曽川付近の首長墓は、丹羽領域の東之宮古墳を嚆矢に青塚古墳、甲塚古墳や妙感寺古墳の前方後方（円）墳が散在的にあって、一系譜とはやや認めがたいものである。これに対して小木古墳群では前期後半に造墓の中心を置きながら、前方後方墳と円（方）墳とで構成する古墳群で、三角縁神獣鏡を複数保有しつつ天王山古墳を最後に系譜を終える。これに近い造墓活動をみせるのは、一宮市周辺で展開する今伊勢車塚古墳などの古墳である。

この領域では中期に至っては首長墓の造墓は希薄であるが、後期には再び活発な造墓活動を繰り広げる。尾張型埴輪を採用する曽本・小折古墳群、川原石積みの横穴式石室や凝灰岩製の家形石棺を採用する浅井古墳群などはこれに該当する。また、対岸の鵜沼の造墓活動とも密接な関わりが想定され、川を挟んで一つの地域圏とみることができ、のちの大型方墳に結びつく勢力が考えられる。

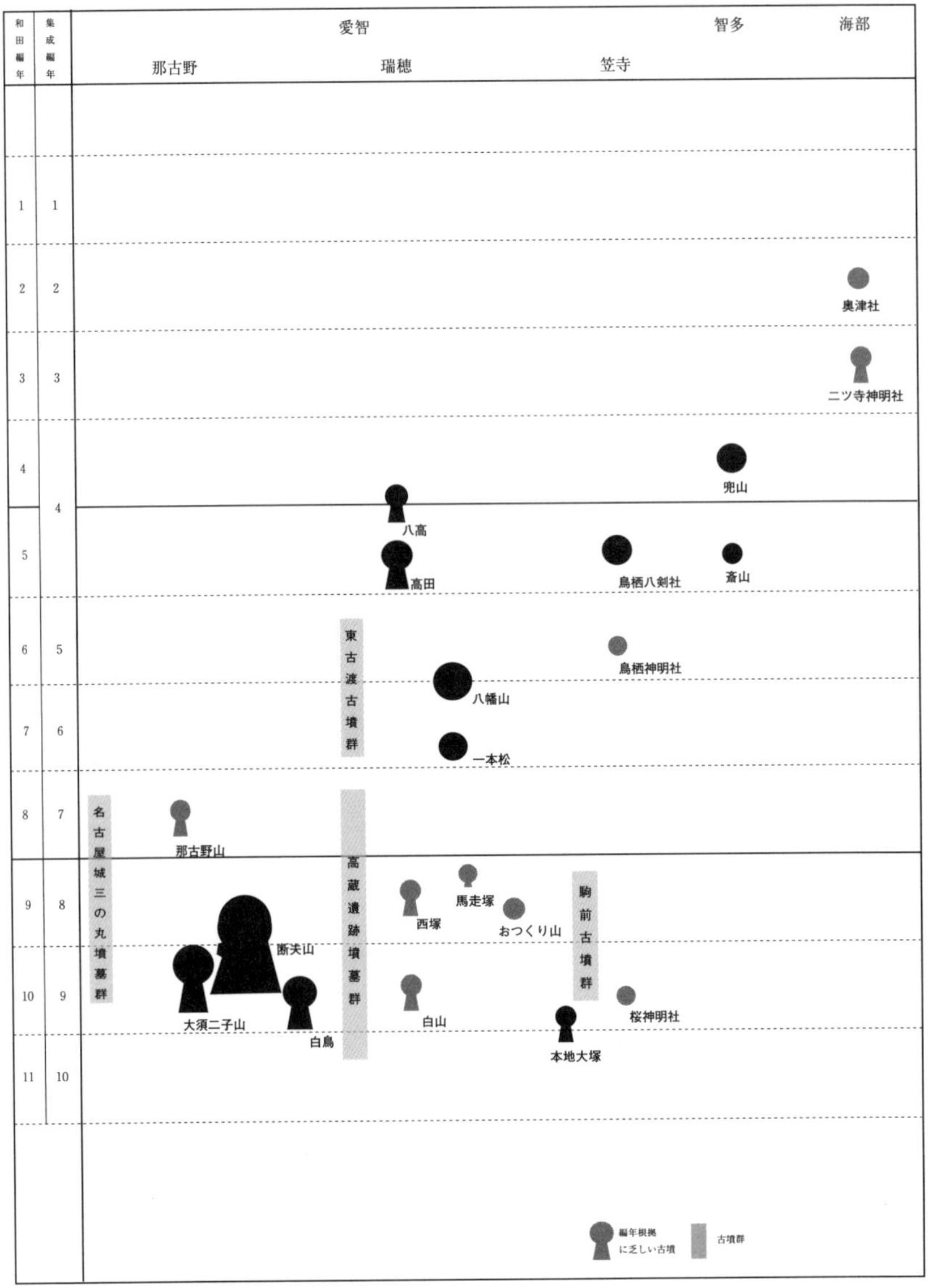
和田編年
集成編年
愛智
智多
海部
那古野
瑞穂
笠寺
奥津社
ニツ寺神明社
兜山
八高
高田
鳥栖八剣社
斎山
東古渡古墳群
鳥栖神明社
八幡山
一本松
名古屋城三の丸墳墓群
那古野山
高蔵遺跡墳墓群
馬走塚
西塚
おつくり山
駒前古墳群
断夫山
大須二子山
白鳥
白山
本地大塚
桜神明社
編年根拠に乏しい古墳
古墳群

首長墓系譜

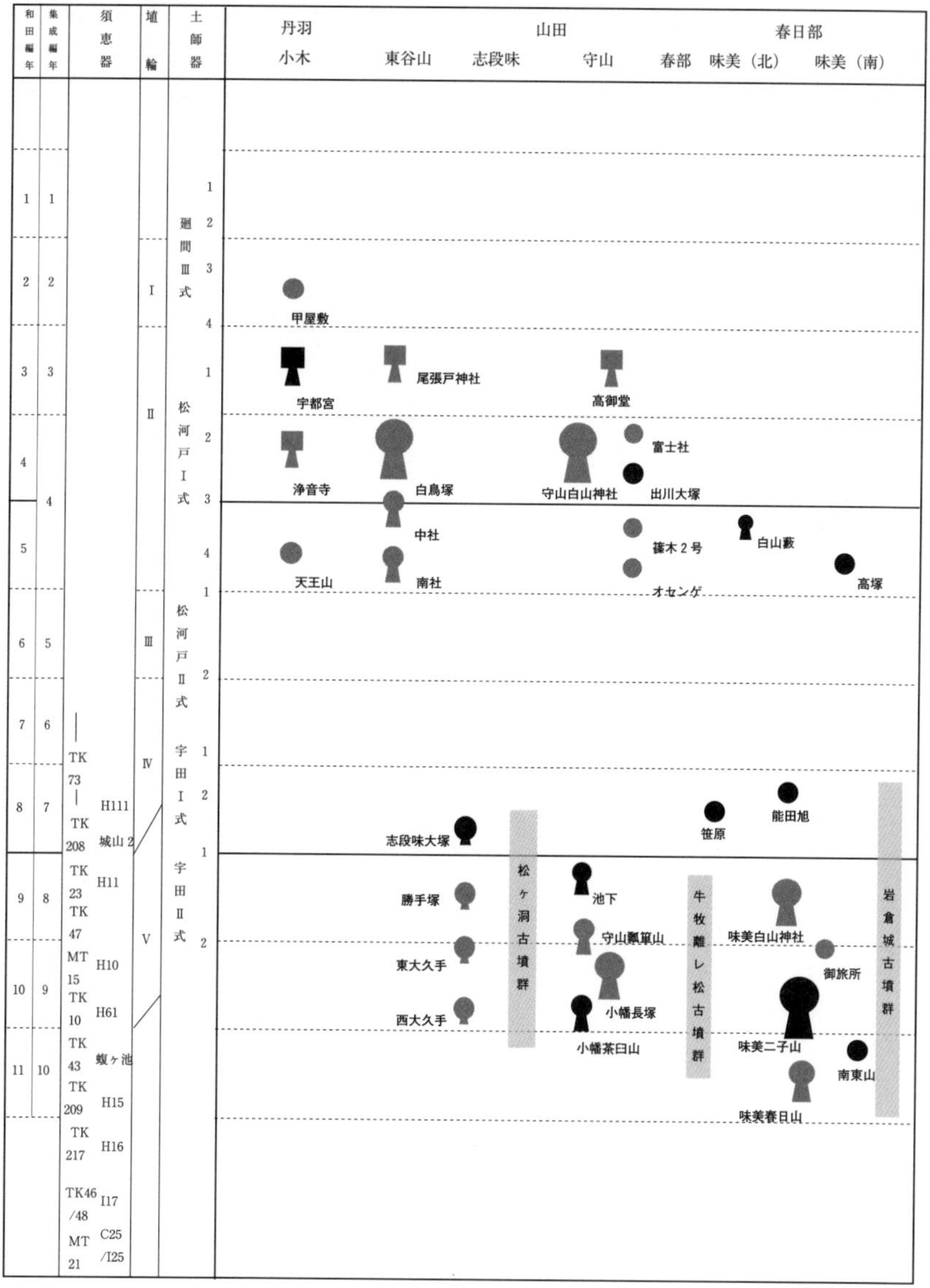
和田編年
集成編年
須恵器
埴輪
土師器
丹羽
山田
春日部
小木
東谷山
志段味
守山
春部
味美（北）
味美（南）
廻間Ⅲ式
松河戸Ⅰ式
松河戸Ⅱ式
宇田Ⅰ式
宇田Ⅱ式
TK73
TK208
TK23
TK47
MT15
TK10
TK43
TK209
TK217
TK46/48
MT21
H111
城山2
H11
H10
H61
蝮ヶ池
H15
H16
I17
C25/I25
甲屋敷
宇都宮
尾張戸神社
高御堂
浄音寺
白鳥塚
守山白山神社
富士社
出川大塚
中社
篠木2号
白山藪
天王山
南社
オセンゲ
高塚
能田旭
笹原
志段味大塚
松ヶ洞古墳群
勝手塚
池下
牛牧離レ松古墳群
味美白山神社
岩倉城古墳群
守山瓢箪山
御旅所
東大久手
小幡長塚
西大久手
小幡茶臼山
味美二子山
南東山
味美春日山

図22　尾張の

さて、山田領域では尾張戸神社古墳をはじめとして白鳥塚古墳までの首長墓系譜を推定できるが、前期後半で断絶する。この後は志段味古墳群の造墓活動を待たねば首長墓はみあたらないが、ここでは帆立貝形を採用した同一系譜をみることができる。

庄内川周辺での春日部領域では味美古墳群が北群と南群にわかれて形成され、それぞれにおいて首長墓が形成される。しかし、現状では造墓時期が異なることから別々の造墓基盤を考える必要がある。なかでもとりわけ北群は味美二子山古墳に代表されるように中期後半から後期中葉まで尾張型埴輪を採用した拠点的な造墓活動を展開しており、下原窯との関係も含めて極めて注目すべき古墳群で、距離をややおくものの守山の小幡古墳群や熱田の古墳群などの造墓活動と絡めて考える必要がある。

あゆち潟周辺の台地では、瑞穂古墳群や笠寺での円墳群が前期後半から中期にかけて活発化し、八幡山古墳という大型円墳に収斂されるようである。名古屋台地では那古野山古墳や大須二子山古墳、断夫山古墳、白鳥古墳といった大型前方後円墳が形成され、尾張のみならずこの時期に大型前方後円墳の姿がみえない美濃にまで視野を広げて考える必要がある。

ここで、これまでに論じてきた各地域での首長墓系譜の画期を美濃の動向を念頭におきながらみてみると、同じように四つの画期を設定することができる。すなわち、第一の画期は、それまでの前方後方墳を主体とする造墓段階からはじめて前方後円墳が波及・定着する前期中葉である。そして次の第二の画期は前期末葉から中期前半にかけてで、ここで多くの首長墓系譜に変化が認められる。前節で指摘した美濃側では不破領域の赤坂系譜、大野領域の上磯系譜、各務領域の鵜沼系譜、可児領域の前波系譜がこれに該当したように、尾張では丹羽領域の小木系譜、山田領域の東谷山系譜や愛智領域の瑞穂系譜において首長墓系譜が断絶する。この段階においては、尾張側よりも美濃側に大きな変動があったことを認めることができる。この時期に不破領域の昼飯大塚古墳、各務領域の坊の塚古墳、丹羽領域の青塚古墳、山田領域の白鳥塚古墳と守山白山神社古墳などのように、大型前方後円墳が相次いで造墓されたことも見逃せない重要な現象である。さらに、小規模な前方後円墳や大型円墳に着目すると、美濃と同様にこの時期を境に古墳の墳形や様相に変化が認められる。

そして、第三の画期は中期後半である。ここでは、第一の画期以降に登場した新たな首長層が拠点的に造墓活動を興したと考えられ、尾張での志段味古墳群と小幡古墳群、そして味美古墳群や断夫山古墳に代表される名古屋台地の熱田古墳群が挙げられる。この画期では今度は美濃より尾張側に活発な造墓活動を認めることができる。なお、この動きの延長上には、木曽川沿いに川原石を用いた横穴式石室や凝灰岩製の家形石棺が広く共有するような地域圏が形成され、尾張の地域色の強い須恵器や埴輪が広範囲に及ぶ点も特徴的である。

第四の画期は後期後半における前方後円墳の消滅で、尾張各地での後期前方後円墳が斉一的に姿を消すことにある。

以上のような四つの画期は濃尾平野の各地の地域勢力間の関係と前方後円墳秩序にみるがごとく、中央政権との関係が大きく左右していることが充分考えられる。列島規模において論じられているような各地の首長墓系譜の断絶や影響を考慮しつつ、濃尾平野もまた同じ動向下にあったものと考えられる。その一方で名古屋台地を中心とする地域に断夫山古墳をはじめとする後期の大型前方後円墳が登場する背景は、中央政権以外の外的要因を考える必要があるが、このことについては後述したい。

(1)　尾張の首長墓に関する動静を論じたものに次のようなものがある。

・伊藤禎樹「尾張の大型古墳」(『考古学研究』第一九巻第二号、一九七二年)。同「伊勢湾と海つ道」(『古代の地方史』四、東海・東山・北陸編、朝倉書店、一九七八年)七五―一一三頁。

・赤塚次郎「造墓への憧憬」(『考古学の広場』第三号、考古学フォーラム、一九八六年)。同「東海(西部)」(『古墳時代の研究』第一一巻、雄山閣、一九九〇年)一七―二七頁。

（2）中司照世「畿内政権と東海の首長」（『図説発掘が語る日本史』第三巻、新人物往来社、一九八六年）一五五―一六一頁。
（3）渡辺博人編『大牧一号墳発掘調査報告書―同二号墳・三号墳の発掘調査』各務原市文化財調査報告第三七号、各務原市埋蔵文化財調査センター、二〇〇三年。なお、挂甲については内山敏行氏よりご教示を得た。
（4）赤塚次郎「各務原・犬山における古墳文化」（『木曽川両岸に栄えた古代文化』各務原市埋蔵文化財調査センター、一九九九年）四八―五一頁。
（5）服部哲也「愛知県尾張地方の前方後方墳」（『古代』第八六号、一九八八年）二四―三六頁。
（6）赤塚次郎編『史跡青塚古墳調査報告書』犬山市埋蔵文化財調査報告書第一集、犬山市教育委員会、二〇〇一年。
（7）服部哲也「愛知県尾張地方の前方後方墳」（前掲注5）二四―三六頁。
（8）荻野繁春編『三ツ山古墳群発掘調査報告書』小牧市教育委員会、一九八〇年。
（9）奥田尚・服部哲也「濃尾地方の石棺」（『古代学研究』一二六号、一九九一年）一―一四頁。
（10）長瀬治義「考察―濃尾の川原石積石室」（『川合遺跡群』可児市教育委員会、一九九四年）三七九―三九一頁。同「東濃地方の後期古墳文化」（八賀晋編『美濃・飛騨の古墳とその社会』同成社、二〇〇一年）九二―一一九頁。
（11）名古屋大学考古学研究室「白鳥塚古墳」（『重要遺跡指定促進調査報告―地形測量調査の概要』愛知県教育委員会、一九七四年）二頁。なお、中社古墳および南社古墳について、伊藤禎樹氏よりご教示を得た。
（12）伊藤稔・加藤安信編『愛知県重要遺跡指定促進調査報告Ⅶ―名古屋市守山区上志段味地区所在前方後円墳地形測量調査』愛知県教育委員会、一九八三年。
（13）犬塚康博「古墳時代」（『新修名古屋市史』第一巻、名古屋市、一九九七年）三六八―三七六頁。なお、志段味古墳群では副葬品などによって時期比定の可能な古墳は志段味大塚古墳のみであることから、その他の古墳についてはなお課題を残している。
（14）赤塚次郎「愛知県内前方後円（方）墳等の測量調査概要報告1」（『愛知県史研究』編集委員会・愛知県総務部県史編さん室編『愛知県史研究』創刊号、愛知県、一九九七年）二〇二―二一八頁。
（15）樋上昇編『池下古墳』愛知県埋蔵文化財センター調査報告書第二四集、財団法人愛知県埋蔵文化財センター、一九九一年。
（16）服部哲也「断夫山時代その後―小幡茶臼山古墳出現の背景」（『名古屋市見晴台考古資料館研究紀要』第一号、一九九九年）

二―一八頁。
(17) 味鋺長塚古墳及び味鋺大塚古墳は、地籍図などを根拠にその規模が推定復元されているため、古墳そのものの存在や内容に関しては不明なところが多い。
(18) 伊藤秋男「白山藪古墳発掘調査報告」『南山大学人類学研究所』人類学研究所紀要第六号、一九七七年
(19) 大下武「味美二子山古墳と下原古窯」（『春日井シンポジウム』春日井市制五〇周年記念行事実行委員会、一九九三年）四六―五六頁。のち網野善彦・門脇禎二・森浩一編『継体大王と尾張の目子媛』小学館、一九九四年）一九九―二一八頁に加筆所収。なお、ここで生産された埴輪が岐阜県後平茶臼古墳にまで供給されている。藤井康隆氏のご教示による。
(20) 安達厚三「名古屋市大須二子山古墳出土の遺物をめぐって」（『名古屋市博物館研究紀要』第一巻、名古屋市博物館、一九七八年）一―七頁。伊藤秋男「名古屋市大須二子山古墳調査報告」（『小林知生先生退職記念考古学論文集』一九七八年）。のち伊藤秋男・松原隆治編『大須二子山・南ヶ原・井守塚古墳発掘調査報告』一九七九年に別刷合冊、一―二〇二頁。犬塚康博「大須二子山古墳の復原的再検討」（『名古屋市博物館研究紀要』第一三巻、一九九〇年）一―二八頁。なお、大須二子山古墳の時期については断夫山古墳と白鳥古墳の間に位置づける考えもある。森泰通・尾野善裕「尾張断夫山古墳の時代―故田端勉氏採集資料をめぐって」（『三河考古』第一六号、三河考古刊行会、二〇〇三年）一―一八頁。
(21) 『断夫山古墳とその時代』第六回東海埋蔵文化財研究会・愛知考古学談話会、一九八九年。
(22) 木村有作・野澤則幸編『白鳥古墳第Ⅱ次発掘調査報告書』名古屋市教育委員会、一九八七年。土生田純之「東海地方の横穴式石室」（『断夫山古墳とその時代』第六回東海埋蔵文化財研究会・愛知考古学談話会、一九八九年）六四―九三頁。
(23) 赤塚次郎「断夫山古墳をめぐる諸問題」（『断夫山古墳とその時代』第六回東海埋蔵文化財研究会・愛知考古学談話会、一九八九年）八―一七頁。
(24) 藤井康隆「名古屋台地古墳時代の基礎資料（1）―八高古墳の埴輪」（『名古屋市見晴台考古資料館研究紀要』第三号、二〇〇一年）一七―二四頁。
(25) 犬塚康博「西塚古墳とその周辺―名古屋市中区新栄二丁目所在」（『名古屋市博物館研究紀要』第一〇巻、名古屋市博物館、一九八七年）一―六頁。

（26）藤井康隆「鶴舞八幡山古墳の埴輪―名古屋台地古墳時代の基礎資料（5）」（『埴輪研究会誌』第六号、埴輪研究会、二〇〇二年）一〇五―一一四頁。一本松古墳の埴輪は、この地方で最初のB種ヨコハケ技法を導入した古墳として位置づけられている。

（27）木村有作「名古屋台地西縁の集落遺跡と東山窯」（森浩一・松藤和人編『考古学に学ぶ』同志社大学考古学シリーズⅦ、一九九九年）四六七―四七六頁。

（28）藤井康隆・瀬川貴文・森島一貴「鳥栖八剣社古墳測量調査報告―名古屋台地古墳時代の基礎資料（7）」（『名古屋市見晴台考古資料館研究紀要』第六号、二〇〇四年）一九―二八頁。なお、桜神明社古墳の墳頂面が平坦ではなく横穴式石室を内包してもおかしくないこと、そして過去に五世紀後半に位置づけることのできる須恵器が採集されていることも参考にしておく。

（29）藤井康隆「名古屋台地古墳時代の基礎資料（3）―斎山古墳の埴輪」（『名古屋市見晴台考古資料館研究紀要』第四号、二〇〇二年）二七―三七頁。

（30）土本典生「奥津社古墳」（近藤義郎編『前方後円墳集成』中部編、山川出版社、一九九二年）三七一頁。ここでは墳丘長三五メートルの前方後方墳とするが、墳形については不確定なところが多い。

（31）楢崎彰一「四世紀の古墳」（楢崎彰一編『東海考古の旅―東西文化の接点』毎日新聞社、一九八九年）六〇―六三頁。赤塚次郎「愛知県内前方後円（方）墳等の測量調査概要報告1」（前掲注14）二〇二―二一八頁。

［補記］本節は新稿であるが、旧稿「濃尾の首長墓系譜の展開と特質」（広瀬和雄編『古墳時代の政治構造』二〇〇四年）の一部を、その後の新知見を補いながら書き改めたものである。

第五節　濃尾平野の首長墓と造墓活動にみる特質

1　はじめに

第三節から第四節にかけて、各地域における首長墓系譜の抽出とその分析作業を通して造墓活動の諸段階や画期を見出してきた。その結果いくつかの画期や共通する現象、あるいは優位にたつ首長墓系譜などを明らかにすることができた。このことからわかるように地域首長が拠点とする各地域社会では、同じような古墳群が同時に形成されていても、そこには何らかの自律的かつ他律的な要因がそれぞれに働いていると思われる。本節ではそのことを鮮明にしていくための前作業として、これまでに触れてきた首長墓の動向や首長墓系譜の特質を提示して、その後の論点を明確にしたい。

さて、こうした解釈を行う前に、首長墓系譜の分析に関する先行研究を振り返りながら、その意義と有効性を確認しておきたい。なお、そのとき、ここでは古墳の定義やその出現過程を追求する予定はないので、古墳が地域史における分析資料としてどのように有効なのかを中心に確認するにとどめる。

2　首長墓系譜による分析方法

古墳は白石太一郎が説くように「それ自体その時期における各地の首長たち相互の政治関係を表現」しているも

ので、「古墳という考古資料」が「共同体の首長墓としての性格を保ちながら、なおかつ支配者の一員として首長連合に加わった地域首長の連合内部における地位・身分を表示するものという二重の性格」をもち、ここから「政治連合としての初期ヤマト政権あるいはヤマト政権のあり方やその変質過程、さらに各地の政治勢力相互の政治関係の変化を具体的に考察する」ことができる。(1) こうした古墳のもつ重層的な性格については、広瀬和雄も一定度自律性をもった地域政権のなかでの二次的関係と、大和政権との間での一次的関係という政治構造で読もうと試みている。(2)

前方後円墳をはじめとする有力古墳を各地域ごとに時系列に並べ、その変遷をもとに政治構造を論究した研究は数多い。誤解を恐れずに言えば、はじめて首長墓を模式図として列挙し、今日広くみるような首長墓系譜図を表記したのは田辺昭三であろう。彼は京都市史においてそれを試み(3)、その後、野上丈助が「古墳と古墳群の、群構造・系統的関連を立地を考慮の上抽出することによって、地域の政治集団の動向」に迫るため、摂河泉の古墳群について各古墳の時期的関係を明らかにした上で、古墳を系統的に把握する試みを行っている。(4) 都出比呂志は、乙訓地域の首長系譜の継続と断絶を整理することを通して、この変動が中央による古墳群の移動が引き起こしているという解釈に立ち、地域の自律的な変動ではなく列島を巻き込んだ大きな政治的な変動と考えた。(5) このように首長墓系譜を検討することで、地域社会の政治的分析のみならず、列島内における中央と地方という側面にたった分析が可能となる。

さて、こうした首長墓系譜は首長墓を「世代を異にする代々の首長の古墳と考え」、「二、三基の古墳のまとまりは一つの首長系譜の存在を示す(6)」ものと理解してすすめている。こうした分析方法に対して、首長墓系譜を設定する地域や範囲が本来地理的にも歴史的にも古墳時代を通して動かないものでなければならないことや、その地域にある首長系譜が必ずしも一系列とは限らないといった問題提起がある。(7) そうしたなかでも岸本道昭のように、古墳の築造とその消長を考察する場合は、数代にわたって前方後円墳の築造をなし得た地域首長による「系譜的築造」と、その時々の政治的関係によって前方後円墳を築きえた単発的な地域首長による「系列的築造」に分けて地域首長の動向を読んだり、[8]大久保徹也のように「築造系譜」なる概念を用いて地域的政治的秩序を論じることによって、地域史研究に有効に働くことを実証している。[9]ただ、首長墓を抽出して古墳群を系譜としてみる従来の首長墓系譜論の視点と方法を肯守しながらも、首長墓系譜に変動があった場合は、それが中央と地方という政治的な関係の強弱による場合ばかりでなく、社会的・文化的要素が含まれるという立場から地域を越えた大きな動きを展望する試みも提示されているように、[10]この分野の研究が新たな局面にあるのは間違いない。

本書では前提条件を付する仮説的な分析と認識した上で論を進めているが、ここでこれまでにみてきた首長墓の造墓活動上での画期とその諸段階を整理しておきたい。

3　造墓活動の諸段階

美濃と尾張地域の首長墓の造墓活動については、大きく次のように五段階に整理することができる（表1）。

まず最初の段階は、おもな領域に前方後方墳が造墓される段階であるが、これは現在のところ尾張地域よりも比較的美濃地域に顕著な動きをみる。ただし、これらの前方後方墳は、弥生時代終末期にみられた前方後方形墳丘墓とは必ずしも直接的に結びつかないものも含んでいると考えられる。その次の段階では前方後円墳がこの地に波及し、それまでにみられた「前方後方墳」と共存する社会構造をとる。この段階では伊勢湾沿岸の各地域に前方後円墳や前方後方墳が築かれており、弥生時代から比較的スムーズに各首長層に前方後円墳や前方後方墳が受容されたといえる。地域的な差としては、墳形を伝統的な前方後方形として強く残影するところがあったり、あるいは円墳を採用する地域があるように、各首長層によって墳形の採択が主体的になされていた形跡がある。造墓主体者の意図が造墓に強く出ていることを示唆するもので、そこから読みとれる首長層は、墳形・規模による較差があまりみられないことから、弥生時代以来の地域社会を代表する首長としての姿をみることができる。前方後円墳にしても前方後方墳にしても、墳丘規模が一〇〇メートルを超えるものが出現するのは前期後半を待たなければならないことは、畿内や吉備、関東とはやや様相を異にする。とりわけ大型の前方後円墳出現の歴史的背景については後述したいが、出現背景を自律的かつ在地的な要因と中央政権などとの政治的な関係以外に、中国や朝鮮半島を包括した広い東アジア世界での動勢と密接に関わる対外的要因も推察しておきたい。

さて、第三段階になると、それまで首長墓が単独で一つの領域内を移動して築造されていくことがほとんどであ

表1　濃尾における造墓活動の諸段階

段階	画期		主要な古墳とその動向
第一段階			・前方後方墳を中心とする造墓（象鼻山古墳群・白石古墳群）
	①前方後円墳の波及	第一の画期	
第二段階			・前方後円墳と前方後方墳の共存（上磯古墳群・前波古墳群） ・前方後円墳への収斂・大型前方後円墳の造墓（昼飯大塚古墳・坊の塚古墳・青塚古墳）
	②系譜の断絶 墓域の移動	第二の画期	
第三段階			・墳形の変化（帆立貝形古墳・造り出し円墳） ・大型前方後円墳による首長墓系譜（那加古墳群） ・複数系譜型古墳群の形成（野古墳群）
	③造墓地の移動	第三の画期	
第四段階			・小規模前方後円墳の造墓（志段味古墳群・小幡古墳群） ・あゆち潟での大型前方後円墳の造墓（味美古墳群・断夫山古墳）
	④前方後円墳の消滅	第四の画期	
第五段階			・大型円墳・大型方墳の築造

ったのが、それまでの首長墓系譜が途絶したり、首長墓が消滅する。そして琴塚古墳を含む那加古墳群や瑞穂古墳群などの、台地への開拓を示唆するような古墳群の出現がみられ、墓域が移動する。また野古墳群のように墓域を定めて、そこに前方後円墳を頂点とする墳形と規模による秩序が埋め込まれる古墳群が登場する。野古墳群は明らかに中央政権が墓制に新たに取り入れた政治秩序を、この地にいち早く採択している現象と評価でき、畿内に近い揖斐川水系の野古墳群と、木曽川水系の地域社会の構造的差をみることができる。

第四段階は、前方後円墳がそれまでの地域から姿を消し、断夫山古墳に代表される大型前方後円墳が熱田台地を含むあゆち潟に集中する段階である。この時期の前方後円墳の築造数やその規模からしても、それまでの地域社会の基盤が最も成熟した段階と言える。その勢力はおそらく大王家との婚姻関係を背景として、海民集団の掌握や港湾などの流通拠点の管理にもあたっていたと思われる。木曽川中流域においてこれまでになく中小の前方後円墳が勃興したり、川原石積み横穴式石室や凝灰岩製家形石棺を共有するような特徴が発現するのはこうしたことによるものと考えられる。後期の環伊勢湾社会は、列島社会のなかで最も重要な位置にあった時期と言える。

第五段階は、前方後円墳がその役割を終えた後に、大型方墳や大型の横穴式石室を首長層の墓制として受け入れた段階である。その造墓活動は美濃の武儀周辺に集中する傾向にあり、のちの特定氏族の前身勢力と解釈することもできる。

4　首長墓の動向と画期にみる課題

首長墓の造墓活動についてその諸段階をこのように捉えたが、それぞれの段階ごとの変化と画期をさらに鮮明にするためにあるいはその要因や背景を明らかにするために、これまでの論点を整理して個別に論究する足がかりをつかんでおきたい。

(一) 前方後円墳と前方後方墳の共存

まず最初の大きな画期は、第二の画期すなわち古墳築造の第二段階から第三段階へ移行する画期である。この画期のうち、とりわけ特徴的な現象と言えるのは前方後方墳の衰退と消滅である。美濃においては可児・伏見古墳群が、尾張では小木古墳群などの前方後方墳群がこれに該当し、また前方後方墳と方墳が同一墓域にあった美濃の象鼻山古墳群、白石古墳群、尾張の白山古墳群などもその造墓活動を停止するのである。弥生時代からこの地域の首長墓として伝統的に維持・継承されてきた墳形がここに至って姿を消す意義は大きい。

その前方後方墳については、古墳出現期あるいは関東・東北への土器移動と併せた問題、三世紀の列島社会の問題など様々な角度から論じられているが、そのなかでも特に当地に前方後円墳が波及された前後で、廻間遺跡や西上免遺跡で確認されている前方後方形墳丘墓がどのように変質し、そして地域社会への影響がどのようにおよんだのか、明らかにする必要がある。濃尾平野において前方後方墳は、前方後円墳の波及後も築造を継続する。そのとき、前方後円墳と墓域を同じくして併存し、首長墓系譜を形成する古墳群が認められるが、こうした現象がなぜ起こりうるのか、「前方後方形」という墳形に込められた意味や前方後円墳と共存する地域構造を考える。(11)

(二) 大型前方後円墳の登場とその背景

また同じ第二の画期では、これまでの首長墓系譜が断絶することを強調した。しかし、仔細にみると、地域によってはその前後に一〇〇メートルを越す大型前方後円墳が出現していることに気がつく。(12)美濃では赤坂古墳群の大垣市昼飯大塚古墳（墳丘長約一五〇メートル）、鵜沼古墳群の各務原市坊の塚古墳（墳丘長一二〇メートル）がこれに該当するし、尾張では犬山市青塚古墳（墳丘長一二〇メートル）、伊勢では松阪市宝塚《たからづか》一号墳（墳丘長一一一メートル）、三河では吉良《きら》町正法寺《しょうほうじ》古墳（墳丘長九六メートル）などが管見できる。それぞれの築造時期はおおよそ四世紀後半から五世紀前半に位置づけられ、いずれも旧国単位の範囲で最大規模の前方後円墳が築造される歴史的意義は大きい。

この現象を解釈するにあたって、果たして首長墓系譜の断絶に代表される中央政権との間に生じた政治的関係のみで語ることができるのかどうか、こうした問題設定を試み分析する。この点について大久保徹也は、讃岐の首長墓の動向を踏まえながら、香川県さぬき市富田茶臼山《とみだちゃうすやま》古墳という墳丘長一三九メートルの四国最大規模の前方後円墳出現の意義を「地域的結集を前提とした政治秩序の整備」と理解し、中央政権の政治変動によるものではなく、それまでの「小規模なエリアにおいて達成された成果＝階層的編成を拡大再生産したもの」と捉える(13)。

本書では対象とする大型前方後円墳が、幸いにもここ数カ年の間に史跡整備を目的とする発掘調査によって、墳形や墳丘構造、そして埴輪などの諸属性を比較することが可能となっている。大型前方後円墳の登場が、それぞれの地域のなかでどのように意義づけられるのか、このあたりの問題を地域のきめ細かい古墳の動向や首長墓の造墓基盤から明らかにしたい。

（三）階層型古墳群と小規模墳の構成変化

第三段階での特徴的な事象は、これまで前期にみられた小規模な古墳―前方後円墳を含めた円墳など―に変化がみられる点である。すなわち、墳形の点では短い造り出しをもった円墳や帆立貝形古墳が新たに首長墓に加わるなどして、それまでに造墓をみなかった地域に造墓活動が顕在化する。またその一方で、同一首長墓系譜上でも変化が起こることが、本巣領域の船来山古墳群で顕著にみられる。この古墳群では、東西の異なる尾根上に、二〇～三

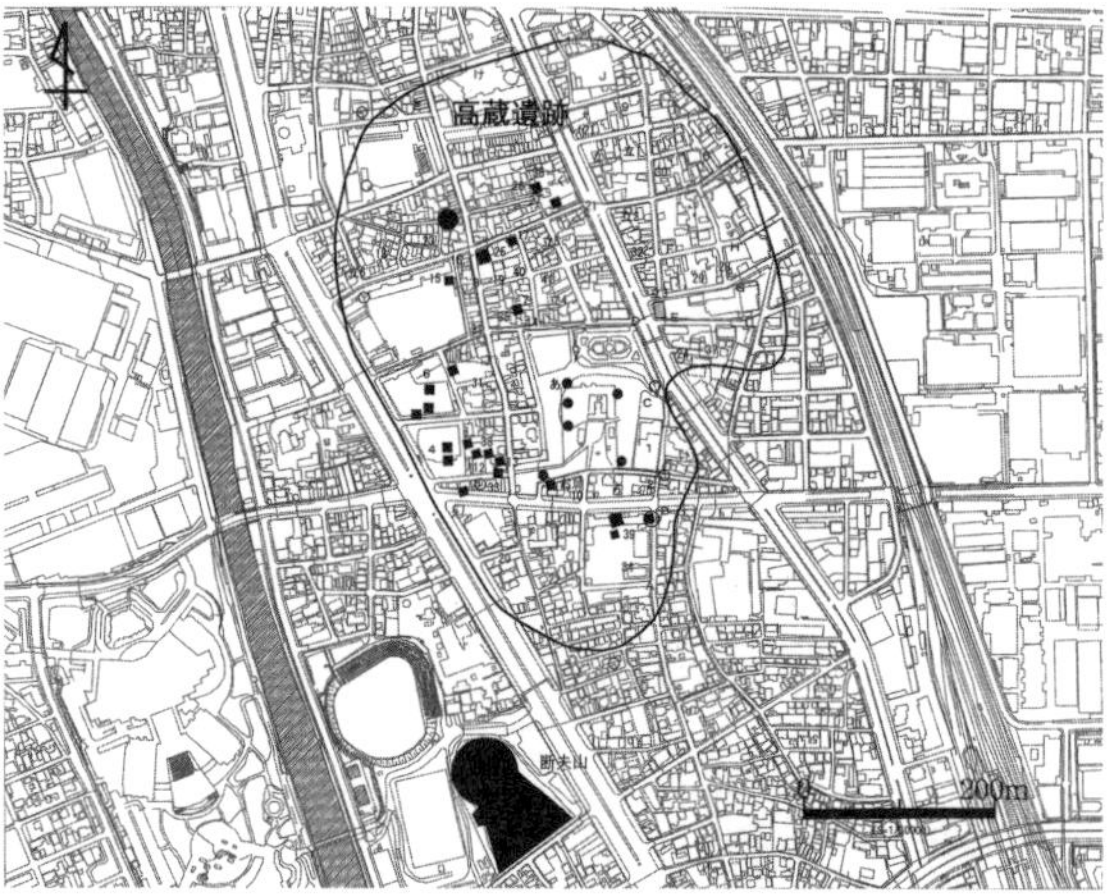

図23　断夫山古墳と高蔵遺跡（注15文献による）

○メートルほどの小規模な前方後円墳が連続して築造され、首長墓系譜を形成する。ところがある時期を境に、この東西の造墓活動が停止し、別の墓域に中型の前方後円墳となる五号墳（墳丘長約七〇メートル）が出現し、二つの系譜が統合されたかのような動きをみせるのである。同様な現象は、小規模墳の動静を細かく論じることで各地域においても発露しており、大首長墓の大型前方後円墳との関係で言えば、墳形と規模による階層的な構成による吸収が読みとれる。[14]

（四）後期大型古墳の造墓活動と横穴式石室

第四段階にあたる古墳時代中期後半から後期では、愛知県名古屋市東古渡《ひがしふるわたり》遺跡や高蔵《たかくら》遺跡、あるいは松ヶ洞古墳群のような小規模墳の造墓活動がみられる（図23）。これらの古墳群は五世紀中葉から後半になって方墳や円墳で構成される古墳群で、[15]なかには尾張系須恵器や尾張型埴輪を伴うなどの等質性が窺える。[16]ここでみる小規模墳の変質は、その被葬者の階層的な問題とともに、大型前方後円墳を輩出する上で重要な社会的役割を担った集団の登場を考えることができる。

ところで、あゆち潟周辺では活発な造墓活動を展開するが、それは墳丘長一五一メートルにもおよぶ断夫山古墳に代表され早くから注目されている。これ以外にも味美二子山古墳などの大型前方後円墳の出現や尾張地域特有の須恵器や埴輪から、その生産活動に関与した勢力と「尾張氏」との関わりで説かれることが多い（図24）。早くにこの地域特有の円筒埴輪に注目した川西宏幸は、尾張最大規模の断夫山古墳をはじめとする五世紀後半から六世紀前半にかけての盛行の背景に、、この円筒埴輪の技法の共有と影響から越前・加賀をはじめとする北陸諸勢力との連携があったとみている[17]。

熱田台地の潟周辺の集落遺跡や微地形を考慮に入れると、首長墓の動向はまず瑞穂台地に八高古墳や高田古墳などの前方後円墳が築造され、その後は八幡山古墳や一本松古墳の大型円墳を経て、後期に狭義の名古屋台地（先端を熱田台地とする）に大須二子塚古墳や断夫山古墳、白鳥古墳の大型前方後円墳を築造するという変遷をみる。この動きと連動するかのように小幡古墳群、味美古墳群のように丘陵やその縁辺部に造墓活動が展開することは、「あゆち潟」南部の勢力が周辺を統合したとみたり、逆に味美周辺の勢力が名古屋台地を巻き込むように勢力が拡大したとみる考えがあるが[18]、単一勢力ではなく尾張各地に分立していた勢力が連携を図っていたと考えるのが妥当であろう[19]。

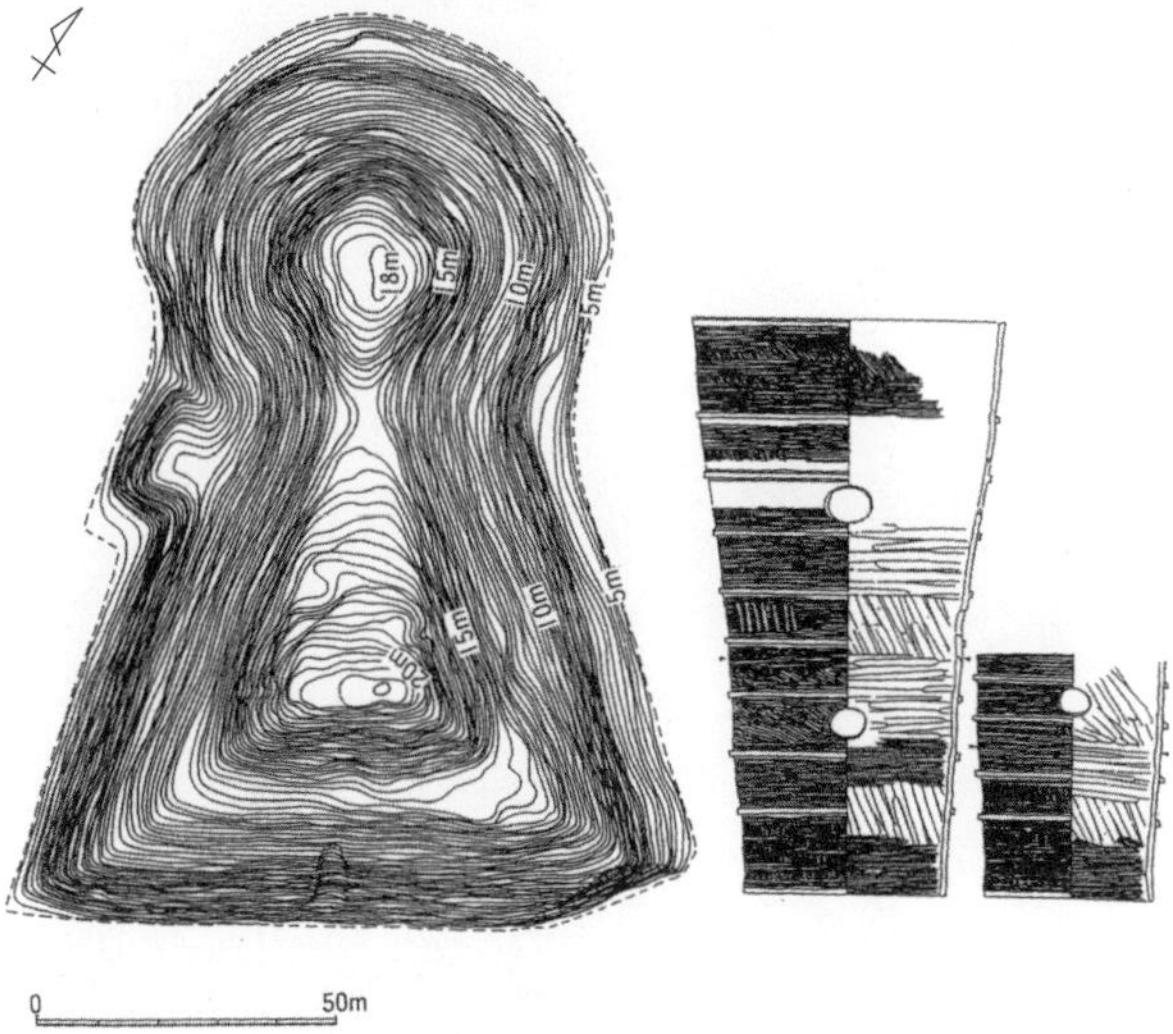

図24　断夫山古墳と尾張型埴輪（埴輪1/15）（注16文献による）

本書ではこの大型前方後円墳の被葬者に論究する予定はないが、名古屋台地での造墓活動を、とりわけ木曽川を介した各務原台地縁辺部での小規模な前方後円墳群の造営と絡めて考察する視点をもちあわせたい。それは猿投窯での須恵器生産や下原窯での尾張型埴輪をはじめとする尾張特有の窯業生産の影響が、各務原の美濃須衛《みのすえ》窯などにも連動している可能性が高いからで、六世紀前半から後半にかけて広がる鳥つまみ装飾壺や川原石積み横穴式石室そして凝灰岩製の家形石棺も、木曽川中流域の文化圏の形成に関わりが深いと考えられるからである。[20]こうした生産集団を把握する首長が旧来の勢力基盤とは異なる造墓地へ移動し、そこで主体的な造墓活動を展開したことは充分考えられる。

ところで、こうした古墳時代後期は木曽川を介した河川交通や交易拠点の掌握が、政治的にも重要であったに違いない。そのため河川を中心にこの地を基盤とする潟や台地の利用や拡大にも積極的であったと考えられる。つまり、古墳時代中期以降に展開したこの地での手工業生産がさらに増長し、その製品やその原料になる物資を内外へ輸送するための物流システムを中央政権から地域へと取り戻しながら、首長層が直接それを掌握することでその拠点となる港湾・津などの拠点整備や市場などの交易上の重要地域を管理していた可能性もあるからである。この視点ももちあわせていきたい。[21]

（五）横穴式石室からみた大型古墳と群集墳

第五段階にあたる前方後円墳の消滅後は、首長墓は畿内と関東と同様に大型方墳や大型円墳に移行するが、その顕著な地域は美濃の限定した地域に盛行する。その時期は発掘調査を実施している可児の次郎兵衛塚一号墳や各務原の鵜沼西町古墳の成果から、六世紀末葉から七世紀前半頃と考えられる。こうした動向をのちの寺院や氏族との関わりで捉えることも重要であるが、まず基礎的作業としてこの前後にわたる横穴式石室に焦点をあてて特質を明らかにしていきたい。

また、この横穴式石室はどのような経路から各地の墓制に取り込まれていったのか、このあたりのプロセスを解明することも地域社会を考える上では極めて重要な課題である。この地域における横穴式石室の変遷をまず明らかにした上で、それぞれの地域の首長墓動向と絡めて検討したい。また、群集墳の形成との関わりでは、先にみた名古屋台地や守山台地での小規模な方墳との関係や、新たな造墓集団の台頭という側面からも取り上げなければならない。

（1）白石太一郎「畿内における大型古墳群の消長」（『考古学研究』第一六巻第一号、一九六九年）八―二六頁。のち「畿内の大型古墳群の消長とその意味」（『古墳と古墳群の研究』塙書房、二〇〇〇年）九九―一二六頁に改題改筆所収。
（2）広瀬和雄「大和政権の構造」（『各地の前方後円墳の消長に基づく古墳時代政治構造の研究』二〇〇一年）六七―七四頁。同「大和政権の変質―古墳時代中期政治構造への試論」（広瀬和雄編『古墳時代の政治構造―前方後円墳からのアプローチ』青木書店、二〇〇四年）二四九―二七二頁。
（3）田辺昭三「首長墓の成立」（『京都の歴史1』京都市、一九七〇年）六九―七九頁。
（4）野上丈助「摂河泉における古墳群の形成とその特質」（『考古学研究』第一六巻第三・四号、一九七〇年）四三―七二頁、六九―八四頁。
（5）都出比呂志「古墳時代」（向日市史編さん委員会編『向日市史』上巻、向日市、一九八三年）一一七―一八六頁。同「古墳時代首長系譜の継続と断絶」（『待兼山論叢』史学編二二号、一九八八年）一―一六頁。
（6）都出比呂志「地域圏と交易圏」（『日本農耕社会の成立過程』岩波書店、一九八九年）三七六―三七七頁。
（7）北條芳隆「資料に即した解釈を―古墳時代研究の危機にあって」（『長野県考古学会誌』九九号・一〇〇号、長野県考古学会、二〇〇一年）八一―九一頁。
（8）岸本道昭「播磨の前方後円墳とヤマト政権」（前掲注2『古墳時代の政治構造―前方後円墳からのアプローチ』）四三―四七頁。
（9）大久保徹也「讃岐の古墳時代政治秩序への試論」（前掲注2『古墳時代の政治構造―前方後円墳からのアプローチ』）八〇―一〇五頁。
（10）松木武彦「古墳時代首長系譜論の再検討―西日本を対象に」（『考古学研究』第四七巻第一号、二〇〇〇年）一〇一―一〇八頁。

（11）都出比呂志「祖霊祭式の政治性―前方後円墳分布圏の解釈」（小松和彦・都出比呂志編『日本古代の葬制と社会関係の基礎的研究』大阪大学文学部、一九九九年）九―二四頁。同「前方後円墳成立期の西と東」（藤原妃敏・菊池芳朗編『会津大塚山古墳の時代―激動の三・四世紀』福島県立博物館、一九九四年）八九―九〇頁。
（12）寺沢薫「王権の伸長」（『日本の歴史』第二巻、王権誕生、講談社、二〇〇〇年）二九九―三四六頁。
（13）大久保徹也「讃岐の古墳時代政治秩序への試論」（前掲注9）九四―九五頁。
（14）和田晴吾「古墳時代は国家段階か」（『古代史の論点』四、権力と国家と戦争、小学館、一九九八年）一四二―一六六頁。同「古墳築造の諸段階と政治的階層構成―五世紀代の首長制的体制に触れつつ」（『ヤマト政権と交流の諸相』名著出版、一九九四年）一七―四七頁。
（15）村木誠編『埋蔵文化財調査報告書四六　高蔵遺跡（第三四次・第三九次）』名古屋市文化財調査報告六〇、名古屋市教育委員会、二〇〇三年ほか。なお、図23のデータは藤井康隆氏作成のものを一部改変掲載している。
（16）藤井康隆「古墳時代中期における尾張の首長墳と小古墳」（『古墳時代中期の大型墳と小型墳―初期群集墳の出現とその背景』第一〇回東海考古学フォーラム浜北大会実行委員会、二〇〇二年）四三―五二頁。寺前直人「古墳時代中期における倭政権の地域支配方式―豊中地域における小古墳の検討を通して」（『待兼山遺跡Ⅲ』大阪大学埋蔵文化財調査委員会、二〇〇一年）六二―七三頁。
（17）川西宏幸「後期畿内政権論」（『考古学雑誌』第七一巻第二号、一九八六年）一―四二頁、のち『古墳時代政治史序説』塙書房、一九八八年、一六四―二二四頁に改筆所収。
（18）赤塚次郎「断夫山古墳と伊勢の海」（『伊勢湾と古代の東海』名著出版、一九九六年）五五―八六頁。
（19）川西宏幸「後期畿内政権論」（前掲注17）一九六―一九七頁。
（20）長瀬治義「東濃地方の後期古墳文化」（八賀晋編『美濃・飛騨の古墳とその社会』同成社、二〇〇一年）九二―一一七頁。
（21）都出比呂志「藤原京以前」（『古代国家の胎動』ＮＨＫ人間大学、一九九八年）九六―一〇五頁。

第二章　古墳築造の諸様相と政治単位

第一節　前期古墳の地域性—前方後方墳と前方後円墳の共存—

1　はじめに

第一節と第二節においては、古墳時代前期を中心に前方後円墳と前方後方墳という二つの異なる墳形に着目する。そこで前方後方墳が弥生時代以来の伝統的な地域社会の墓制を踏襲しているものかどうかも見極め、前方後円墳がこの地に波及する以前の墓制の様相をここで確認しておきたい。このことは前方後円墳を受容する地域社会の政治的成熟度を推し量るものとなる一方で、地域首長の台頭を読みとることにつながるからである。

2　前方後円墳の出現前夜

美濃における方形周溝墓は弥生時代前期より出現することが指摘されているものの、発掘調査で明らかにされている大垣市一本松遺跡、東町田遺跡や荒尾南遺跡では中期後半から、そして美濃市古村《ふるむら》遺跡や多治見市喜多町《きたまち》遺跡では弥生時代後期から古墳時代前期にかけて形成されている。(1)このように方形周溝墓は弥生時代から古墳時代にかけて東濃地域に広がったのである。ところで、一九六六年岐阜市瑞龍寺山（標高一五八メートル）において「長宜子孫」銘内行花文鏡が発見されている。その後、一九七七年の調査により岩盤をくりぬいた二つの遺構が検出され、中央に位置する第Ⅰ遺構からは碧玉製管玉一と朱が、その西側の第Ⅱ遺構で鏡が出土した。(2)共伴した山中式に併行する土器によって、この遺跡が山中式期に属することが明らかとなった。この遺跡を「瑞龍寺山山頂墳」とする長軸約三五メートル、短軸二六メートルの長方形墓に突出部をもつ墳丘長約四六メートルの墳丘墓と規定するならば、(3)集落から隔絶した丘陵頂に大型の墳丘墓が出現したことになる。こうした独立墳丘墓は美濃加茂市伊瀬粟地《いぜあわじ》遺跡でも認めることができる。墳丘墓の規模は削平を受け詳細がつかめないものの、長方形を呈する墳丘墓と推定でき、削平された埋葬施設からは礫に伴って短茎鉄剣一と多孔銅鏃二が出土し、地域首長層の出現を窺わせる。(4)

独立墳丘墓を形成させる地域首長層については、集落遺跡においてはまだ明らかにすることはできないが、第一章第一節で触れたように、集落から出土する青銅製品などからこうした首長層の存在を読みとることはできる。例えば、関市砂行遺跡の廻間Ⅰ式期の住居からは方格規矩鏡片が、(5)名古屋市高蔵遺跡の山中式期の住居から虺龍文鏡が出土しており、(6)すでに弥生時代後期初頭には中国鏡が濃尾平野に流入している。このことから弥生時代後期以降に、破鏡の風習とともに中国鏡などの青銅器が東海地方に流入するような流通網がすでに確立しており、対外交渉を行う首長層の存在と首長間のネットワークが考えられるのである。(7)また、廻間Ⅰ式期後半からⅢ式期において、荒尾南遺跡では儀仗と推定される木製品、米野遺跡からは柄の表面を弧帯文で装飾した木製品が出土し、首長層が保持した威儀具がすでに存在していることを明らかにしている。(8)したがって、以上のような遺跡・遺物の様相からは、前方後円墳波及前夜にそれぞれの地域において独自の勢力を保持した首長とも言える階層が出現しており、彼らは独自の対外交渉を行っていたのである。

畿内に庄内式土器が出現する頃、美濃と尾張の一部を含む範囲では廻間式土器が展開した。(9)この廻間式土器を使用する墓には、美濃では東町田遺跡、御嵩町金ヶ崎《かながさき》遺跡(10)や古村遺跡が、そして尾張では清洲市廻間遺跡、一宮市西上免遺跡や大口町仁所野遺跡などで認められる。いずれも集落遺跡に隣接した墓域で検出され、墓域内では墓がそれぞれの秩序に基づいて群をなしているかのようにみえる。例えば、前方後方形を呈する廻間遺跡SZ〇一は、推定長二五メートルの墳丘長を有し、その主墳丘は約二〇メートルを測るが、隣接するSZ〇二やSZ〇六のB型墳は、一辺が約一〇メートルあまりと、墳形の差と規模の大小が明確となっている。同様に西上免遺跡でも前方後方形を呈する墳丘長四〇メートルのSZ〇一は、その主墳丘が二五メートルあるのに対し、SZ〇四は一七メートルと、墳形と規模に明確な差が生じている。両者とも周囲に配する方形墓（B型墳）に比べ、盟主墳とする前方後方形を呈する墓の方が、墳形や規模の点において優位にあり、墓制のなかに階層差を認めることができる。[11] その一方で、そこには伝統的な葬送儀礼—壺や高坏などを用いた供献儀礼などの土器祭式—を相互に共有しあう段階にあって、前方後方形を呈する墓は前方後円墳がこの地に波及・定着するまでの伝統的な地域首長墓としてあったと理解することができる。

こうした前方後方形を呈する首長墓に対して、主墳丘が円形とする墳丘墓の確認はこの地では必ずしも明確になっていない。その中で標高一三メートルの扇状地上に立地する本巣市宗慶大塚《そうげおおつか》古墳は、範囲確認調査によって墳丘長約六三メートル、後円部最大径四九メートル、くびれ部幅二四メートル、前方部幅五四メートルと復元され、周溝内からは廻間Ⅱ式期後半からⅢ式期の土器が確認されている。[12] 今後こうした円形を基軸とした地域首長墓の実態も注意しなければならない。

さて、弥生時代終末期にこうした集落に隣接した墓地から前方後方形を呈する首長墓が出現してくるなか、それまで共同墓地にあった成員らの墓はどのように変容していったのであろうか。このあたりの問題を考えるには、弥生時代中期以降の方形周溝墓群の変化をみるのが適切である。これに該当すると思われる二つの古墳群を取り上げてみよう。

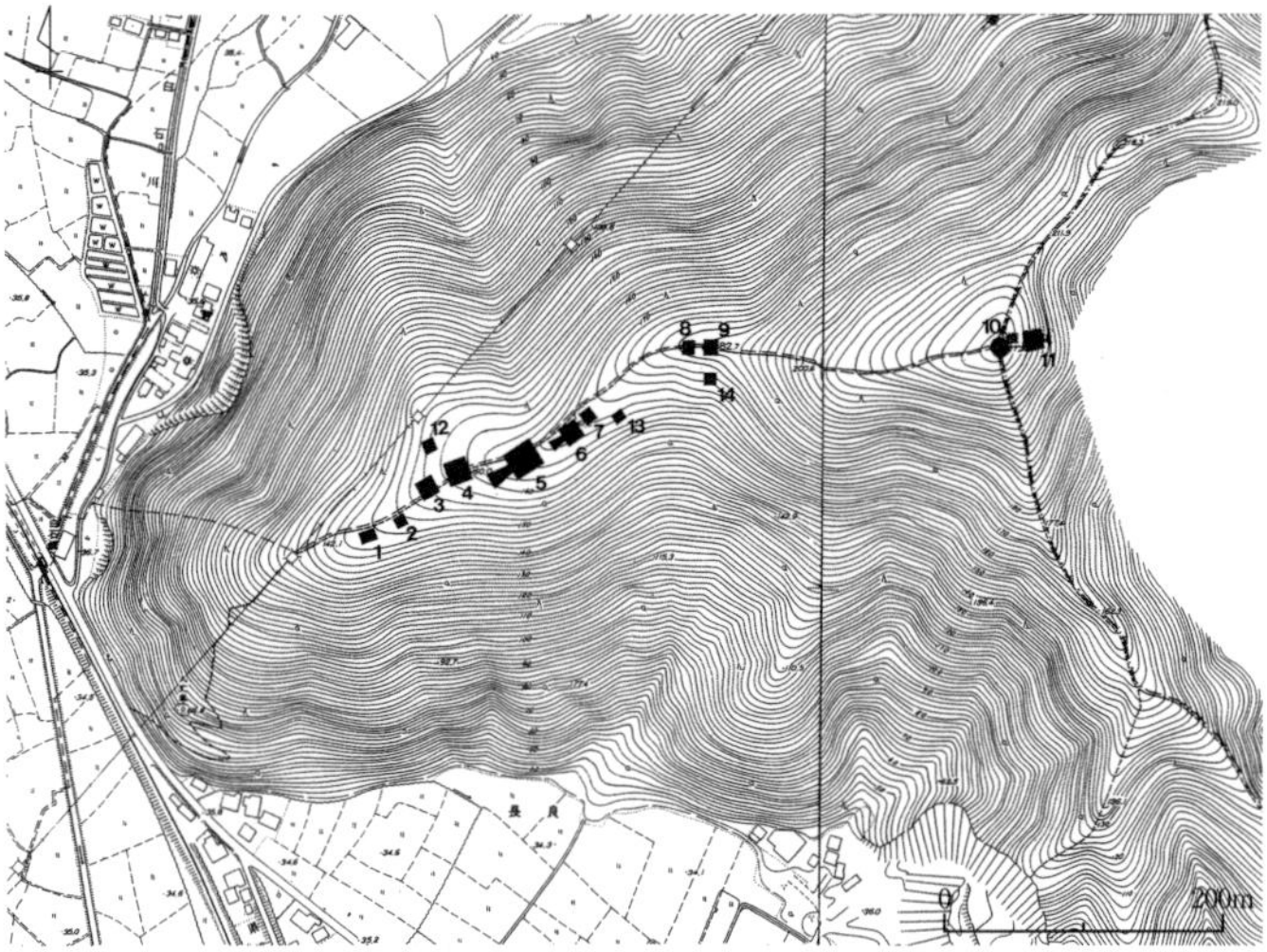

図25　白石古墳群分布図（注13文献による）

揖斐川町白石古墳群は、揖斐川上流に位置する標高一八二メートルの丘陵上に点在する一〇基以上の方形墓（墳）群からなる古墳群で、この中に二基の前方後方墳を含んでいる[13]（図25）。中核をなす前方後方墳は五号墳と六号墳で、五号墳は墳丘長四〇メートル、後方部の一辺は二三メートル、高さ約二・四メートルを測る。段築や葺石などを認めることはできない。これに隣接する六号墳は墳丘長約二五メートル、後方部一辺一八メートル、高さ一・五メートルを測り、後方部頂には長さ約三・五メートルほどの竪穴状の石槨が主軸に斜交して観察できる。これらの前方後方墳を中心に一辺約一五～一七メートルと一辺一〇メートル未満ほどの方形墓（墳）が連綿として丘陵上に造墓されており、その形態は築造時期を待たねばならないものの、前方後方墳と方形墓（墳）群が共存する墓制とみることができる。

また、前方後方墳と方形墓（墳）群が一定の墓域内に共存する事例に養老町象鼻山古墳群がある。この古墳群の中核は、墳丘長約四〇メートルを測る前方後方墳の一号墳で、発掘調査によって埋葬施設は北頭位とする箱形木棺であることが判明し、棺内からは双鳳紋鏡一、琴柱形石製品三、鉄刀二、鉄剣六、鉄鏃五三、壺一が出土している[14]。これらの副葬品からは滋賀県雪野山古墳よりやや後出する前期古墳と位置づけられるとともに[15]、中央政権とも直接交渉ができる政治的立場の被葬者を考えることができる。一方、その他の方形墓（墳）群についての考古学的な情報は少ないが、前方後方墳の一号墳を盟主とした地域集団内での有力家長層の墓としてみなすことができる。

以上の二つの古墳群の構成から、かつての方形周溝墓群の被葬者がより墳丘を有する階層に変質していることを読みとることができる。したがって、方形墓（墳）群からやや空間をおいて位置する前方後方墳の被葬者は、地域集団内の地域首長であり、中央政権と直接交渉を行う政治的立場にある一方で、周囲の方形墓（墳）群に埋葬された有力家長階層の被葬者とも政治的な関係を結んでいたと考えられるのである。

3　前期古墳の墳形にみる地域性

前項では弥生時代以来の伝統的な方形墓のなかに、突出部を有する前方後方形となる墓が出現し、集落に隣接した墓域のなかで地域集団を統括する地域首長層の台頭を読みとった。そこで次は当地に前方後円墳が波及・定着していく過程で、それらの地域社会構造がどのように変容していったのか、この側面を前方後円墳を中心としながら検討する。

このことを考察する上で参考となるのは、第一章で触れた各地域に形成された領域ごとの首長墓とその系譜の展開である。それを整理してみると、一つは前方後円墳と前方後方墳が共存しながら首長墓系譜を形成するケース（第一類型）、二つめは前方後方墳を中心としながら首長墓系譜を形成するケース（第二類型）、三つめは前方後円墳や前方後方墳がみられず円墳で首長墓系譜を形成するケース（第三類型）に分類することができる。このうち、第一類型や第二類型のなかには円墳や方墳を随伴する例もみられるものの、それらが首長墓になることはないので、古墳時代前期にはこうした様々な墳形が各地域の首長墓に組み込まれていた実態を読みとることができる。さてそ

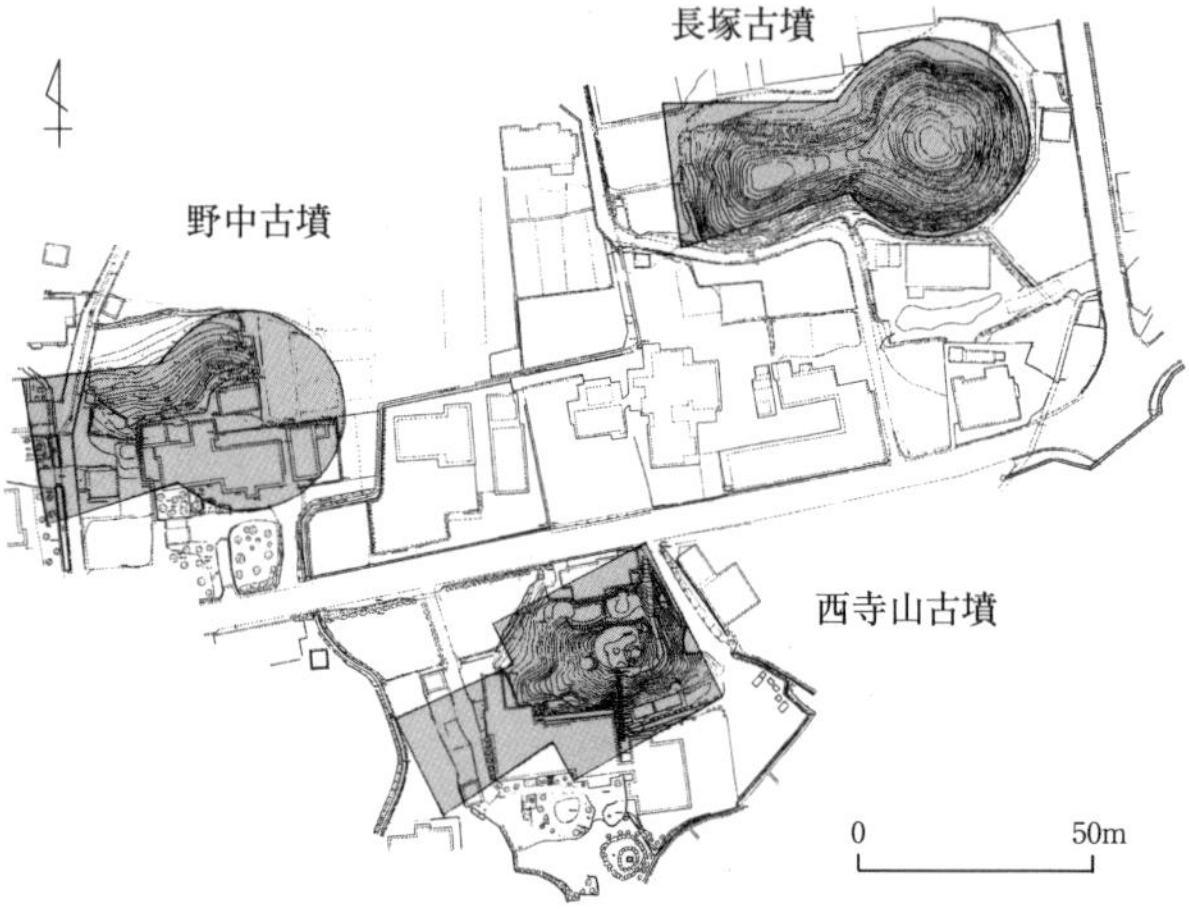

図26　前波古墳群の前方後方墳と前方後円墳（注16文献による）

れぞれの要因は個別に検討を要するが、この地域で最も多い第一類型のケースである前方後円墳と前方後方墳が共存する首長墓系譜を取り上げてみたい。これに属する事例としては、西濃地域の不破領域に属する矢道小系譜の高塚古墳と矢道長塚古墳、大野領域に属する上磯系譜の北山古墳と亀山古墳、そして東濃地域の可児領域に属する前波系譜の西寺山古墳と野中古墳がある。このあたりのことは第二章第二節においても触れるので、ここでは前波系譜を形成する前波三ツ塚古墳群に絞って言及する。

　前波古墳群は一基の前方後方墳と二基の前方後円墳から構成され、その築造順序は発掘調査から西寺山古墳→野中古墳→長塚古墳とされている[16]（図26）。前方後方墳の西寺山古墳は、墳丘長六〇メートルを測る二段築成と考えられ、墳丘には川原石を重層的に用いる独特の葺石と底部穿孔の二重口縁壺が確認されている。この葺石の葺き方は野中古墳の基壇状に葺くそれと類似する。その野中古墳は墳丘長六二メートルを測る二段築成の前方後円墳であるが、底部穿孔二重口縁壺や埴輪は伴わない。しかし、後円部には割石積みの竪穴式石室を二基備え、仿製三角縁神獣鏡を保有し、中央政権との濃厚な関係を彷彿させる。一方、長塚古墳は墳丘長七二メートルの前方後円墳であるが、段築、葺石や埴輪などの外表施設がいっさい認められない。このように同じ墓域に形成された三基の前方後円（方）墳は、ほぼ同規模な墳丘を有した連続する同一系譜に属する首長墓でありながら、外表施設の装備はまちまちで、葺石の葺き方や壺の配列などの視覚的装置に至っても個別在地的な要素を残しているのである。この様相が造墓の実態であり、ここに造墓者の主体性を読みとることができる。

したがって、野中古墳や長塚古墳にみられるように前方後円墳がこの地に及んだといっても、あくまでもそれは墳形に「前方後円形」を採用したに過ぎず、その実態は中央政権による政治的な秩序が地域に完全には浸透していなかったのである。このことは前期古墳の地域性とも関わるが、個々の造墓背景に生前の被葬者の周辺首長層との関係や中央政権との関係という重層的な政治構造がはらんでいるものと理解したい。このように古墳時代前期においては、首長層が相互に承認しあい、中央政権とも個別関係にあって地域統治を行っていたと考えられる。

以上のことから、前方後方形と前方後円形という二つの墳形が同一古墳群に採用されている実態は、時間的な前後関係に置き換わる問題だけでなく、地域首長自らが墓制の選択にあたっていた自律的側面と、それとは別に前方後円墳という秩序を介した中央政権の地域統治の影が徐々に造墓に反映していく他律的過程が同時に内包していると読みとれるのである。伝統的な地域社会から中央政権との政治的関係が組み込まれていくまさに過渡期の様相と言える。このことからも前方後円墳の出現によってすべての地域が中央政権の傘下に入ったとか、あるいは統一というような図式には必ずしもならないのである。

4　威信財の偏在と前期古墳

さて、前項までに古墳時代前期の段階は、画一的な前方後円墳の築造によって、中央政権の求心的な政治構造を各地に読みとることができる一方で、墳形や外表施設などの諸属性に地域性が内包されており、そのことから求心的な政治構造が必ずしも各地域に浸透していないことを説いた。ここではさらにそのことを確認するために、副葬品にみられる威信財を取り上げて検討したい。

美濃をはじめとする濃尾平野では、三角縁神獣鏡を代表とする銅鏡や鍬形石、車輪石、石釧にみる腕輪形石製品が畿外ではとりわけ集中する地域として知られており、それが当地の前期古墳の特徴とも言われてきた(17)。前期古墳そのものは揖斐川水系の赤坂古墳群や上磯古墳群など西濃地域の一部と、木曽川中流域の可児の前波古墳群に集中するが、そのうち赤坂古墳群では三角縁神獣鏡や腕輪形石製品の保有数は美濃でも群を抜いている。こうした差異がそのほかの首長墓や系譜にどのように現われているのか、このことを明らかにすることは威信財を通した中央と地方との関係を読み解く手がかりになると思われる。そしてさらに「大和政権による初期勢力圏」と評された威信財の分布圏の意味を分析することにもつながる(18)。

そこで、伊勢湾沿岸の各地の前期古墳を対象に、銅鏡と腕輪形石製品の副葬の組み合わせをみてみる（表2）。まず舶載三角縁神獣鏡を副葬した古墳をみると、前方後円墳か円墳がほとんどで、犬山市東之宮古墳のように前方後方墳から出土する例はほとんどないことがわかる。さらに、この場合の前方後円墳の規模は大垣市矢道長塚古墳の八七メートルが最大で、ほかは六〇メートル以下と中小の規模である。円墳においては二〇～三〇メートルと比較的大型墳にみられ、なかでも伊勢の松阪市久保《くぼ》古墳は五二メートルと突出している。一方、腕輪形石製品との関係からみてみると、鍬形石と車輪石そして石釧のすべてを揃えた古墳は現状では東之宮古墳しかみあたらないし、鍬形石かあるいは車輪石を共伴する古墳でも、かろうじて美濃では矢道長塚古墳と岐阜市坂尻一号墳、伊勢では久保古墳と少ない。前方後円形という墳形、三角縁神獣鏡、腕輪形石製品（鍬形石・車輪石・石釧）という中央政権との関係を特徴づける三つの要素を完備した古墳は、濃密な前期古墳の分布を示す濃尾平野においてもみあたらないのである。

次に仿製三角縁神獣鏡を副葬した古墳をみてみると、美濃では矢道長塚古墳と可児市野中古墳、この二つの前方

表2　前期古墳にみる威信財

（A）三角縁神獣鏡を副葬する古墳

古墳名	墳形	規模	鏡数	舶載鏡	三角縁神獣鏡（A･B）	三角縁神獣鏡（C･D）	三角縁神獣鏡（Ⅰ・Ⅱ）	三角縁神獣鏡（Ⅲ･Ⅳ･Ⅴ）	腕輪形石製品
矢道長塚古墳・東槨	後円墳	87m	3			唐草文帯二神二獣鏡 波文帯三神三獣鏡	獣文帯三神三獣鏡		鍬形石 3
東之宮古墳	後方墳	80m	11	斜縁同向式二神二獣鏡		唐草文帯三神二獣鏡 唐草文帯二神二獣鏡 波文帯三神三獣鏡 波文帯三神三獣鏡			鍬形石 1　車輪石 1　石釧 3
円満寺山古墳	後円墳	60m	3	画文帯求心式神獣鏡		唐草文帯三神三獣鏡 波文帯三神二獣博山炉鏡			
花岡山古墳	後円墳	60m	1		四神四獣鏡か				
白山藪古墳	後円墳	45m	3		波文帯三神三獣鏡				
内山 1 号墳	後円墳	45m	2		四神四獣鏡	二神二獣鏡			
赤郷 1 号墳	後円墳	—	1		波文帯三神三獣鏡				
筒野 1 号墳	後方墳	40m	4	位至三公鏡	獣文帯三神三獣鏡	波文帯三神三獣鏡			石釧 2
久保古墳	円墳	52m	2		獣文帯同向式神獣鏡			獣文帯三神三獣鏡	鍬形石 1　車輪石 1
甲屋敷古墳	円墳	35m	2		波文帯三神三獣鏡				
坂尻 1 号墳	円墳	30m	2			獣文帯三神三獣鏡			鍬形石 1　石釧 1
奥津社古墳	円墳	25m	3		波文帯盤龍鏡	獣文帯四神四獣鏡	四神四獣鏡		
東天神 1 号墳	円墳	25m	1		画文帯五神四獣鏡				
龍門寺 1 号墳	円墳	17m以上	3	方格T字文鏡	獣文帯四神四獣鏡				石釧 1
一輪山古墳	円墳	9 ～30m	1		波文帯四神二獣鏡				
伝桑名	—	—	3		獣文帯四神四獣鏡 獣文帯二神二獣鏡 獣文帯三神三獣鏡				
伝百々古墳	—	—	1		吾作三神五獣鏡				
矢道長塚古墳・西槨	後円墳	87m	3				獣文帯三神三獣鏡	獣文帯三神三獣鏡	石釧76
野中古墳	後円墳	62m	1				獣文帯三神三獣鏡		
宇都宮古墳	後方墳	59m	1					獣文帯三神三獣鏡	
天王山古墳	—	—	2					獣文帯三神三獣鏡	
伝甲屋敷 2 号墳	—	—	1					獣文帯三神三獣鏡	
出川大塚古墳	円墳	50m	4				獣文帯三神三獣鏡 獣文帯三神三獣鏡		石釧7
兜山古墳	円墳	45m	4	キ龍文鏡			獣文帯三神三獣鏡		石釧9
清生茶臼山古墳	円墳	50m	3	内行花文鏡 2				獣文帯三神三獣鏡	石釧2
錦古墳			1				獣文帯三神三獣鏡		

（B）仿製鏡と腕輪形石製品を副葬する古墳

古墳名	墳形	規模	数	舶載鏡	仿製鏡［中型鏡］	仿製鏡［小型鏡］	腕輪形石製品
向山古墳	後方墳	72m	5			内行花文鏡　重圏文鏡 獣形鏡　櫛歯文鏡 捩文鏡	鍬形石 1　車輪石 4
前波長塚古墳	後円墳	72m	1			捩文鏡	車輪石 3　石釧11
宝珠古墳	後円墳	48m	2			四獣形鏡　禽獣帯鏡	石釧 1
船来山24号墳	後円墳	27m以上	5	半肉彫式獣帯鏡	半円方形帯神獣鏡・六神像鏡	内行花文鏡	石釧 3
船来山27号墳	後円墳？	—	1		ダ龍鏡		車輪石 1
佐波古墳	後円墳？	—	4	画文帯環状乳	四神四獣鏡	捩文鏡　不明	車輪石 1
志氏神社古墳	後円墳？	—	1			内行花文鏡	鍬形石 4　車輪石 1
行基寺古墳	円墳	—	4			内行花文鏡　四神四獣鏡 捩文鏡　六神鏡	石釧 4
伝原田山 1 号墳	円墳	42m	2	内行花文明光鏡			石釧 3
白山古墳・西槨	円墳	42m	1		鼉龍鏡	内行花文鏡	鍬形石 1　車輪石 1
御嶽古墳	円墳	36m	3	内行花文鏡			石釧 1
鎌磨 1 号墳	円墳	27m	1	方格T字文鏡			石釧 2
上椎ノ木古墳	円墳	22m	1				石釧 1
寺林第 1 号墳	円墳	20m	1	四獣鏡			石釧 1

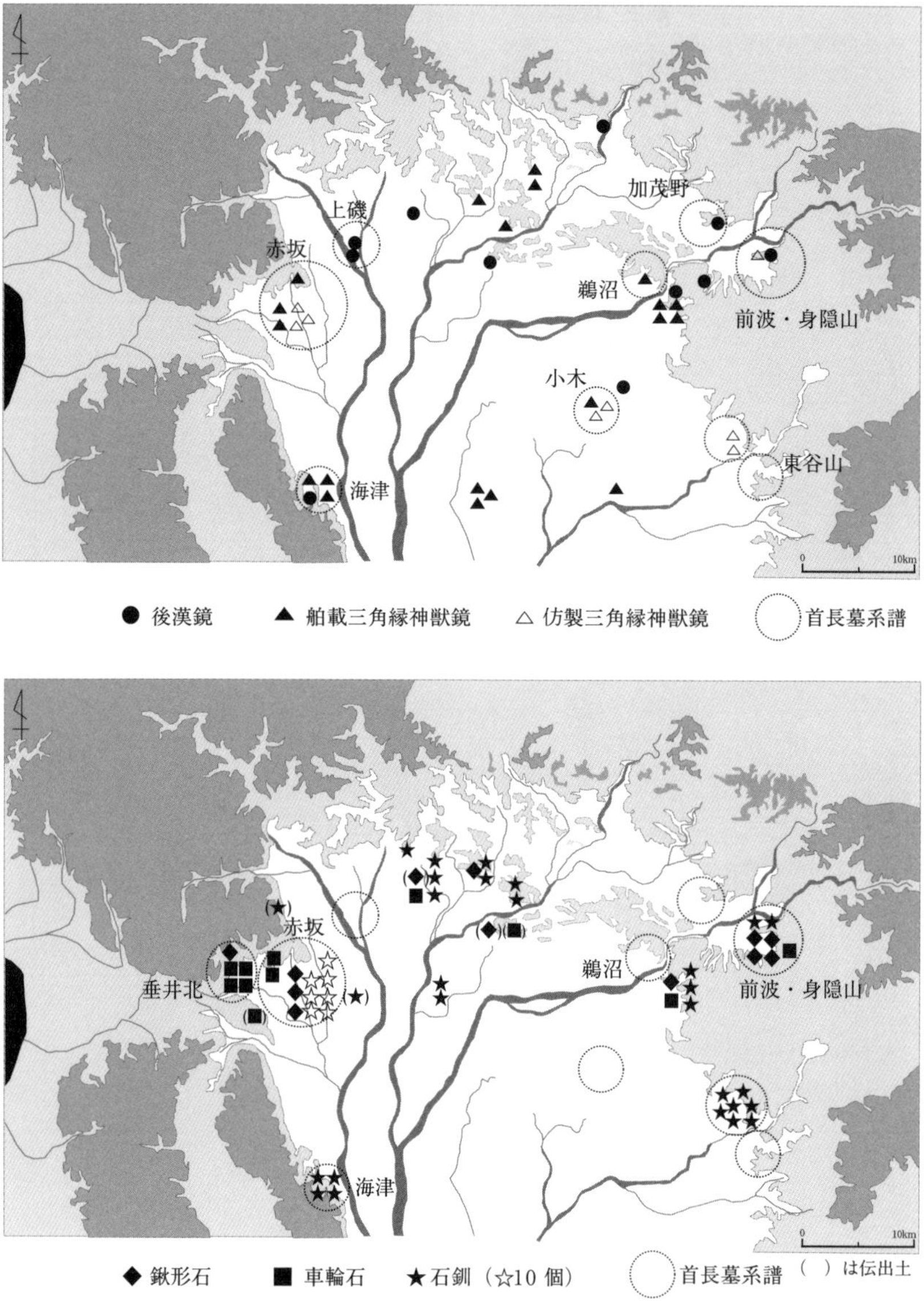

図27　前期古墳にみる威信財の広がり

後円墳にしかなく、尾張では前方後方墳の小牧市宇都宮古墳を含む小木古墳群をはじめ、春日井市出川大塚古墳や東海市兜山古墳のような大型円墳に副葬されている。伊勢も直径五〇メートルの大型円墳の松阪市清生茶臼山《せいせいちゃうすやま》古墳でみられる。このように尾張と伊勢においては大型円墳に多く、そして前方後方墳にも副葬される傾向にある。なお、船載三角縁神獣鏡と仿製三角縁神獣鏡が共伴する事例は、一つの棺では矢道長塚古墳の東棺と久保古墳にしかなく、矢道長塚古墳では三角縁神獣鏡の編年上ではほぼ連続する型式にあって、比較的スムーズに入手から副葬までを想定することができる。しかし、久保古墳の場合は、古相の三角縁神獣鏡と新相の仿製三角縁神獣鏡が共伴するように入手した鏡を一定期間保管（伝世）するようなケースを窺わせ、受容にやや差を読みとることができる。

さて、仿製鏡のみを副葬する古墳をみてみると、このうち腕輪形石製品を伴う古墳は実に一四基と多い。この数は先にみた三角縁神獣鏡（船載・仿製）と腕輪形石製品が共伴する一〇基や、鍬形石か車輪石かどちらかを伴う古墳の四基を上回る。この一四基のうち三重県松阪市向山古墳の前方後方墳を除くと、前方後円墳か円墳に限られるのも特徴である。仿製鏡の中では中型鏡とした鼉龍鏡が目に止まり、腕輪形石製品を伴わない古墳に比べて仿製鏡が複数副葬されている古墳が多いといえる。一方、腕輪形石製品を伴わず仿製鏡のみを副葬する古墳をみてみると、大半が円墳であることに気がつく。したがって、美濃の前期古墳を特徴づける銅鏡や腕輪形石製品を副葬する円墳については、仿製鏡をもつ円墳と腕輪形石製品をもつ円墳とにそれぞれ分けて考えていく必要がある。

最後に、船載鏡のみを副葬する古墳を取りあげる。これまでに船載鏡を副葬した古墳は約二〇基を数えるが、このうち三角縁神獣鏡か仿製鏡を伴うものが九基ある。船載鏡のみ副葬した古墳は一一基にのぼり、このうち前方後方墳が占める割合は高く、続いて円墳、方墳がみられる。これまでにみた三角縁神獣鏡や仿製鏡を副葬する古墳が、前方後円墳と円墳に多く見られた様相とは対照的である。なお、美濃市観音寺山古墳を除けば、いずれも一面のみを副葬し、出土状況が判明するものはほとんど頭位に置かれていることがわかる。

以上のような古墳に副葬された鏡の組み合わせを、次のように整理することができる。つまり、舶載三角縁神獣鏡と仿製三角縁神獣鏡を中心とする組み合わせ、これに腕輪形石製品の一部が加わるもの、仿製鏡と腕輪形石製品がセットとなるもの、仿製鏡のみ、舶載鏡のみ、腕輪形石製品のみを副葬とする五つである。こうした組み合わせと古墳の墳形や規模を対応して考えてみると、威信財を中心とした配布行為そのものからは古墳との相関関係が認められず、従来推定されているような威信財すべてを同時期に配布した体系があったとは言い切れない。おそらく、三角縁神獣鏡が配布される一定期間にも、三角縁神獣鏡を含まない仿製鏡を中心とした配布体系が同時に存在し、その両者から受容し副葬されたと考えられる。また、このときは腕輪形石製品についても「ある選択」が働いて配布されていた可能性が高い。

次に重要な問題は、こうした配布体系によって入手した威信財を、副葬した古墳の分布にも特徴がみられる点である（図27）。すなわち、舶載三角縁神獣鏡を副葬した古墳は美濃では海津市円満寺山古墳や東天神一八号墳、大垣市花岡山古墳や矢道長塚古墳東棺、岐阜市龍門寺一号墳や内山一号墳など各地域（古墳群を形成する分布上の領域を指す）の首長墓に一〜二面副葬されて散在するのに対して、尾張では東之宮古墳の四面（「伝桑名」も地域では尾張に属するのでこの三面も含める）のように比較的早い段階に、それも三面以上の数が特定の古墳に集中して副葬されている点である。

こうした傾向は、次の仿製三角縁神獣鏡の段階にも継承され、美濃では矢道長塚古墳の東棺に一面と西棺に二面、野中古墳南石室に一面というように西濃と東濃の前方後円墳に一基ずつ副葬されている一方で、尾張では該当する古墳六基のうち五基が小牧周辺に集中するのである。ここに仿製三角縁神獣鏡を配布する側の政治的な意図を汲み取ることもできるが、それらの墳形は必ずしも前方後円形ではなく、前方後方形や円形である点は、威信財がその古墳の造営にあたって、政治的立場を表象するものではなく、当時の首長間の相互承認関係を反映しているものであることを示唆している。以上のことから、威信財からみた中央政権との関わりを、「勢力圏」とした歴史的な範囲として読みとることは慎重でなければならない。

威信財の偏在現象のうち、仿製三角縁神獣鏡の副葬が美濃より尾張に多いことを取り上げれば、このことは一方で仿製鏡と腕輪形石製品を共伴する古墳が多い点とも相関する。すなわち、伊勢湾沿岸においては仿製鏡と腕輪形石製品とが共伴する古墳は、三角縁神獣鏡と腕輪形石製品を共伴する古墳よりも多いことは前述どおりであるが、このうち美濃の古墳はその半数以上を占めるのである。このことから美濃ではほぼ同時期に、仿製三角縁神獣鏡を受け取る古墳と、仿製鏡と腕輪形石製品をセットとして受け取る古墳の両者があったものと理解でき、このことを配布側から考えてみると、銅鏡や腕輪形石製品などの威信財の配布主体者が一つではなく、複数存在したことも考えられる。副葬鏡を含む威信財の分布圏はさらに重要な意味をもつものと思われる。[19]

5　中期古墳への胎動

前期古墳における威信財の受容について、地域によってその受容形態に差があり、この受容差が配布側の政策的な意図を強く反映していることや時間的差による配布者側の差異も読みとることができた。ここでは三角縁神獣鏡や腕輪形石製品につづく、その後の変化を映し出す威信財を取り上げて、前期古墳の変化のあり方とその要因について考察する。

まず注目する威信財は、本巣市船来山二四号墳出土にみる神獣鏡である（図28右）。船来山二四号墳鏡は面径一六・四センチメートルの内区が四つの乳で分割された間に神像と獣像が交互に配置する鏡である。原鏡は斜縁二神二獣鏡と考えられ、神獣鏡A系とされるものに属する。[20] こうした神獣鏡を「新式神獣鏡」と呼び、前期後半にみら

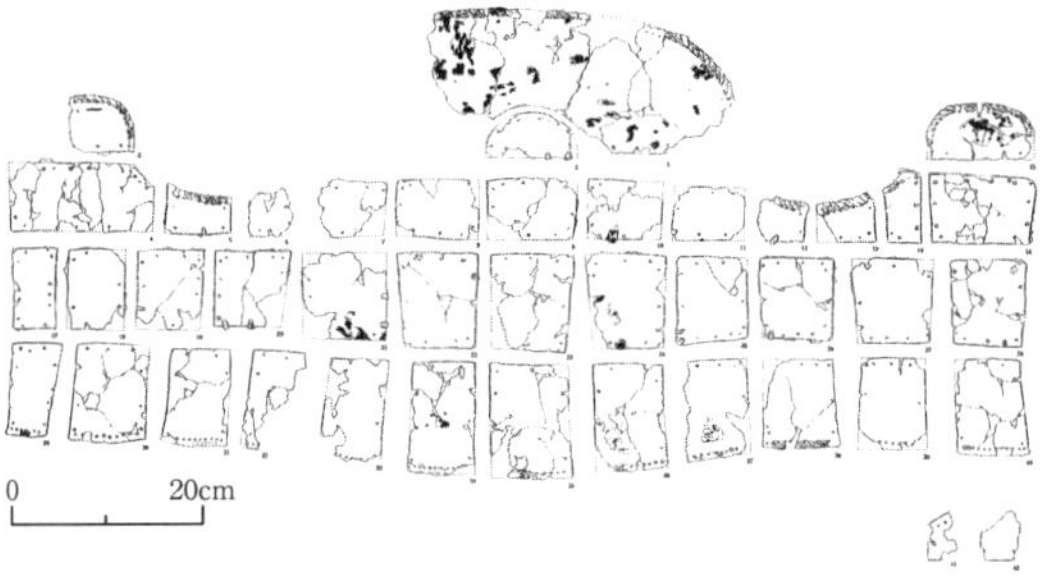

図28　船来山古墳群にみる威信財（神獣鏡と方形板革綴短甲）（注23文献による）

れる三角縁神獣鏡以外を原鏡とする仿製鏡の製作との関わりや、三角縁神獣鏡と非共存傾向にあることが指摘されている。この新式神獣鏡が仿製三角縁神獣鏡に取って替わり、地方において新たな首長墓に副葬されることを重視し、大和盆地北部および河内の新興勢力の手によって製作、配布が行われた仿製鏡と考えられている。[21]

こうした解釈にたつならば、船来山二四号墳は推定径二〇メートルの円墳とされてきたものの、短い造り出しをもつ前方後円墳とみるべきとする意見や粘土棺床を欠くU字床木棺（七・五メートル）をやや時期を新しくみるべきとする考えは傾聴に値する。[22] 船来山二四号墳の副葬品は、先の神獣鏡をはじめ鏡五面、石釧三、勾玉（硬玉・瑪瑙・琥珀ほか）、管玉一八八、ガラス玉二九八のほか、鉄製品として剣一三、刀七、鉾一、刀子二、鎌二、鋸一、鑿二、錐一、鉇一、銅鏃三〇以上である。ここに銅鏡や腕輪形石製品などの前期的な宝器とともに多量の鉄製品を保有し、新たに製作された神獣鏡をもつ被葬者を積極的に評価し、なおかつ短い造り出しを有する円墳とみなすならば、新たな墳形と威信財をもつ意味は重要である。

このことは神獣鏡だけでなく、短甲からも指摘できる。船来山古墳群のうち九八号墳からは方形板革綴短甲が一領出土している（図28左）。この古墳は墳丘長三九メートルとする小規模な前方後円墳であるが、発掘調査の結果、後円部の埋葬施設は削平により未確認であったものの、前方部からは短甲とガラス小玉や滑石製勾玉、鉄剣や鉄鏃が確認されている。[23] こうした方形板革綴短甲は、現在全国で一六箇所の古墳から出土しているが、[24] 方形板、長方板、三角板革綴短甲などに着目し、新たな政治的「連携を象徴する品目」として評価を加えた研究を重視すれば、前述の短甲は大和盆地北部と河内の新興勢力が配布したものと理解でき、[25] 先の二四号墳の神獣鏡と同様な解釈となる。

神獣鏡といい方形板革綴短甲といい、それまでの威信財とは異なる評価を有する器物が、この船来山古墳群にもたらされていることは古墳群の築造背景を考える上で重要である。また、船来山古墳群には大型の首長墓が現在のところ見出せないものの、現在確認されている八基の前方後円墳はおそらく前期後半から中期前半において、一定期間首長墓系譜を形成していたものと思われるため、先の中央政権との政治的な変動と絡めて考えるならば、不破領域の赤坂系譜や大野領域の上磯系譜とは異なる築造契機を読みとることが可能である。

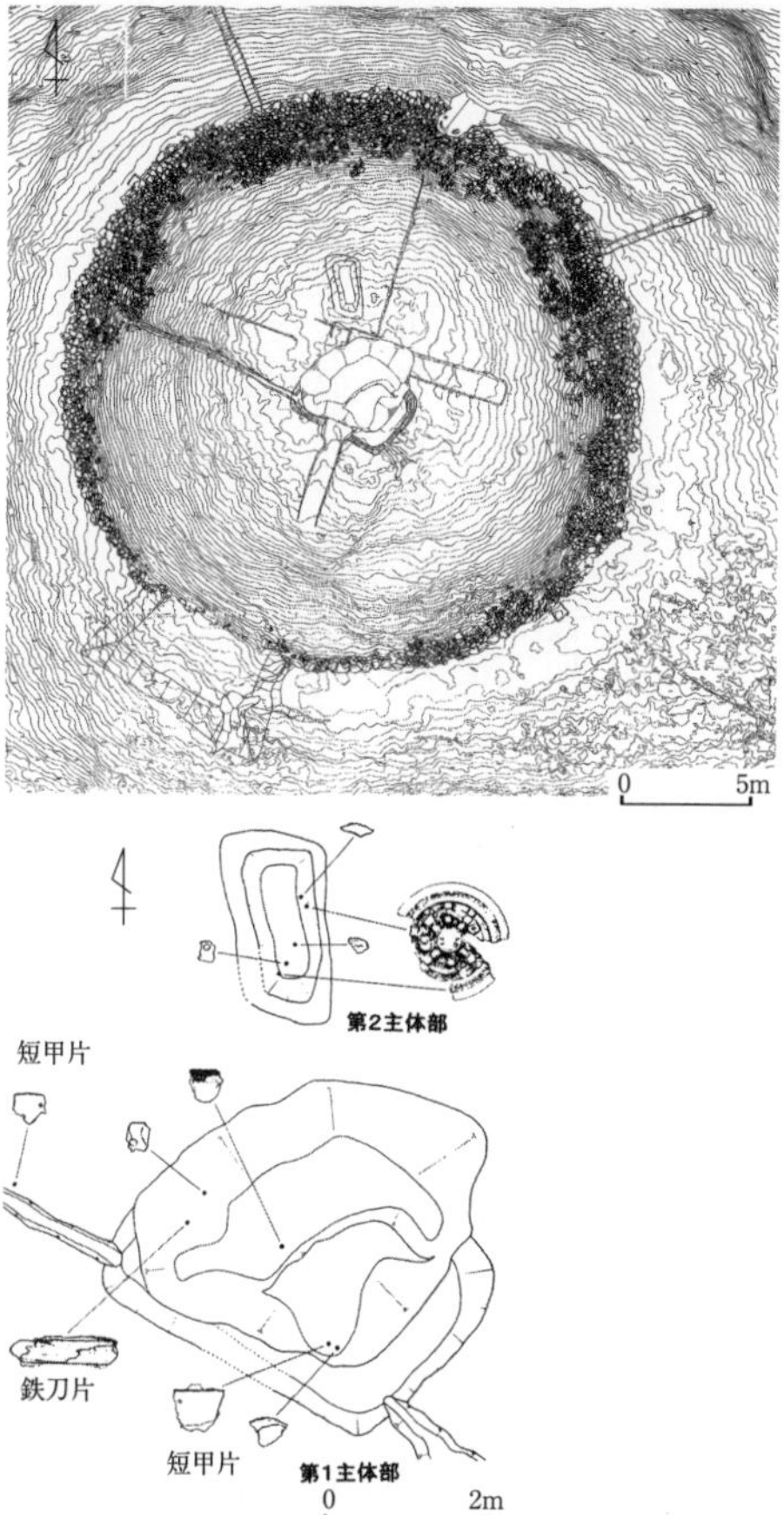

図29　砂行１号墳と埋葬施設（注29文献による）

このことをもう少し掘り下げて解釈するならば、龍門寺一号墳などにも問題は波及する。龍門寺一号墳についてはこれまで直径一七メートルの円墳と報告されてきたが、「二段築成の上段のみに葺石を貼った下段を地山削出の可能性」のある前方後円墳とする指摘がなされたり[26]、年代観も鉄鏃や甲冑から疑問が投げかけられており、中期古墳としての位置づけがなされつつある[27]。また、三角縁神獣鏡の副葬配置から棺内に二体埋葬されたことも指摘され[28]、総合的な再検討が迫られている。こうした指摘を整合的に解釈するならば、龍門寺一号墳は、円墳に短い造り出しをもつ古墳で、その被葬者は船来山二四号墳の被葬者のように中央政権を構成する旧勢力から受容した船載三角縁神獣鏡や石釧など前期的な宝器を長期に保有し、なおかつ新たに登場した中央政権の新興勢力とも積極的に関係をもった結果、長方板革綴短甲を入手したものと考えられる。そのとき墳形は円形原理にもとづく新たな墳形を採用したものであろう。こうした船来山二四号墳、九八号墳や龍門寺一号墳などの古墳は、前期古墳とする位置づけ以上に中期古墳へ移行していく過渡期を考える上で重要な古墳となる。

さらに、短い造り出しを有する墳丘に着目すると、それまでに前期古墳らしい首長墓が全くみられなかった関市周辺においても登場しているのは、前述したとおりで注目に値する。五世紀前半の築造とする砂行一号墳は、標高九三メートルの丘陵頂に位置し、直径約二二メートルの後円部に幅約八メートルの造り出しをもつ。墳頂部に二つの埋葬施設をもつが、そのうちの第一主体からは長方板革綴短甲が出土している[29]（図29）。また、同様な立地にある南青柳古墳からも鋲留短甲が出土するなど武具を備える古墳が五世紀後半まで継続する[30]。こうした中期の武器・武具を副葬する円墳の被葬者については、軍事編成が進み対外活動にも参加した結果、これらを獲得した武人層と考える見解がある[31]。

いずれにしても、これまでにみた船来山二四号墳や龍門寺一号墳などの再評価や新たな地域に登場する古墳の墳形や副葬品を分析することによって、それらが属する古墳群を次のように位置づけることができる。つまり、それまで美濃の古墳時代前期を特色づけた円墳に新たに短い造り出しをつけたり、あるいは帆立貝形を呈する墳形を採用したりした首長層は、それまでの首長墓系譜とは異なる系譜を形成することが多く、新たに登場した勢力基盤のもとに造墓活動を行っている。さらに、副葬品がそれまでの前期的な宝器から武器・武具や新式神獣鏡などといった器物に替わることから、中央政権内における新旧勢力との関係変化に敏感に反応した現象と理解することができる。[32]

以上のように濃尾平野では、各地の首長墓動向の変化とともに短い造り出しをもつ古墳や帆立貝形古墳が登場したり、新たな神獣鏡や短甲などの威信財を通じた変化をも同時に見出すことができ、列島に広くみられたこれまでの政治的秩序が再編されていった過程を読みとることができるのである。

（1）山内伸浩「喜多町遺跡発掘調査」（『多治見市埋蔵文化財発掘調査報告書』多治見市埋蔵文化財発掘調査報告書第五一号、多治見市教育委員会、一九九六年）六―二四頁。
（2）荻野繁春「瑞龍寺山山頂遺跡」（『岐阜市埋蔵文化財発掘調査報告書』岐阜市教育委員会、一九八五年）三九―四四頁。
（3）赤塚次郎「瑞龍寺山山頂墳と山中様式」（『弥生文化博物館研究報告』第一集、大阪府立弥生文化博物館、一九九二年）八九―一〇〇頁。ここで土器を山中式2段階（中期）と比定し、墳丘墓の築造を第Ⅰ遺構の年代としてそれ以前の山中式1段階（前期）とする。このうち内行花文鏡は「その出土状況での報告が正しいのであれば」破砕鏡の可能性があると指摘している。赤塚次郎「人物禽獣文鏡」（『考古学フォーラム』六、考古学フォーラム、一九九五年）一―一三頁。
（4）可児光雄編『伊瀬粟地遺跡発掘調査報告書』美濃加茂市教育委員会、一九九四年。
（5）成瀬正勝・鈴木隆雄「弥生時代～古墳時代の遺構と遺物」（『砂行遺跡』岐阜県文化財保護センター調査報告書第六五集、財団法人岐阜県文化財保護センター、二〇〇〇年）四八―一九二頁。
（6）村木誠編『埋蔵文化財調査報告書四六　高蔵遺跡（第三四次・第三九次）』名古屋市文化財調査報告六〇、名古屋市教育委員会、二〇〇三年。
（7）森岡秀人「西日本における青銅器の受容と実相」（『山中様式の成立と解体』第八回東海考古学フォーラム三重大会実行委員会、二〇〇四年）一七九―二〇六頁。
（8）高田康成「米野遺跡」（『大垣市埋蔵文化財調査概要―平成七年度』大垣市文化財調査報告書第三〇集、大垣市教育委員会、

一九九七年）三―四頁。同「平野の開発」（『昼飯大塚古墳の登場とその背景を探る』第二回大垣歴史フォーラム、大垣市教育委員会、二〇〇一年）一―八頁。

（9）赤塚次郎編『廻間遺跡』愛知県埋蔵文化財センター調査報告書第一〇集、財団法人愛知県埋蔵文化財センター、一九九〇年。

（10）早野壽久・鈴木隆雄「金ヶ崎遺跡の遺構と遺物」（『金ヶ崎遺跡・青木横穴墓』岐阜県文化財保護センター調査報告書第七八集、財団法人岐阜県文化財保護センター、二〇〇三年）二六―一六三頁。

（11）赤塚次郎編『西上免遺跡』愛知県埋蔵文化財センター調査報告書第七三集、財団法人愛知県埋蔵文化財センター、一九九七年。

（12）高木宏和「美濃における定型化以前の前方後円墳」（『岐阜史学』第九六号、一九九九年）五三―六〇頁。

（13）中井正幸「白石五号墳・白石六号墳」（『前方後方墳を考える』第三回東海考古学フォーラム、一九九五年）九三―九五頁。以下、主な古墳の計測値を記す。三号墳は一五・八×一四・二メートル、四号墳は一七・三×一六・五メートル、高さ〇・八メートル、七号墳は一二×一三・四メートル、八号墳は七・七メートル×九・〇メートル、高さ〇・九メートル、九号墳は一〇・四×一〇・五メートル、一一号墳は一〇・〇×九・六メートル、高さ一・九メートル、一二号墳は一一・四×八・五メートル、高さ〇・八メートル、一三号墳は六・五×七・八メートル、高さ〇・八メートル、一四号墳は七・二×六・九メートル、高さ一・〇メートルの方墳である。以上は、一九九一年の踏査による記録であるが、最近五号墳と六号墳の測量図とともに分布図が公表されている。ここでの古墳番号と筆者の踏査時の番号に一部齟齬が生じているため、その対応関係を記しておく。五号墳（六号墳）、六号墳（七号墳）、七号墳（八号墳）、八号墳（九号墳）、九号墳（一〇号墳）、一〇号墳（一一号墳）、一一号墳（一二号墳）、一四号墳（一五号墳）。（　）が揖斐川町による表記。小谷和彦「白石古墳群」（『揖斐川町史』追録編、揖斐川町、二〇〇五年）三二四―三二七頁。

（14）宇野隆夫編『象鼻山一号古墳―第一次発掘調査の成果』養老町埋蔵文化財調査報告書第一冊、養老町教育委員会・富山大学人文学部考古学研究室、一九九七年。同『象鼻山一号古墳―第二次発掘調査の成果』養老町埋蔵文化財調査報告書第二冊、養老町教育委員会・富山大学人文学部考古学研究室、一九九八年。同『象鼻山一号古墳―第三次発掘調査の成果』養老町埋蔵文化財調査報告書第三冊、養老町教育委員会・富山大学人文学部考古学研究室、一九九九年。

(15) 徳田誠志「濃尾平野における前方後方墳」(『岐阜史学』第九六号、一九九九年)六一―七五頁。図化された琴柱形石製品について言及すれば、長軸のものは松林山古墳例と同時期か雪野山古墳例より後出し、短軸のものは城の山古墳と同時期のものと考えられる。岡寺良氏のご教示による。
(16) 長瀬治義「前波古墳群の位置づけと意義」(『前波三ツ塚古墳群』可児市教育委員会、一九九九年)一八三―一八七頁。
(17) 徳田誠志「畿内外縁地域の前期古墳について―畿内政権の東進過程」(『網干善教先生華甲記念考古學論集』一九八八年)二三五―二六一頁。
(18) 小林行雄「初期大和政権の勢力圏」(『史林』第四〇巻第四号、一九五七年)一―二五頁。のち『古墳時代の研究』青木書店、一九六一年、一九三―二二三頁に加筆所収。
(19) 森下章司「美濃の前期古墳出土鏡」(『土器・墓が語る―美濃の独自性～弥生から古墳へ』第六回東海考古学フォーラム岐阜大会、一九九八年)三四四―三四七頁。
(20) 森下章司「古墳時代仿製鏡の変遷とその特質」(『史林』第七四巻第六号、一九九九年)一―四三頁。
(21) 福永伸哉「古墳時代前期における神獣鏡製作の管理」(『国家形成期の考古学』大阪大学考古学研究室・大阪大学考古学友の会、一九九九年)二六三―二八〇頁。なお、この「新式神獣鏡」について林正憲は、対置式系倭鏡以外の鏡を個体差が大きく集約的な生産でないことを理由に含めないとする見解であるが、船来山二四号墳鏡は林のいう「対置式系倭鏡Ⅰ類」に属し、福永と同様な位置づけとなる鏡である。林正憲「古墳時代前期倭鏡における二つの鏡群」(『考古学研究』第四九巻第二号、二〇〇二年)八八―一〇七頁。
(22) 田中新史「舟木山二四号墳」(『土筆』第五号、土筆舎、一九九九年)二一八―二二〇頁。
(23) 吉田英敏・岡戸邦仁・中森裕子『船来山古墳群』岐阜県本巣郡糸貫町教育委員会・本巣町教育委員会(船来山古墳群発掘調査団)、一九九九年。
(24) 橋本達也「竪矧板・方形板革綴短甲の技術と系譜」(『青丘学術論集』第一二集、韓国文化研究振興財団、一九九八年)四七―七六頁。
(25) 福永伸哉『古墳時代政治史の考古学的研究―国際的契機に着目して』大阪大学文学部、一九九八年。福永伸哉・杉井健・朴

天秀「四・五世紀における韓日交渉の考古学的検討—地域間交互交流の観点から」（前掲注24）五—一一二頁。

(26) 田中新史「龍門寺一号墳」（前掲注22）二一四—二一七頁。

(27) 高田康成「円満寺山古墳出土の鉄鏃について—古墳築造年代に関する一考察」（『美濃の考古学』創刊号、美濃の考古学刊行会、一九九六年）八八—九四頁。森下章司「鏡の伝世」（『史林』第八一巻第四号、一九九八年）四四七—四八〇頁。阪口英毅「長方板革綴短甲と三角板革綴短甲—変遷とその特質」（『史林』第八一巻第五号、一九九八年）六〇七—六四五頁。

(28) 福永伸哉「三角縁神獣鏡の副葬配置とその意義」（小松和彦・都出比呂志編『日本古代の葬制と社会関係の基礎的研究』大阪大学文学部、一九九五年）二五—四三頁。

(29) 成瀬正勝「砂行一号墳と遺物」（『砂行遺跡』岐阜県文化財保護センター調査報告書第六五集、財団法人岐阜県文化財保護センター、二〇〇〇年）一九三—二一二頁。

(30) 岡田吉孝「南青柳古墳と遺物」（『南青柳遺跡　南青柳古墳　大平前遺跡』岐阜県文化財保護センター調査報告書第六八集、財団法人岐阜県文化財保護センター、二〇〇二年）一七三—一九二頁。

(31) 都出比呂志「巨大古墳の時代」（『新版古代の日本』第一巻、古代史総論、角川書店、一九九三年）二〇六—二〇七頁。

(32) 福永伸哉「墓制からみた諸変革」（『考古学研究関西例会一〇〇回記念シンポジウム「国家形成過程の諸変革」』発表要旨資料集、一九九九年）。のち「葬制からみた変革期」（『シンポジウム記録二　国家形成過程の諸変革』考古学研究会例会委員会編、二〇〇〇年）三一—五四頁。

［謝辞］本節を執筆するにあたっては岩本崇、車崎正彦、阪口英毅、林正憲、福永伸哉、森下章司の方々からご教示を得た。

［補記］本節は新稿であるが、「5　中期古墳への胎動」については、旧稿「前期古墳から中期古墳へ」（八賀晋編『美濃・飛驒の古墳とその社会』二〇〇一年）を基礎とし、「4　威信財の偏在と前期古墳」は、第三六回埋蔵文化財研究集会で発表した「東海の前期古墳の鏡」（『倭人と鏡その二—三・四世紀の鏡と墳墓』埋蔵文化財研究会、一九九四年）での発表要旨を生かしながら、その後の筆者の新知見を補って書き下ろしたものである。

第二節　前方後方墳の系譜

1　はじめに

東海の前方後方墳については、早くに赤塚次郎によって分類と編年が提示され、東海系土器の移動や拡散とともにその意義が説かれている[1]。その分類は墳丘の規模と平面形に着目し、前方部が主墳丘の1/2以上に発達して規模が三〇メートル以上となるものをB型墳から独立させて「C型前方後方墳」と定義、墳丘墓と前方後方形墳丘墓とに階層的な規範を求めようとした[2]。また、B型墳からC型墳への変遷過程を推測し、前方後方形墳丘墓の諸要素を示しながら、地域性が強く表出しているとして「東海型」前方後方形墳丘墓などの概念規定をしている。そして前方後方墳について「系列と地域色があり、さらに共同体墓・特定個人墓に階層的に採用されるような系統制・システム」が認められる一方で、「東海型を基本に多様な前方後方形の墳丘墓・前方後方墳へと展開する」ことを強調する。

一方、白石太一郎も関東地域への東海系土器の影響や前方後方形墳丘墓の多寡性、そして前方後方墳が前方後円墳より早くから造営されていることを重視して、東海西部とりわけ濃尾平野の前方後方形墳丘墓と前方後方墳に注目する。そして「(東日本の) 前方後方墳は、おそらく弥生時代後期に、濃尾平野に成立したと思われる前方後方形墳丘墓に由来[3]」すると考え、東日本における前方後方墳成立の背景を「邪馬台国以来の一次的メンバーが造営することにしたのが前方後円形墳丘墓を発展させた前方後円墳であったのに対し、東日本などの二次的なメンバーに造営を許可したのが、かつて狗奴国連合に加わっていた首長たちが造営していた、前方後方形墳丘墓を発展させた前方後方墳であった」と解釈する[4]。

以上のような研究動向から、東海の前方後方墳の問題はこの地域の首長墓というだけでなく、弥生時代から古墳時代にかけての墓制の変遷過程と地域的政治構造を考える上で極めて重要な切り口であることがわかる。したがって、東海の前方後方墳について触れようとするならば、東日本の前方後方形墳丘墓の実態や前方後方墳の成立過程を念頭におかなければならない。

さて、ここでは岐阜県と愛知県にまたがる濃尾平野と三重を含む伊勢湾沿岸、そして静岡県の一部を対象とした前方後方墳を中心に検討を進めるが、最近発掘調査で前方後方墳の検出が急増している滋賀県をも射程に入れておきたい。対象とする時期は、前方後円墳出現前から古墳時代前期までとするが、前方後方墳の成立やその系譜を考える上で弥生時代後期以降の墳丘墓も俎上におく[5]。なお、ここで用いる「古墳」は、墓制上の画期を重視した立場で定義したもので、これを指標に古墳時代を規定するものではない。したがって、本節では弥生時代に属する遺跡も分類上「前方後方墳」として表記するところもあるが、所属時期を示す用語として用いていないことを断っておきたい。

以上のような前提にたって、まず前方後方墳の実態を把握しながら前方後円墳との共通点および相違点を提示し、そして地域や古墳群のなかでの消長をみる。最後に前方後方墳を系統的に整理した上で考察を試みたい。

2　東海の前方後方墳

(一)　前方後円墳との比較

まず、前方後方墳が各地でどのくらい存在するのかその実態をみてみると、前方後円墳の四九基に対して前方後方墳は三六基確認されている。(6) それらのうち副葬品を伴う前方後方墳を俎上にあげれば、美濃、尾張、伊勢の前方後円墳と前方後方墳はほぼ同数で三河がやや多い。

前方後円墳と規模の上で比較すると、前方後方墳の墳丘長が八〇メートルを越すものは少なく、最大でも粉糠山古墳の一〇〇メートル、次に八〇～七〇メートルクラスの北山古墳（墳丘長八三メートル）、東之宮古墳（墳丘長約八〇メートル）、愛知県安城市桜井二子《さくらいふたご》古墳（墳丘長八一メートル）、向山古墳（墳丘長七一メートル）とつづく（図30下）。東海地方において前方後方墳が前方後円墳を凌ぐ規模にはならないという事実がある。また、これらの前方後方墳が必ずしも周囲の前方後円墳に対して突出するものではないこともわかる。例えば、粉糠山古墳の近くには昼飯大塚古墳（墳丘長

	古墳名	墳丘長	埴輪	葺石	埋葬施設	主な副葬品
前方後円墳	内山１号墳	45m	×	○	粘土槨	三角縁神獣鏡２
	宝珠古墳	48m	○	○	粘土槨	禽獣鏡１・四獣鏡１
	野中古墳	58m	×	○	第１竪穴式石室	鉄剣刀
					第２竪穴式石室	仿製三角縁神獣鏡
	円満寺山古墳	60m	?	○	竪穴式石室	三角縁神獣鏡２・画文帯神獣鏡１
	花岡山古墳	60m	×	○	竪穴式石室	三角縁神獣鏡１・銅鏃
前方後方墳	浄音寺古墳	45-50m	×	×	不明	不明
	東寺山２号墳	58m	×	○	不明	二神二獣鏡
	西寺山古墳	60m	×	○	不明	不明
	宇都宮古墳	62m	×	○	竪穴式石室	仿製三角縁獣鏡１・銅鏃
	高御堂古墳	65m	×	×	伝竪穴式石室	不明
	高塚古墳	60m	×	?	伝竪穴式石室	二神二獣鏡
	東之宮古墳	80m	×	○	竪穴式石室	三角縁神獣鏡５・人物禽獣鏡４ほか２面、鍬形石１・車輪石１・石釧３

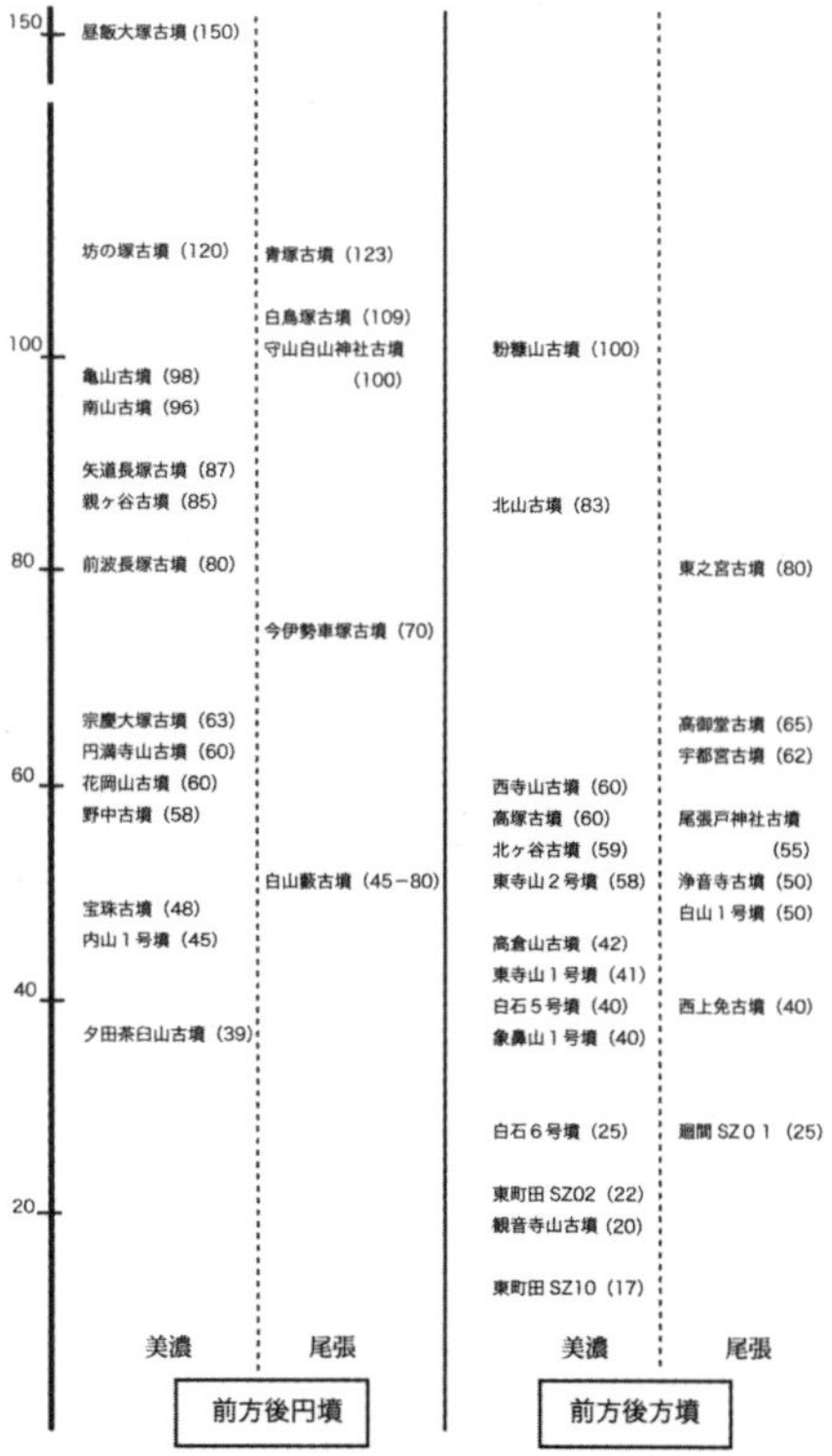

図30　前方後方墳と前方後円墳の比較

一五〇メートル）や遊塚古墳（墳丘長八〇メートル）が、北山古墳の属する上磯古墳群では、亀山古墳（墳丘長九八メートル）や南山古墳（推定墳丘長九六・三メートル）が築かれるように、隣接あるいは同一墓域内の古墳自身の規模が大きいのである。むしろ同一古墳群のなかでは前方後方墳が前方後円墳の規模と拮抗しており、このことから少なくとも墳形と規模による身分的秩序が当地に貫徹していたとは言い難いのである。

こうしたなか前方後円墳と前方後方墳は、それぞれ四〇～六〇メートルに墳丘のピークが認められる。これらの古墳を具体的に見ると、外表施設の点では両者に葺石が備わるものの、前方後方墳には埴輪はほとんど持ち込まれていない（図30上）。また、埋葬施設においてもとりわけ前方後方墳に特徴があるわけでなく、強いて言えば前方後方墳のうち現状で把握できる竪穴式石室が東之宮古墳、宇都宮古墳などにみられ、伝承のものを含めると前方後円墳に採用される竪穴式石室が円満寺山古墳、昼飯大塚古墳、野中古墳と少ないだけに目立つ。副葬品のなかで銅鏡を取り上げるならば、舶載・仿製の差異はあるものの三角縁神獣鏡の保有数は比較的高く、同様に腕輪形石製品なども多い傾向にあって、威信財に関しても前方後方墳が前方後円墳に対して劣勢にあるとは言い切れない。

外表施設のうち埴輪と土器に着目すれば、粉糠山古墳以外の前方後方墳には現在のところ埴輪だけを採用した古墳はみあたらず、土器もしくは底部穿孔の二重口縁壺を墳丘に置いた可能性が高い。伝統的な壺を配置する祭式が継承されていると考えられ[7]、西寺山古墳、東町田遺跡SZ〇二・SZ一〇、西上免遺跡SZ〇一、三重県松阪市大足《おわせ》一号墳に例がある。これらは周溝（周濠）内に転落した土器で、具体的に墳丘での配置を復元できる事例は未見であるが、向山古墳では朝顔形埴輪の部分使用と二重口縁壺の配列が墳頂部で推測されている[8]。

立地を問題にすれば、沖積平野などの低地に造墓する廻間遺跡SZ〇一や西上免遺跡SZ〇一と、山頂や丘陵頂などに独立して造墓する瑞龍寺山山頂墳や観音寺山古墳などが対照的である。山頂などに築かれた単独墳は、弥生時代以来の共同墓地を形成する造墓形態とは隔絶した状況にあって同列には扱えない。ただ、その場合に付言しておきたいことは、洪水が多発する濃尾平野にあって台地や丘陵上での造墓行為は、洪水によって埋没しないという視覚の安定性を確保していることにも通じている。いずれにしても前方後方墳の造墓は、当時の地形環境と前方後円墳築造の両方から検討する必要がある。以上のことから、東海地方の前方後方墳は、前方後円墳と比べて規模を除けば外表施設や埋葬施設、副葬されている銅鏡や腕輪形石製品などの威信財にもほとんど遜色ないと言え、造墓の変化を立地などの視点からみても特異性は見出しがたいのである。

（二）前方後方墳の変遷

さて、前方後方墳の変遷を整理してみると、(9) 現在副葬品からは長野県松本市弘法山《こうぼうやま》古墳、滋賀県高月町小松古墳そして観音寺山古墳が最も古相に位置づけることができる（表3）。観音寺山古墳は、標高一五五メートルの山頂に立地する墳丘長二〇・五メートルの単独墳で、組合式木棺からは漢鏡と仿製鏡、玉類が出土している。岩盤をくり抜く埋葬施設は、山中式期にあたる瑞龍寺山山頂墳の系譜を引くものと考えたいが、その瑞龍寺山山頂墳は標高一五八メートルの丘陵上に単独で立地し、漢鏡と玉類を伴う。

一方、副葬品以外の手がかり、つまり土器からみて瑞龍寺山山頂墳と観音寺山古墳の間に位置づけられる「前方後方墳」は、沖積地で確認されている廻間遺跡と西上免遺跡がある。廻間遺跡SZ〇一（推定長二五メートル）や西上免遺跡SZ〇一（墳丘長四〇メートル）は、同一墓域のなかにあって他の方形墓と近接して造墓され、同様なものに標高二五メートルの台地上にある東町田遺跡SZ一〇（墳丘長一七・四メートル）とSZ〇二（墳丘長二二・〇メートル）が、また標高二九メートルの扇状地上には白山一号墳（墳丘長約五〇メートルで主墳丘は二五メートル）が一辺八～一五メートルの方形墓もしくは長形墓とともにある。このように突出部を形成した核となる「前方後方墳」と伝統的な方（長）形墓が共存する墓制は、濃尾平野において広くみることができる。ただし、これらは先の瑞龍寺山山頂墳や観音寺山古墳のように独立した造墓形態をとらず、当時の集落に伴う墓地の中で広まった可能性がある(10)。

ところで、これまでにみた同一墓域からは前方後円墳が出現した形跡はない。その一方で、ほとんどの集落や墓域が廻間Ⅱ式期末からⅢ式期にかけて消失していくとき、象鼻山一号墳のように方形墓（墳）群からやや離れた場所に前方後方墳が登場して、独立墳との関連性が注目される。

その象徴とも言える前方後方墳が、犬山市白山平山頂にある東之宮古墳である。この古墳は独立墳にして墳丘長が約八〇メートルあって、この時期濃尾で突出する大規模墳である。竪穴式石室からは三角縁神獣鏡四面や仿製鏡、人物禽獣文鏡を含む一一面の銅鏡と合子、鍬形石、車輪石、石釧といった石製品のほか多数の鉄製品が出土している(11)。この前後の前方後円墳は円満寺山古墳や親ヶ谷古墳などわずかで、各地の首長墓系譜は前方後方墳からはじまるところが多い。

さて、六世紀前半の三重県松阪市坂本一号墳を除くと、前方後方墳は四世紀末頃の西寺山古墳、宇都宮古墳、向山古墳そして粉糠山古墳を最後にそれぞれの地域から姿を消す。弥生時代以来、変容を遂げながらも各地域で継続して採用されてきた前方後方形の墳形がなくなるのである。この時期は松河戸Ⅰ式期を下限におく古墳時代前期末葉と考えておきたい。こうした段階の前方後方墳は、墳丘規模が六〇メートルから一〇〇メー

主な前方後方墳

周濠内	鏡編年	分類
埴輪		2群1
		2群2
二重口縁壺・甕・高坏		2群2
二重口縁壺・円筒埴輪		2群2
		2群2
土器片	漢鏡5期	2群2
		2群1
［墓壙内］壺，器台，高坏，S字甕		1群
	漢鏡5期	2群1
パレス壺，二重口縁壺・柳ケ壺，S字甕		1群
パレス壺，S字甕，石臼		1群
パレス壺，二重口縁壺，高坏，手焙，受口状口縁甕〈廃棄土坑〉	漢鏡5期	2群2
［墳丘上］壺，高坏，手焙		2群1
土器		1群
二重口縁壺		
土器		
周濠内より壺2		1群
	漢鏡5期	

表3　東海の

古墳名	集成編年	土器編年	規模	外表施設	埋葬施設	副葬品
粉糠山古墳	4期	松河戸Ⅰ-3	100m	2段 葺石	不詳	［東棺］珠文鏡1，滑石刀子，刀6
宇都宮古墳	3期	松河戸Ⅰ-2	59m(62)	葺石	伝竪穴式石室	仿製獣文帯三神三獣鏡1
西寺山古墳	3期	松河戸Ⅰ-2	60.0m	2段 葺石 土器	不詳	伝鏡
向山古墳	3期	松河戸Ⅰ-1	71.4m	2段 葺石	粘土槨	内行花文鏡1，櫛歯文鏡1，獣形鏡1，捩文鏡1，石釧11，車輪石3，筒形石製品2，刀1，鎗3
筒野1号墳	2期～3期	廻間Ⅲ-3	39.5m	2段 葺石	粘土槨	仿製獣文帯三神三獣鏡1，三角縁波文帯三神三獣鏡1，位至三公鏡1，四神二獣鏡1，水晶製切子玉6，水晶製管玉2，石釧2
北山古墳	2期～3期	－	83m	2段 葺石	不詳	舶内行花文鏡1，伝（斧，刀，鉄鏃）
東之宮古墳	2期～3期	廻間Ⅲ-3	72m(78)	2段 葺石	竪穴式石室	舶三角縁神獣鏡5，仿製四獣形1，人物禽獣文鏡4，方格規矩鏡1，鍬形石1，車輪石1，合子1，石釧3，剣2，刀7，鎗20，銅鏃5，斧6，針3
象鼻山1号墳	2期	廻間Ⅲ-1	40.1m	2段 葺石	箱形木棺	双鳳紋鏡1，琴柱形石製品3，刀1，剣6，鉄鏃53，土器(二重口縁壺)
観音寺山古墳	1期	－	20.5m	無	木棺	舶方格規矩鏡1，仿製鏡1，翡翠勾玉2，水晶小玉3，ガラス小玉18
東町田遺跡SZ02	1期	廻間Ⅲ-1	22.0m	無	－	
東町田遺跡SZ10	1期	廻間Ⅱ-4	17.4m	無		
小松古墳	1期	廻間Ⅱ-3	60m	2段		舶内行花文鏡1，舶方格規矩鏡1，銅鏃4，鉄鏃15以上〈盗掘坑〉
弘法山古墳	1期	廻間Ⅱ-3	63m	無 有	礫槨	舶斜縁獣文鏡1，ガラス小玉738，剣1，銅鏃1，鉄鏃24，鉇1，斧1
西上免遺跡SZ01		廻間Ⅰ-4	40.5m	無		－
大足1号墳			24m			－
廻間遺跡SZ01		廻間Ⅰ	25m	無	－	－
法勝寺遺跡SDX23		－	21m	無	－	－
瑞龍寺山山頂墳		山中Ⅱ-1	46m	無	礫槨	舶内行花文鏡1，碧管玉1，土器（浅鉢，高坏，器台）

トルと大型のものが多く、三角縁神獣鏡や腕輪形石製品などの威信財を副葬するものも目立つ。また、粉糠山古墳にみられるごとく埴輪を受容し葺石や段築を備えるなど、前方後円墳との差はわずかとなり墳丘規模も一〇〇メートルにも及ぶようになる。

このように前方後円墳秩序が地域に浸透していった古墳時代前期後半頃には、それと対照的に濃尾平野の各地で前方後方墳が変容していくのである。ところで、検討した前方後方墳のうち削平墳などは出土した土器などを手がかりに時期比定を行っているが、一方で副葬品が知られている古墳も土器を想定・併用しながら整合的な編年が試みられている。(12)

次項では、こうした時系列に沿いつつも、同じ前方後方形を呈しながら質的な差を表出している先に指摘した二つの前方後方墳を取り上げてみたい。

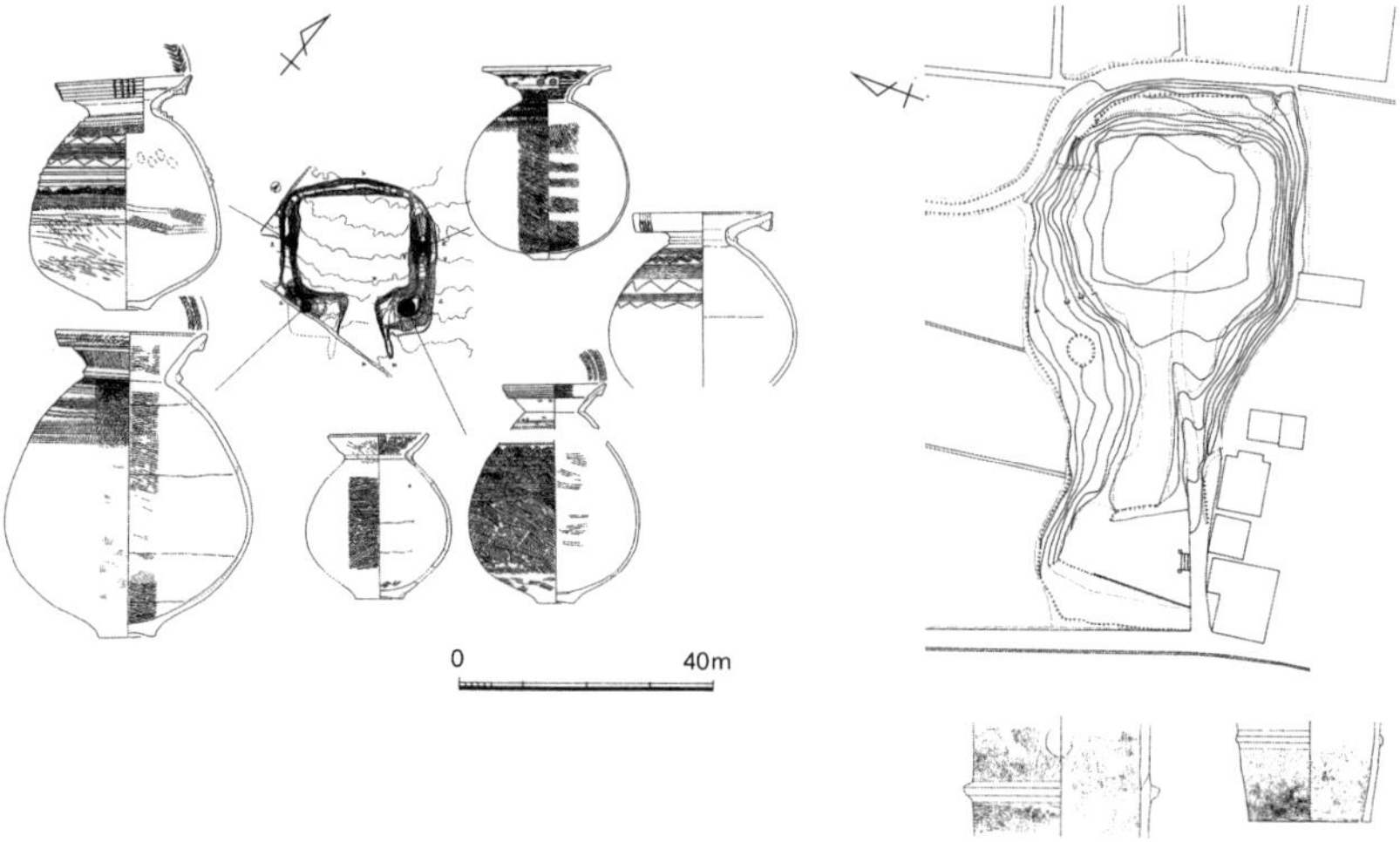

図31　二つの前方後方墳（東町田遺跡と粉糠山古墳）（土器・埴輪1/20）（注13, 14文献による）

3　二つの前方後方墳

（一）東町田遺跡と粉糠山古墳

大垣市北西部で調査された二つの前方後方墳をここで紹介したい。一つは前述している東町田遺跡である。この遺跡では弥生時代中期には二重の環濠を巡らせた間に方形周溝墓群の墓域を形成し、おそらく居住域を伴う。その後廻間Ⅱ式期後半からⅢ式期前半にかけて二基の前方後方墳が造墓された[13]（図31）。

墳丘は削平されているため、検出状況は前方後方形周溝墓となるが、所属時期からして古墳時代の前方後方墳と考えられる。環濠集落が消滅した弥生時代中期後半以後に前方後方墳が造墓されたのである。そしてその後、ここを見下ろすことができる花岡山丘陵頂に前方後円墳である花岡山古墳が造墓され、前方後方墳と前方後円墳が同一地域に立地を異にしながらも共存したのである。東町田遺跡での前方後方墳は、規模こそ二〇メートル前後と小さいが、弥生時代以来の伝統的な墓制を採用したこの地域の最後の地域首長墓の姿と言える。したがって、花岡山古墳と共存する様相は、第一節でみたように新たに登場した前方後円墳とともに重層的な社会構造を表象しているものとして理解したい。

一方、粉糠山古墳は、調査が行われる前までは前方後円墳とみなされていたが、範囲確認調査によって得られた墳丘裾ラインが円弧とならず、方形に復元するに至ったことで前方後方墳と判断された[14]。この古墳には段築や葺石、そして埴輪（Ⅱ期）などの外表施設が備わり、墳丘長約一〇〇メートルという規模とともに前方後円墳の影響を強く受けた地域首長墓である。それが前期後半においても前方後方形を採用するのは、もはや在地首長の自律意思によるものではなく、中央政権による政治意思がある程度浸透した結果だと考えておきたい。

(二) 分類の視点

このような同一地域にみる二相の前方後方墳は比較的あちこちで見受けられる。そこでこうした重層的な構造を模式的に示すため、次のような視点を導入して理解を図りたい。まずB型墳（B2型およびB3型墳）を含め「前方後方形」とみなしえるものをここでは広義の「前方後方墳」として捉え、それが墓域のなかで単独で形成されているのか、あるいは方形墓などとともに造墓されているのか、さらには前方後円墳や円墳など多様な墳形のなかでどのように融合しているのか、そういった観点から分類しようとするものである。

これに近い視点に北條芳隆が提起する「前方後円墳の二者」がある[15]。この考え方は弥生墳丘墓を起点として連続的な変化をしながら地域伝統を保持した資料群を「第一群前方後円（方）墳」に、巨大前方後円墳および直接的な影響下のもとに成立した資料群を「第二群前方後円（方）墳」として系統化したものであり、前方後方墳にも適用できると説く。この区分では両者に属する墳墓群はともに複数の様式に区分されるが、第一群は地域的なまとまりをもちながら第二群が成立した後も継続し、第二群は広域点在的なひろがりをもちながら、第一群の後に成立するとする。こうした概念を継承しつつ、さらに前方後方墳が墓域内でどのように造墓されているかを見極めようとす

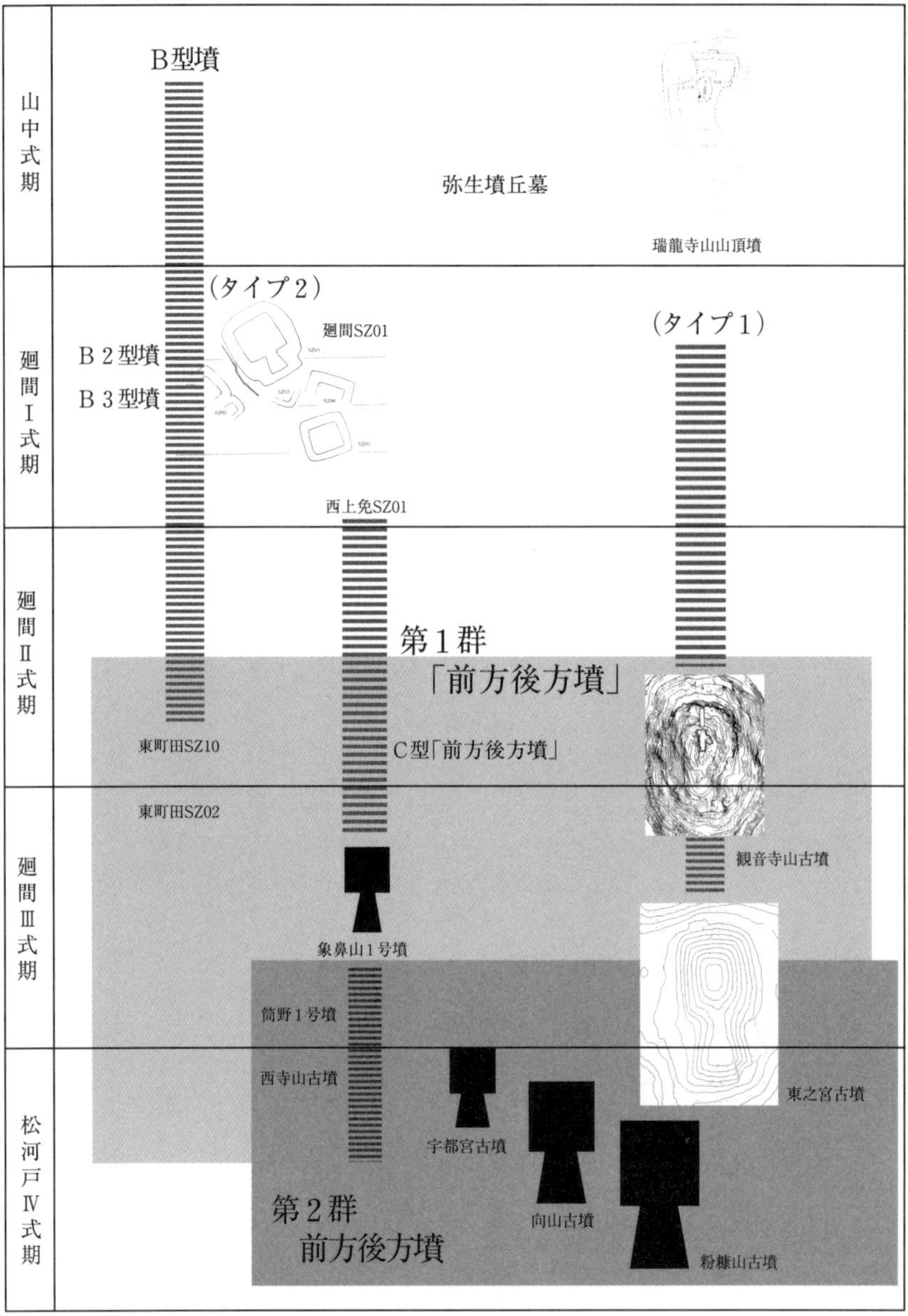

図32　前方後方墳にみる二つの系統
（第１群「前方後方墳」は弥生時代から古墳時代に属する遺跡を含んで表記している）

るものである。

こうした視点で東海地方の前方後方墳を分類すると、一つは弥生時代以来の伝統的な墳墓形式を継承する要素をもちあわせ、周囲に方形墓を伴いながら墓域を形成するB型墳とC型「前方後方墳」を含む一群がある。廻間遺跡や西上免遺跡、そして東町田遺跡や象鼻山古墳群がこれに属する。一方、墓域を形成せずに単独で造墓する瑞龍寺山山頂墳や観音寺山古墳などは、伝統的な墓制の範疇で把握できるので、この中に属する一つの派とみなしておきたい。これらを併せて第一群「前方後方墳」とする。これまで前方後方形墳丘墓、前方後方形周溝墓と呼んできた多くはこれに属する。この第一群「前方後方墳」の存続時期は概ね廻間Ⅰ式期から廻間Ⅲ式期である。

二つめは、前方後円墳が出現した後で、その影響を墳丘および外表施設などに受けている一群である。これらは隣接して方形墓を伴わず、前方後方墳のみが単独に造墓される。これを第二群前方後方墳と呼ぶ。この第二群前方後方墳の存続時期は、廻間Ⅲ式期から松河戸Ⅰ式期である。この第二群前方後方墳は、前方後円墳など異なる墳形と共存して墓域を形成するものと、一基のみが単独で造墓するものにわかれる[16]。

このように大きく二群に分かれる前方後方墳は、弥生時代から古墳時代にかけて東海地域に併存して築造されていたと解釈でき、そして個々の「前方後方墳」(前方後方形墳丘墓、C型前方後方墳)を、墓域でのあり方や前方後円墳との影響関係によって考えることで、はじめて地域の歴史のなかに位置づけることができる(図32)。

(三) 第一群「前方後方墳」の諸系列

さて、第一群「前方後方墳」は、方形墓と同一墓域にあるものと独立墳として造墓するものに分けたが、前者を第一群「前方後方墳」タイプ2とし、後者を第一群「前方後方墳」タイプ1と考えてみたい。するとこれらの前方後方墳の性格や被葬者についてはどのように捉えることができるのであろうか。このタイプ2に属する遺跡は先に触れた廻間遺跡と西上免遺跡がある。

廻間遺跡は、標高三～四メートルの微高地上に立地し、推定長二五メートルのSZ〇一の前方後方形墳丘墓一基と六基のB型墳が同一墓域内に確認されている。SZ〇一の周溝内土坑からは一括した土器が出土しているが、転落した葺石のようなものはなく段築も不詳である。築造時期は土坑出土土器から廻間I式期と比定されている。周囲のB型墳の規模は、SZ〇一の主墳丘の一辺が約二〇メートルであるのに対し、SZ〇二やSZ〇六は約一〇メートルあまりと小さい[17]。

一方、西上免遺跡は、標高七メートルの扇状地上に立地し、墳丘長四〇・五メートルの前方後方形墳丘墓（C型「前方後方墳」）が周囲の四基のB型墳とともに同一墓域に確認されている。周溝内からは葺石などはみあたらず、本来葺石のような外表施設はなかったと推定されている。墳丘の段築については不詳である。この周溝内からは二重口縁壺ほか加飾壺や高坏がまとまった範囲から出土しており、本来墳丘に配置されていたものが転落したと報告されている。これらの土器から築造時期は廻間II式期とされている。周囲に配するB型墳の規模は、SZ〇一の主墳丘が二五メートルであるのに対し、SZ〇四は一七メートルあまりである[18]。以上のように第一群「前方後方墳」タイプ2は、周囲の方形墓と比べると、かたち以外では規模にやや格差を見出せるものの、壺や高坏などの共通の土器祭式を相互に共有しあっていると言える。

ところで、タイプ2に多いB型墳でもやや様相を異にするのが東町田遺跡である。標高二五メートルの牧野台地上に立地する二基の前方後方墳のうち、SZ一〇は墳丘長一七・四メートルのB2型墳で、もう一方のSZ〇二は墳丘長二二・〇メートルのB3型墳である。両者の間には区画溝などはなく、同一墓域内に隣接して造墓されている。溝に転落していた土器が廻間II式期後半から廻間III式期前半に相当し、SZ一〇の造墓後にSZ〇二が短期間に連続して築造されていることがわかる。また、パレス壺や二重口縁壺、柳ヶ坪形壺などの壺を用いた土器祭式を共有する点は、西上免遺跡ＳＺ〇一に類似しているが、造墓形態そのものは廻間遺跡や西上免遺跡とは違う。おそらく、東町田遺跡の造墓の背景には、西上免遺跡の造墓主体よりも階層分化が進んだ地域構造があったと思われる。

さて、これまでの低地とは異なり丘陵上に位置する象鼻山古墳群のうち一号墳は、標高一四二メートルに位置する墳丘長四〇・一メートルの前方後方墳である。この一号墳は調査の結果、墳丘はすべては盛土とわかり墓壙も構築墓壙であることが確認された。また、葺石も部分的な使用で、最終的には盛土で隠れる性格の石列とされ、東側のみの段築も周囲をめぐらないという変則的な要素を多分に含んでいるＣ型前方後方墳である[19]。また、一号墳の前方部側には一辺二一メートル、高さ四メートルの方墳が接する。二段築成で葺石は認められないが、そのあり方から前方後方墳と前後する古墳である可能性が高い。また、この丘陵上には一号墳とやや距離を置くものの一辺二〇メートル、高さ三メートルの四号墳や一九号墳などのような方形墓（墳）群が分布し、前述の西上免遺跡の墓域がそのまま丘陵上に移行したかのような状態をみせる[20]。

以上のごとくにみた第一群「前方後方墳」は、象鼻山一号墳を除けば、葺石や段築がみられないことや壺を用いた祭式を共有する点などで共通する。しかし、象鼻山一号墳も被覆される石列であったり、見かけ状の段築であったりしてその後のそれらとは様相を異にするし、墓域内の様相も尾根上が同一墓域内の範囲としてみられるなか、ほかの方形墓（墳）群との境界は広い空間であったりする点でこれまでの墓域のあり方とはやや異なるのである。したがって、象鼻山一号墳はそれまでのＣ型「前方後方墳」の系譜上にあるものの、諸属性の異質性からにして第一群「前方後方墳」とは別の要素を造墓に取り込んだ第二群前方後方墳への過渡期の前方後方墳として捉えることができるかもしれない。象鼻山一号墳の築造をみる頃、東町田遺跡においては未だ前方後方墳が共同墓地から隔絶するに至っていない。墓域内における前方後方墳の位置―すなわち空間的位置からみる被葬者の階層性―は、これらの造墓のあり方からみて地域共同体間においてかなりの不均衡があったと思われる。

ところで、ほぼ同時期にある周囲から隔絶して単独で営まれた「前方後方墳」を第一群「前方後方墳」タイプ1としたが、被葬者はどのようなものであろうか。前述した瑞龍寺山山頂墳や観音寺山古墳からは、漢鏡や玉類が出土しており、被葬者はこれらを入手する対外交渉ルートを確保していた首長層と考えられるし、(21)「前方後方墳」の周囲には方形墓を随伴させせない階層分化の進んだ地域首長が考えられる。したがって、第一群「前方後方墳」のタイプ1とタイプ2の二つの派から窺える濃尾平野の地域共同体は、等質な集団が横並び的に存続したわけでなく、どうやら特定地域の幾つかの集団が飛び抜けて存在していた可能性がある。なお、こうした地域共同体を統括していく盟主的首長の出現は、この地に大型前方後円墳が登場するまで待たなければならない。

ここで東之宮古墳について再度触れておきたい。東之宮古墳は、標高一四五メートルの山頂に立地し、広く濃尾平野を一望できる。約八〇メートルの墳丘長で、後方部に竪穴式石室が設けられている。この中からは斜縁同向式二神二獣鏡のほか三角縁神獣鏡、仿製鏡、人物禽獣文鏡や鍬形石、車輪石、石釧などの腕輪形石製品を、そして短剣が多数出土している前方後方墳である。従来の解釈を適用するならば、前方後円墳による地域への政治的秩序によって墳形が前方後方形をなし、前方後円墳秩序のなかで下位に位置づけられる首長墓となる。しかし、段築や埴輪などの外表施設が認められず、狭い墳頂部や縦長の後方部などの特徴を重視すれば、第二群前方後方墳のように前方後円墳の諸要素の影響を強く受けず、地域の伝統がそのままその後の墓制に受け継がれた一群とも理解できる。将来の墳丘調査を待ちたいが、ここでは第一群「前方後方墳」のタイプ1の影響が前方後円墳よりも強く受けた可能性が高いことを指摘しておきたい。

（四）第二群前方後方墳とその系譜

さて、第二群前方後方墳は前方後円墳の影響を墳丘の外表施設などに受けつつ、その地域の首長墓として確立して築造される一群と定義した。これらの被葬者の性格についてはどのように考えられるであろうか。具体的に高塚古墳と矢道長塚古墳、大野の上磯古墳群を事例にあげて考えてみたい（図33）。高塚古墳は、標高一〇メートルの扇状地上に矢道長塚古墳（前方後円墳）とともに位置する。高塚古墳は大正年間に消失してはいるものの、墳丘長が約六〇メートルに及ぶことが字絵図から知ることができる。過去の記録などから墳丘には段築や葺石があった可能性は低く、川原石による竪穴状の石槨や銅鏡の出土を伝える前方後方墳と考えられる。[22]これに対して同じ墓域内に立地する矢道長塚古墳は墳丘長八七メートルの前方後円墳で、浅い区画状の周溝をもつ。葺石や埴輪を備え、後円部からは三角縁神獣鏡や鍬形石、石釧などの腕輪形石製品、銅鏃や鉄鏃、鉄剣、鉄刀などの副葬品が出土している。[23]同一首長墓系譜にありうるこの二古墳が、前方後方形と前方後円形という異なる墳形を採用し、外表施設や埋葬施設、そして副葬品に至るまで異なることは、築造時期のみならず外部との政治的な関係によって造墓形態を大きく異にしたと読みとることができる。

もう一つ上磯古墳群の場合をみてみる。この古墳群は揖斐郡大野町の標高一七メートルの扇状地上に立地し、前方後円（方）墳三基と二基以上の円墳からなる。前方後円（方）墳と円墳群は二〇〇メートルあまり離れているものの、東西五〇〇メートル、南北三〇〇メートルの範囲にまとまる。ここで問題とする古墳は、前方後方墳の北山古墳と前方後円墳の亀山古墳そして南山古墳である。いずれも発掘調査などの履歴はないが、現状での概要をみてみると、まず北山古墳は墳丘長八三・〇メートル、後方部一辺五〇メートル、高さ六・五メートル、前方部幅二六メートル、高さ二・五メートル、くびれ部幅二二メートルを測る二段築成の前方後方墳で、外表施設として葺石は認められるが埴輪は未確認である。[24]副葬品としては一九〇九年に出土した内行花文鏡一面と直刀、鉄鏃と鉄斧が伝えられる。

一方、前方後円墳の亀山古墳は、墳丘長約九八メートル、後円部径六二・四メートル、高さ八・〇メートル、前

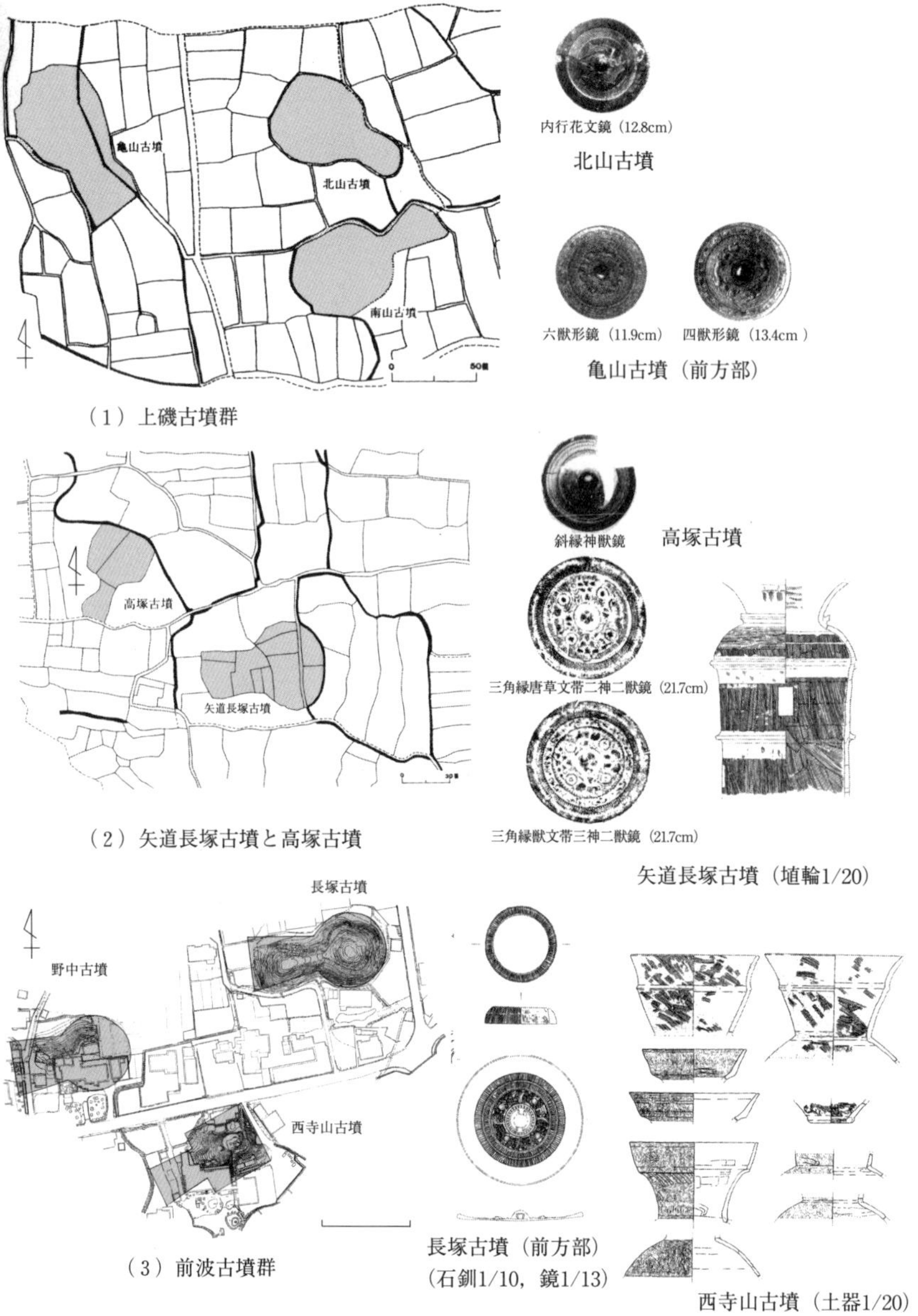

北山古墳

高塚古墳

（3）前波古墳群
長塚古墳（前方部）
（石釧1/10，鏡1/13）
西寺山古墳（土器1/20）

図33　古墳群にみる前方後方墳と前方後円墳（注22, 24, 29文献による）

方部幅四一・五メートル、高さ二・〇メートルを測る二段築成で、外表施設に葺石を施すが埴輪はやはり認められていない。副葬品としては一六三〇年（寛永七）に後円部から朱とともに冠、刀、鏃が、一八二八年（文政一一）には前方部から四獣形鏡と六獣形鏡の二面の銅鏡が出土したことが伝わっている。[25]なお、この二面の鏡は同工品であることや文様の類似性から短期間の製作が指摘されている。[26]もう一つの南山古墳は現状では水路や削平によって墳丘が著しく改変を受け、正確な墳形などは不詳であるが、現状においても約一〇〇メートルを測る規模をなし、葺石が散乱しているのを観察できる。過去に南山古墳下層より出土した土器群が紹介され、これらの古墳群の造墓が廻間Ⅲ式期以降であることが指摘されている。[27]

以上のような古墳の概要から推定できることは、北山古墳→亀山古墳→南山古墳という築造順序で、前期後半に首長墓系譜を形成していたことである。墳丘構造も北山古墳や亀山古墳のように前方部が相対的に著しく低い特徴をもつことや、外表施設に埴輪を採用しない点など共通する属性がみられる。また、北山古墳の内行花文鏡のように舶載鏡や亀山古墳の古相の仿製鏡のような威信財的な副葬品を保有するものの、三角縁神獣鏡はなく腕輪形石製品なども現状では認められない。[28]したがって、亀山古墳などは墳形を前方後円形とするものの、その墳丘構造などは在地のそれを踏襲しつつ外表施設も伝統的な形式に準じていた可能性があるなど、前方後円墳といってもすべてが一新するような様相をみることはできないのである。

この上磯古墳群の造営時期は揖斐川を挟んだ不破の赤坂古墳群とほぼ同時期と考えられるため、遅くとも前期後半には前方後円墳とともに中央政権による様々な影響がこの地にもたらされていると考えられる。そうした状況のもとで同じ墓域のなかで形成された三つの首長墓が、それぞれ伝統的な側面と前方後円形とする墳形の採用が自律的に行われていた意義は大きい。

また、第二章第一節でも紹介した可児市の前波古墳群の場合でも、前方後方墳の西寺山古墳と前方後円墳の野中古墳、長塚古墳が、同じ墓域に形成された連続する首長墓でありながら、外表施設がまちまちであったり、葺石の葺き方や壺の配列にみるように在地的な要素を残影させているなど、造墓者の主体性をそこに垣間見ることができた(29)。

高塚古墳、北山古墳や西寺山古墳のように、第二群前方後方墳は第一群「前方後方墳」タイプ2の要素を多分に受け継いでいるとともに、新たな要素を造墓主体者側の意思と主体性によって徐々に導入していった様相を具体的にみることができる。こうした状況はB型墳には見出せず、C型「前方後方墳」にこの傾向が強いことがわかる。なお、第二群前方後方墳は、美濃、尾張、伊勢と伊勢湾沿岸に広く分布し、古墳時代前期を通して多くを占めるものと思われる。したがって、前方後円墳が首長墓として「前方後方墳」にとってかわる現象は、中央政権が強く地域に求めていった結果ではなく、第一群前方後方墳を造営した在地の造墓主体者が徐々に造墓のスタイルを変容していった過程と読みとることができる。それゆえ、初期の前方後方墳と前方後円墳の間で、規模や外表施設そして副葬品などに大きな差異が認められない一群が存在するのである。C型「前方後方墳」の実態把握が、「前方後方墳」から前方後円墳への移行あるいは転換といった現象を解明していく上で重要な鍵を握るものと思われる。

4　群構成からみた「前方後方墳」の成立過程

第二群前方後方墳は、前方後円墳出現以降にその影響を受けた一群と解釈した。それゆえ古墳時代前期のなかで、葺石や段築が前方後方墳に確認される事例も多いが、埴輪を採用する前方後方墳になると粉糠山古墳と向山古墳のみと少ない。粉糠山古墳の円筒埴輪は墳丘裾に配置するようなやや在地的な要素を残しながらも、その墳丘構造は前方後円墳を強く意識したものであることは前述したとおりである。粉糠山古墳の五〇〇メートル東にある前方後円墳の昼飯大塚古墳との関係は、高塚古墳と矢道長塚古墳との関係を彷彿させるものがあるが、高塚古墳の造墓活動と比べ、在地の主体性が薄くなりつつあることが窺える。これらの一群は、先にみた象鼻山一号墳からの系譜で捉えるよりは、むしろ高塚古墳や西寺山古墳と同じように何らかのかたちで前方後円墳の諸要素の影響を受けている系列として理解した方が整合的である。こうした一群に対して四〇メートル規模の筒野一号墳や西山古墳などは、象鼻山一号墳以来の系列にある一群と想定できるが、規模と墳丘形態のみの比較となるため今後の調査によってさらにその系譜が明らかになると思われる。また、C型「前方後方墳」が第二群前方後方墳のなかでどのように解消されていくのか、そのあたりの過程も解明されるべき課題である。

ところで、第二群前方後方墳の立地をみたとき、独立した首長墓という意味では隔絶性が窺えるとともに前方後円墳と同じように視覚性に富んだ位置に立地するものも多い。また、一定範囲（墓域を含む領域）のなかで首長墓が連続して築造されるとき、前方後方墳は前方後円形を採用した首長墓などとともに首長墓系譜を形成するようになるが、これらも多くは第二群前方後方墳である。前方後方墳は、「前方後方形」という墳形が中央政権のなかで再編成され、そして政治的秩序に組み込まれたと考えれば、第二群前方後方墳は造墓において地域側の主体性が相対的に弱くなった証左であるとともに、墳形と規模という秩序のなかに取り込まれた一群と解釈することができる。

以上のような視点からみると、東海地方の前方後方墳の系譜は今後とも濃尾平野を含んだ伊勢湾周辺においては複数の系譜と系列を想定しておく必要がありそうである。また、こうした系列を含んだ前方後方墳の実態を、それぞれの相互関係や前方後円墳との比較のなかで進められていくならば、この地での弥生時代から古墳時代にかけての地域構造をさらに鮮明に解きほぐすことができると思われる。

今回の小考により、この地における「前方後方墳」の成立が、幾つかの系列と要素が複雑に融合しており、前方後方形墳丘墓から前方後方墳へと発展段階的に成立したものばかりではないこと、また前方後円墳の影響・規範によって形成されているばかりでもないことを指摘できた。伊勢湾沿岸における「前方後方墳」がこのような意味で、重要な考古資料であることは再認識できたと思う。

（1）赤塚次郎「東海の前方後方墳」（『古代』第八六号、一九八八年）八四—一〇九頁。同「前方後方墳覚書89」（『考古学ジャーナル』第三〇七号、ニュー・サイエンス社、一九八九年）四—一〇頁。同「東海系のトレース」（『古代文化』第四四巻第六号、一九九二年）三五—四九頁。
（2）赤塚次郎「前方後方墳の定着」（『考古学研究』第四三巻第二号、一九九六年）二〇—三五頁。
（3）白石太一郎「古墳」（『朝日百科日本の歴史』別冊、歴史を読みなおす2、古墳はなぜつくられたのか、朝日新聞社、一九九五年）二—一五頁。
（4）白石太一郎『古墳とヤマト政権』文春新書、一九九九年、六九頁。
（5）ここでは弥生時代の前方後方形周溝墓、および前方後方形墳丘墓を含め、「前方後方墳」として扱っている。これは論文の展開上混乱を避けるために用いているもので、本書のなかの古墳時代の前方後方墳と同義ではない。
（6）近藤義郎編『前方後円墳集成』中部編、山川出版社、一九九二年。なお、『前方後円墳集成』に掲載されていない前方後円墳や前方後方墳を考慮に入れ、筆者の編年観にもとづく区分を用いていることを断っておく。
（7）赤塚次郎「もう一つの埴輪の起源」（石野博信編『古代近畿と物流の考古学』学生社、二〇〇三年）六八—七八頁。
（8）穂積裕昌「伊勢における埴輪の成立と展開」（『第二回松阪はにわシンポジウム宝塚古墳の源流を求めて—ヤマト・河内と伊勢の埴輪』松阪市・松阪市教育委員会、二〇〇二年）四〇—五一頁。
（9）近藤義郎編『前方後円墳集成』（前掲注6）。
（10）赤塚次郎「西上免古墳を巡る二つの問題」（『西上免遺跡』愛知県埋蔵文化財センター調査報告書第七三集、財団法人愛知県埋蔵文化財センター、一九九七年）九六—一〇一頁。
（11）赤塚次郎「東之宮古墳」（前掲注6）三五三—三五四頁。
（12）赤塚次郎「東海・中部」（日本考古学協会編『二〇〇二年度橿原大会研究発表会資料』二〇〇二年）三二一—三三〇頁。ここ

で気がつく点は、C型墳に先行するB型墳として分類される東町田遺跡SZ〇二やSZ一〇とC型前方後方墳とする西上免遺跡SZ〇一が併存していることや、西上免遺跡SZ〇一と墳丘規模や形態において一定の規則性が認められる象鼻山一号墳、伏見高倉山古墳、西山一号墳、筒野一号墳などが一つの系列をなしていること、そしてそれに属さない観音寺山古墳などの単独墳などがみられ、これからも幾つかの系列を読みとることができる。

(13) 鈴木元編『東町田遺跡』大垣市埋蔵文化財調査報告書第一四集、大垣市教育委員会、二〇〇四年。同「資料紹介　前方後方形を呈する周溝墓について—東町田遺跡SZ一〇」(『大垣市埋蔵文化財調査概要—平成六年度』大垣市文化財調査報告書第二七集、大垣市教育委員会、一九九六年)二七—三三頁。

なお、本節では廻間Ⅱ式期後半を布留0式期に、廻間Ⅲ式期前半を布留1式期に併行するものとして論をすすめている。

(14) 中井正幸編『粉糠山古墳』大垣市埋蔵文化財調査報告書第二集、大垣市教育委員会、一九九二年。

(15) 北條芳隆「前方後円墳とヤマト政権」(北條芳隆・溝口孝司・村上恭通編『古墳時代像を見なおす』青木書店、二〇〇〇年)一〇四—一〇八頁。

(16) 単独墳の前方後方墳をどのように理解するか様々な見方がある。ここでは第一群「前方後方墳」を設定したときと同じように、周囲の古墳などのあり方を重視して系列を設定するため、将来前方後方墳の周囲の発掘調査によってさらに細分が可能となる状況もあることを含めておきたい。

(17) 赤塚次郎編『廻間遺跡』愛知県埋蔵文化財センター調査報告書第一〇集、財団法人愛知県埋蔵文化財センター、一九九〇年。

(18) 赤塚次郎編『西上免遺跡』愛知県埋蔵文化財センター調査報告書第七三集、財団法人愛知県埋蔵文化財センター、一九九七年。

(19) 赤塚次郎「東海・中部」(前掲注12)三二一—三三〇頁。

(20) 養老町教育委員会の分布調査および測量調査の成果を参考にした。中島和哉氏のご教示による。

(21) 植田文雄「近江の前方後方墳と大和」(石野博信編『古代近畿と物流の考古学』学生社、二〇〇三年)三八五—三九五頁。

(22) 中井正幸「高塚古墳跡」(『大垣市埋蔵文化財調査概要—平成一五年度』大垣市文化財調査報告書第四二集、大垣市教育委員会、二〇〇五年)五四—六三頁。

(23)中井正幸編『長塚古墳』大垣市埋蔵文化財調査報告書第三集、大垣市教育委員会、一九九三年。
(24)中井正幸・中司照世「北山古墳—岐阜県西濃地方の前方後方（円）墳の測量調査」（『古代』第八六号、一九八八年）六五—七二頁。
(25)大熊茂弘・目加田哲・竹谷勝也・田中弘志・岩本崇「亀山古墳の測量調査報告」（『土器・墓が語る—美濃の独自性～弥生から古墳へ』第六回東海考古学フォーラム岐阜大会、一九九八年）二九六—三〇五頁。亀山古墳の後円部から出土する記録は、『岐阜県史』では一七一〇年（宝永七）となっているが、『大野町史』に記載されている明治五年七月に提出されている書類には一六三〇年（寛永七）と齟齬がみられるが、後者が正確な記録と思われる。
(26)徳田誠志「美濃における前期古墳研究の現状と課題」（『美濃の考古学』創刊号、美濃の考古学刊行会、一九九六年）一—一七頁。岩本崇「出土鏡の紹介」（前掲注25）三〇三—三〇五頁。
(27)赤塚次郎「造墓への憧憬」（『考古学の広場』第三号、考古学フォーラム、一九八六年）一—五〇頁。
(28)中井正幸ほか「上磯古墳群の研究」（前掲注25）二九四—三〇九頁。
(29)高橋克壽・魚津知克編『前波三ツ塚古墳群』可児市教育委員会、一九九九年。

［補記］

1　本節は新稿であるが、旧稿「二つの前方後方墳」（広瀬和雄編『古墳時代の政治構造—前方後円墳からのアプローチ』青木書店、二〇〇四年）を基礎に加筆したものである。

2　前方後方墳の墳丘規模とその分布状況を全国的に検討した藤沢敦は、規模によって分布に顕著な違いがあることから、「大規模前方後方墳は大和の巨大前方後円墳の強い影響下にあるいっぽうで、小規模前方後方墳は前段階からの系譜を引き、各地のなかでも下位のグループに採用された」と考えており、本節とほぼ同じ結論を得ている。藤沢敦「前方後方墳の変質」（広瀬和雄編『古墳時代の政治構造—前方後円墳からのアプローチ』青木書店、二〇〇四年）二一六—二三四頁。

第三節　大型前方後円墳の築造契機

1　はじめに

前節までは古墳時代前期を中心とした古墳群の分布やそれらの構成などから、各地域における首長墓群の特質を明らかにしながら地域社会の構造を考えてきた。ここでは前期から中期に至る過程において旧国単位の範囲で最大規模となる前方後円墳が出現していることに着目し、それらが出現する歴史的背景を考察しようとするものである。前期末葉から中期にかけて登場するやや大型の前方後円墳は、列島を視野においた場合でも各地域でみられ、この時期の首長墓系譜の途絶や各地の前方後方墳の消滅時期とほぼ一致することを考えると、看過できない重要な問題だからである。

濃尾平野を含む東海地方の美濃、尾張、三河、伊勢と遠江・駿河において、一〇〇メートルを超える前方後円（方）墳を列挙するならば、それぞれ昼飯大塚古墳（約一五〇メートル）、坊の塚古墳（一二〇メートル）、琴塚古墳（一一五メートル）、青塚古墳（一二三メートル）、白鳥塚古墳（約一〇〇メートル）、守山白山神社古墳（約一〇〇メートル）、断夫山古墳（約一五〇メートル）、宝塚《たからづか》一号墳（約一〇〇メートル）、松林山《しょうりんざん》古墳（一一六メートル）、谷津山《やつやま》古墳（約一〇〇メートル）が挙げられる。このうち後期に比定できる断夫山古墳を除けば、いずれも前期後半から中期前半にかけて築造された前方後円墳である。このうち発掘調査などで墳丘規模や外表施設、副葬品などが判明している前方後円墳を取り上げて分析を進めたい[1]。

2　環伊勢湾の大型前方後円墳

（一）岐阜県大垣市昼飯大塚古墳(2)

美濃のなかで最大規模を誇る昼飯大塚古墳は、赤坂古墳群のなかの昼飯系譜に属する。古墳は標高二五メートルの台地上に立地し、幅九〜一一メートル、深さ約二メートルという明確かつ本格的な周壕を備え、こうした深く掘削する周壕は濃尾平野でも初見となる。墳丘は後円部・前方部ともに三段築成で、その形態は奈良県五社神《ごさし》古墳に近似することが指摘されている。周壕北側には前方部側に一箇所陸橋と思われる施設も推定されている。

墳丘各段には埴輪が樹立し、後円部頂並びに前方部頂にも配列される。前方部から後円部に至る斜面上にも埴輪が平行して並び「スロープ」状遺構を明確にした。後円部頂には外周する埴輪列の内側に、家形埴輪、盾形埴輪、靫形埴輪、蓋形埴輪、甲冑形埴輪の形象埴輪が配置されていた。古墳が築造された時期は古相にある形象埴輪と円筒埴輪、滑石製祭器、蕨手刀子などの鉄製工具などから四世紀後半から末葉と考えられる。昼飯大塚古墳が築かれた周辺には矢道長塚古墳や遊塚古墳などの前方後円墳もあって、それの中核的位置を占める古墳と判断できるが、矢道系譜や昼飯系譜そして青墓系譜を統合するような大型前方後円墳と位置づけることができる。

（二）愛知県犬山市青塚古墳(3)

尾張において最大規模となる青塚古墳は、標高三一メートルの扇状地上に単独で立地する前方後円墳である。墳丘の周囲には不整形な浅い区画状の周濠が存在し、陸橋も確認されている。墳丘は後円部・前方部ともに三段築成で、裾には石敷状の平坦面を備える。墳丘平坦面には墳丘を取り巻くように二重口縁壺（壺形埴輪）が配置されたが、埴輪は前方部頂のみ樹立されていた。その前方部頂には敷石で仕切られた方形区画があって、円筒埴輪と鰭付朝顔形埴輪が置かれ、この間からは鏃形石製品も出土している。(4) 埋葬施設は未調査で詳細も不明である。ただし、各段の墳丘平坦面に置かれた壺の間からは、石礫で覆われた配石遺構が検出されており、これが小規模な埋葬施設とも推測されている。築造時期は古墳造営前と考えられる包含層から廻間Ⅱ式期からⅢ式期の高坏が出土しており、青塚古墳は四世紀後半前後に築造されたものと推定できる。なお、周囲にはやや小規模な円(方)墳が随伴するものの、青塚古墳以前の首長墓もなければ、このちに引き継がれる首長墓もみあたらない大型単独墳と言える。

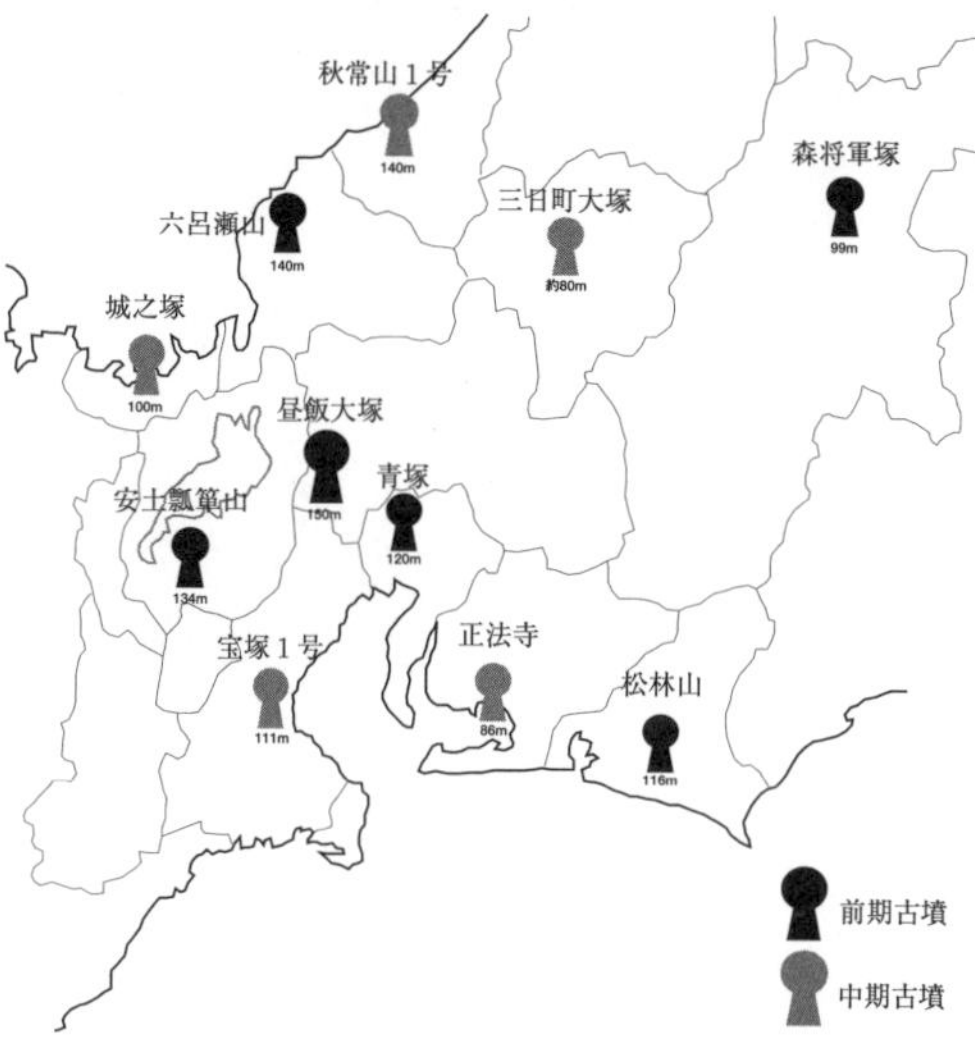

図34　中部地方の大型前方後円墳分布図
（古墳の大きさは『前方後円墳集成』による）

（三）三重県松阪市宝塚一号墳(5)

伊勢において最大規模の宝塚一号墳は、伊勢湾を眺望することができる標高五〇メートルの丘陵上に立地し、墳丘は後円部三段、前方部二段となり、葺石や埴輪を備える墳丘長約一〇〇メートルに達する前方後円墳である。くびれ部から土橋で繋がる出島状の造り出し部は東西一八メートル、高さ一・六メートルの二段の斜面をもつ。この平坦面には円筒埴輪と二重口縁壺が配列され、その内側には家形埴輪、蓋形埴輪などが、さらに後円部と土橋との間に船形埴輪や家形埴輪が配置されるなど、当時の埴輪祭式を彷彿させる。また、後円部頂から転落した遺物に笊形土器や土製品が見つかっており、墳頂部での祭式が推測できる。埋葬施設や副葬品に関する情報は少なく、築造時期は円筒埴輪やその構成などから五世紀前半に位置づけられている。

埴輪のなかではとりわけ形象埴輪が豊富で、家形埴輪や囲形埴輪のほか、盾形埴輪、靫形埴輪、冠形埴輪、蓋形埴輪、甲冑形埴輪、高坏形埴輪、柵形埴輪などの器財埴輪や水鳥埴輪と船形埴輪が原位置で確認されている。囲形埴輪では導水施設を模倣したものと、井戸を囲むようにある湧水施設を模倣したものがあり、水の祭祀に関わる様相が窺い知れる。こうした形象埴輪群はそれまでの首長墓には採用されておらず、宝塚一号墳は新たな埴輪祭式の導入を試みた被葬者である点で、古市古墳群などの河内勢力との交渉を想定する考えもある。いずれにしても、古墳が大和と伊勢を結ぶ主要幹線上にあり、ここからさらに伊勢から北上し、美濃にも通じる重要な経路上にもあたる点には間違いはなく注目できる。

（四）愛知県吉良町正法寺古墳[6]

正法寺古墳は三河湾を眺望する標高約二九メートルの丘陵先端に立地する。近接したところには首長墓はみあたらない。旧海岸線はすぐ古墳の際にあったと推定され、古墳時代の矢作《やはぎ》川河口周辺は入江状に復元されていることから、古墳の立地する場所は対外交流の拠点になったと思われる。古墳の規模は、墳丘長約九一メートル、後円部径約六五メートル、くびれ部幅四四メートル、前方部前面幅約五七メートルを測り、後円部・前方部とともに三段築成となる前方後円墳である。斜面には葺石を備え、埴輪も確認されていることから墳丘各平坦面に埴輪が配列されたと思われるが、未だ原位置での確認はされていない。なお、埋葬施設や副葬品の情報はない。

埴輪に関しては、これまでに円筒埴輪のほか、家形埴輪、蓋形埴輪などの形象埴輪が確認されている。この古墳の南側くびれ部からは、断片的ながらも墳丘外に配置された方形状の石列を検出し、この形状により宝塚一号墳でみたような「島状遺構」と推測される遺構が検出されており、宝塚一号墳とは伊勢湾と三河湾を介した海路での繋

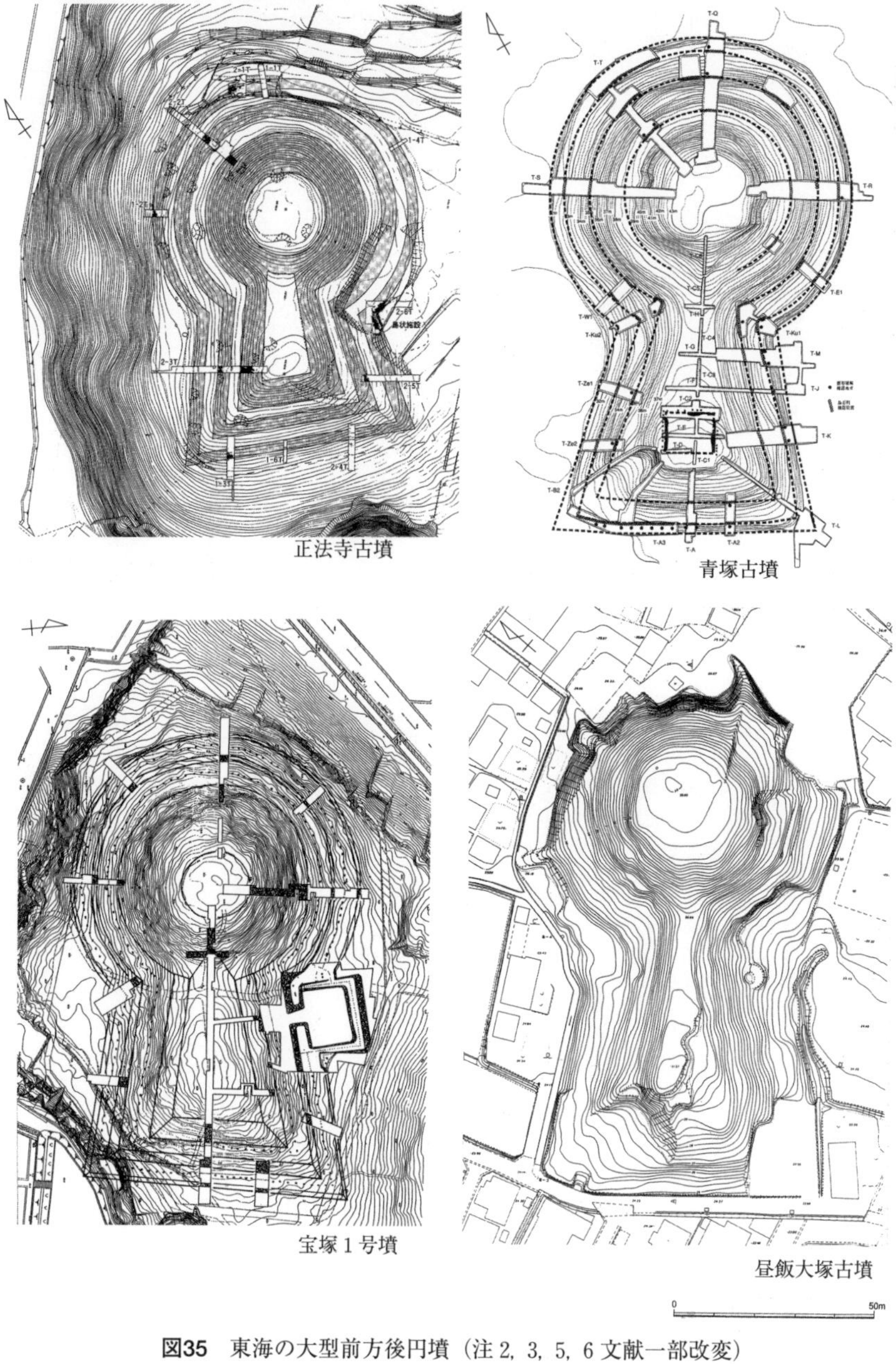

図35　東海の大型前方後円墳（注２，３，５，６文献一部改変）

がりが指摘されている。築造時期については、埴輪の特徴から五世紀初頭と考えることができる。

3　大型前方後円墳の築造契機とその歴史的背景

（一）首長墓系譜と埴輪からみた大型前方後円墳

さて、ここではこれまでに概観してきた各地の大型前方後円墳が、その前後の首長墓系譜とどのような位置にあるのかを踏まえながらみてみる。まず、青塚古墳周辺の古墳群をみてみると、これに先行する首長墓に東之宮古墳がある。この古墳は前方後方墳にして青塚古墳が立地する犬山扇状地とはやや離れた白山平山頂に前期中葉に出現し、埴輪は認められない。その後周囲において明確な首長墓が系譜としてたどれず、結果的にみて青塚古墳は前方部頂のみと限定的ではあるが埴輪を採用し、東之宮古墳などとは離れた位置に突如築造をみる。(7)

宝塚一号墳が位置する櫛田川左岸では古墳時代前期には、大足一号墳を嚆矢に大型円墳が首長墓として展開し、初期の埴輪をもつ松阪市高田《たかだ》二号墳や坊山《ぼうやま》一号墳をはじめ、三角縁神獣鏡を出土した径五五メートルの清生茶臼山古墳や久保古墳などがみられる。宝塚一号墳築造後は、隣接する墳丘長八九メートルの帆立貝形古墳の宝塚二号墳が築かれ、その後も高地蔵《たかじぞう》一号墳（径四六メートル）や佐久米《さくめ》大塚山《おおつかやま》古墳が継続して造墓されるものの墳丘規模は縮小し、その後は前方後円墳の登場をみない。これと対象的なのは雲出《くもづ》川流域である。ここでは古墳時代前期を通じて松阪市筒野《つつの》一号墳、西山《にしやま》一号墳、錆山《さびやま》古墳、向山《むかいやま》古墳などの前方後方墳が連続して築造されるが、向山古墳を最後に途絶し、これと連動するかのように櫛田川左岸に宝塚一号墳が登場するのである。(8)なお、この前方後方墳群には向山古墳のみに埴輪の受容が部分的に知られるのみで、櫛田川流域への導入とは異なっている。

正法寺古墳の位置する吉良周辺には、経塚《きょうづか》古墳（径三〇メートル）などの大型円墳が築かれた後、五世紀中頃に岩場《いわば》古墳（帆立貝形古墳・墳丘長約三〇メートル）が確認されるが、これらに先行する前期古墳は確認されていない。岩場古墳の後円部頂の円筒棺からは鉄鏃・直刃鎌・鋤先・鉄斧・錐・鉄刀などの鉄製品や管玉・勾玉が出土し、家形埴輪や器財埴輪（蓋形）が確認されている。その北部には吉良《きら》八幡山《はちまんやま》古墳（墳丘長六六メートル）の前方後円墳を中心に、若宮《わかみや》一号墳（径三〇メートル）や善光寺沢南《ぜんこうじさわみなみ》古墳（径約三〇メートル）などの大型円墳が首長墓として築かれている。これらに先行すると思われる首長墓系譜は、同じ矢作川を溯った安城桜井地区にあり、墳丘長約八〇メートルに及ぶ前方後方墳の桜井二子古墳を嚆矢に、姫小川《ひめおがわ》古墳（墳丘長六六メートル）、塚越《つかごし》古墳（墳丘長約四五メートル）そして獅子塚《ししづか》古墳が桜井古墳群を形成しているが、埴輪を有することはない(9)。

正法寺古墳をめぐるこのような首長墓の動向を見ると、矢作川水系を基軸としながらもまず前期前半には入江内陸地に造墓活動が始まり、その後三河湾に近い吉良周辺に造墓地を移すように、北部から海岸に近い南部に移動する。そのとき北部の首長墓のほとんどが約三〇メートルの円墳である中で、正法寺古墳は最も眺望のきく位置にあって三河地方最大規模の前方後円墳となるのである。正法寺古墳築造後にも岩場古墳にみるような特異な埋葬棺や中ノ郷古墳の板石小口積みの初期横穴式石室にみる北部九州の影響などは、海を媒介とした地域集団の台頭を想定することができる(10)。

以上のように、伊勢湾沿岸を視野において大型前方後円墳の様相を検討してみると、次のような三つの現象を読みとることができた。一つは、前期前半から後半までに形成されていた墓域や造墓地からかけ離れた位置に大型前方後円墳の造墓活動がみられる点で、ほとんどの場合それまでの首長墓系譜とは同一系譜上にはならないということである。昼飯大塚古墳の場合でも同じ首長墓系譜（赤坂系譜）にあったとしても、大局的には大型前方後円墳は垂井北系譜→矢道系譜→昼飯系譜と造墓基盤を異にするように前代までの首長墓を築いた基盤とは違うのである。大型前方後円墳を輩出する基盤はおそらくそれまでの前方後円墳を輩出した勢力基盤とは異なるものと思われ、その出現には従来とは異なる要因を用意する必要があると思われるが、(11) こうした動向を中央政権からの強い意志が地域に及んだとする見解もある(12)。

二つめはいずれの古墳も交通上重要な位置に立地しているという点である。昼飯大塚古墳や青塚古墳の場合は、濃尾平野を揖斐川や木曽川などに沿って内陸までいく南北ルートと平野を東西に横断するルートの交差する位置にある。宝塚一号墳の場合は、大和盆地から陸路で伊勢に通じるルート上にあり、さらに伊勢湾への海上交通上の拠点にあるし、同じく正法寺古墳も三河湾をのぞんだ矢作川河口に位置することで、海上交通の拠点であるとともに河川を介して内陸地ともつながる位置にある。このように交通の重要拠点となる位置に新たな古墳を造営するということは、おそらくその背後に交通が重要な意味をもっていた時期であるとともに、交通拠点とその手段を掌握した地域首長層が特別に中央政権から重要視されたことを窺わせる。

三つめは、新たな器財埴輪をセットとした埴輪祭式を受容している点である。例えば、それまで埴輪祭式を採用していなかった犬山周辺では青塚古墳ではじめて前方部頂という限定された範囲であるものの、方形区画とする配列の導入とともに円筒埴輪や鰭付埴輪が採用されている。昼飯大塚古墳も後円部頂において、前代の矢道長塚古墳ではみられなかった新たな器財埴輪のセットが持ち込まれ、宝塚一号墳に至ってはくびれ部の造り出し状の遺構から、在地系の壺形埴輪と混在しながらも家形埴輪、蓋形埴輪、盾形埴輪、靫形埴輪、甲冑形埴輪のほか船形埴輪が確認されている。また、正法寺古墳にも家形埴輪、蓋形埴輪が墳丘上に配置されているのである。こうした形象埴輪はそれまでの大和東南部で確認されたそれよりも、新たに大和盆地北部で創出された祭式に共通するところが多く、大型前方後円墳の造墓には埴輪祭式の受容が政権内における勢力間移動とも連動していることを窺わせる(13)。

このように首長墓系譜の中で大型前方後円墳の登場を理解しようとするならば、それまでの勢力基盤とする首長墓系譜から離れた異なる基盤で造墓されていることや、交通上の重要な位置を占めること、そして形象埴輪を含めた新たな埴輪祭式が導入されている点からして、中央政権との勢力関係の変化がそのままダイレクトに地域に影響を及ぼしたと考えることができる。

（二）船載文物の入手と経路

ところで、ここで視点を変え、こうした首長墓の動向と密接に関わる副葬品や技術に注目してみたい。それは大型前方後円墳が登場する前後に列島に持ち込まれたか、あるいはその影響を受けて登場する遺物群で[14]、ここでは昼飯大塚古墳から出土している柄付手斧と蕨手刀子、そして遊塚古墳から出土している柄付手斧と陶質土器を対象とする[15]（図36）。

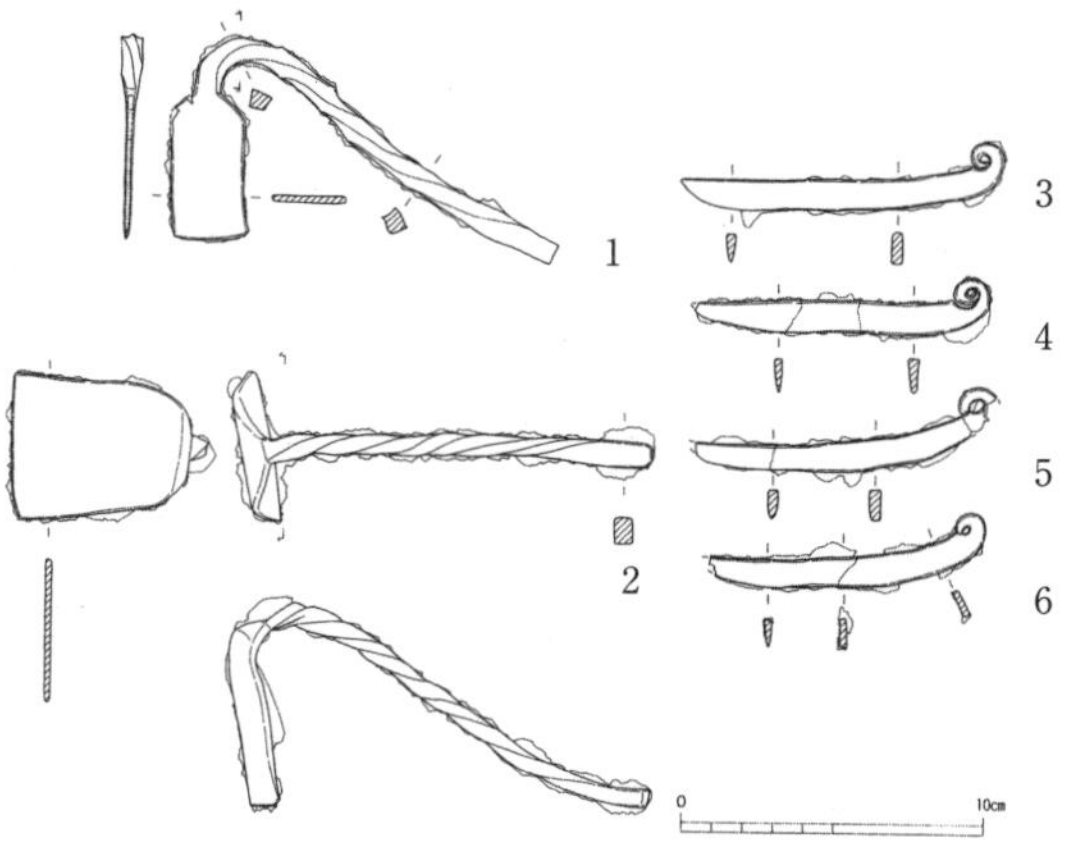

図36　昼飯大塚古墳出土の柄付手斧（1・2）と蕨手刀子（3～6）（注16文献による）

昼飯大塚古墳から出土している柄付手斧は、後円部頂墓壙内の端から竪穴式石室や粘土槨とはほぼ直交する向きでまとまって出土した鉄製品群に含まれていた。その出土状況は鉄剣や鉄刀の下層にあって、鉄斧や鉄刀子などのミニチュアの農工具類の中に混在しやや扱いが異なっていた。見つかった二本の柄付手斧の特徴は、刃と柄の取り付き方によって縦斧と横斧とに分類できるとともに、握部が省略された全長約一三センチほどのミニチュア品で、これまで列島で出土している中では最も短く、儀器と考えることができるものである[16]。さらに、これらの柄には意図的に捩りが加わっており装飾的効果が窺える。このような柄に捩りを有する例は、滋賀県北谷一一号墳に例があるほかは現在のところみあたら

図37　柄付手斧・蕨手刀子分布図

ない。[17] ひるがえって捩りをもつ鉄製品を列挙しても、弥生時代の鉄製品にはなく、五世紀の朝鮮半島南部で鉄鏃や鑿に確認されるので、捩りを加える意匠は国内においては伝統的なものではなく、朝鮮半島に系譜をもつと考えられている。[18] 昼飯大塚古墳にみる二本の柄付手斧が舶載品かどうかの判断はむずかしいが、柄に捩りを加えるという技術そのものの系譜は、朝鮮半島南部に求めることは現状では最も妥当な見解である。

さらに、昼飯大塚古墳では柄付手斧以外にも蕨手刀子が五点出土している点にも注意を払っておきたい。それは蕨手刀子のように従来の刀子に渦巻きを持ち込んだ意匠の系譜も、朝鮮半島南部の外来要素とする研究があるためである。[19] 同じ鉄製品群から出土している鉄刀を分析した大澤正己は、この鉄刀の製作技術が当時の国産ではなく、朝鮮半島における技術によって製作されたものであるということを冶金学的な側面から報告を行っていることも傾聴に値する。[20]

一方、遊塚古墳は昼飯大塚古墳の約一〇〇メートル北に築造された墳丘長八〇メートルにおよぶ二段築成の前方後円墳である。柄付手斧と陶質土器は、前方部頂で検出された長さ二・二メートル、幅八五センチの埋納施設から出土している。[21] 陶質土器は把手付短頸壺と考えられる蓋のみが出土しているが、その形態は華明洞七号墳のそれときわめて類似することが指摘され、早くから朝鮮半島南部の伽耶からもたらされたと考えられている。[22] また、柄付手斧は昼飯大塚古墳と比べると大きく、全長は約四〇センチとなる横斧である。柄付手斧はこれまで列島内で昼飯大塚古墳を含め、一五箇所の古墳や遺跡から約四八点ほど出土しているが、実用品としてではなく船載品としての評価がなされている。(23)

以上のように、四世紀後半から五世紀前半にかけて築かれた昼飯大塚古墳と遊塚古墳という二代に亘る首長墓において、当時の国内には認めがたい朝鮮半島との関わりが想定できる器物が副葬されている点は極めて重要である。すなわち、こうした器物は当時朝鮮半島と何らかの交渉や交流関係がなければ入手できない器物であり、昼飯大塚古墳と遊塚古墳の被葬者は、こうした朝鮮半島南部の伽耶周辺との交流が活発化した時代に関与した人物であると解釈したくなる。あるいは当時の中央政権がとった対朝鮮半島の政策にきわめて密接に関わった豪族である可能性も考えられる。(24)

また、この時期には倭系遺物が朝鮮半島南部においても確認されていることにも注意を払う必要がある。金官伽耶の王族の墓地と考えられた金海大成洞古墳群からは、筒形銅器、巴形銅器、鏃形石製品・筒形石製品・紡錘車形石製品、碧玉製管玉類のほか、靫、盾、鉄鏃のような倭系遺物が出土している。(25)中には筒形銅器や巴形銅器など製作地に論争を呼んでいるものもあるが、大成洞《たいせいどう》、良洞里《りょうどうり》、福泉洞《ふくせんどう》古墳群のみに限定して出土するという傾向は重視すべきである。こうした倭系遺物が朝鮮半島南部に出現する時期は日韓でやや齟齬もあるが、石製品などの年代からもみて四世紀中葉以前に溯ることはなく、これまで文献から推測される朝鮮半島における動乱時期に相当し、倭系遺物の出現をこうした当時の政情変化とあわせて理解されている。(26)

こうしたことからこの時期の東アジア世界における朝鮮半島の動向はやはり看過できないものがある。朝鮮半島では高句麗勢力の南下政策に伴い、百済、新羅、伽耶諸国は大きな存亡の時期を迎え、百済や伽耶は倭国を味方に引き入れて高句麗と戦っている。(27)その要因として当時倭国が鉄資源を朝鮮半島に大きく依存していたことや、(28)中国東北部や楽浪郡との航路を確保するため、百済に支援してこの争いに加わったとも解釈されている。こうした大きな国際情勢の変化から、倭国は強力な高句麗の騎馬軍団と戦闘を繰り広げることとなり、中央政権は列島各地の有力な勢力―吉備や北部九州、さらに東日本の諸地域―と連携を深め、それらの助けを借りる必要性が生じていた。その結果中央政権内部の政治勢力ではこうした国際情勢に対応できず、朝鮮半島との外交や交易を担当していた大阪平野の勢力に主導権が移動したと理解されている[29]。このような変動期だからこそ中央政権の力が相対的に低下し、逆に東国をはじめとする各地域に大型前方後円墳が登場したのだと考えれば[30]、昼飯大塚古墳がこの当時としては破格の規模を有して美濃に登場し、その後も遊塚古墳とともに朝鮮半島南部との関係が継続したことが理解できる。

東アジアでの動向を睨んだ都出比呂志は、瀬戸内海沿岸や日本海沿岸に築造される大型の前方後円墳に注目し、これらの勢力が朝鮮半島の政治的緊張関係とは無関係ではないと考え、「倭政権の中枢が同盟を結んだ有力地方首長であるか、あるいは畿内中枢からの派遣者であった可能性」を考える[31]。また、岸本直文はこの時期に奈良県佐紀陵山《みささぎやま》古墳の相似形をなす古墳が多いことを指摘し、広範な地域に登場する背景にかなり大きな政治的意図を想定している点も[32]、このような歴史的背景を考慮に入れれば理解しやすい。

4　列島のなかの歴史的位置

四世紀後半から五世紀前半にかけて伊勢湾沿岸周辺において大型前方後円墳が旧国単位の範囲で出現することに触れ、そしてその中の昼飯大塚古墳から出土した鉄製品に朝鮮半島南部の影響や遊塚古墳の舶載品からみて、大型前方後円墳の造墓背景に朝鮮半島を含めた東アジア世界の動向も影響していると考えた。ここではもう少し視野を広げ、列島内における当該期の大型前方後円墳出現の様相を具体的にみてみることとする。

今注目している時代は前期後半から中期前半であるが、これに該当する一五〇メートル以上の大型前方後円墳を列挙するならば約二〇基ほどになる（図38）。このうち外表施設や副葬品などにより時期を絞り込むことができる事例はその半分ほどになる。これらの大型前方後円墳は、前期後半と中期前半に区別すべきであるが、ひとまずこれら大型古墳の登場について、その前後の首長墓との関係、あるいは中央政権とのつながりを考察できる埴輪の受容、そして造墓地の変化に着目して考えてみたい。

まず東日本からみてみると、東北地方最大規模の宮城県雷神山《らいじんやま》古墳（墳丘長一六八メートル）がみられ、前方後方墳群で構成される飯野坂《いいのざか》古墳群のあとに突如出現する。[33] また、規模はやや下回るものの、常陸では茨城県常陸鏡塚《ひたちかがみづか》古墳（墳丘長一〇五・五メートル）などはこれまでに首長墓が築かれるところがなかった地域に突如出現し、古相の滑石製祭器を含むほか、埴輪からは同時期の周辺古墳とは系譜が追えないなど「点的で一回性的な生産の在り方」が指摘されている。[34] また、群馬県浅間山《せんげんやま》古墳も一七三メートルに及ぶ大型前方後円墳で、近くの大鶴巻《おおつるまき》古墳とともに新たな地域に造墓活動を展開した首長墓で、別所茶臼山《べっしょちゃうすやま》古墳（墳丘長一六八メートル）も同様である。[35]

山梨県銚子塚《ちょうしづか》古墳は墳丘長一六九メートルに及ぶ大型前方後円墳であるが、この古墳の築造前には前方後方墳の小平沢《こひらさわ》古墳や前方後円墳の大丸山《だいまるやま》古墳が築造されているものの、銚子塚古墳に至って規模が最大となり新たな埴輪祭式が導入されている。銚子塚古墳築造後は、隣接する大型円墳の丸山塚《まるやまづか》

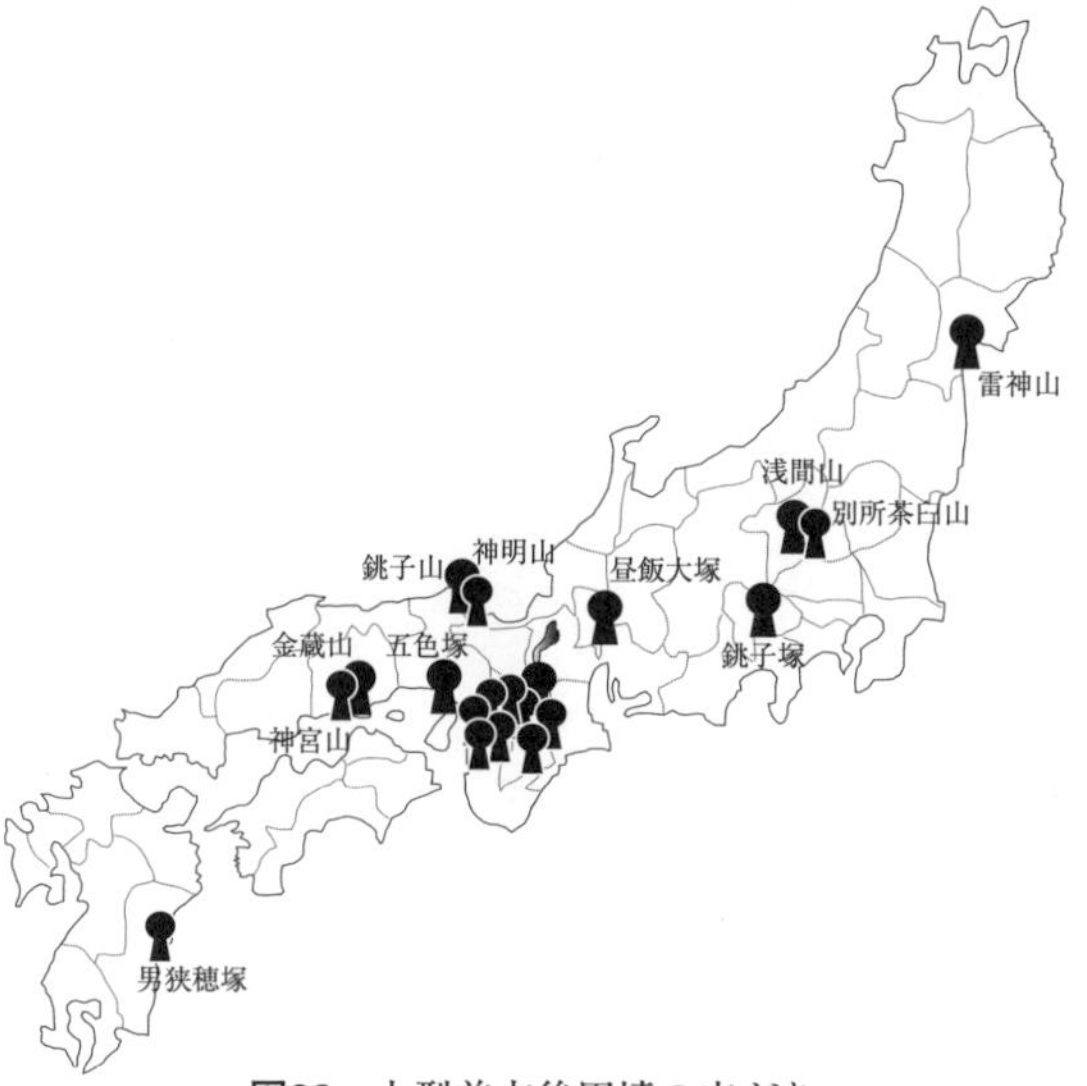

図38　大型前方後円墳の広がり

古墳（径七二メートル）へと変容する。銚子塚古墳は円筒埴輪のなかに新相の要素が含まれることや仿製三角縁神獣鏡が新段階に属するなど、前期でも後半に位置づけて考えることができる[36]。

東海地方に目を転じても、やや規模を小さくするものの、銚子塚古墳と同じような副葬品の組み合わせをもち、竪穴式石室や埴輪などの共通性をもつ静岡県松林山古墳も前期末葉に登場し、この築造を契機に埴輪が採用された[37]。この松林山古墳と隣接する大型円墳の高根山《たかねやま》古墳（径五二メートル）にも同様な埴輪が採用されていることから、銚子塚古墳と丸山塚古墳と同じような関係で新たな埴輪祭式が導入されたと解釈されている[38]。また大和から伊勢および濃尾方面への経路上には伊賀盆地が位置し、濃尾平野との中継地となっている。その盆地を眺望するところに三重県石山《いしやま》古墳（墳丘長一二〇メートル）が築造されている[39]。周囲に前後する首長墓もなく突如として造墓された前方後円墳は、後円部頂に円形と方形に巡る埴輪配置を行い、新しい組み合わせの形象埴輪をもち、くびれ部に造り出しをもつなど宝塚一号墳や正法寺古墳などと共通する要素を備える。

一方、西日本の場合でも同じような傾向にある。例えば、兵庫県五色塚《ごしきづか》古墳の場合も墳丘長一九四メートルという大型の前方後円墳が海岸沿いに単独で造営されたり[40]、岡山県金蔵山《かなくらやま》古墳（墳丘長一六五メートル）の場合も、それまでに築かれていた前期前半の首長墓とは全く離れた場所に造墓をみる[41]。九州では宮崎県男狭穂塚《おさほづか》（墳丘長一六七メートル以上）、大分県亀塚《かめづか》古墳（墳丘長一二〇メートル）の場合がこれに当てはまる[42]。したがって、伊勢湾沿岸で認められた大型前方後円墳の造墓は、どうやら列島各地において広範囲に認められる現象とみることができる。

このような大型前方後円墳が列島各地において出現する背景について福永伸哉は「中央政権の盟主的首長と地域の有力首長の格差が一気に縮ま」り、「中央政権の卓越性が弱まり、それゆえに地域の有力首長を儀礼面で厚遇することによって政権の枠組み内への取り込みをはかるなどして、中央政権と地域勢力の新たな連携関係が模索され」たためと考えている[43]。また和田晴吾はこのような各地の最大規模の前方後円墳にほとんど格差が認められない点に注目し、王権が「在地勢力の強弱とはあまり関係なく、一定の方針のもとに比較的等質的な支配を広げていった」結果と解釈する。[44] いずれにしても各地での大型前方後円墳の被葬者は少なからずこうした政治的変動期に活躍した人物であることには間違いない。五世紀以後にみる河内平野の巨大前方後円墳は、畿内においても最大規模を成し遂げ、中央政権の盟主的首長が圧倒的存在になったことを物語るが、大型前方後円墳の意義は時代や地域によって大きく異なることをここで確認しておきたい。

（1）近藤義郎編『前方後円墳集成』中部編、山川出版社、一九九二年。

（2）中井正幸・阪口英毅・林正憲・東方仁史編『史跡昼飯大塚古墳』大垣市埋蔵文化財調査報告書第一二集、大垣市教育委員会、二〇〇三年。

（3）赤塚次郎編『史跡青塚古墳調査報告書』犬山市埋蔵文化財調査報告書第一集、犬山市教育委員会、二〇〇一年。

（4）青塚古墳出土の鏃形石製品と類似するものに、京都府瓦谷一号墳と奈良県東大寺山古墳がある。

（5）福田昭・福田哲也ほか編『松阪宝塚一号墳調査概報』松阪市教育委員会、学生社、二〇〇一年。

（6）三田敦司編『史跡正法寺古墳第一次調査概要』愛知県幡豆郡吉良町教育委員会、二〇〇二年。同編『史跡正法寺古墳第二次調査概要』愛知県幡豆郡吉良町教育委員会、二〇〇三年。

（7）赤塚次郎「各務原・犬山における古墳文化」（『木曽川両岸に栄えた古代文化』各務原市埋蔵文化財調査センター、一九九九年）四八―五一頁。

（8）竹内英昭「中南勢における古墳時代の諸段階」（『三重県史研究』第一〇号、一九九九年）一―二四頁。穂積裕昌「首長墳の形成過程にみる古墳時代伊勢の地域動向把握の試み」（八賀晋先生古稀記念論文集刊行会編『かにかくに』三星出版、二〇〇四年）一九七―二〇六頁。

（9）荒井信貴・三田敦司「古墳時代の矢作川」（森浩一編『東海学と日本文化』五月書房、二〇〇三年）二三九―二六三頁。鈴木敏則「三河の埴輪（三）」（『三河考古』第五号、三河考古学刊行会、一九九三年）一九―四七頁。

（10）鈴木一有「遠江における埴輪の受容と首長権」（『第三回松坂はにわシンポジウム東海の埴輪と宝塚古墳』松阪市・松阪市教

育委員会、二〇〇三年）四一―五三頁。
(11) 都出比呂志「古墳時代首長系譜の継続と断絶」（『待兼山論叢』史学編、第二二号、一九八八年）一―一六頁。
(12) 岸本道昭「播磨の前方後円墳とヤマト政権」（前掲注11、広瀬和雄編『古墳時代の政治構造―前方後円墳からのアプローチ』）四三―四七頁。
(13) 高橋克壽「埴輪生産の展開」（『考古学研究』第四一巻第二号、一九九四年）二七―四八頁。
(14) この時期に朝鮮半島南部から列島に持ち込まれた文物を整理した論考に朴天秀の論文がある。朴天秀「四・五世紀における韓日交渉の考古学的検討―考古学からみた古代の韓・日交渉」（『青丘学術論集』第一二集、韓国文化研究振興財団、一九九八年）七七―一二二頁。また、古墳時代前期後半に登場する倭鏡の長方形鈕孔に着目した林正憲は、古墳時代前期にみられる長方形鈕孔とは技術的に異なる鈕孔だとして、新たに渡来した工人による系譜と指摘している。林正憲「古墳時代前期倭鏡における二つの鏡群」（『考古学研究』第四九巻第二号、二〇〇二年）九五頁。
(15) 川西宏幸「前期畿内政権論―古墳時代政治史研究」（『史林』第六四巻第五号、一九八一年）一一〇―一四九頁。のち『古墳時代政治史序説』塙書房、一九八八年、五七―一〇一頁に改筆所収。
(16) 橋本英将「鉄製品」（前掲注2）三〇一―三二一頁。魚津知克「鉄製品群の検討」（前掲注2）四五五―四六四頁。なお、この鉄製工具を含む鉄製品群は、第八次調査の結果、三つめの埋葬施設である木棺に伴う棺外副葬品であることが判明している（本書第三章第六節参照）。
(17) 中司照世・川西宏幸「滋賀県北谷一一号墳の研究」（『考古学雑誌』第六六巻第二号、一九八〇年）一―三一頁。
(18) 鈴木一有「捩りと渦巻き」（『考古学文集―東海の路』『東海の路』刊行会、二〇〇二年）二六一―二八二頁。
(19) 鈴木一有「捩りと渦巻き」（前掲注18）二七一―二七三頁。
(20) 大澤正己「昼飯大塚古墳出土鉄刀の金属学的調査」（前掲注2）三九〇―三九四頁。
(21) 楢崎彰一「古墳時代」（『岐阜県史』通史編原始、岐阜県、一九七二年）三〇六頁。
(22) 定森秀夫「韓国慶尚南道釜山・金海地域出土陶質土器の検討―陶質土器に関する一私見」（『平安博物館研究紀要』第七輯、一九八二年）六三―九七頁。

(23) 川西宏幸（前掲注15）一四四―一四五頁。
(24) 中井正幸「調査の総括と展望」（前掲注2）五〇三―五一二頁。また、遊塚古墳よりもやや時期が降る池田町中八幡古墳でも伽耶系の馬具が出土しており、このころまで半島と交渉をもったことが考えられる。中八幡古墳出土の馬具や甲冑については朴天秀、内山敏行、鈴木一有各氏からご教示頂いた。
(25) 申敬澈・金宰佑編『金海大成洞古墳群Ⅱ』慶星大学校博物館研究叢書第七輯、慶星大学校博物館、二〇〇〇年。
(26) 柳本照男「金海大成洞古墳群出土の倭系遺物について」（『久保和士君追悼考古論文集』久保和士君追悼考古論文集刊行会、二〇〇一年）二〇三―二一八頁。
(27) 山尾幸久『古代日朝関係』塙書房、一九八九年。
(28) 白石太一郎「昼飯大塚古墳の語るもの」（『第二回大垣歴史フォーラム―昼飯大塚古墳の登場とその背景を探る』大垣市教育委員会、二〇〇一年）二七―四〇頁。
(29) 白石太一郎『古墳とヤマト政権―古代国家はいかに形成されたか』文春新書〇三六、文藝春秋、一九九九年。
(30) 福永伸哉「昼飯大塚古墳築造の時代背景」（前掲注2）四八五―四九四頁。
(31) 都出比呂志『古代国家の胎動』ＮＨＫ人間大学、一九九八年。
(32) 岸本直文「三大古墳の古墳築造企画」（『日本海三大古墳がなぜ丹後につくられたのか』第三回加悦町文化財シンポジウム、加悦町・加悦町教育委員会、一九九七年）三一―四一頁、一〇九―一一四頁。
(33) 藤沢敦「陸奥の首長墓系譜」（前掲注11、広瀬和雄編『古墳時代の政治構造―前方後円墳からのアプローチ』）一三三―一五三頁。
(34) 古谷毅「千葉・茨城―関東・東北地方における形象埴輪成立期の様相」（古谷毅編『埴輪工人の移動からみた古墳時代前半期における技術交流の政治史的研究』東京国立博物館、二〇〇三年）一一七―一一八頁。
(35) 若狭徹「古墳時代の地域経営―上毛野クルマ地域の三～五世紀」（『考古学研究』第四九巻第二号、二〇〇二年）一〇八―一二七頁。加藤一郎「群馬県浅間山古墳の埴輪」（『埴輪研究会誌』第四号、埴輪研究会、二〇〇〇年）九一―一〇八頁。
(36) 橋本博文「甲斐の円筒埴輪」（『丘陵』第八号、甲斐丘陵考古学研究会、一九八〇年）一四―三八頁。なお、銚子塚古墳出土

の埴輪については、山梨県埋蔵文化財センター坂本美夫氏のご配慮を得て実見することができた。
(37) 鈴木敏則「遠江における埴輪生産」(『地域と考古学』向坂鋼二先生還暦記念論文集、一九九四年) 三〇一―三二四頁。
(38) 鈴木一有「遠江における埴輪の受容と首長権」(前掲注10) 四一―五三頁。
(39) 山本雅靖「御墓山古墳の検討―伊賀地域における前期古墳の編年的位置をめぐって」(『考古学論集』一、考古学を学ぶ会、一九八五年) 一二一―一五三頁。
(40) 岸本道昭「播磨の前方後円墳とヤマト政権」(前掲注12) 三六―五九頁。
(41) 宇垣匡雅「吉備の首長墓系譜」(前掲注11、広瀬和雄編『古墳時代の政治構造―前方後円墳からのアプローチ』) 六〇―七九頁。
(42) 田中裕介・古谷毅「大分県・亀塚古墳―九州地方における形象埴輪成立期の様相」(前掲注34) 二四―二六頁。
(43) 福永伸哉「昼飯大塚古墳築造の時代背景」(前掲注30) 四九〇頁。
(44) 和田晴吾「古墳文化論」(歴史学研究会・日本史研究会編『日本史講座』第一巻、東アジアにおける国家の形成、東京大学出版会、二〇〇四年) 一六七―二〇〇頁。

[補記] 本節は、一九九四年から始まった昼飯大塚古墳の調査を契機に、各地での大型前方後円墳を踏査するうちに構想を得てまとめたものである。その論旨の一部は調査報告書にも掲載している。また、この時期を前後に整備を目的とした発掘調査がそれぞれの地域において実施されたことも研究を深化できる背景となった。こうした古墳の整備に関する研究視点などについては、二〇〇三年八月に考古学研究会東海例会第一回例会後に報告した。中井正幸「前方後円墳の調査と整備―身近な史跡とその整備」(『考古学研究』第五〇巻第三号、二〇〇三年) 一一一―一二二頁。

第四節　野古墳群の登場とその史的意義

1　はじめに

野古墳群は岐阜県揖斐郡大野町に位置する国史跡指定の古墳群である。古墳群は標高約二〇メートルの扇状地上に造墓され、東西約四〇〇メートル、南北約五〇〇メートルの範囲に前方後円墳六基、帆立貝形前方後円墳二基、方墳一基の計九基が現存する。すでに削平されている古墳を含めれば、さらに多くの古墳を数える一大古墳群である。これだけ密集した古墳群であるにもかかわらず、これまで野古墳群に関する研究は浅く、発掘調査を通して古墳群の総合的な把握に迫る研究がほとんどない現状にある。そこで、ここでは限られた情報であるものの、古墳群の実態を把握するために古墳群全体の復元を行い、そして墳形、墳丘構造や埴輪を通して古墳群の意義について考察しようとするものである。

2　野古墳群の概要と復元

(一) 研究抄史

野古墳群に関する最初の報告は、一九二八年の『岐阜県史蹟名勝天然記念物調査報告書』である。この中で現存する古墳は前方後円墳五基を含め一二基と記録されている。(1) その後、一九七二年には楢崎彰一が岐阜県史の編纂により、登越古墳と城塚古墳の測量調査を行い、その結果、登越古墳は三段築成の前方後円墳で、埴輪と葺石を備える全長八三メートル、後円部径五二メートル、高さ七・三メートル、前方部幅四二メートル、高さ五・八メートルの野古墳群中最大の前方後円墳であることを明らかにした。一方、城塚古墳は三段築成で全長七五メートル、後円部径三九メートル、前方部幅三〇メートル、高さ四・三メートルを測り、後円部頂の石室から出土した鍍金四霊三瑞鏡（細線式獣帯鏡）から、四世紀後半の前期古墳と理解した(2)。

その後、八賀晋によって南屋敷西古墳と七号墳の確認調査が実施された。一九八三年に発掘調査された南屋敷西古墳は、全長七六メートル、後円部径五四メートル、高さ五・四メートル、前方部幅二八メートル、高さ三メートル、くびれ部幅九メートル、高さ一・二メートルと測定され、さらに約一七メートルの周濠とその外堤が確認されている。また、後円部一段目のテラス面では埴輪列と葺石が検出され、出土した埴輪から築造年代を五世紀後半に位置づけた(3)。翌年の一九八四年に調査された野七号墳は従来円墳と考えられてきたが、調査の結果、短い造り出しを有する古墳であることを明らかにした。また埋葬施設の調査により、長さ三・二一メートル、幅〇・八四メートル、高さ一・〇メートルの竪穴式石室を確認し、出土した須恵器や馬具片、鉄鏃片から五世紀末葉の時期とした(4)。

一方、濃尾平野の前方後円墳を立地・墳形・規模・埴輪などから論じた赤塚次郎は、野古墳群の築造時期およびその性格について触れ、不動塚古墳、登越古墳、南屋敷西古墳および城塚古墳の埴輪は窖窯焼成のもので、外面調整にタテハケ後連続するヨコハケ、底部にケズリが施される統一的な手順によるものであることを指摘し、野古墳群が登越古墳を中心とする五世紀後半以降に造墓をおく古墳群であるとした(5)。さらに、野古墳群を美濃『国造本紀』に登場する本巣国造の本拠地に比定している(6)。

一九九〇年以降は、乾屋敷古墳および不動塚古墳の測量調査(7)や古墳群全域の地形測量調査そして周濠の範囲確認調査などがモタレ古墳(8)、登越古墳(9)、八・九号墳(10)、不動塚古墳(11)、城塚古墳(12)で実施され、少しずつながら各古墳の情報が蓄積されている。また、発掘調査以外にも電気探査や地中レーダを用いた物理探査が行われ、消滅した小規模な古墳を少しずつ把握している。[13]

（二）古墳の概要

それでは前述した調査履歴をもとにして、現状での古墳の概要を整理しつつ、年代的な位置づけを考慮に入れながら古墳群の復元に迫ってみたい。[14]

一号墳（モタレ古墳）は古墳群のなかで最も北端に位置している。現状は前方部が削平され、後円部のみが現存する。発掘調査によって前方部が検出され、墳丘長約五四メートルの前方後円墳であることが報告されている。[15] 周濠からはＴＫ二〇八型式期からＴＫ二三型式期の須恵器と埴輪（Ⅳ期）が出土している。円筒埴輪の外面調整はＢ種ヨコハケとＣ種ヨコハケを呈する。現状で観察できる後円部は直径約三六メートル、高さ七・三メートルの二段築成で、葺石が遺存する。

二号墳（不動塚古墳）はモタレ古墳の東に位置し、周囲は水路と農道が施工され削平と改変を受けているが、墳丘全体は比較的旧状をよく留めている。発掘調査によって、墳丘長六四メートル、後円部径四四メートル、高さ七メートル、前方部幅一六メートル、高さ二メートル、周濠幅八メートルの前方後円墳であることが確かめられた。[16] 前方部は比較的原形を保っていると判断できるが、その形態は狭長かつ低位で、後円部との比高差が約四・七五メートルと大きい。墳丘は裾まわりを一周する平坦面を設けた二段築成といえる。墳丘一段目は高さ一メートルと低く、現状での幅は後円部南西部で約三〇～四〇センチを計測できる。円筒埴輪の外面調整はＣ種ヨコハケを呈し、底部外面には縄目痕が残る。他に蓋形埴輪の破片などが確認されている。

三号墳（南屋敷西古墳）は前述したとおり、墳丘長七六メートル、後円部径五四メートル、高さ五・四メートル、前方部幅二八メートル、高さ三・〇メートル、くびれ部幅九・〇メートル、高さ一・二メートルを測る[17]。また、墳丘第一段目は高さ〇・六メートル、平坦面幅四・〇メートルと広く低く斜面には葺石がなく、平坦面には埴輪列を配列しない。前方部側にも巡ると推定できるこの段を含めれば、墳丘長は約八〇メートルに及ぶ。副葬品に関する情報はないものの[18]、現在東京国立博物館に保管されている環頭大刀がこの古墳から出土している可能性が高い[19]。周濠から出土した埴輪は全体に薄手のものが多く、外面調整はC種ヨコハケが施され、底部には紐目痕が残る。

四号墳（登越古墳）は、発掘調査の結果、墳丘長八三・三メートル、後円部径五五メートル、高さ六・八メートル、前方部幅四六・二メートル、前方部高さ五・五メートル、くびれ部幅三七メートルの三段築成の前方後円墳であることが報告されている[20]。しかし、前方部裾の葺石を基準にすれば墳丘長は八六・七メートルを測り、約八七メートルに及ぶ。後円部頂は南屋敷西古墳と同様広く平坦である。過去に出土した副葬品などは知られていない。周濠から出土した埴輪は、外面調整がタテハケ調整とナデ調整を施した一群とB種ヨコハケを施した一群がみられる[21]。

五号墳（南出口古墳・城塚古墳）は、測量図から墳丘長八二メートル、後円部径四二メートル、同高さ七・〇メートル、前方部幅三一メートル、高さ四・〇メートルを測る三段築成の古墳である[22]。一八六九年に鏡、刀、鏃、馬具が出土したと伝えられ、石室長二・四メートル、幅一メートルで四枚の蓋石があったとされるのは前述したとおりである。現在後円部にはそれを思わせる盗掘坑があり、石材が散在する。後円部から馬具片が採取されているが、過去の馬具片と同一品がどうかは不明である[23]。明治年間に出土したと考えられる獣帯鏡を根拠に、古墳の築造年代を決めることはできない[24]。周濠から出土した埴輪と須恵器があり、須恵器は六世紀中葉に位置づけることができる。埴輪は突帯幅の広い円筒埴輪で、外面調整からタテハケの一群とC種ヨコハケの一群に分かれる。なお、墳頂部では物理探査によって、竪穴状の石室が推定されている[25]。

六号墳（乾屋敷古墳）は、測量調査により墳丘長約七九メートル、後円部径約四七メートル、高さ五・五メート

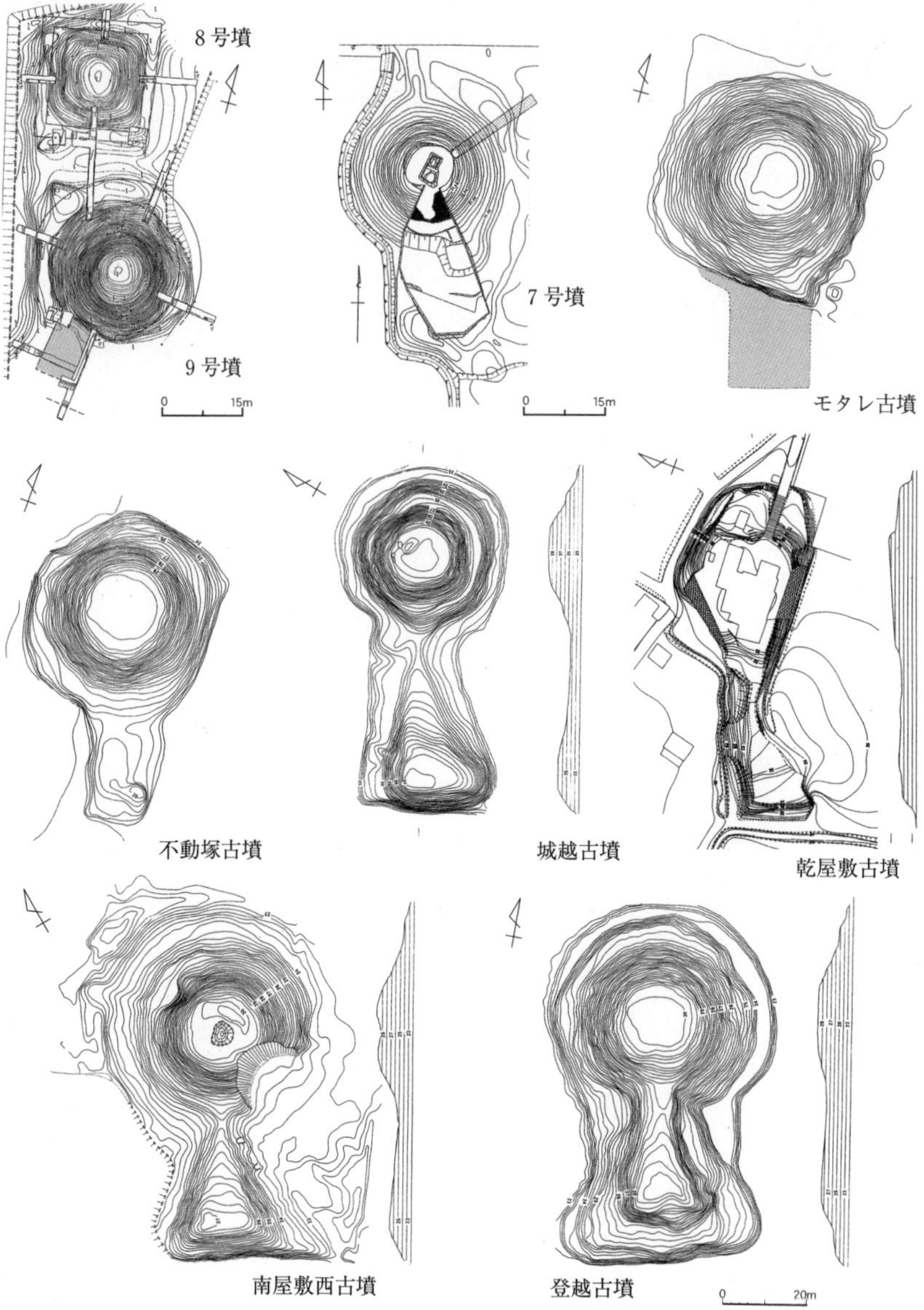

図39　野古墳群墳丘測量図（1/2000，７～９号墳のみ1/1500）（注 2，3，4，8，9，10，13，14 文献一部改変）

ル、前方部幅約二〇メートル、高さ四メートルを測る前方後円墳と確認されている。[26] 墳丘上には不動庵と呼ばれる尼寺が建てられ、本堂に至るまでの東斜面には階段が取り付けられるなど墳丘の一部が寺地や畑地として利用されている。後円部頂は小社造成時における削平のため、東西二四メートル、南北二〇メートルと広い平坦部を形成するが、古墳築造時の原形を保っていない。後円部西北部の削平時に円筒埴輪列が記録されていることから、[27] 後円部に埴輪を樹立できる平坦面が存在したことが推測できる。なお、埋葬施設は寺の建立時に破壊された可能性が高いが、出土品などの記録および伝承などはみあたらない。採集された埴輪は黒斑があり、部分的に外面にB種ヨコハケが観察できる。

七号墳は、墳丘長二九メートルを測る古墳で、後円部径二四・五メートル、高さ四・六五メートルを測り、長さ四・五メートル、幅八・八メートルの造り出しをもつ。[28] また、この古墳において野古墳群ではじめて埋葬施設が発掘調査され、長さ三・二メートル、幅〇・八四メートル、高さ一・〇メートルの竪穴式石室が確認された。竪穴式石室と周濠からはＴＫ二三型式期からＴＫ四七型式期の須恵器が出土している。

八・九号墳は不動塚古墳と七号墳の間に位置し、八号墳は一辺一五・八メートル、高さ三・〇メートルを測る二段築成の方墳で、幅一・八～二・〇メートルの周溝を備える。九号墳は墳丘長三〇・五メートル、後円部径二三メートル、高さ六メートル、前方部長一五・四メートルと推定できる二段築成の帆立貝形前方後円墳である。[29] いずれも葺石を備えるが埴輪は未確認である。

この他に削平されつつも調査や探査で確認された古墳が数基あり、このうち発掘調査などにより一〇号墳、一一号墳、一二号墳、一三号墳、一四号墳、一五号墳、一六号墳、一七号墳が確認されている。[30] まだ周囲には小古墳が存在する可能性を残すが、古墳群が立地する扇状地が南東へ緩やかに傾斜する地形であること、西と南側で大きな谷地形が推測されていることから、現状で想定できる範囲からさらに拡大することはおおむねないものと考えられる。

(三) 古墳群の復元

野古墳群はすでに消滅してしまった古墳も多く、そのため古墳群の全貌を現状で把握することは極めて困難にある。しかしながら、江戸時代末期の絵図や明治年間の字絵図をもとに、ある程度の復元が可能であることから、この二種類の絵図を利用してみる。

まず、参考となるのは江戸時代末期に作成された土地台帳で、この絵図には着色があって土地利用に応じて色分けがなされて識別が可能である。例えば、山地や塚および藪などは緑色に、川・水路は水色に、消失した塚は白色に塗り潰している。これを参考にして作成したものが図40である。

次に明治年間の字絵図から古墳らしき痕跡を抜き出し、先に指摘した小川栄一の調査記録とこれまでの範囲確認調査や物理探査の結果を考慮して古墳群を復元したものが図41である。これによれば小川が一九二八年段階に把握した古墳はほぼすべて地図上に復元することができる。[31] さらに、それ以外にも円（方）墳と思われる古墳の痕跡を読みとることができ、それらを併せると前方後円墳が六基、帆立貝形古墳二基、方墳二基、円墳一〇基以上からなる古墳群となる[32]（図42・表4）。

この推定復元した古墳群を眺めると、古墳群の東端に位置する乾屋敷古墳がややまとまりから離れるのが目につく。この前方後円墳は唯一黒斑を有する埴輪を備えるため、時期的にも野古墳群の嚆矢となる首長墓として位置づけられるが、その時間的な隔たりを考慮するならば、古墳群の中核をなしたとは言い難い。

さて、この乾屋敷古墳を除くと、古墳群は八〇メートル以上の規模をもつ大型の前方後円墳である登越古墳、南屋敷西古墳そして城塚古墳を中核にしながら、北端には六〇メートル前後のモタレ古墳と不動塚古墳が並列し、古墳群最大規模の登越古墳を中心に円墳や方墳が取り巻くように分布するのを読みとることができる。こうした配置

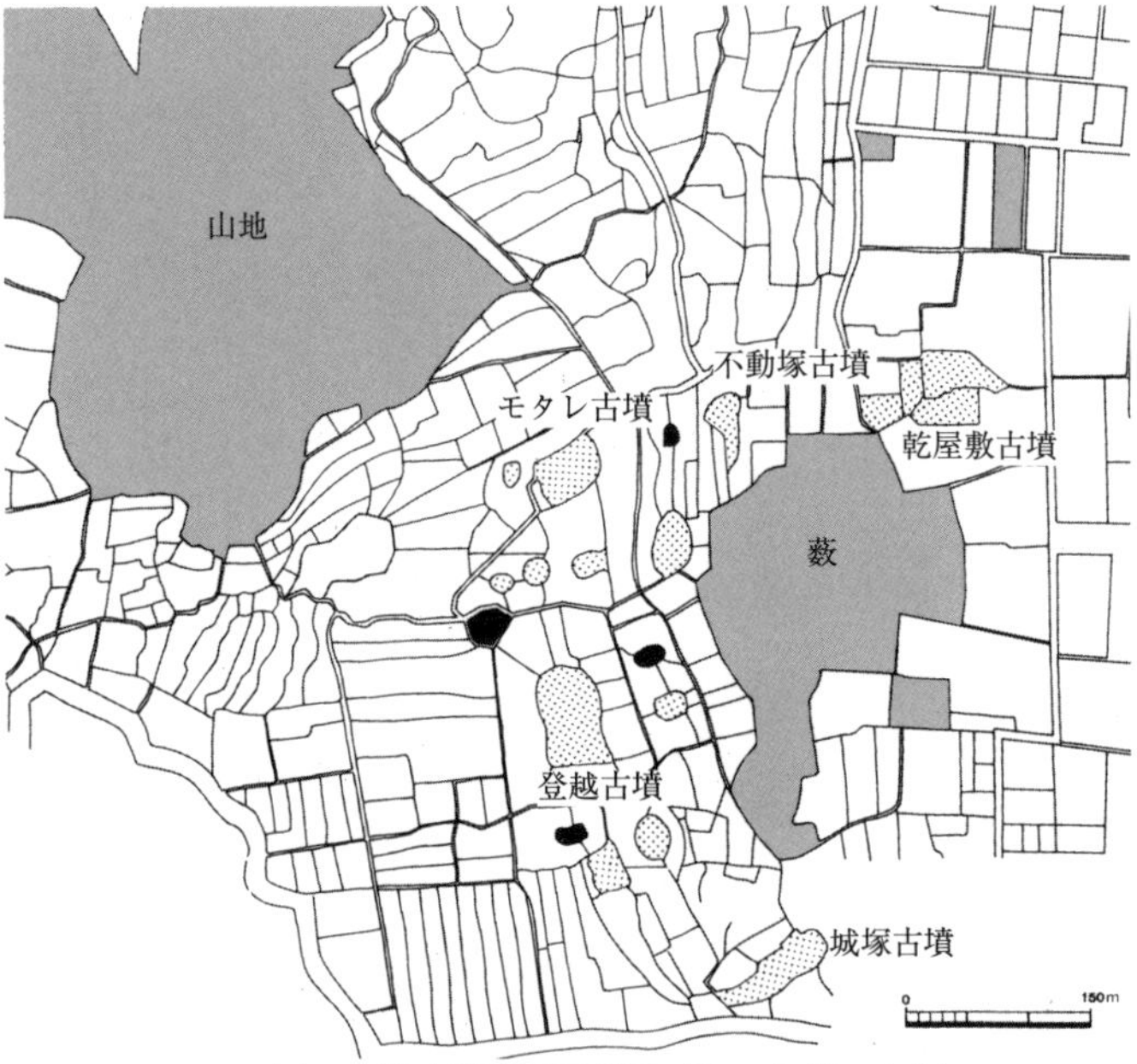

図40　野古墳群周辺絵図（注14文献による）

図41　野古墳群周辺字絵図（注14文献による）

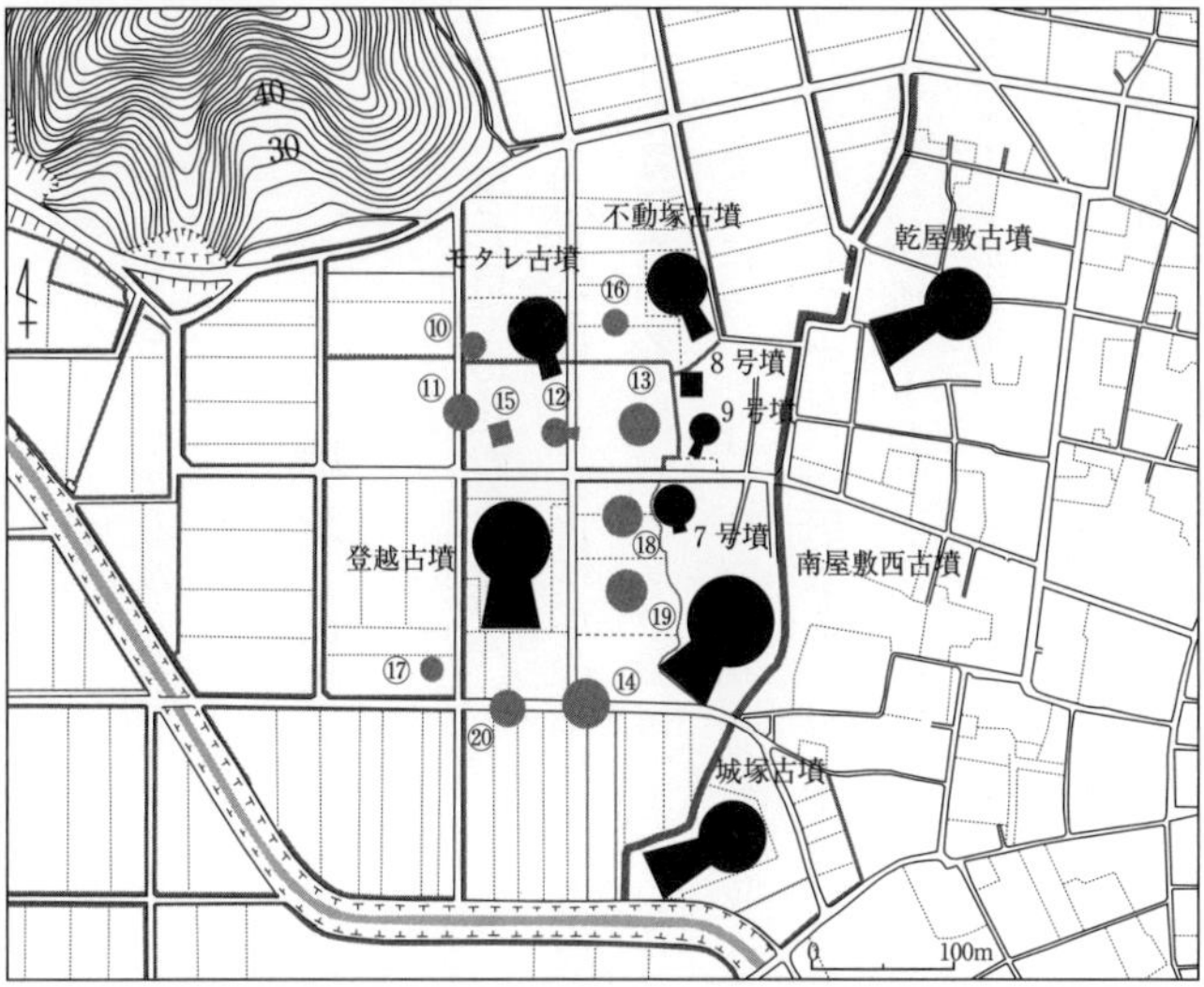

図42　野古墳群推定復元図（注14文献を改変）

表4　野古墳群一覧

古墳名	墳形	墳丘長	前方部長	外表施設			埋葬施設	副葬品	備考
モタレ古墳	前方後円墳	54m	18m	2段	葺石	埴輪	竪穴式石室？		1号墳・モタレ円墳
不動塚古墳	前方後円墳	64m	20m	2段	葺石	埴輪	竪穴式石室？		2号墳・不動塚北塚
南屋敷西古墳	前方後円墳	約80m	22m	3段	葺石	埴輪	竪穴式石室？	環頭大刀（伝）	3号墳・南屋敷西前方後円墳
登越古墳	前方後円墳	86.7m	31.7m	3段	葺石	埴輪	竪穴式石室？		4号墳・登越古墳前方後円墳
城塚古墳	前方後円墳	約82m	40m	3段	葺石	埴輪	竪穴式石室	獣帯鏡1、馬具、刀、鉄鎌	5号墳・南出口古墳
乾屋敷古墳	前方後円墳	約79m	32m	不詳	葺石	埴輪			6号墳・不動庵前方後円墳
7号墳	帆立貝形古墳	29m	4.5m	2段	葺石	埴輪	竪穴式石室		
8号墳	方墳	15.8m		2段	葺石				西中屋敷北円墳
9号墳	帆立貝形古墳	30.5m	7.5m	2段	葺石				西中屋敷南円墳
10号墳	円墳	19.6m				埴輪			発掘で確認（1989）不動塚南塚・オヤシキヤブ円墳
11号墳	円墳	24.6m							発掘で確認（1989）木の下古墳
12号墳	円墳	23.9m							発掘で確認（1989）
13号墳	円墳	18m							発掘で確認（1990）
14号墳	円墳	34m							発掘で確認（1990）石塚
15号墳	方墳	15m							発掘で確認（1989）
16号墳	円墳								発掘で確認。
17号墳	円墳	約15m							探査および発掘で確認（2003）
18号墳	円墳								字絵図で確認
19号墳	円墳								〃
20号墳	円墳								探査で確認

からして、不動塚古墳やモタレ古墳を大型前方後円墳の陪塚と理解するよりも、大型前方後円墳と併行して築造された首長墓として捉えるのが妥当であろう。したがって、このように復元した古墳群の空間的な分析からは、大型前方後円墳が連続して首長墓系譜を形成しながらも、その下位には中規模墳の前方後円墳が同一墓域に築造され、さらにその下位に位置づけられる方墳や円墳、短い造り出しをもつ古墳が配置される階層的な構造をもつ古墳群として評価することができるのである。(33)

3　墳形と埴輪からみた古墳間関係

(一) 墳丘構造の比較と特徴

前項で明らかにした野古墳群の全体像からみて、その密集度は東海地方でも希有である。ここでは古墳群築造の背景や特質を、各古墳の墳形や埴輪を手がかりに追求してみたい。

まず墳形については、範囲確認調査が墳丘にまで及んでその復元が可能な南屋敷西古墳を取り上げ、他の古墳の墳丘と比較してみる。南屋敷西古墳を調査成果にもとづき復元してみよう。この古墳は前述したように、後円部に設定した三箇所のトレンチから墳丘に関する情報が引き出せる。例えば、Aトレンチの等高線一二三・五〇～一二三・七五メートルの地点と、Cトレンチの等高線一二三・五〇メートルで墳丘最下段の落ち込みが検出されていることから一二三・五メートル前後の高さで共通の平坦面が復元できる。さらに、Bトレンチではその平坦面上方で二段目の斜面と平坦面が検出され、葺石と埴輪列が確認されていることから、次のような段築成が復元できる。まず第一段目は等高線一二一・五〇～一二一・七五メートルの地点で墳丘裾が巡り、傾斜面がはじまる。この段は高さ約〇・六メートル程の低いもので、幅は約四メートルの平坦面からなり葺石や埴輪は伴わない。この段は三つのトレンチからそれぞれ検出されており、確実な平坦面として把握できる。さらにこの上に段が築かれるが、その裾は等高線二四・二五〜二四・五〇メートルを測り、葺石を伴う斜面に接続する。平坦面には埴輪が樹立され、この上にさらに第三段目の斜面および平坦面をつくると考えられる（図43）。

　このように南屋敷西古墳の墳形と墳丘構造を参考に、登越古墳と不動塚古墳そしてモタレ古墳などと比較してみると、まず最下段の段築がほかの古墳でも同様な形状で確認することができる。[34] 例えば、早くから三段築成とされた登越古墳を例に取り上げてみると、後円部の形態および後円部径は南屋敷西古墳の最下段部径と二段目径、そして二段目と三段目径ともに近似する。こうした後円部の近似性はモタレ古墳や不動塚古墳でもみられることから、古墳相互において墳丘構造の親縁性が高いと指摘できる。

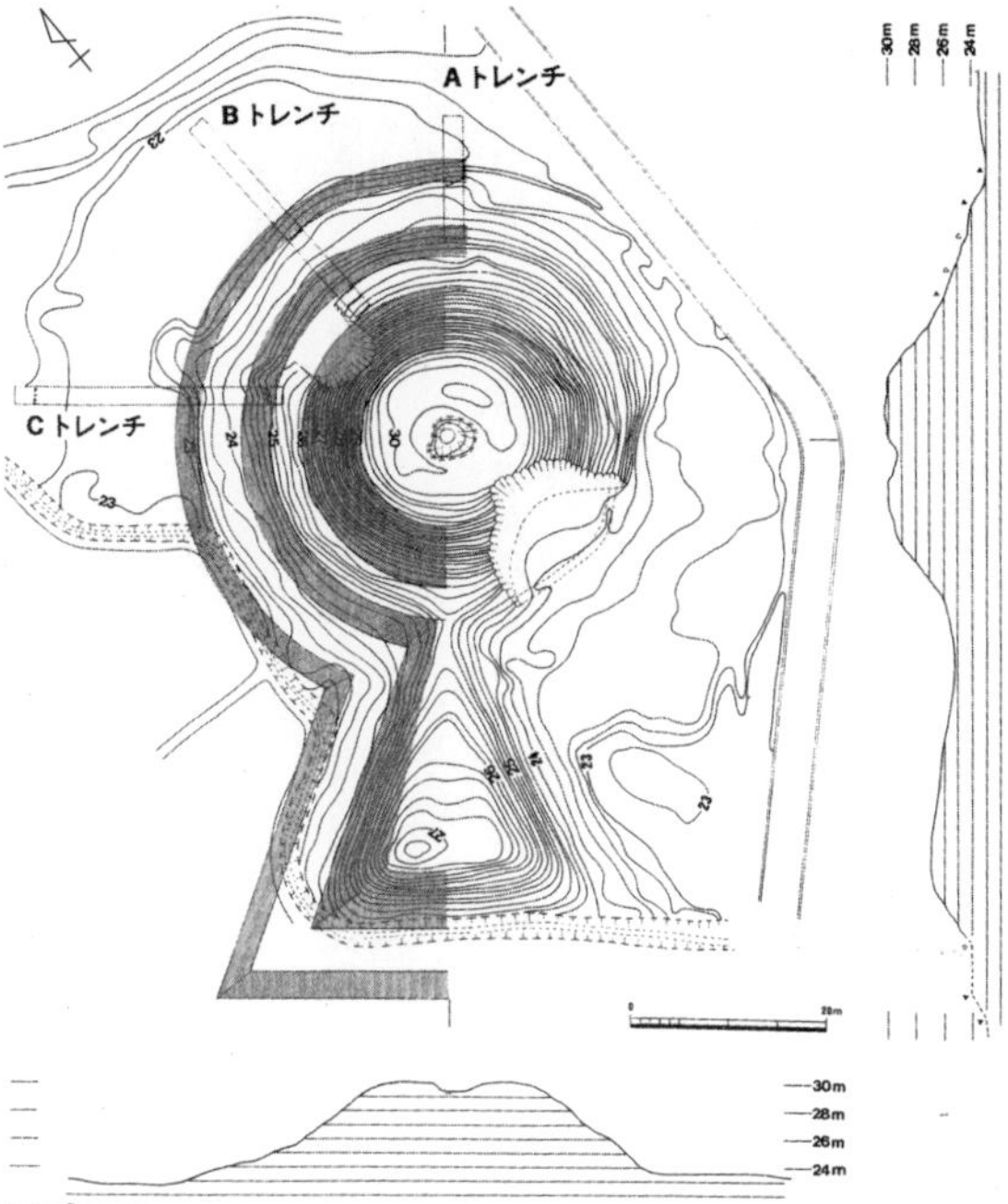

図43　南屋敷西古墳の推定復元（1/1500）（注14文献による）

　ここで注目するのは最下段の段である。これは南屋敷西古墳で指摘したように、幅約四メートル、高さ〇・六メートルほどの低い段であるが、明瞭に後円部周囲を巡るほか測量図からは前方部前面にも続くことが推察できる。ただし、この平坦面の高さは周濠の立ち上がりのレベルに近いことから、墳丘最下段を地山で削り出すいわゆる「基台部」[35]と称される構造にも近い。したがって、墳丘の一部とみなせるものの、葺石や埴輪列を伴わない墳丘段として扱う必要があるが、そのことを含めて考えてみても古墳相互の墳丘はとりわけ最下段の構造が近似し、それらを共有するかのような紐帯を読みとることができる。

（二）埴輪の特徴

野古墳群では現状で把握できる古墳には墳丘の大小に関わらず、すべて埴輪が備わっている。これらの埴輪は乾屋敷古墳を除けば、いずれも窖窯焼成の埴輪で構成されている。確認されている埴輪は円筒埴輪と朝顔形埴輪そして一部の形象埴輪のみであるが、ここでは現在知られているわずかながらの埴輪資料を用いて各古墳間の埴輪関係に踏み込んでみたい。

まず、これまで知られている円筒埴輪を外面調整で分類を行うと、次の二つのグループとなる。[36] 一つはタテ方向のハケメを施した後に回転ヨコハケ技法を施す一群である。これらはさらにB種ヨコハケ技法をもちいた群とC種ヨコハケ技法を導入した群に細分できる。B種ヨコハケを用いる一群は、登越古墳、モタレ古墳や七号墳にみられ、七号墳にはC種ヨコハケも伴う。モタレ古墳ではTK二〇八型式期の須恵器が共伴していることから、これにやや先行する技法をもつ登越古墳がヨコハケ技法をもつ窖窯焼成の埴輪を最初に導入した古墳といえる。また、C種ヨコハケ技法を用いた埴輪が認められるのは、モタレ古墳、七号墳のほかに南屋敷西古墳、不動塚古墳、城塚古墳、一〇号墳、一五号墳などで確認でき、これが最も多い。これに対しもう一つのグループは、一次調整としてのタテ方向のハケメや板ナデなどによるナデ調整が観察できる一群で、登越古墳から城塚古墳まで継続してみられる埴輪群である。

また、南屋敷西古墳から出土した埴輪の底部には、尾張地域で特徴的な底部設定技法がみられる埴輪がある。[37] この埴輪の系譜を今のところ尾張地域に求めることができると考えているが、野古墳群への供給埴輪の中で占める割

図44　野古墳群の埴輪（1/10）（注３，４，８，９，11文献による）
モタレ古墳（１），南屋敷西古墳（９～12），７号墳（５～７），不動塚古墳（13・14），10号墳（３・４），14号墳（２），15号墳（８）

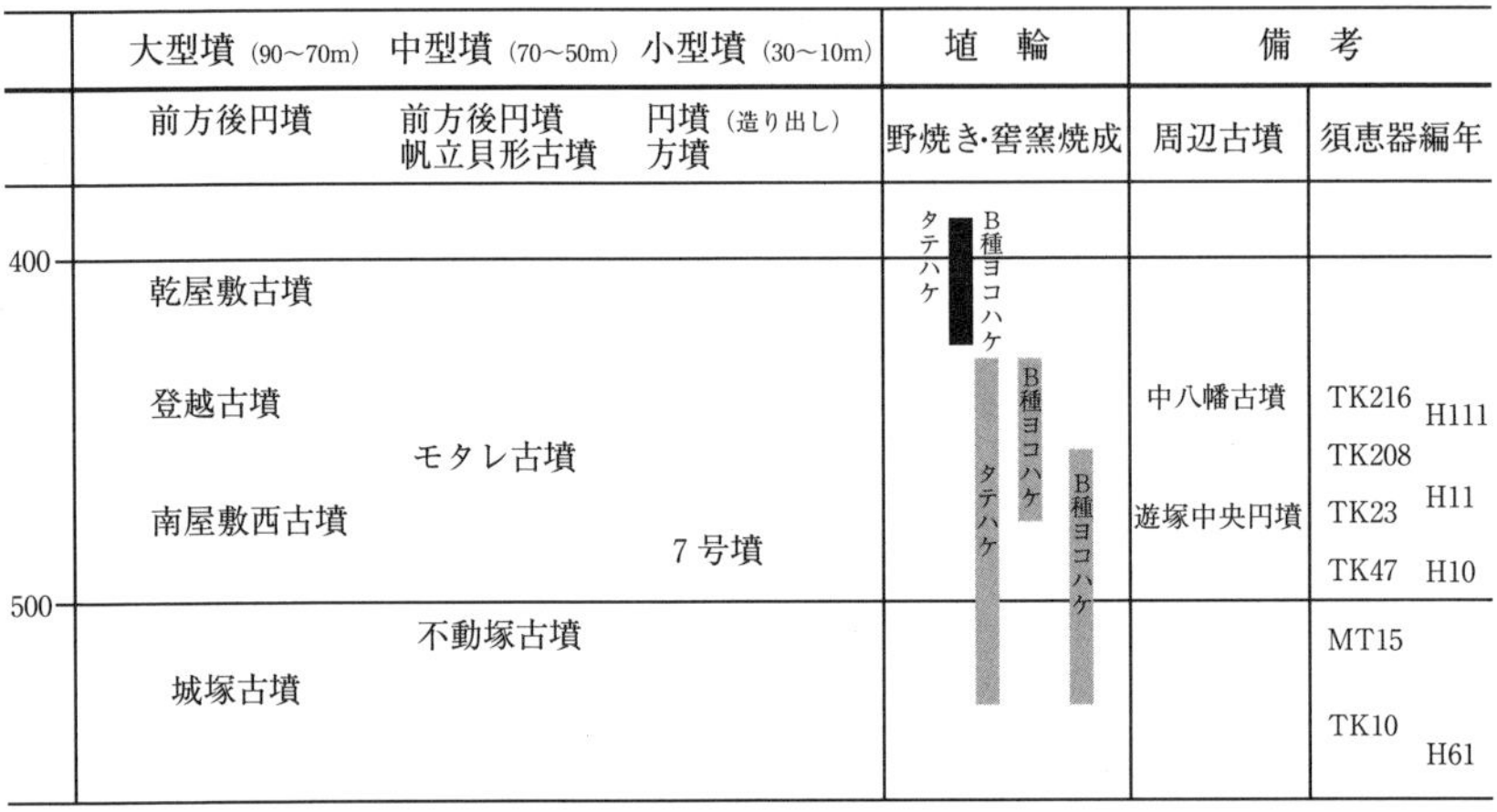

図45　野古墳群にみる墳形と規模（注14文献を一部改変）

合や影響度などからして、今後の調査事例や研究に期するところがある。いずれにしても野古墳群への埴輪供給を行った窯跡が未解明な現在は、こうした技術的な共有があったことを指摘するに留めておきたい。

以上のように、野古墳群の埴輪は登越古墳やモタレ古墳などの造墓にあわせて、窖窯焼成段階の製作技術によって集約的に生産されはじめた可能性の高い埴輪群といえる。その生産のあり方は、現在みる埴輪の観察から二～三の系列と外来からのインパクトがあったと推測でき、それはヨコハケ技法の導入でみたように、畿内系の技術と尾張からの技術導入が同時にあったものと思われる。その系譜の出自などは今後の課題であるが、尾張東山窯や味美下原窯などの生産活動との関わりも充分考えられる。こうした埴輪の動向は胎土分析の結果からも追認することができる(38)。

ところで、野古墳群は規模からみて大型、中型、小型の古墳すべてに埴輪が導入され、墳丘に樹立していたと考えられる。窖窯焼成の埴輪が五世紀中葉から六世紀中葉までの約一〇〇年あまりの間、墳形や規模を問わず定期的な造墓に伴って供給されつづけたことは、埴輪が造墓にとって重要な意味をもっていたからだと考えられる。それは墳丘に配列する埴輪でもって地域集団内の紐帯を示す役割を担っていたとも考えられるし、あるいは同じ技法や技術で製作された埴輪群を視覚的にも共有するという効果が求められた可能性も考えられる。いずれにしても一定期間造墓活動が展開される間、規格性のある埴輪群を生産し受容していった背景に、野古墳群の各被葬者間にある強い紐帯関係を読みとることができる。

4　野古墳群にみる政治的秩序

野古墳群の造墓期間は、先に触れたように五世紀前葉から六世紀中葉頃と考えられた。最初の築造は乾屋敷古墳にはじまり、その後の本格的な造墓活動は登越古墳とモタレ古墳そしてその周囲をめぐる小規模墳の築造である。その後、南屋敷西古墳と不動塚古墳につながり、城塚古墳で終焉する。このうち登越古墳とモタレ古墳の前後関係ははっきりしないが、モタレ古墳の築造時期の手がかりはＴＫ二〇八型式期の須恵器とＢ種ヨコハケとＣ種ヨコハケが伴うヨコハケ技法をもつ埴輪である。登越古墳には今のところヨコハケ技法のなかでもＣ種ヨコハケを認めることができないことから、やや先行する可能性が高いことは前述したとおりである。

これに近い埴輪で築造時期の手がかりになるのは池田町中八幡古墳である。中八幡古墳の埴輪はＢ種ヨコハケ技法で製作された埴輪と板ナデで調整された埴輪の二つに大別することができ、ヨコハケ技法のなかにはまだＣ種ヨコハケはみあたらない[39]。中八幡古墳から出土した三角板鋲留短甲や鉄製鞍金具の特徴からは、古墳の築造時期をＯＮ四六型式期からＴＫ二一六型式期に位置づけられるので、Ｃ種ヨコハケ技法をもつモタレ古墳はそれ以後と考えられる。また、Ｂ種ヨコハケ技法をもつ埴輪を備える遊塚中央円墳は、ＴＫ二三型式期の須恵器が共伴していることから、Ｂ種ヨコハケ技法がやや時間幅をもって現われていると考えられる。したがって、野古墳群においてＢ種ヨコハケ技法がみられる登越古墳とモタレ古墳の下限をＴＫ二三型式期に、登越古墳の上限をＴＫ二一六型式期に考えることができる。

以上のように、複数の古墳から構成された野古墳群は、その規模をもとに次のような系列に分けることができる。繰り返しになるが、登越古墳、南屋敷西古墳、城塚古墳をはじめとする墳丘長七〇～九〇メートルに及ぶ大型前方後円墳の一群。そして不動塚古墳、モタレ古墳などの墳丘長五〇～七〇メートルの中型古墳と帆立貝形古墳や七号墳などの短い造り出しをもつ直径三〇メートル前後の円墳も含む一群である。さらに、一四号墳など多くの円墳や方墳の一群である。これらの古墳には大型前方後円墳にみられた最下段に採用された基段状（基台部）の構造を共通してもち、大型墳・中型墳の相互が相似形になることなど親縁性が高いことは先に指摘したところである。さらに、各古墳には埴輪を導入し樹立していることから、埴輪を共有する紐帯も考えられた。その埴輪製作におよんでは、南屋敷西古墳のそれにみられたように尾張系の埴輪の特徴を色濃く残す一群があったように、尾張地域との埴輪技法を共有する現象も認められ、当時の首長間の交流を窺うことができた。このように空間的かつ時系列的な分析により、野古墳群は被葬者の階層性を墳形と規模によって一つの墓域内に表象した古墳群とみることができ、このことは河内平野における中期の古墳群の政治的秩序がこの地に表出した墓制とみなすことができる。

さて、野古墳群にみるような「複数系譜型古墳群」は、三重県美旗《みはた》古墳群や京都府平川《ひらかわ》古墳群、大阪府淡輪《たんのわ》古墳群、兵庫県玉丘《たまおか》古墳群などでもみることができる。[40] これらの古墳群が築造される時期は、古墳時代中期にして大王墓を頂点とする階層性が畿内において墓制に強く認められる時期である。そうした墓制にみる階層秩序が美濃の野古墳群にも表出しているということは、「大王権力の地域支配は特定の盟主的首長を介してその配下の複数の首長を支配するもの」であったとみる地域社会の政治構造そのままと言える。[41] つまり、地域社会での階層分化が古墳時代前期以来一層明確に進むとともに、前方後円墳を築く地域首長がより直接的に中央政権とむすびつき、政治的な序列化が墓制にも反映されたと読みとることができるのである。野古墳群における消滅してしまった円墳や方墳の実態がもう少し解明されれば、古墳時代前期以来の中小首長の動向と後期に台頭するような有力家長層との関係が鮮明になるものと期待できる。

これまでみてきた伊勢湾沿岸周辺の前期古墳の首長層は地域ごとに独自の墓域を形成し、そこに首長墓を築造した。地域によっては首長墓が集中する地域がみられることを確認してきたが、その場合でも首長墓群は時系列にあって階層的になることはなかった。あえて言うならば、象鼻山古墳群や白石古墳群のように前方後方墳に隣接した小規模の方形墓（墳）群などに緩やかな政治的な階層性を看取したに過ぎなかった。このように前期段階の首長層は、個別関係に重心をおいて造墓活動を展開したものの、中期段階になると野古墳群でみたように大規模墳、中小規模群が同一墓域に墳形と規模による秩序にもとづいて造墓されるという強い階層性の中に吸収されていったと思われる。

ところで、中期後半から後期段階には、木曽川沿いの各務原台地において新たな首長墓の造墓活動が活発化する。ここでは三〇メートルから六〇メートルクラスの前方後円墳が、それまでの鵜沼や蘇原地域とは異なる領域に首長墓系譜を形成し、その造墓活動の背景には各務原台地で展開されていく須恵器生産などの手工業を掌握した新興首長層の台頭が推測できた[42]。木曽川を意識した造墓地はまさにこうした生産物を流通するために掌握した川湊や物資の集積拠点の管理、そして水系を操る舟運技術を保持した集団の掌握とも無関係ではない。

こうしてみる新興首長層は、野古墳群で具現した墳形と規模で階層性を表わしたシステムとは違って、川原石積みの横穴式石室や凝灰岩製の家形石棺を採用するなど別の表現方法によって、中小の首長階層間の紐帯を図ったものと思われる。この時期首長層の階層分化が一層進行するなかで、地域首長やそれと連携した中小首長が没落して中期の政治秩序が崩壊していくとき、各務原における新たな動きは共同体の有力家長層をも直接支配秩序に巻き込む新たな秩序として、群集墳と呼ばれる新たな造墓活動へと展開するのである。次節ではこうした様相を横穴式石室をキーワードにしてさらに詳しくみてみることとする。

（1）小川栄一「豊木村古墳」（『岐阜県史蹟名勝天然記念物調査報告書』第三回、岐阜県学務部、一九二八年）二四―二九頁。
（2）楢崎彰一「古墳時代」（『岐阜県史』通史編原始、一九七二年）二九〇―三七三頁。
（3）八賀晋編『史跡野古墳群調査概報（Ⅰ）』大野町教育委員会、一九八三年。
（4）八賀晋編『史跡野古墳群調査概報（Ⅱ）』大野町教育委員会、一九八四年。
（5）赤塚次郎「野の国縁起」（『花園史学』第八号、一九八七年）一一四―一二二頁。
（6）赤塚次郎「美濃の前期古墳」（尾関章編『特別展　濃飛の古墳時代』岐阜県博物館、一九八九年）四四―四七頁。
（7）中井正幸・松居良晃「美濃」（『断夫山古墳とその時代』第六回東海埋蔵文化財研究会・愛知考古学談話会、一九八九年）三六四―四一八頁。
（8）高木宏和『史跡野古墳群（Ⅲ）―第一〇号墳・第一一号墳・第一二号墳周濠範囲確認調査』大野町教育委員会、一九九〇年。
（9）高木宏和『史跡野古墳群（Ⅳ）―第一三号墳・第一四号墳・登越古墳周濠範囲確認調査』大野町教育委員会、一九九一年。
（10）高田康成『史跡野古墳群（Ⅴ）―第八号墳・第九号墳範囲確認調査概報』大野町教育委員会、一九九五年。
（11）目加田哲『史跡野古墳群（Ⅵ）―不動塚古墳範囲確認調査概報』大野町教育委員会、一九九六年。
（12）岐阜県教育委員会成瀬正勝氏のご教示による。
（13）東京工業大学亀井宏行および天理大学置田雅昭両先生のご教示による。
（14）中井正幸「野古墳群の研究―乾屋敷古墳・モタレ古墳・不動塚古墳の測量調査結果」（『岐阜史学』第八四号、一九九一年）一―二〇頁。
（15）高木宏和前掲注（8）。
（16）目加田哲前掲注（11）。
（17）八賀晋前掲注（3）。
（18）墳丘の現状は後円部の側面が崩れるとともに、墳頂部には盗掘の痕跡があるため副葬品の出土もあると考えられる。かつて「後円部南側には、二重に円筒が間隔を保ち」と記されている。小川栄一「美濃発見の埴輪に就いて」（『岐阜史学』第二二号、一九五七年）一一七—一一八頁。この記述部分を現在削平されている範囲と推測すると、そこには埴輪が巡っていたことになる。しかし、「二重に」とある記述を、二段目以外に最下段にも埴輪がめぐっていたのか、あるいは墳頂部の埴輪列を指しているのかはこの記述のみでは判断できない。ただし、後円部に設定された三本のトレンチでは、最下段のいずれにも埴輪を確認していないことから、墳頂部の可能性がある。

(19) 末永雅雄『増補日本上代の武器』本文篇、木耳社、一九八一年。第六八図（1）に「美濃国大野郡野村古墳」として掲載されている。なお、実測図は下記文献に掲載。石井昌国「古代の刀剣」（森浩一編『鉄』日本古代文化の探求、社会思想社、一九七四年）一五八頁。

(20) 高木宏和前掲注（9）。

(21) 成瀬正勝氏のご教示による。なお、周濠から出土した須恵器がTK一〇型式期とみられることから、古墳への埴輪の導入の終焉を求めることもできる。

(22) 中井正幸「野古墳群の研究—乾屋敷古墳・モタレ古墳・不動塚古墳の測量調査結果」（前掲注14）一五頁。

(23) 城塚古墳の後円部頂からは馬具片（兵庫鎖、飾金具、辻金具脚片など）が採集されている。澤村雄一郎「美濃における馬具出土古墳」（『愛知県・岐阜県内古墳出土馬具の研究』南山大学大学院考古学研究報告第五冊、南山大学大学院考古学研究室、一九九六年）四九—五一頁。なお、馬具などのことは中司照世氏からご教示を得た。

(24) この鏡の銘文の一部が二重になることから、踏返鏡と認められた。立木修「五・六世紀の日本出土の中国鏡—獣帯鏡・画文帯神獣鏡・画像鏡を中心として」（『断夫山古墳とその時代』第六回東海埋蔵文化財研究会・愛知考古学談話会、一九八九年）五六—六二頁。

(25) 置田雅昭・W・エドワーズ・桑原久男・吉永史彦・武藤為文「レーダ・電気探査法による古墳復元の調査研究」（『日本考古学協会第七〇回（二〇〇四年度）総会研究発表要旨』日本考古学協会、二〇〇四年）一一〇—一一三頁。

(26) 中井正幸（前掲注14）四—六頁。

(27) なお、副葬品などが出土した情報はなく、墳丘上では過去に「後円部西北部の封土をえぐった際に円筒埴輪が連続して列をなしている」という記録も残る。小川栄一「美濃発見の埴輪に就いて」（『岐阜史学』第二二号、一九五七年）一一七—一一八頁。

(28) 八賀晋前掲注(4)。
(29) 横幕大祐「野古墳群」(『古墳時代中期の大型墳と小型墳—初期群集墳の出現とその背景』第一〇回東海考古学フォーラム浜北大会実行委員会、二〇〇二年)三二九—三三八頁。
(30) 前掲注(8・9)。一二号墳、一三号墳、一四号墳は新たに電磁探査で確認された古墳である。
(31) 小川栄一前掲注(1)。この中で乾屋敷古墳を不動庵前方後円墳、モタレ古墳をモタレ円墳と記録し、そのほか野田古墳、オヤシキヤブ古墳、木ノ下古墳などの名がみえるが、これらの現地比定は現状では困難である。オヤシキヤブ古墳は藪として記載されていた部分と思われ「一〇号墳」に、また木ノ下古墳は字名「木ノ下」付近にある「一一号墳」の可能性が高い。しかしながら、出土したとされる埴輪については詳細不明である。
(32) 古墳名および古墳番号は小川栄一前掲注(1)により、消失古墳についてはその後の教育委員会の調査を踏まえて番号を順次振っている。したがって、これまで岐阜県教育委員会や大野町教育委員会で刊行されている遺跡地図、そして出版物などと若干齟齬を伴っている。
(33) 中井正幸「美濃・野古墳群と後期古墳」(『春日井シンポジウム』春日井市制五〇周年記念行事実行委員会、一九九三年)一五—四五頁。
(34) 中井正幸・松居良晃前掲注(7)の中で指摘した。
(35) 中司照世「継体伝承地域における首長墳の動向—畿内周辺地域を中心として」(財団法人枚方市文化財研究調査会編『継体大王とその時代』和泉選書一一一、和泉書院、二〇〇〇年)一一一頁。
(36) 中井正幸「美濃・野古墳群と後期古墳」(前掲注33)四二頁。
(37) 赤塚次郎「尾張型埴輪について」(『池下古墳』愛知県埋蔵文化財センター調査報告書第二四集、財団法人愛知県埋蔵文化財センター、一九九一年)三四—五〇頁。
(38) 三辻利一「大垣市周辺の古墳出土埴輪の蛍光X線分析」(『長塚古墳』大垣市埋蔵文化財調査報告書第三集、大垣市教育委員会、一九九三年)一〇九—一一九頁。
(39) 横幕大祐・内山敏行・鈴木一有・植田弥生『中八幡古墳資料調査報告書』池田町教育委員会、二〇〇五年。なお、中八幡古

墳の埴輪については横幕大祐氏に、また野古墳群の埴輪については大野町教育委員会武藤為文氏のご好意により実見することができた。また、両者の埴輪の評価については横幕大祐、藤井康隆、瀬川貴文氏らと行った埴輪観察と検討の内容が一部反映されていることを付記しておく。

(40) 広瀬和雄「佐紀古墳群をめぐる諸問題」(『各地の前方後円墳の消長に基づく古墳時代政治構造の研究』二〇〇一年) 七五―八六頁。

(41) 和田晴吾「古墳築造の諸段階と政治的階層構成―五世紀代の首長制的体制に触れつつ」(水野祐監修・荒木敏夫編『ヤマト王権と交流の諸相―古代王権と交流五』名著出版、一九九四年) 一七―四七頁。成瀬正勝「美濃の中期古墳」(『古墳時代中期の大型墳と小型墳―初期群集墳の出現とその背景』第一〇回東海考古学フォーラム浜北大会・静岡県考古学会シンポジウム発表要旨、二〇〇二年) 五三―六一頁。広瀬和雄「大和政権の変質」(広瀬和雄編『古墳時代の政治構造―前方後円墳からのアプローチ』青木書店、二〇〇四年) 二四九―二七二頁。

(42) 渡辺博人「美濃における装飾付須恵器の出現とその背景(下)」(『岐阜史学』第九六号、一九九九年) 一一七―一四〇頁。

[謝辞] 一九八八年から一九八九年頃にかけて野古墳群の測量調査を実施したとき、大野町役場と町区長宅に保管されていた地図類の閲覧などに長屋寿、後藤春一両氏らのご理解とご協力を得た。

[補記]

1 本節は新稿であるが、1~3については旧稿「野古墳群の研究」(『岐阜史学』第八四号、一九九一年) を基礎にその後の調査成果を考慮して書き下ろした。また、「4 野古墳群にみる政治的秩序」は、旧稿「前期古墳から中期古墳へ」(八賀晋編『美濃・飛騨の古墳とその社会』同成社、二〇〇一年) を基礎として発展させたものである。

2 物理探査によって古墳群の全体復元が時間をかけて行われており、これに学ぶところは多い。以下、それらの成果を列挙しておきたい。

・亀井宏行・西村康・工藤博司・大野町教育委員会「岐阜県野古墳群登越古墳の周壕および周辺部の地中レーダ探査」(『日

本文化財科学会第一〇回大会研究発表要旨集』日本文化財科学会、一九九三年）九〇—九一頁。ここでは登越古墳周辺で四基の消滅墳が確認されたことが報告されている。円墳A〜Dとされたもののうち、円墳Bが一七号墳に、円墳Dが一四号墳に比定できる。

・西村康「第四図岐阜県野古墳群の空中写真と電気探査結果図」（『遺跡の探査—日本の美術』第四二二号、至文堂、二〇〇一年）三頁。ここでは消滅している一三号墳の様子を的確に捉えている。

・置田雅昭・W・エドワーズ・桑原久男・吉永史彦・武藤為文「レーダ・電気探査法による古墳復元の調査研究」（『日本考古学協会第七〇回（二〇〇四年度）総会研究発表要旨』日本考古学協会、二〇〇四年）一一〇—一一三頁。

・吉永史彦「岐阜県揖斐郡大野町 野古墳群一〜三次探査報告」（『古事』天理大学考古学・民俗学研究室紀要第八冊、二〇〇四年）三〇—三三頁。

第五節　後期古墳と横穴式石室の特質

1　はじめに

この地域における後期古墳研究の先駆けは、横穴式石室の調査をはじめとする古墳の調査を数多く手がけた楢崎彰一である。楢崎は畿内の後期古墳と東海地方の須恵器編年の二つの軸をもとに時期区分を行い、後期古墳社会が三段階を経て消滅したことを説いた(1)。ここで得た結論の一つに、古墳時代社会を前後二分することの提示で、それは現在の個別細分化した研究以前の社会全体を見通したものとして現在も評価できるものである。その後、土生田純之も同じく後期古墳に大きな時代の変革を示し、後期古墳の研究課題として首長墓と群集墳の関係を重視する見解をまとめている(2)。また、鈴木一有も東海地方の後期古墳における変革過程を四期に段階区分するなどして考察を進め(3)、横幕大祐は西濃地方における群集墳を対象に、推古朝における「部」の設定とのつながりを模索して文献史学との連携を試みている(4)。

さらに愛知県断夫山古墳に代表される後期古墳とその後の横穴式石室について考察した服部哲也は、愛知県名古屋市小幡茶臼山古墳の横穴式石室の分析を通して、畿内型石室の導入が畿内の六世紀中葉から後半の族長クラスの前方後円墳をモデルにしていることを明らかにし、横穴式石室のみの導入ではなく古墳づくり全体が導入されたことを指摘する(5)。こうした尾張と隣接する東濃地方の後期古墳を検討した長瀬治義は、尾張系須恵器や埴輪の分析を行いながら木曽川中流域文化圏を提唱している(6)。

以上のように、東海地方の後期古墳の研究は他地域と同じように横穴式石室の導入やその後の展開が重視され、そのほかにこの地に特有な遺物を通した研究が行われてきたことを確認することができる。そこで美濃の後期古墳を考える場合も、まず横穴式石室をめぐる問題から入ることとし、その研究を振り返ってみたい。

美濃における横穴式石室の集成と型式分類を系統的に行ったのは成瀬正勝である。[7] 彼は横穴式石室の平面形を重視し、大きく六型式に分類した後、さらに玄室や羨道の形態から二四型式に細分してそれらの変遷を考察した。また、加納俊介は、西三河の横穴式石室を集成する際に、一つの石室に様々な要素が複合していることを考慮して、横穴式石室の各部位毎に詳細な分類を重ねる方法を提示した。[8] この研究上に沿って土生田純之は、西三河の横穴式石室を体系的に整理するとともに、その系譜関係をも対外的に論じ、横穴式石室の変遷をⅠ期からⅣ期にわけた。[9] 筆者も石室分類を構造的に行うとともに、それが一定の時系列に沿ったものであることを指摘した。[10] 石室研究でよく陥る問題は、平面形のみの類似でもって関連性を論究する場合があるが、やはり石材の使い方や楣石や鴨居石など石室の立面形をも問題としながら分類を行う方向性が求められよう。

石室の系譜関係について言えば、まず美濃の横穴式石室について土生田は、導入期の石室は上石津町二又《ふたまた》一号墳や多治見市虎渓山《こけいざん》一号墳および関市杉《すぎ》ヶ洞《ほら》一号墳などの畿内系の横穴式石室と、関市陽徳寺裏山一号墳・四号墳のように尾張に通じるような在地的な様相が六世紀から登場すると言及した。[11] ここで西三河との関係を第Ⅲ期に出現するｂ類石室の淵源が東海地方西端部に存在するという前提から、陽徳寺裏山一号墳が立柱石を採用しない場合の最古例として取り上げた。これに対して成瀬は陽徳寺裏山一号墳の石室の特徴が北部九州からの二次的伝播であるとし、その経由地の石室に若狭の美浜町獅子塚《ししづか》古墳を挙げた。さらに、畿内系石室と在地系石室のなかにも北部九州の系譜につながる石室と西三河などに系譜が求められるものなどが混在していることを説き、[12] 導入期の横穴式石室の系譜を「畿内系片袖式石室」と「北部九州系初期横穴式石室Ａ類」と「北部九州系初期横穴式石室Ｂ類」に分

ける考えを提示している。⒀
また、伊勢を対象に検討を加えた竹内英昭は、志摩市おじょか古墳のように九州から海上ルートを介して直接的移入が考えられる石室や、伊賀や中勢南部や南勢への畿内型石室の波及と受容、そして平田一二号墳のような磚槨墳の採用など対外的な接触による石室の受容を指摘しながらも、⒁北勢のように石室導入後にあっても木棺直葬墳が依然として残る地域性にも触れている。
本節では、美濃の後期古墳と横穴式石室を対象として論を進めるものであるが、まず最初に横穴式石室を構造的に分類し、その変遷過程を提示した上で、美濃の横穴式石室の系譜関係を明らかにし後期古墳の特質に言及する。

2　横穴式石室の構造的分類の試み

研究史でみたように、岐阜県の横穴式石室の研究は、袖の形態が優先され、それゆえ石室の平面形を重視する傾向が強かった。そのためそれぞれの石材の変化や構造上の変化を関連づけて説明することがやや困難となっていたと思われるので、まず石室を分類する視点として、石材の使用方法や大きさ、そして石室の規模などの諸要素を取り上げて構造的に検討を行いたい。具体的には、従来指摘されているように石室の大型化、羨道の長大化傾向に伴う石材の大型化および持ち送りの減少に注目し、第一に奥壁、側壁での石材の使い方と大きさ、第二に天井部形態および天井から突出する石（楣石・鴨居石）の形状、第三に玄室と羨道を区画する立柱石の有無とその形状、第四は羨道の平面的形態に着目する。なお、石室の大型化は石材の大型化傾向とも結びつき、群集墳や首長墓などのように階層差を考慮しなければならないため、群集墳と首長墓に採用された石室について、それぞれの推移を検討する。

（一）群集墳の場合

西濃地域では、群集墳が面的に発掘調査された例は少なく、一九六〇年に発掘調査された上石津町二又・山村古墳群が古墳の規模や副葬品が比較的明らかとなっている好例であり、ここでは二又・山村古墳群を取り上げる[15]（図46）。

二又一号墳は、石室長六・五メートル、玄室面積七・六平方メートルを測り、奥壁は最下段に横長の腰石を二列に組み、その上部を割石の小口積みで構成しながら持ち送りを顕著に、側壁は小型の石材を小口積みしており、大型のものは使用していない。石室縦断面形は穹弧状を呈する。床面の平面形は矩形をなし、石室の内部からみて右片袖を持つ。二又五号墳は、石室長六・八メートル、床面積六・八平方メートルを測り、一号墳と同規模の石室で類似している。奥壁は最下段の石がさらに大型となり、横長から縦長となり、持ち送りはやや緩和する。そして平面形は長方形を呈する。石室縦断面は一号墳と同様弧状を呈する。山村二号墳は、石室長六・四メートル、床面積八・二平方メートルを測り、五号墳と同規模の石室であるが、平面形は長方形となり、袖の形成は認めることはできない。側壁の残存状況からは石室縦断面は弧状とならず、側壁の持ち送りは減少し、直線的に天井に至るようになる。これらの古墳の墳形を見ると、二又一号墳が帆立貝形であるほかは、いずれも約一〇～一二メートルの円墳である。また、副葬品の内容を比較しても一号墳が馬具、鉄刀、鉄鏃を保有してほかを凌駕しており、階層性を指摘することができる。したがって、美濃における最初の横穴式石室は前方後円墳などの首長墓には採用されず、二又古墳群のような群集墳などの中核的な中小首長層に受け入れられたのである。

ところで、これらの築造年代は共伴した須恵器を基準に比較すると、二又一号墳ではＴＫ四七型式期からＭＴ一五型式期に併行し、二又五号墳ではＴＫ一〇型式期に、そして山村二号墳でもＴＫ一〇型式期でも新しい要素を含む須恵器が出土している。したがって、二又一号墳から山村二号墳への石室の構造的変化は、時間的な前後関係に置き換えることができる。群集墳という性格上、石室床面積の大きさにはあまり変化がない一方で、徐々に石室が

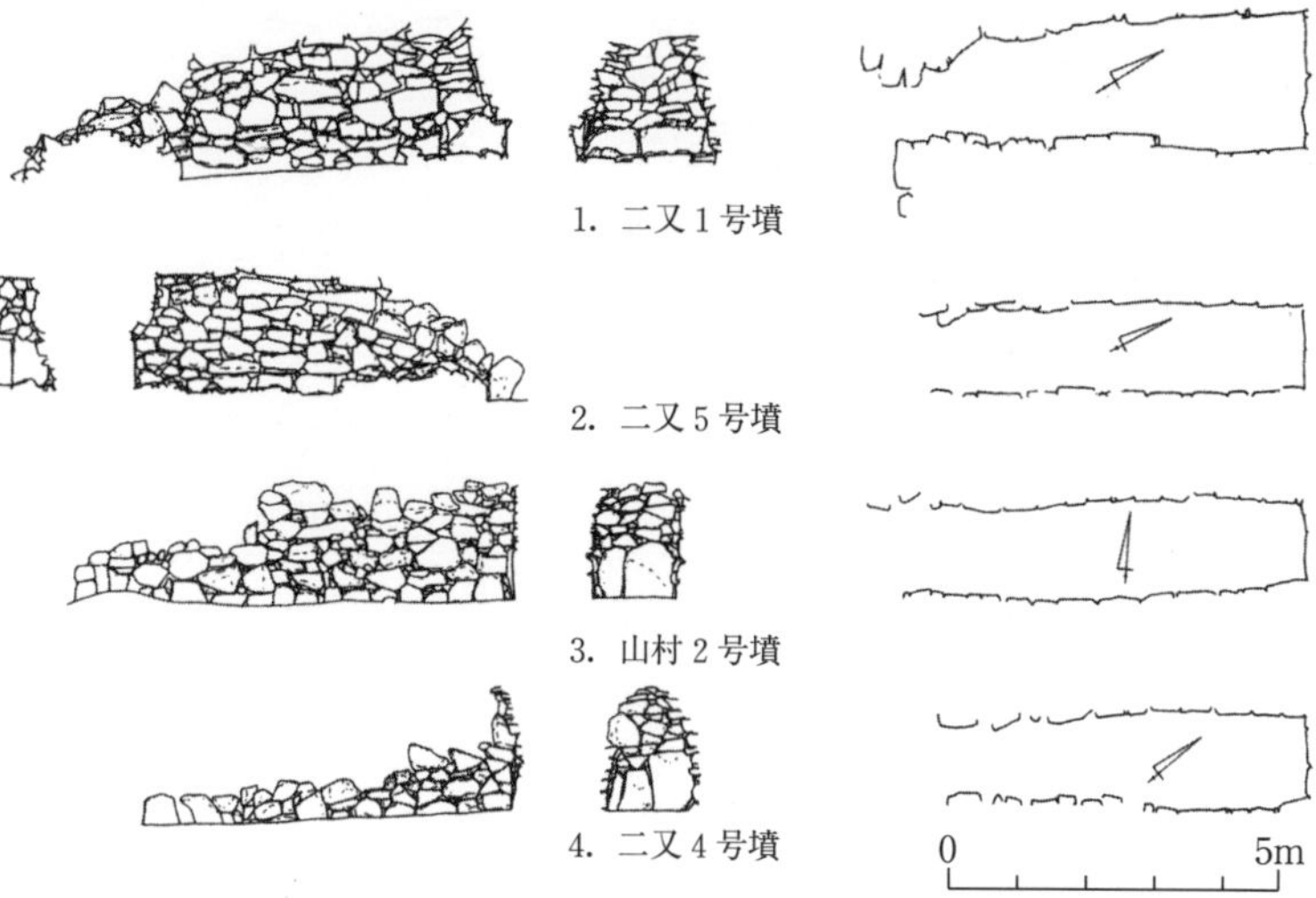

図46　横穴式石室の変化1（二又古墳群・山村古墳群）（1/200）（注10文献による）

細長くなる傾向と石材の大きさと使い方や持ち送りの減少が看取できるのである。こうした変化は、時間差だけでなく階層差、さらには地域差をも内包する可能性があるため、これを検証するため東濃地域の群集墳を例に取り上げて検討をすすめる。

東濃地域では恵那市千田《せんだ》・能万寺《のうまんじ》古墳群を取り上げる[16]（図47）。これらの古墳群は土岐川に向かって北から能万寺古墳群、千田古墳群と約二十数基から構成される群集墳であり、比較的集中して分布している。発掘調査例が少ないが、実測調査が広く行われているため石室の構造的変化を検討するのに都合のよい古墳群である。

千田二六号墳は、入口が土砂の流入のため明瞭ではないものの、石室長八・〇メートル、床面積一二・三平方メートルを測る。奥壁は割石の小口積みで構成され、持ち送りが顕著である。側壁も同様に割石の小口積みで床面が明確でないため正確なことは言えないが、最低五～六段で形成されていることがわかる。石室縦断面は天井部が奥壁側から入口に向かって弧状となる傾向が看取でき、平面形は矩形を呈する。

千田一七号墳は、この古墳群のなかで唯一調査例のある横穴式石室である。石室長八・五メートル、床面積一三・一平方メ

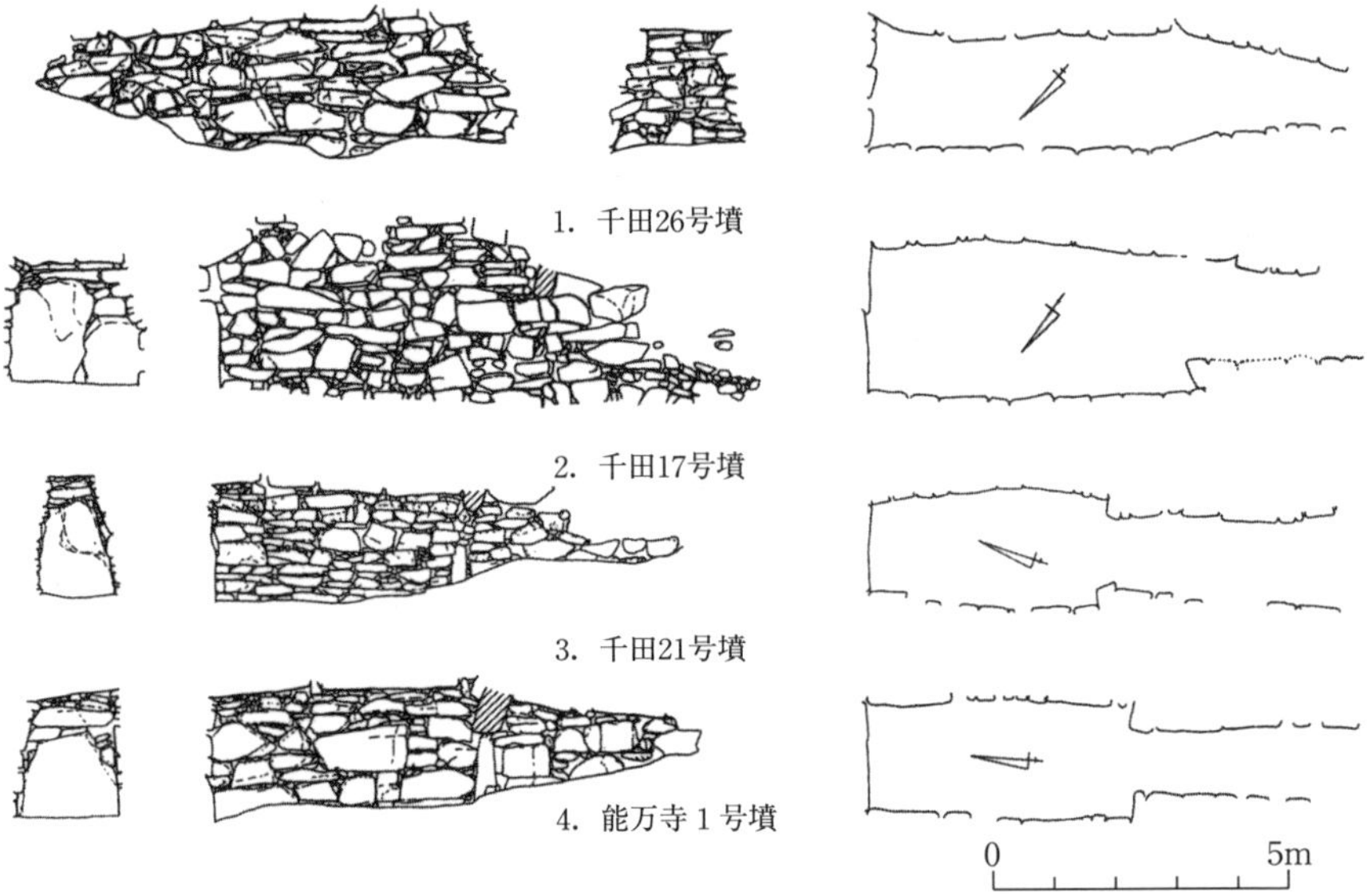

図47　横穴式石室の変化２（千田古墳群・能万寺古墳群）(1/200)（注10文献による）

ートル、羨道長五・三メートルを測る右片袖式の石室である。奥壁はやや大型の石材を二組縦長に並列させ、さらにその上部に割石を積み上げて天井にいたる。持ち送りは緩和している。側壁は割石の小口積みで構成されるが、大型の石材は含まれていない。石室の右側では、立柱石を採用して袖を形成し、この位置から鴨居石が突出する構造が特徴的である。石室の縦断面形は、天井部の中央が欠損しているため確かではないが、奥壁から石室の中央にかけて最も膨らむ形態をとる。出土した須恵器はＴＫ四三型式期と考えられ、六世紀末葉に位置づけられる。

千田二一号墳は、石室長一〇・四メートル、床面積一四平方メートル、玄室長三・九メートルの両袖式石室である。奥壁は大型の一枚石を縦長に置き、残りを割石で積み上げて補塡する。持ち送りは多少残している。側壁は全体に割石の小口積みで構成され、やや大きめの石材が混在するようである。袖は両側に高さ約〇・七～一・二メートルの立柱石でもって玄室と羨道を区別し、この位置で天井からは鴨居石が突出する。しかし、この両者の間には側壁が入り込んでいる。石室縦断面形は、ほぼ水平なものの羨道側では傾斜するように見える。

能万寺一号墳は、石室長九・五メートル、床面積一二・二平方メートル、玄室長四・四メートルを測る両袖式の横穴式石室である。奥壁は一枚石の上部に板石状の石で補塡しており、天井までの持ち送りは減少し直線的となる。側壁は全体に大型化して五～六段で構成され、袖を形成する立柱石と接する構造となる。

いずれの古墳も約一六～二〇メートル未満の円墳で群集墳を形成しており、中に首長墓的性格の古墳は含まれていない。こうした中で石室の変化をみると、奥壁は小石材の小口積みから一枚石へと大型化し、側壁も同様に石材の大型化と立柱石の採用が認められ、さらに立柱石に注目すれば、千田一七号墳や二一号墳でみられる天井から突出した鴨居石は、能万寺一号墳では石材の大型化とあわせて立柱石と接する構造をとるという変化が看取できる。立柱石は千田二一号墳と能万寺一号墳との比較でも明白なように、側壁の石材の大型化とともに立柱石の大型化がみられ、千田一七号墳が立柱石で玄室と羨道を区画しながら片袖式を呈するに対し、千田二一号墳、能万寺一号墳では両袖式を採用して、石室の内側へせり出すことなく羨道へつながる。この平面上の変化は示唆的である。これらの石室の年代的根拠は、調査例が少ないことからむずかしいものの、千田一七号墳から出土した須恵器が、ＴＫ四三型式期と考えられるため、現状では六世紀中葉から七世紀前半頃までの時期幅で考えたい。

したがって、先に見た二又古墳群とは時期的にやや新しい石室の変化の傾向をみていることになるが、基本的な群集墳における横穴式石室の変化を示していると理解したい。ただ、ＴＫ二〇九型式期前後に山村古墳群では千田・能万寺古墳群のように立柱石などで袖を形成する特徴はなく、群集墳に採用される小型石室に地域差が生じている点は、注目しておきたい。

さて、ここで西濃の二又・山村古墳群、東濃の千田・能万寺古墳群などの群集墳に採用された横穴式石室について整理してみると、奥壁や側壁に使用する石材の大きさや積み方などは、石材が徐々に大型化する中で持ち送りが緩和し、立柱石が採用される傾向にある。その後地域によっては、天井石と立柱石との関係において、鴨居石が変化していく様相を読みとることができる。ところで、こうした群集墳の中では特に七世紀代に盛行する小型の横穴式石室の扱いが問題となる。先の石室の変遷とは体勢に影響がないものの、長良川水系の関市塚原《つかはら》古墳群や木曽川水系に広く分布する川原石で壁体を構成するような横穴式石室は、側壁自身に使用される石材に大型化の傾向を認めることはできない。それは石材自身の問題があるにしろ、各玄室の指数が奥壁を一とすれば、塚原七号墳と塚原八号墳は三・三、九号墳が三・二、一〇号墳が四・〇というように、石室全体が細長く変化する傾向にあることと無関係ではないことを強調しておきたい(17)。

(二) 大型石室墳の場合

群集墳と同様、首長墓に採用された大型石室の動向を西濃地域を中心にみてみると、独立した盟主墳が発掘調査されたり、測量図化された石室は図48のとおりである。大垣市花岡山一号墳は、花岡山古墳群の中核的な位置にあり、墳丘は約二〇メートルを測る。石室長九・八七メートル、玄室面積六・四平方メートル、奥壁幅一・二メートルを測る横穴式石室である。袖は明確に内側に突出していないものの、やや張り出す様相を呈し、ここで閉塞されたことは明らかで、玄室と羨道の区分が意識されていることがわかる。袖の石材も明瞭な立柱石とはならないことから、萌芽的な段階とみなすこともできる。奥壁は大型石を据え、さらにその上部に割石を五段積み上げる工程をとり、持ち送りは緩い。側壁全体は割石の小口積みで中にはやや大きめの石材を使用している。平面は長方形を呈するが、羨道は長いのが特徴である(18)。

垂井町兜塚古墳は、直径約三〇メートル、高さ六メートルの円墳で単独に立地する。横穴式石室は石室長一一・二メートル、玄室面積一〇・六平方メートル、玄室奥壁幅一・六メートル、羨道長六・〇メートルを測る両袖式の

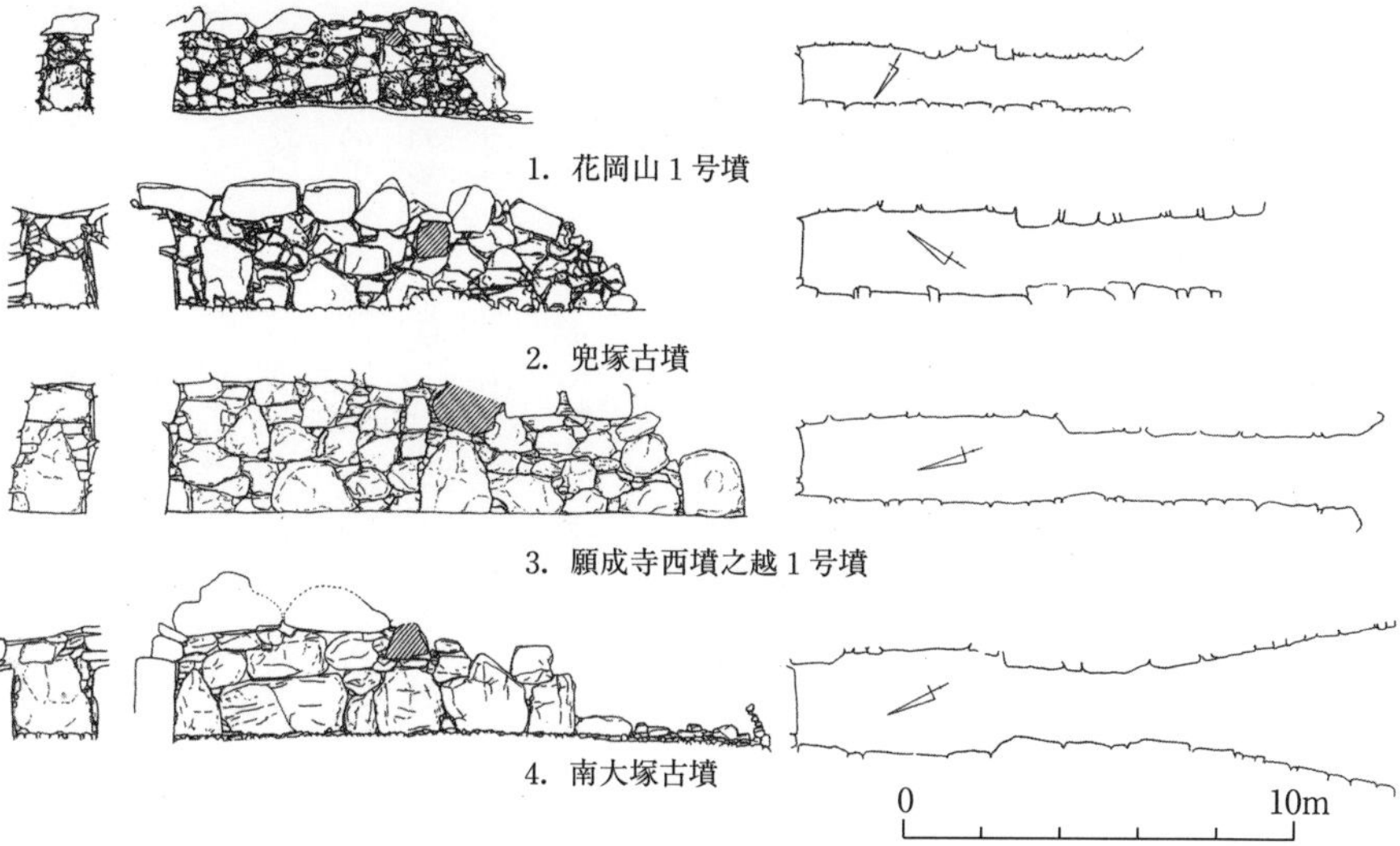

図48　横穴式石室の変化3（大型石室の場合）（1/300）（注10文献による）

大型石室で、石室に使用する石材は大型化傾向にあり、奥壁も一枚石を置いて上部を小型の割石で補塡する構成をとる。側壁も同様にやや大型の石材で構成し、三～四段で積み上げられ、少ないところでは二段で天井に至り、天井までの高さはさらに増す傾向にある。また、羨道は長大化する。玄室と羨道の区分は割石でなされ、羨道側で天井石が一段下がり前壁をつくる構造が見られる。[19]

池田町願成寺西墳之越一号墳は、美濃有数の群集墳の一つである願成寺西墳之越古墳群における中核的な古墳である。石室長一四・六メートル、玄室面積一三・二平方メートル、玄室奥壁幅一・八メートル、羨道七・〇メートルを測る両袖式の横穴式石室で、羨道は兜塚古墳より長大化する傾向にあり、石材も大型化している。奥壁は、大型の石材を二段に積み上げて天井石にいたる。持ち送りは緩和している。側壁は全体に大型化しており、玄室側で四～五段、羨道側で三～四段積みで構成されている。玄室と羨道の境は、大きな立柱石が配置されて左片袖をつくる。この立柱石の位置で、天井石は一段落ち込み、前壁をつくる。[20]

垂井町南大塚古墳は、一辺二五メートル、高さ六メートルの方墳で、一九六八年に測量調査および床面調査がなされている。石室長一五・三メートル、玄室面積一二・二平方メートル、玄室奥壁幅一・九メートル、羨道長一〇・三メートルを測り、羨道側にはさらに八字形に開く前庭部をもつ。奥壁は一枚石で構成され、両側の側壁はほぼ直線的に天井石を支え、持ち送りが消滅している。側壁の石材はさらに大型化し、天井までの高さは玄室側でほぼ二段で構成される。玄室と羨道との区別は立柱石でなされ、この位置において一段下がり前壁面をつくる。(21)

以上の大型石室の変化を整理すると、奥壁の縦位に置く一枚石が徐々に大型化するなか、花岡山一号墳では残りを複数の割石で補填し、願成寺西墳之越一号墳では一つの割石を横長に置くという後出する要素が認められる。側壁も花岡山一号墳と比べると、次第に大型の石材を使用しながら二〜三段の積み上げというように石室の大型化に伴う石材の大型化が看取できる。羨道も少しずつ長大化する傾向をみせ、南大塚古墳の羨道部分には前庭部と呼ぶような空間をもつに至る。なお、袖を形成する立柱石は、花岡山一号墳では初源的形態として登場し、徐々に使用する割石が大型化する傾向にあって、それと天井石との関係では花岡山一号墳や兜塚古墳の段階では楣石としてみられ、願成寺西墳之越一号墳や南大塚古墳では鴨居石が採用されるという違いが見受けられた。いずれにしても立柱石を意識した石材は徐々に大きくなるなか、楣石や鴨居石自身も大きくなって玄室側の前壁が広くなる傾向を示すと言える。

こうした石室の構造変化は、出土した須恵器とも矛盾しない。花岡山一号墳から出土した須恵器はＴＫ二〇九型式期と考えられ、二組の馬具のうち一組が古相を示してＴＫ四三型式期とされるため、四つの横穴式石室の中では最も古く位置づけることができる。また、石室細部にわたる構造上の変化に一定の方向性がもたれるため、1から4という石室の変化の方向性を肯守することができる。

（三）分類の設定

さて、これまでの検討から奥壁や側壁などの石材の使用方法や構造は、若千千田・能万寺古墳群と細部では異なるものの、基本的には同一変化を指向していることは明らかである。つまり、群集墳のような小型墳に採用された石室であろうと大型墳に採用された石室であろうと、石室の構造的属性において時間的変化を把握することができるのである。そこには第一に奥壁の形態と石材の使い方と大きさ、第二に側壁の形態と石材の大きさ、第三に石室縦断面形の形状（立柱石と楣石・鴨居石との関係）、第四に平面形の形状（羨道の長大化）、そして玄室の床面積が変化の指標となる。こうした属性間の変化を考慮して分類したものがⅠ類からⅤ類である。分類した各石室の構造の特徴を整理するならば次のようになる。

Ⅰ類　石室を構成する石材は、小型で扁平なものが多く、奥壁や側壁を積み上げる場合は小口積みとし、持ち送りは顕著である。石室の立面形をみると、石室中央付近で最大に膨らむ形状となる。袖の形態は無袖、片袖、両袖と様々で、そのために平面形は、矩形、長方形、片袖形、両袖形と多様である。これに該当する石室を採用した古墳には、二又一号墳、陽徳寺裏山一号墳、可児市神崎山《かんざきやま》古墳、羽崎大洞《はざきおおぼら》三号墳などがあり、各地域の群集墳の中核的な古墳に採用される。これらの石室から出土した須恵器はＴＫ四七型式期からＴＫ一五型式期にあたる。

Ⅱ類　石室を構成する石材は、全体に小型ではあるものの、奥壁の最下段や側壁の一部にやや大型の石材を採用する。石室の立面形は、中央部でやや膨らむものの緩和する傾向にある。袖の形態は無袖の場合が大半で、平面形も長方形を呈する。これに該当する石室を採用した古墳には、二又五号墳、御嵩町稲荷山古墳、各務原市半《はん》ノ木洞《きぼら》古墳などがあり、群集墳や独立した中小首長層に採用されている。なお、これらの石室から出土した須恵器はＴＫ一〇型式期にあたる。

Ⅲ類　石室を構成する石材は、特に奥壁の最下段の石が大型化して、中には一枚石のものも出現する。側壁の石材は、Ⅱ類と同様である。このⅢ類に特徴的な構造は、立面形において天井から楣石や鴨居石がみられ、玄室と羨道の間に段差が生じることである。さらに、それに呼応するかのように玄室と羨道の間には立柱石が採用され、袖の形態も立柱石によって、石室の内側へせり出して片袖あるいは両袖となる。これに該当する石室を採用した古墳には、花岡山一号墳、岐阜市上城田寺《かみきだいじ》長屋《ながや》一号墳、羽崎大洞一号墳、千田一七号墳があり、群集墳でも中核的な古墳に採用されている。これらの石室から出土した須恵器は、TK四三型式期からTK二〇九型式期前後にあたる。

Ⅳ類　石室を構成する石材は、石室の大型化に伴い大型となる傾向にある。奥壁では大型の石材の多用化が目立ち、中には一枚石を中心として、その上部を小口積みするものや、大型石材を上下二段に組み合わせて積み上げて構成するものがみられる。側壁においても奥壁と同様に大型の石材が多く使用され、四～五段で積み上げる。立面形では、鴨居石の突出がさらに大きく直接立柱石に接するものや天井石から突出する鴨居石が多用されて前壁をつくる。袖の形態は立柱石の定着により両袖が多くなるとともに、羨道が長大化する傾向にある。これに該当する石室を採用した古墳には、兜塚古墳、願成寺西墳之越一号墳、能万寺一号墳があり、群集墳と首長墓の両方に採用されている。なお、群集墳の中では中核的な古墳に採用されているのは、それまでと同じである。これらの石室から出土した須恵器はTK二〇九型式期前後にあたる。

Ⅴ類　石室が最も大型化するもので、石材も奥壁では大型の一枚石で構成されたり、側壁も二～三段で積み上げる。玄室と羨道の境には鴨居石で前壁をつくりだし、楣石はみられない。袖の形態は両袖で、羨道からさらに八字形に広がる前庭部がつくり出される。これに該当する石室を採用した古墳には、南大塚古墳や火塚古墳があり、方墳とする首長墓に多くみられる。これらの石室から出土した須恵器はTK二〇九型式期から二一七型式期と推定できる。

以上のごとくみた石室の構造は、首長墓と群集墳の双方にも共通する大きな分類であるとともに、概ねⅠ～Ⅴ類の分類がそれぞれ重複しつつも時間的な変遷を反映しているものとして論を進めたい。

3　横穴式石室の系統

首長墓と群集墳に採用された横穴式石室は墳丘の規模や墳形などによって、石室の規模や形態がそれに対応しながら一定の階層性を反映していると考えられている。しかし、両者に採用された横穴式石室の構造は、同じ変化の指向を示すことが明らかとなった。そこで次に構造上の地域差からその系譜に注目してみる。現状で考えられる系譜をここでは影響を与えた故地という意味で、畿内系、北部九州系そして三河系と表記する。

(一)　畿内系横穴式石室

先学が指摘するように、近畿地方に系譜が求められる石室で、その特徴は土生田純之が説くように（一）前壁をもつもの、（二）長方形を呈する玄室をもつもの、（三）片袖に羨道がつくものなどの属性を有する[22]。こうした特徴をもつ古墳に二又一号墳、中切古墳、船来山一七四号墳や兜塚古墳があり、これらの分布はのちの古東山道の主要な交通ルート上に沿って広がっている[23]。また、この系譜をひく石室を採用した古墳には、単独墳として首長層に採用されるか、もしくは群集墳の中核的位置にあるものが多い。さらに、両袖式を採用した大型石室の一部には、南大塚古墳や坂祝町火塚古墳などのように八字形の前庭部が伴うのも特徴の一つと言える。畿内の石室にこのような前庭部はみられないことから、在地において何らかの儀礼に伴って付設された構造であると考えておきたいが、こうした在地での変容は導入期にもみられる。すなわち、導入期石室の一つである片袖式石室は、もともと右片袖のものが持ち込まれそれらは西濃方面に広がったが、その他の地域では中切古墳のように左片袖式となる。こうした左片袖の石室は小幡茶臼山古墳でもみられ、導入時に在地で融合した可能性があるからである。したがって、美濃における畿内系石室は畿内から直接導入され続けたものではなく、ある時期ごとに周辺地を経由しながら拠点的に持ち込まれたもので、その都度在地の要素を適宜採用しながら融合していったものと考えられる。

(二)　北部九州系横穴式石室

六世紀初頭の導入期から認められる石室で二系統ある。[24]一つは陽徳寺裏山一号墳の石室にみられるような積み方をするもので、その淵源は若狭の獅子塚古墳の石室に求めることができる。もう一つは陽徳寺裏山四号墳や羽崎大洞三号墳のように玄室規模が小さく、玄門部に段を設けて一段高く横口部を連接するいわゆる広義の竪穴系横口式石室に属する石室である。[25]

この系譜の初期に位置づけられる横穴式石室は、いずれも陽徳寺裏山古墳群に属している点は重要である。[26]それはこの古墳群の造墓にあたって、外来系の技術を駆使した横穴式石室がみられる点と石室に用いられた石材が近くの長良川で採取された川原石で、川原石積みの横穴式石室の嚆矢となるからである。この石室はのちに愛知県名古屋市高蔵一号墳を南限に、可児周辺から各務原、葉栗など木曽川中流域一帯に波及し分布するが、おそらく川原石を石室石材として利用する発案そのものはこの古墳群の造墓集団が主導していた可能性は高い。のちにこの石室を積極的に導入した意義は、石室の在地・融合化という意味以上に大きいとみるべきであろう。

(三)　三河系横穴式石室

両袖式のなかでも立柱石を採用することによって、玄室と羨道を区分する一群である。またそのうち立柱石が内側へ突出して玄室との境を明確にする「擬似両袖式」をなしたり、複室構造や胴張り的な要素を含む石室も含む。[27]これらが最も顕著な地域は西三河から尾張地域にかけてであるが、美濃への立柱石の導入時期については、千田一七号墳や羽崎大洞一号墳のようにTK四三型式期を初現とし、木曽川流域にまず出現しその後各地に拡散・定着したと考えられる。楣石や鴨居石の出現時期は、千田一七号墳や花岡山一号墳のようにTK四三型式期からTK二〇九型式期前後に立柱石の採用と密接に関わりながら登場したと考えられ、それぞれ楣石から鴨居石への変化が認められる。以上のような構造上の差は、胴張り傾向と複室構造とする石室の平面形にも影響を及ぼしている。

美濃においては、三河でみるように胴張り傾向をなす古墳はそれほど多くないが、しかし、胴張り要素を玄室部分のみ取り入れた石室は、張りの程度にもよるものの広く分布し、複室を採用する古墳は可児や一宮周辺、多治見、土岐にも散在し、時期的にも大型石室墳が築造されるTK二〇九型式期前後に顕著となる。おそらく周囲の小型石室にも採用されるのはこうした背景によるものと考えられる。

4　横穴式石室の変遷

前項で試みた構造的分類と石室の系譜を考慮に入れながら、美濃における横穴式石室の変遷を次の六段階として考える（図49）。

第一段階　美濃にはじめて横穴式石室が導入された段階で、TK四七型式期からMT一五型式期前後に相当し、概ね六世紀初頭である。横穴式石室を採用した古墳は、二又一号墳や羽崎大洞三号墳のように前方後円墳ではなく帆立貝形古墳や円墳を採用した中小の首長層で、群集墳の中にあってはその古墳の造墓が古墳群の契機となっているような場合が多く見受けられる。この点は隣接地域との最も大きな差異と言える。

石室の構造はⅠ類で、畿内系石室と北部九州系石室の系譜を引く石室が併存する。その結果、平面形に右片袖式の矩形を呈する石室や竪穴系横口式石室の一群が認められるものの、畿内系石室は在地との融合によってその特徴や要素が欠落したり、陽徳寺裏山一号墳のように北部九州系の影響を受けつつも在地の川原石を用いたり、やや胴張り化した石室が登場するのも特徴としてある。分布としては近江や北陸そして尾張などからのルートが想定できる交通上の要衝にあることが多く、集中はせず散漫としている。

第二段階　第一段階に導入された横穴式石室が、さらに周辺地域に波及していく段階で、このときにはじめて前方後円墳にも横穴式石室が導入される。この時期はＴＫ一〇型式期に相当し、概ね六世紀中葉である。なお、杉ヶ洞古墳、西洞山古墳など独立した円墳に多くみられる。石室の構造はⅡ類のものが多く、これらのうち前段階と同じく畿内系の右片袖式を踏襲するものもあるが、中切古墳などは左片袖式を採用する。こうした左片袖式を採用する横穴式石室に尾張の小幡茶臼山古墳があることから、庄内川流域から多治見、土岐を経由して導入された可能性もある。

第三段階　横穴式石室の定着期で、横穴式石室が広く前方後円墳などの首長墓に多用される段階である。ＭＴ八五型式期からＴＫ四三型式期の古段階に相当し、六世紀後半の時期である。石室の構造はⅢ類で、立柱石の採用によって袖を形成する石室が多くなり、楣石や鴨居石などの構造も出現する。この時期に畿内系の石室が片袖式から両袖式の横穴式石室に移行する。それと呼応するかのように竪穴系横口式石室が衰退していく。

この段階には木曽川水系の前方後円墳などに横穴式石室が導入されるが、その多くが川原石積みの横穴式石室を採用する。この石室は長良川水系で定着したのち、木曽川沿いにも拡大し分布圏を広げる。一方、群集墳においては、中核となる古墳のほかにも横穴式石室を採用する小古墳が増加し、大型石室と小型石室の間に構造的差が発露しはじめる。

第四段階　横穴式石室が大型化する段階である。ＴＫ四三型式期新段階からＴＫ二一七型式期古段階・飛鳥Ｉに相当し、七世紀初頭から七世紀前半である。石室の構造はⅢ類とⅣ類が併存する。この段階は前方後円墳が消滅す

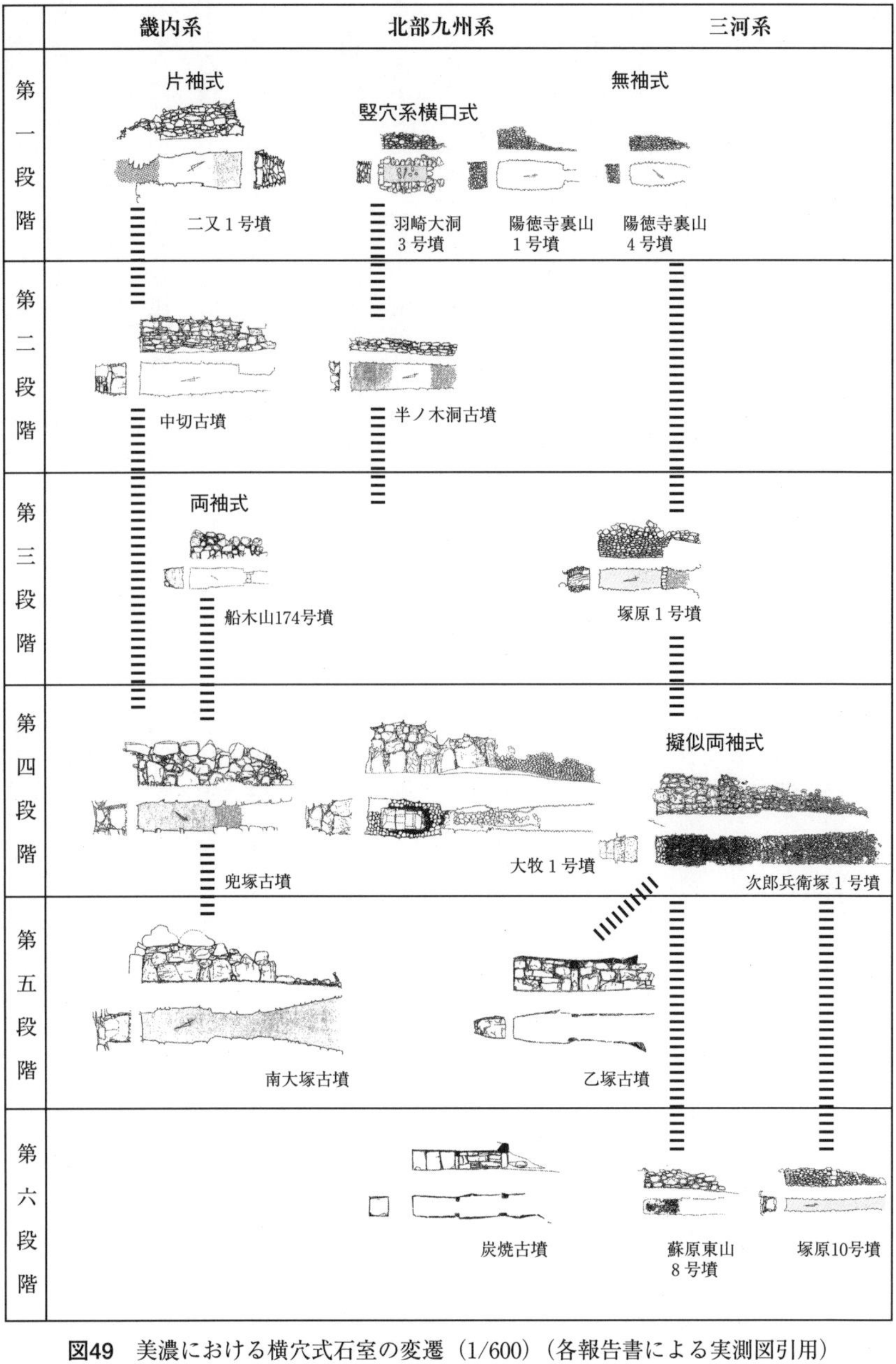

図49　美濃における横穴式石室の変遷（1/600）（各報告書による実測図引用）

る時期と重なり、以後横穴式石室は大型円墳や大型方墳に導入されていく。石室の大型化は、畿内における有力氏族の埋葬施設が大型の横穴式石室となる動きと同調する点で無視できない。大型化の過程には、兜塚古墳でみられるように畿内系両袖式の導入とともに羨道の長大化と石材の大型化が図られる一群と、土岐市段尻巻古墳にみられるように大型の立柱石や複室構造を採用した擬似両袖式石室が併存する。なお、後者には大型の石材を切石的に加工する技法も導入されている。さらに、大牧一号墳のようにそれまでの川原石積み石室の系譜を継承しつつ、新たに畿内系の両袖式構造や三河から尾張を経由した複室的構造も同時に採用するなど、複数系統の要素を融合する在地化が図られる。

第五段階　大型石室の羨道に前庭部がつく段階である。ＴＫ二一七型式期新段階から飛鳥Ⅱに相当し、七世紀中葉～後半である。石室の構造はＶ類で、両袖式石室には前庭部が取りつき、擬似両袖式には石材の面をやや加工するかのような傾向が窺われ、胴張り傾向とともに大型化する。片袖式はこの段階で消失する。群集墳の最盛期となり、小規模な古墳にも横穴式石室が採用される。この場合の石室は、前段階のⅢ・Ⅳ類やその融合形態が導入されていく傾向がみられるが、そのほとんどは無袖式石室である。

第六段階　大型石室は消滅し、首長墓に横穴式石室が採用されなくなる段階である。横穴式石室は墳丘とともに小型化する傾向にあり、この時期はＴＫ四六・四八型式期からＭＴ二一型式期に相当し、七世紀後半から八世紀初頭である。石室の構造は小型化する傾向にあわせて、Ⅲ類やⅣ類のものが融合したような石室が顕在化する一方で、Ｖ類の系譜を引くような切石的な加工をみせる石室が土岐市炭焼《すみやき》古墳でもみられる。また、各務原市蘇原東山《そはらひがしやま》古墳群のようにこの段階になって造墓活動を展開する一群もみられ、群集墳でもその構成や規模に変化がみられる。このとき採用される石室には無袖式と擬似両袖式が残り、川原石積み横穴式石室も含みながら石室が細長く長大化する。

5　首長墓と横穴式石室の特質

（一）首長墓と横穴式石室

さて、ここでこれまでに明らかにしてきた横穴式石室の変遷が、前方後円墳をはじめとする首長墓の動向とどのように関わっているかをみてみたい（図50）。

まず美濃における横穴式石室の導入は前方後円墳に受容されるのではなく、中小の首長層に受け入れられたと指摘したが、このことは当時の首長墓の動向と密接に関わっていたと考えられる。すなわち、五世紀後半から六世紀中頃にかけての美濃における有力首長墓群は大野領域の野古墳群にあったが、野古墳群の最後の首長墓と考えられる六世紀中頃の城塚古墳では、竪穴系の石室と推測されていることから野古墳群はその終焉まで横穴式石室が導入されなかった可能性が高い(28)。この時期にはすでに西濃の二又・山村古墳群に横穴式石室が受容されていることからみて、横穴式石室が大型前方後円墳の首長墓に導入されていないのは何らかの政治的な意図が働いていたことが考えられる。美濃の前方後円墳に導入される横穴式石室が六世紀中葉の中切古墳まで待たなければならないことや、その位置が畿内から離れた東濃に位置していることも極めて示唆的であると言えよう。この背景については多角的に論じる必要があるが、五世紀後半から六世紀前半にかけて活発化する大型前方後円墳の造墓が、断夫山古墳に代表される熱田地域と味美地域にあることを考えれば、美濃よりも尾張地域での積極的な横穴式石室の導入が図られていても至極当然と考えられる(29)。

一方、熱田台地とはやや離れた守山地域でも五世紀後半頃から造墓活動が活発化するが、この地域ではすでに五世紀中頃から名古屋市松ヶ洞古墳群や牛牧離《うしきはな》レ松《まつ》古墳群などにおいて一辺一〇～二〇メートルの方墳群が形成さ

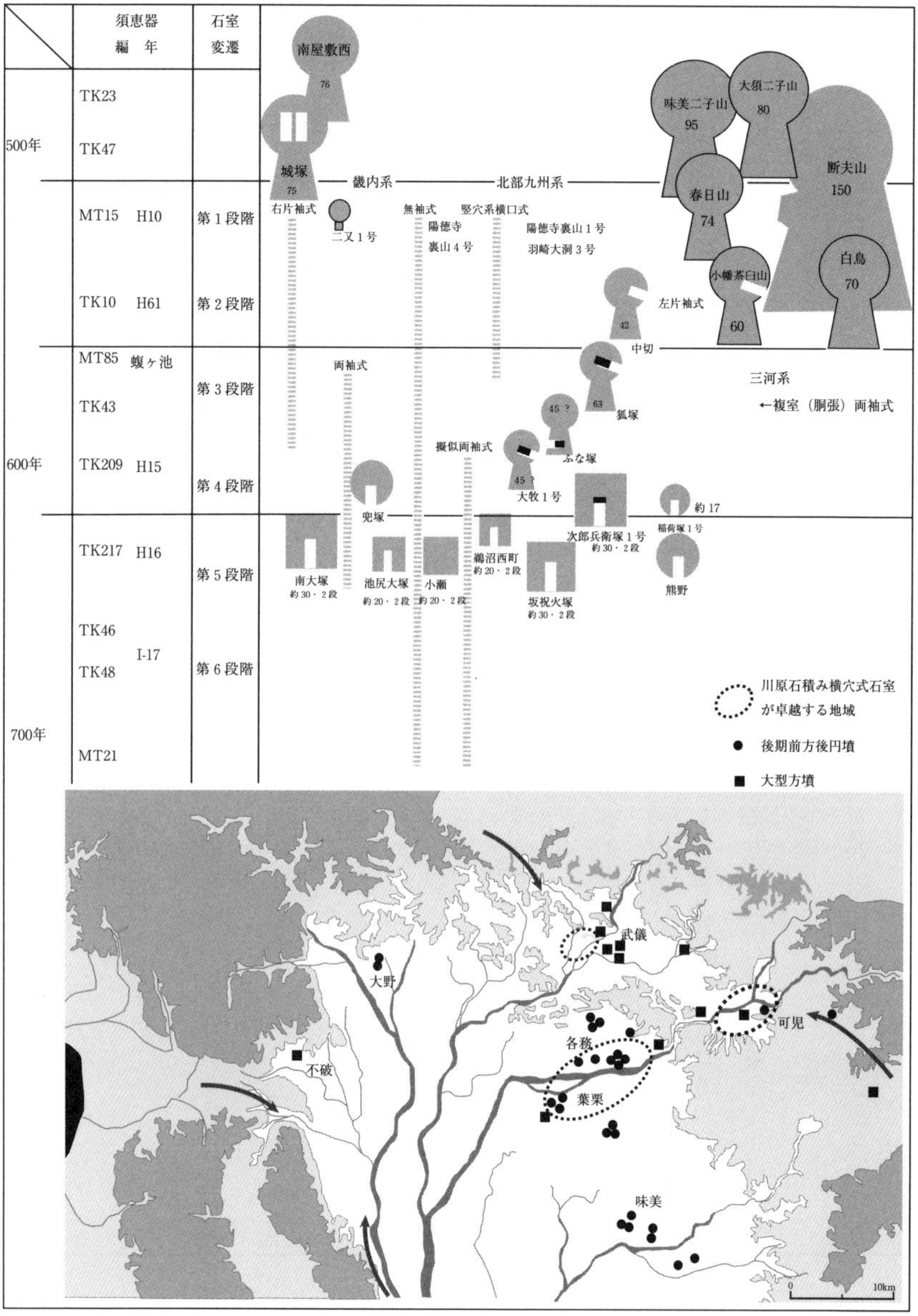

図50　首長墓の変遷と横穴式石室（矢印は横穴式石室の導入推定経路）

れ、いずれにも尾張特有の須恵器系埴輪や須恵器を伴っている。これらの被葬者が渡来系的な集団なのか、あるいはこの地での新興集団なのかは断定できないが、後期前方後円墳の下位にあった階層の墓域と墓制をここにみることができる[30]。ここでは横穴式石室は持ち込まれず、石室を導入するのは守山の小幡台地上に形成された小幡茶臼山古墳のみである。しかし、この小幡茶臼山古墳の石室も京都府物集女《もずめ》車塚《くるまづか》古墳や井《い》ノ内《うち》稲荷塚《いなりづか》古墳などの石室と類似することが指摘されているものの、その型式は受容時に在地化が図られている[31]。

その後、六世紀後半から末頃にかけては、首長墓が木曽川水系右岸の各務原台地の縁辺部と対岸の旧葉栗郡の領域にまとまる傾向にあるように、横穴式石室もその動きと同じくする。ただし、ここの場合は長良川水系で確立をみた美濃独自の川原石積みの技術を導入し、畿内での両袖式や三河・尾張方面からの擬似両袖式を採用しながら独自の横穴式石室を内包する（図51）。これまでの首長墓に導入された石室と共有意識が強く働いた石室の登場とみたい。こうした動きを補強するのが、大牧一号墳と次郎兵衛塚一号墳である（図52）。この二つの古墳は各務原台地の標高約四〇メートルのところに連続して築造された古墳群に属するが、いずれも後円部径と前方部の比が二対一というように一見帆立貝形古墳のように前方部が寸詰まりのような短い形状をもつ最終段階の前方後円墳である。これらの石室に川原石積み横穴式石室が導入されている。川原石積みの横穴式石室は六世紀前半に長良川水系の陽徳寺裏山一号墳や四号

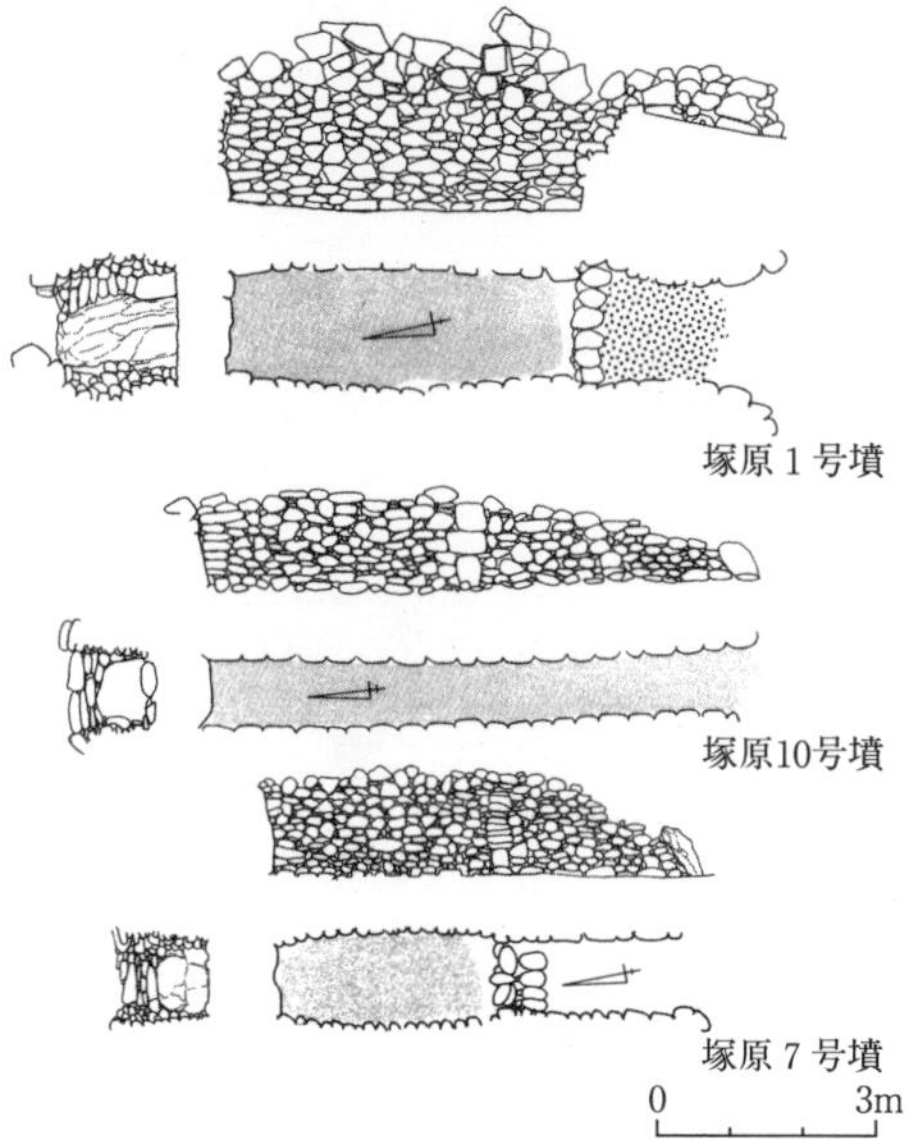

図51　川原石積み横穴式石室（1/200）
（注17文献一部改変）

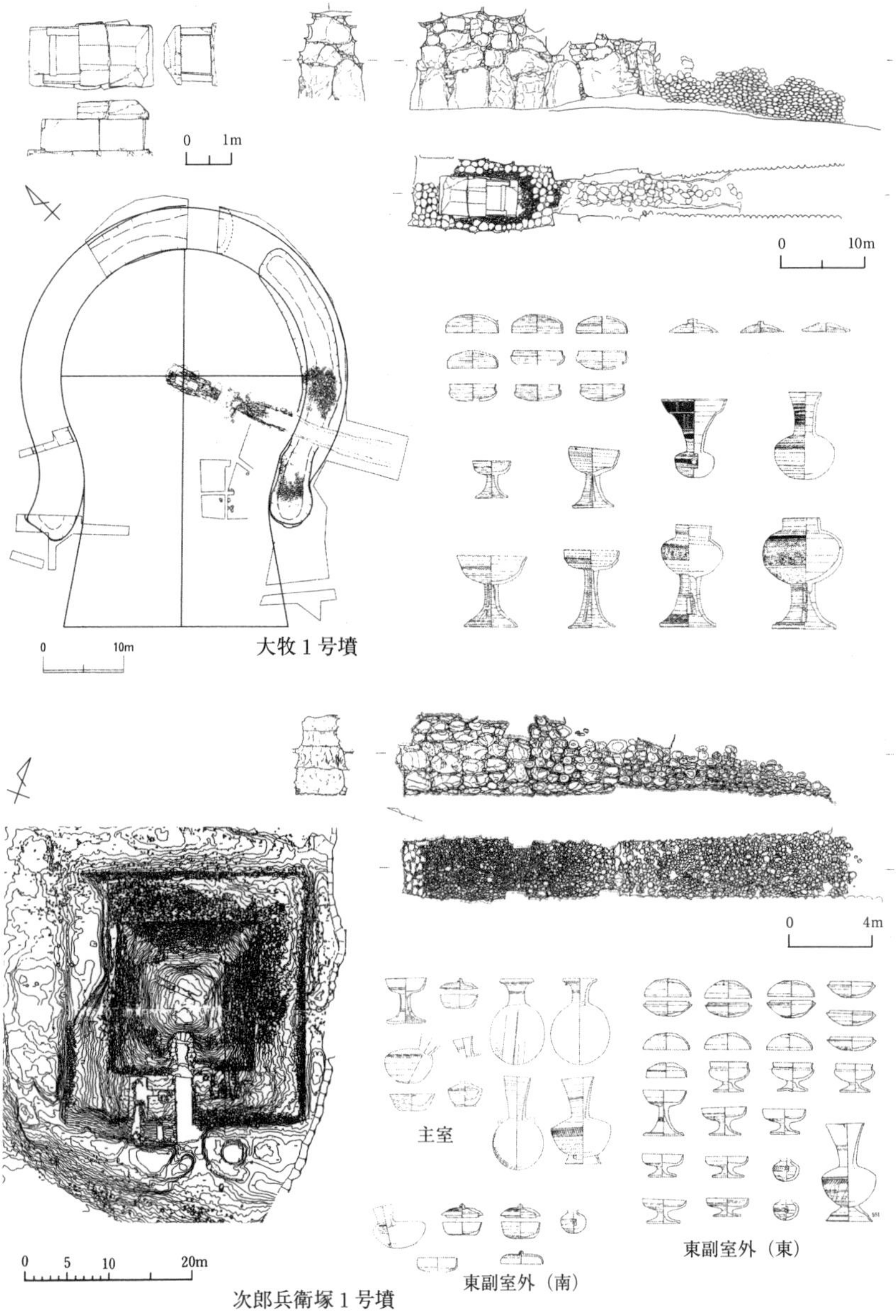

図52　大牧１号墳と次郎兵衛塚１号墳（須恵器1/20）（注37, 38文献による）

墳などで初現でき、外来系とする技術が持ち込まれていることは先に指摘したとおりである。この石室はその後も六世紀中葉から七世紀後半代まで塚原古墳群で採用され継続する。両古墳群ともまさに長良川と至近距離にあって、川を意識した墓域を形成していることは明らかである。石室の石材入手は河川からであることは言うまでもないが、こうした石材を独特の構築技術によって埋葬施設を築くことは、集団の紐帯を表示する一つの方法であったと考えたい㉜。

六世紀後半頃と推定される前方後円墳の狐塚古墳の石室は、古い記録から川原石積み横穴式石室とも考えられ㉝、可児においていち早く川原石積み横穴式石室が採用され、その後各務原のふな塚古墳や大牧一号墳などの前方後円墳に導入された。距離がやや離れているものの、水系を介した強い結びつきがこの両地であることは、凝灰岩製の家形石棺や石室床面の礫床などからも読みとることができる㉞。

ここで、濃尾平野における横穴式石室の導入を当時の首長墓との動向で捉えてみたことを整理すると、次のように要約することができよう。つまり、濃尾平野では西三河や志摩のように北部九州系など外来系の横穴式石室がダイレクトに受容した地域はなく、それが認められる西三河や若狭などを経由しつつ、そして各地域で少しずつ変容されながら在地との融合が図られたのである。そのとき、横穴式石室という新たな墓制を採用した階層は地域首長層ではなく、その地域の群集墳を形成する新興集団かもしくはそれを統括するような中小首長層であった。濃尾平野においてはこうした新たな墓制が地域社会へ取り込まれるとき、地域首長層ではなく、その下位にある集団社会の方にその基盤が整っていたのだと理解しておきたい。

その一方で、例えば三重県の北勢地域では六世紀以後も依然として木棺直葬墳が顕著であったり、守山丘陵や熱田台地では松ヶ洞古墳群や高蔵遺跡のように埴輪を備えた方墳群が形成されたように、その後の造墓活動に地域的偏差がみられた。のちの群集墳の形成における大きな地域的偏差には様々な要因と背景が考えられるが、伝統的な墓制による葬送儀礼を継承していった地域社会は、横穴式石室の波及後も長く続いたものと思われる。横穴式石室という新たな墓制が地域社会へ浸透していく過程では、葬送観念や儀礼習俗とも密接に関わったことは想像に難くないが、これまでみてきた地域と横穴式石室との関係は、それゆえ首長墓の造墓活動からすれば意外と薄いことが窺えた。このことはこの地域社会を考える上で極めて特質的なことと受けとめるべきであろう。

（二）大型円墳・大型方墳と横穴式石室

六世紀末葉から七世紀初頭にかけて、畿内では前方後円墳から大型円墳や大型方墳に移行し、関東においても同様な動きをみる。[35]美濃でもこれと歩調を合わせるかのように、兜塚古墳（直径約三〇メートル）などの大型円墳や南大塚古墳（一辺二五メートル）や次郎兵衛塚一号墳（一辺約三〇メートル）などの大型方墳が登場する（図53）。こうした大型方墳の多寡性は先学の説くところであり、武儀・可児領域に集中するという傾向も見逃せない。[36]

このうち発掘調査が行われた次郎兵衛塚一号墳は、中央の大型横穴式石室の構築年代をＴＫ二〇九型式期とし、[37]各務原での最後の前方後円墳とする大牧一号墳のＴＫ四三型期からＴＫ二〇九型式期と併行する。[38]これを尊重すると、畿内のように前方後円墳の消滅がＴＫ四三型式期に、そして大型円墳や大型方墳への採用がＴＫ二〇九型式期にあるとするようなスムーズな移行ではなく、同じ木曽川水系のなかで各務原は旧来の墳形に大型横穴式石室を導入する一方、上流の可児では大型方墳に大型横穴式石室を導入するというそれぞれの造墓基盤での選択があった可能性がある。しかし、両者の石室はいずれも大型の横穴式石室ではあるが、次郎兵衛塚一号墳では畿内系の石室の導入を図りつつも擬似両袖式を採用しているし、大牧一号墳では伝統的な川原石積み横穴式石室と家形石棺を引き続き採用しているなど、それぞれに在地やその周辺地域との集団関係を反映した石室構築がみられることは埋葬施設を首長層が主体的に選択した結果であると強調してよい。この時期の古墳は墳丘や埋葬施設に、地域集団の出自を表示したり、確認する手段として用いていたことが推測できる。

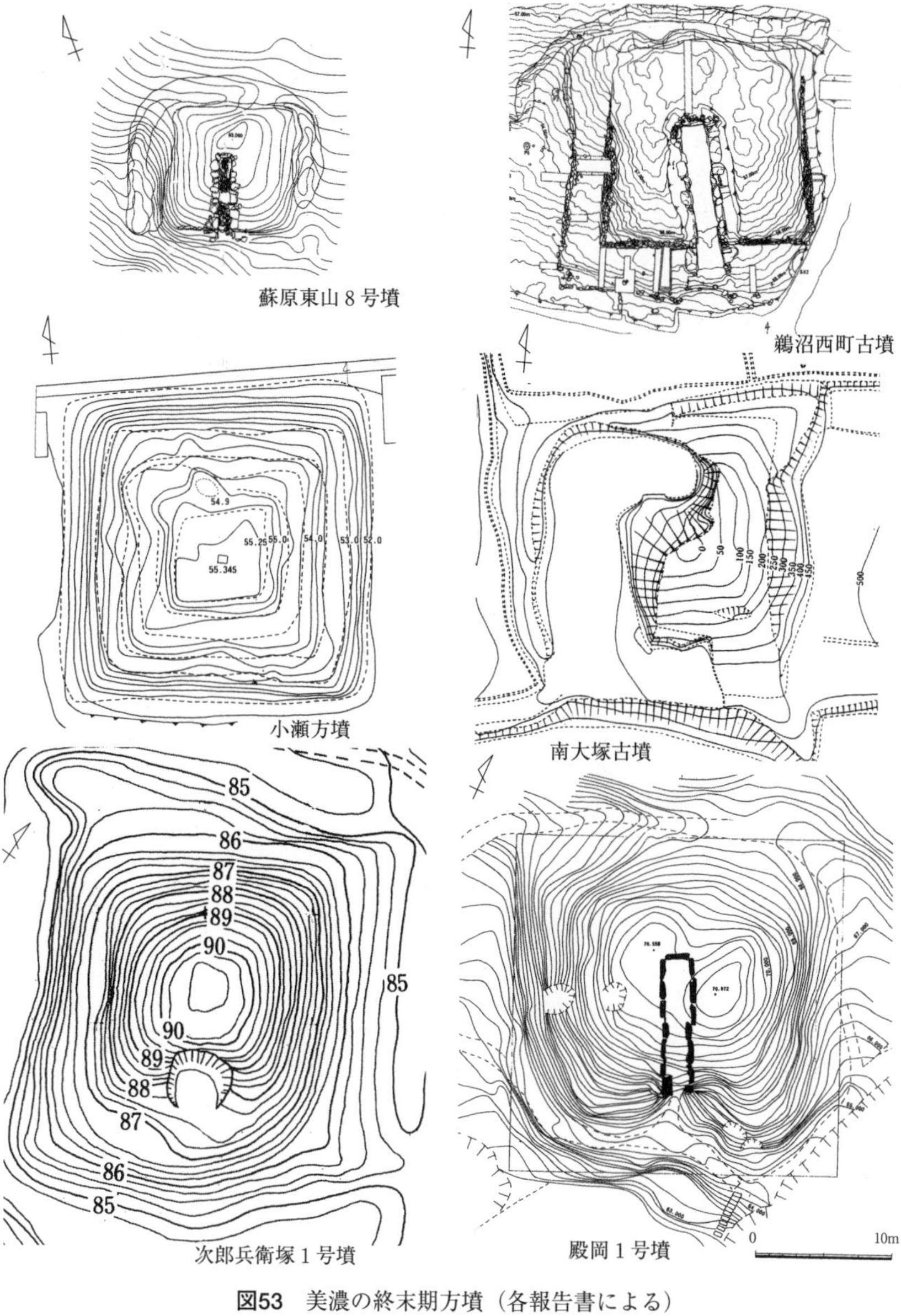

図53　美濃の終末期方墳（各報告書による）

ところで、現在確認できる大型方墳は、方墳の墳丘それ自身が三〇メートル以上、二〇メートル前後、そして群集墳などの中核を占めるような一〇〜二〇メートル未満のものに大別できる(39)。このうち単独墳となる数基は周溝も伴うことから、その長さを含めれば三〇メートルにも及ぶ大型方墳である。例えば、南大塚古墳は一辺二五メートルに幅五メートルの周溝が備わり、一辺の全長は約三五メートルとなって約二〇尺を測る。また、坂祝火塚古墳は一辺二九〜三一メートルの墳丘に二メートル前後の周溝が観察でき、一辺の全長は約三三〜三五メートルで約一八〜一九尺となる。この二者の横穴式石室の全長は一五・三メートルと一五・八メートルと石室の規模も大きく、近い。発掘調査された次郎兵衛塚一号墳は、一辺二九・一〜二九・五メートルを計測し、約三〇メートルとなることが確認された。主室の横穴式石室の全長も一五・五メートルとこれまでの大型方墳に近い。

こうした単独墳となる大型方墳の墳丘は二段築成で段築と平坦面が必ず伴う。つまり、方墳が二段に積み重ねられているのである。これに対し発掘調査された鵜沼西町古墳などは、標高約五〇メートルの傾斜地に築造されている一辺約二〇メートルの方墳であるが、墳丘下段の裾は全周せずに途中で消失する。同様に二段目の墳丘裾も全周しないのであるが、石室開口部からみると墳丘は外観上二段築成をなす。こうした斜面などの傾斜地に造墓されるときに見受けられる特徴は、丘陵などに築造される群集墳にもみることができる。例えば、大垣市東中尾《ひがしなかお》古墳群や西中尾古墳群の直径六〜八メートルの円墳で構成される約五〇〜六〇基ほどの群集墳には、一辺約一〇メートルほどの方墳が外護列石を伴いながら傾斜地にあるため前述のような墳丘構造を採用している。したがって、一辺が二〇メートル前後までの方墳に採用されている墳丘構造と畿内や関東でみられる三段築成の方墳のそれとは明らかに築造の系譜を異にすると思われる。このように大型方墳については、一定領域においてほぼ同時期に出現することが指摘されているものの、それぞれの墳丘構造や横穴式石室の型式などにはやや異なるものがみられるのである。今後こうした視点によっても分類が試みられ、内部の横穴式石室との関係にも言及されることが望まれる。

後期前方後円墳が尾張から木曽川水系に移動した後、横穴式石室と家形石棺を紐帯とする新たな地域社会が生まれた。その背景には独自の勢力維持があるなかで、有力な畿内勢力との関係を図りつつも周辺地域との関係維持を、石室の構築技術などの交流に求めていた重層的な構造を考えておきたい。そして終末期においては、方墳が武儀や加茂に広がっていくのは、新たな血縁的な紐帯（＝氏族）の表示方法として採用されていった可能性がある。それを差し引いても美濃のなかで三〇メートルにもおよぶ二段築成の大型方墳が、交通の要衝の地において登場してくる歴史的背景は、のちの美濃の古代を考える上できわめて重要である。

（1）楢崎彰一「後期古墳時代の諸段階」（『名古屋大学文学部一〇周年記念論集』名古屋大学文学部、一九五九年）四九九―五三四頁。
（2）土生田純之「後期古墳研究の課題」（『東海の後期古墳を考える』第八回東海考古学フォーラム三河大会実行委員会、二〇〇一年）三〇三―三二〇頁。
（3）鈴木一有「東海地方における後期古墳の特質」（『東海の後期古墳を考える』第八回東海考古学フォーラム三河大会実行委員会、二〇〇一年）三八三―四〇六頁。
（4）横幕大祐「西濃の後期古墳」（新川登亀男・早川万年編『美濃国戸籍の総合的研究』東京堂出版、二〇〇三年）二九三―三一八頁。同「美濃地方における後期古墳の状況」（『東海の後期古墳を考える』第八回東海考古学フォーラム三河大会実行委員会、二〇〇一年）二一一―二四二頁。同「群集墳の形成―美濃地方における後期群集墳成立の契機」（八賀晋編『美濃・飛騨の古墳とその社会』同成社、二〇〇一年）七一―九一頁。
（5）服部哲也「断夫山古墳の終焉」（『東海の後期古墳を考える』第八回東海考古学フォーラム三河大会実行委員会、二〇〇一年）三六五―三八一頁。同「小幡茶臼山古墳の家形石棺」（『考古学フォーラム』八、考古学フォーラム、一九九七年）五三―六一頁。同「名古屋市小幡茶臼山古墳の再検討―「畿内の影響」の具体相について」（伊達先生古稀記念論集編集委員会『古文化論叢』伊達先生古稀記念論集刊行会、一九九七年）三五五―三六六頁。
（6）長瀬治義「東濃地方の後期古墳文化」（八賀晋編『美濃・飛騨の古墳とその社会』同成社、二〇〇一年）九二―一一九頁。

（7）成瀬正勝「横穴式石室の型式と変遷について―特に美濃地域の場合」（『岐阜史学』第七九号、一九八五年）一―六四頁。
（8）加納俊介「石室の形状」（『西三河の横穴式石室―資料編』愛知大学日本史専攻会考古学部会、一九八八年）一三一―一四〇頁。
（9）土生田純之「西三河の横穴式石室」（『古文化談叢』第二〇集（上）九州古文化研究会、一九八八年）五三―一〇〇頁。のち『日本横穴式石室の系譜』学生社、一九九一年、二三五―三〇〇頁に改筆所収。同「東海地方の横穴式石室」（『断夫山古墳とその時代』第六回東海埋蔵文化財研究会・愛知考古学談話会、一九八九年）六四―九三頁。
（10）中井正幸「岐阜県横穴式石室研究序説」（『花岡山古墳群―出土人骨の分析調査』大垣市埋蔵文化財調査報告書第一集、大垣市教育委員会、一九九二年）一三三―一六〇頁。
（11）土生田純之「西三河の横穴式石室」（前掲注9）九二―九三頁。
（12）成瀬正勝「美濃における畿内系横穴式石室の受容と展開」（『岐阜史学』第八三号、一九九〇年）一―二七頁。同「美濃における後期群集墳形成の一契機―片袖式石室を中心に」（『岐阜史学』第九三号、一九九八年）一―二二頁。
（13）成瀬正勝「横穴式石室の導入」（八賀晋編『美濃・飛騨の古墳とその社会』同成社、二〇〇一年）三二―五四頁。
（14）竹内英昭「三重県の横穴式石室研究」（『研究紀要』第四号、三重県埋蔵文化財センター、一九九五年）四九―一〇四頁。
（15）楢崎彰一・八賀晋編『牧田地区遺跡発掘調査報告書』岐阜県文化財調査報告書第一輯、岐阜県教育委員会、一九六〇年。八賀晋・小島祥瑞「岐阜県恵那市能満寺第七号墳の調査」（『考古学雑誌』第四六巻第三号、一九六〇年）三三―四五頁。
（16）恵那市編『恵那市史』史料編考古・文化財、一九八〇年。
（17）篠原英政・吉田英敏編『塚原遺跡・塚原古墳群』関市文化財調査報告第一五号、関市教育委員会、一九八九年。
（18）中井正幸編『花岡山古墳群―出土人骨の分析調査』大垣市埋蔵文化財調査報告書第一集、大垣市教育委員会、一九九二年。
（19）楢崎彰一「古墳時代」（『岐阜県史』通史編原始、一九七二年）三〇五―三〇六頁。
（20）横幕大祐編『願成寺西墳之越古墳群資料調査報告書』池田町教育委員会、一九九九年。
（21）楢崎彰一「古墳時代」（前掲注19）三〇三―三〇四頁。
（22）土生田純之「畿内型石室の成立と伝播」（『古代王権と交流』五ヤマト王権と交流の諸相、名著出版、一九九四年）一四一―一七一頁。のち『黄泉国の成立』学生社、一九九八年、一七三―一九九頁に改筆所収。

(23) 成瀬正勝「美濃における畿内系横穴式石室の受容と展開」(前掲注12) 一―二七頁。
(24) 成瀬正勝「横穴式石室の導入」(前掲注13) 三三―五四頁。
(25) 成瀬正勝「岐阜県における横穴式石室の受容」(『第一〇回三県シンポジウム東日本における横穴式石室の受容』一九八九年) 四二三―四六一頁。同「美濃の横穴式石室」(美濃古墳文化研究会編『美濃の後期古墳』一九九二年) 一―二四頁。
(26) 大江命・大江上・吉田英敏・藪下浩ほか『陽徳寺裏山古墳群』関市文化財調査報告第三号、岐阜県中小企業福祉センター・関市教育委員会、一九七六年。
(27) 鈴木一有「東海地方における後期古墳の特質」(前掲注3) 三八三―四〇六頁。
(28) 置田雅昭・W・エドワーズ・桑原久男・吉永史彦・武藤為文「レーダ・電気探査法による古墳復元の調査研究」(『日本考古学協会第七〇回（二〇〇四年度）総会研究発表要旨』日本考古学協会、二〇〇四年) 一一〇―一一三頁。
(29) このあたりの実情も考古学的な調査もなく今一つ不明なところが多く、明確なことは言えない。ただし、六世紀前半に位置づけられる白鳥古墳の埋葬施設が竪穴系横口式石室と考えられていることは大変魅力的と言わざるを得ない。土生田純之「東海地方の横穴式石室」(前掲注9) 八九―九一頁。
(30) 和田晴吾「群集墳と終末期古墳」(『新版古代の日本』第五巻、近畿I、角川書店、一九九二年) 三二五―三五〇頁。
(31) 服部哲也「断夫山時代その後―小幡茶臼山古墳出現の背景」(『名古屋市見晴台考古資料館研究紀要』第一号、一九九九年) 一二―一八頁。
(32) 美濃における北部九州系の横穴式石室がみられるこの地域は、まさに渡来系に系譜をおく地域集団であったからこそ、新たな墓制を独自の表現で継承していったものと思われる。一方、木曽川水系では、各務原台地縁辺部と対岸の一宮周辺と、可児盆地の木曽川の河岸段丘にまとまって分布する。これらの川原石積み横穴式石室の系譜は、長良川のそれとは別ものとする考えもある。長瀬治義「考察―濃尾の川原石積石室」(『川合遺跡群』可児市教育委員会、一九九四年) 三七九―三九一頁。同「東濃地方の後期古墳文化」(前掲注6) 九二―一一九頁。
(33) 可児市教育委員会長瀬治義氏のご教示による。
(34) この他に古墳の墳丘と石室の構築に密接な関わりをもつと考えられている「埋没石積施設」などが、稲荷山一号墳や二号墳に認められ、次郎兵衛塚一号墳もその可能性がある。今後こうした構築技法の共有も視野に入れておかなければならない。土生田純之「横穴式石室構築過程の復元」（右島和夫・土生田純之ほか『古墳構築の復元的研究』雄山閣、二〇〇三年）五―八八頁。

(35) 白石太一郎「畿内との比較からみた関東の大型方墳」（石野博信編『古代近畿と物流の考古学』学生社、二〇〇三年）二九六―三〇五頁。

(36) 長瀬治義「方墳の領域―律令前夜の美濃と飛騨」（『美濃の考古学』第五号、美濃の考古学刊行会、二〇〇二年）一―二四頁。なお、図53の挿図の出典は次のとおりである。蘇原東山八号墳：渡辺博人編『蘇原東山遺跡群発掘調査報告書』各務原市文化財調査報告第二六号、各務原市埋蔵文化財調査センター、一九九九年。鵜沼西町古墳：坂井尚美編『鵜沼西町古墳発掘調査報告書』各務原市文化財調査報告第三六号、各務原市埋蔵文化財調査センター、二〇〇三年。小瀬方墳：篠原英政「小瀬方墳」（関市教育委員会編『新修関市史』考古・文化財編、関市、一九九四年）三七八頁。南大塚古墳：楢崎彰一「古墳時代」（『岐阜県史』通史編原始、一九七二年）三〇四頁。次郎兵衛塚一号墳：長瀬治義「次郎兵衛塚一号墳」（『川合遺跡群』可児市教育委員会、一九九四年）三一〇頁。殿岡一号墳：清山健・田中弘志・成瀬正勝「美濃市殿岡古墳群の研究二―一号墳の墳丘測量報告」（『美濃の考古学』第四号、美濃の考古学刊行会、二〇〇〇年）七五―七六頁。

(37) 長瀬治義「次郎兵衛塚一号墳」（前掲注32、『川合遺跡群』）三〇八―三四四頁。

(38) 渡辺博人編『大牧一号墳発掘調査報告書―同二号墳・三号墳の発掘調査』各務原市文化財調査報告第三七号、各務原市埋蔵文化財調査センター、二〇〇三年。

(39) 個別の数値は筆者の計測値であるため、上記論文の数値とは異なるところもある。

［補記］本節は新稿であるが、「2　横穴式石室の構造的分類の試み」の部分は、旧稿「岐阜県の横穴式石室」（『花岡山古墳群―出土人骨の分析調査』大垣市埋蔵文化財調査報告書第一集、大垣市教育委員会、一九九二年）の部分を基礎にして書き改めている。

第六節　群集墳の成立と展開—花岡山古墳群の提起する問題—

1　はじめに

第一節から第五節までは、古墳時代前期から終末期までの古墳や古墳群を対象としてその造墓活動にみる特質をそれぞれ個別特徴的な側面から分析を試みてきた。本節と次節の第七節では後期から終末期にかけて盛行する群集墳に焦点を当てて、その造墓集団の実態や親族関係に迫りつつ地域社会を考察しようとするものである。俎上にあげる群集墳は、とりわけ人骨の遺存によって古墳被葬者の親族関係について検討できた花岡山古墳群と継続的な調査によって造営の時期や支群などが鮮明になりつつある願成寺西墳之越古墳群である。

さて、花岡山古墳群は大垣市昼飯町字花岡山に所在した古墳群であるが、一九七一年に建設された産業道路のため六基の古墳が緊急調査され消滅している。一号墳から六号墳のうち、粘土槨の二号墳を除く五基の埋葬施設には横穴式石室を採用しており、そのうち一・三・五号墳の石室からは約三〇体の人骨を含め、計五一二本の人歯が出土した。(1) 人骨および人歯は、当時大阪市立大学医学部解剖学研究室の寺門隆之のもとへ鑑定に出され、その後吉備登、多賀谷昭の手に引き継がれて分析が行われた結果、人骨の数はさらに増加し、一石室に一六体ないしは二四体と報告された。(2) この数は当時横穴式石室への埋葬数として多いことで知られていた大阪府大藪《おおやぶ》古墳の八体を大きく上回った。(3)

ところで、田中良之と土肥直美らの研究は、埋葬された被葬者の親族関係を考古学的な情報（埋葬順位、副葬品、人骨などの二次移動）を参考にしながらモデル化し、人骨のもつ遺伝的情報によって得られる性別・死亡推定年齢でもって被葬者の生前の世代構成を復元するものであった。復元したモデルを歯冠計測値で血縁者と推定される人骨間を確認しつつ、妥当なモデルを選択する方法を用いていた[4]。

こうした研究を花岡山古墳群から出土した人骨や人歯についてみた結果、三号墳の石室での埋葬は、「家長」夫妻とその子・孫という三世代を一単位としていること、一号墳と五号墳の石室には三号墳のほぼ二倍にあたる石室面積をもち、「直系親族」と「傍系親族」という二つの集団が同一石室に埋葬されていたと結論づけた[5]。以下、古墳の概要とそれぞれの石室に埋葬された人骨とその出土状況、そして親族関係について要約しながら、花岡山古墳群の被葬者とそこから提起される問題について論じるものである。

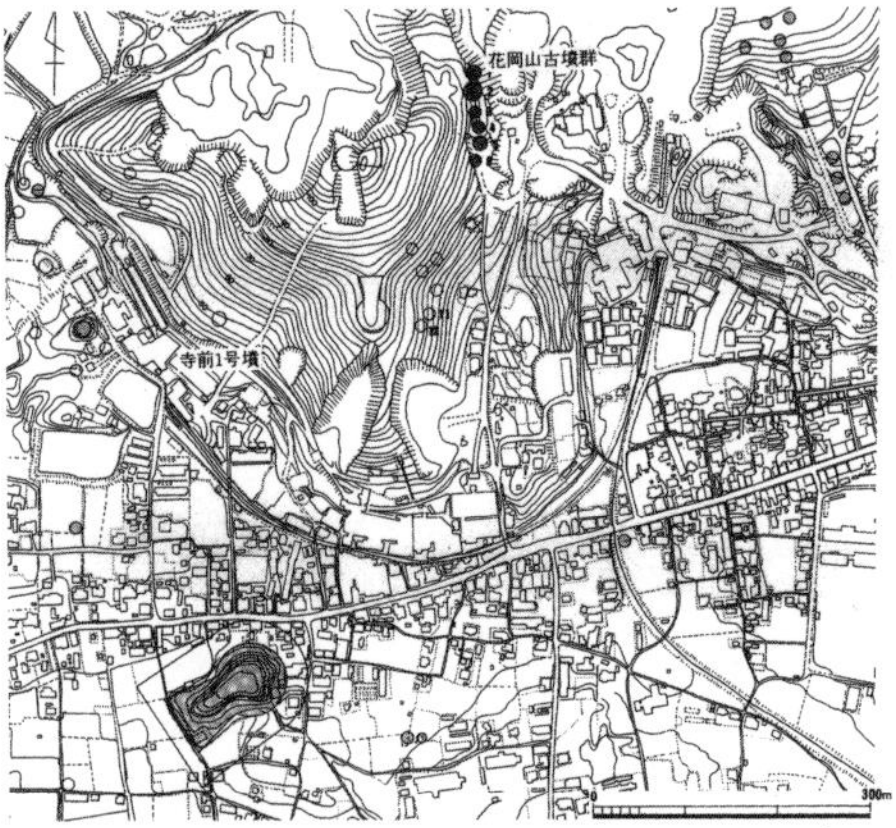

図54　花岡山古墳群の位置

2　花岡山古墳群の横穴式石室と出土人骨

（一）立地

まずこうした親族関係を考えることのできた花岡山古墳群の概要について触れておきたい。花岡山古墳群は、標高八〇メートルの花岡山と称する尾根の東斜面に立地する（図54）。周辺の地形は早くからの石灰採取などによって改変を受け、本来古墳群がどのくらいの広がりを有していたのかは不詳である。しかし、花岡山から金生山における古墳群の様相からみると、数基から数十基を単位として立地していたことが推測できる。調査された花岡山古墳群の直上には、前期古墳である花岡山古墳や花岡山頂上古墳が立地するなど、造墓活動が古墳時代前期から行われていたし、尾根の西斜面には西濃地域で唯一の家形石棺を備えた寺前《てらまえ》一号墳を含む寺前古墳群が立地するなど、六世紀後半から七世紀にかけての有力首長層の造墓活動も活発であった。しかし、七世紀以降につくられる横穴式石室のほとんどは、花岡山よりもむしろ金生山の山麓に展開した(6)。

(二) 古墳の概要と人骨の出土状態

一号墳は、直径一二メートル、残存高四・五メートルの円墳で、墳丘裾には高さ一メートルにもなる外護列石が伴う。横穴式石室は、全長八・六七メートル、玄室長五・四メートル、幅一・四五メートル、高さ一・七八メートルを測る。羨道部長さは三・二七メートル、幅一・二五メートル、高さ一・七八メートルで、天井には玄室側で五

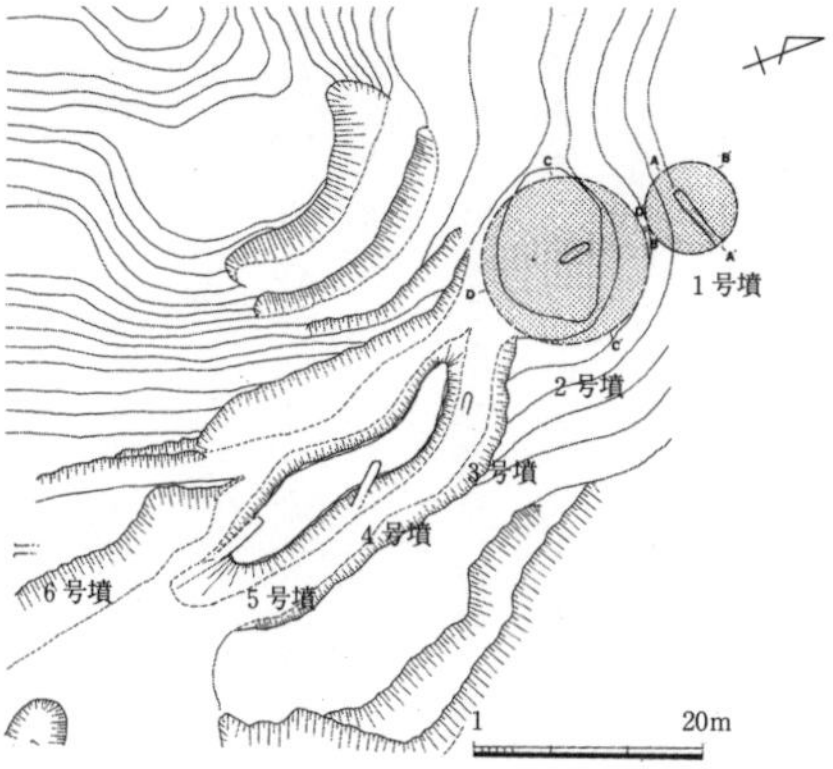

図55　古墳の位置関係

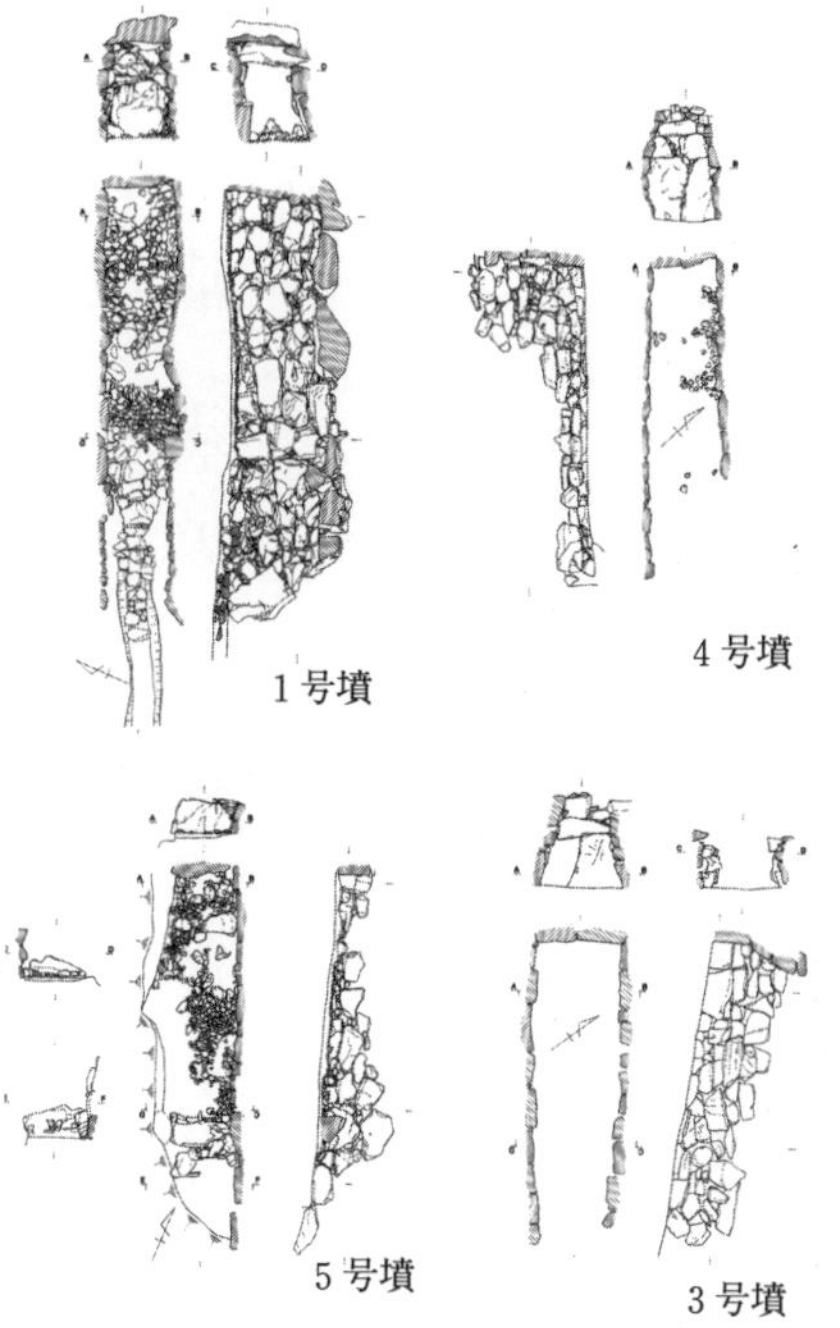

図56　石室実測図（1/300，3号墳のみ1/150）
（注5文献・調査報告書による）

枚、羨道側でも五枚の天井石が伴う。羨道部には閉塞石が羨道幅いっぱいに詰められていた。

人骨は、石室の玄室奥壁側と玄室玄門あたりから出土している。前者付近は盗掘を受け、人骨は「混合」「玄室」として取り上げられている。分析の結果、ここからは成人四体、若年一体、小児二体、乳幼児一体の計八体が確認された。これらに伴う副葬品は盗掘による攪乱を受けた結果、勾玉（碧玉）一、土器片、鉄鏃片が認められたにすぎない。

一方、玄室玄門あたりにも、落石による落ち込みで盗掘を受けていない人骨の一群が確認され、埋葬当時の様相を留めていた。ここから出土した人骨は一号人骨〜五号人骨として取り上げられており、分析の結果、二号人骨としたものはさらに二体分あり、成人六体（男性二・女性三・性別不明一）、小児二体の計八体が確認されている。副葬品は、玄門よりに須恵器（坏蓋三・短頸壺一・高坏四・坏一組・長頸壺二・台付長頸壺二・平瓶一）、鉄器（刀子二）、馬具（鞍二組・磯金具）が出土している。羨道部では坏身二、短頸壺一が出土し、前庭部排水溝からは坏身一、高坏一、𤭯一、台付直口壺一、台付長頸壺一、甕一が確認されている。

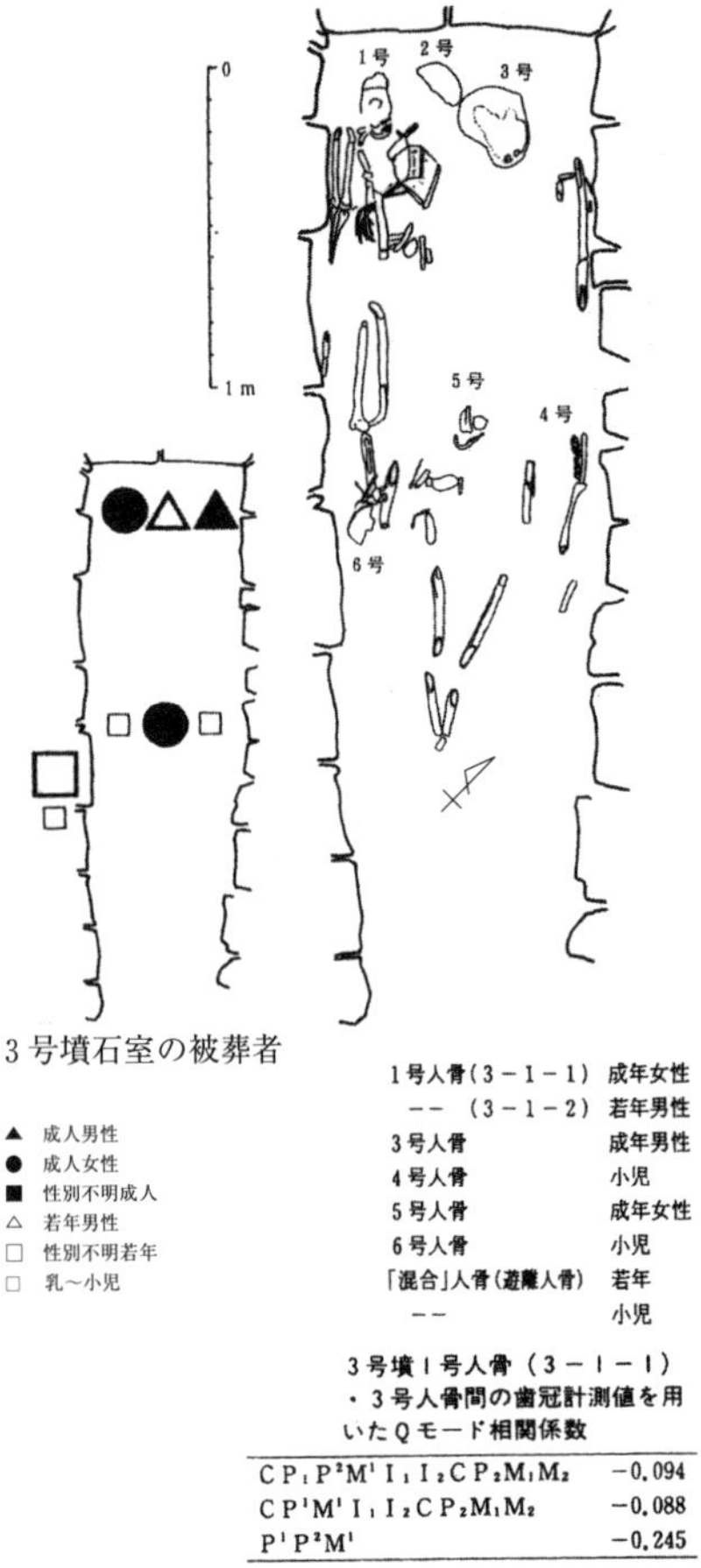

0
1m
1号
2号
3号
4号
5号
6号
3号墳石室の被葬者
▲ 成人男性
● 成人女性
■ 性別不明成人
△ 若年男性
□ 性別不明若年
□ 乳〜小児
1号人骨（3－1－1） 成年女性
－－（3－1－2） 若年男性
3号人骨 成年男性
4号人骨 小児
5号人骨 成年女性
6号人骨 小児
「混合」人骨（遊離人骨） 若年
－－ 小児
3号墳1号人骨（3－1－1）・3号人骨間の歯冠計測値を用いたQモード相関係数
CP₁P²M¹I₁I₂CP₂M₁M₂ −0.094
CP¹M¹I₁I₂CP₂M₁M₂ −0.088
P¹P²M¹ −0.245

図57　3号墳の人骨出土状態（注5文献・調査報告書による）

三号墳の墳丘は調査

古墳名	人骨番号（小稿における番号）	年齢・性別
5号墳	1号人骨	不明
	2号人骨	不明
	3号人骨（5－3－1）	不明成年
	－－　（5－3－2）	小児
	－－　（5－3－3）	小児
	4号人骨	成年男性
	5号人骨	成年女性
	6号人骨（5－6－1）	不明成年
	－－　（5－6－2）	若年
	－－　（5－6－3）	小児
	－－　（5－6－4）	乳幼児
	7号人骨	熟年男性
	8号人骨	小児
	9号人骨	小児
	10号人骨	小児
	11号人骨	小児
	12号人骨（5－12－1）	小児
	－－　（5－12－2）	乳幼児
	13号人骨（5－13－1）	小児
	－－　（5－13－2）	小児
	－－　（5－13－3）	乳幼児
	14号人骨	小児
	15号人骨	成年女性
	16号人骨	成年女性
	17号人骨	不明成人
	「その他」（遊離人骨）	小児

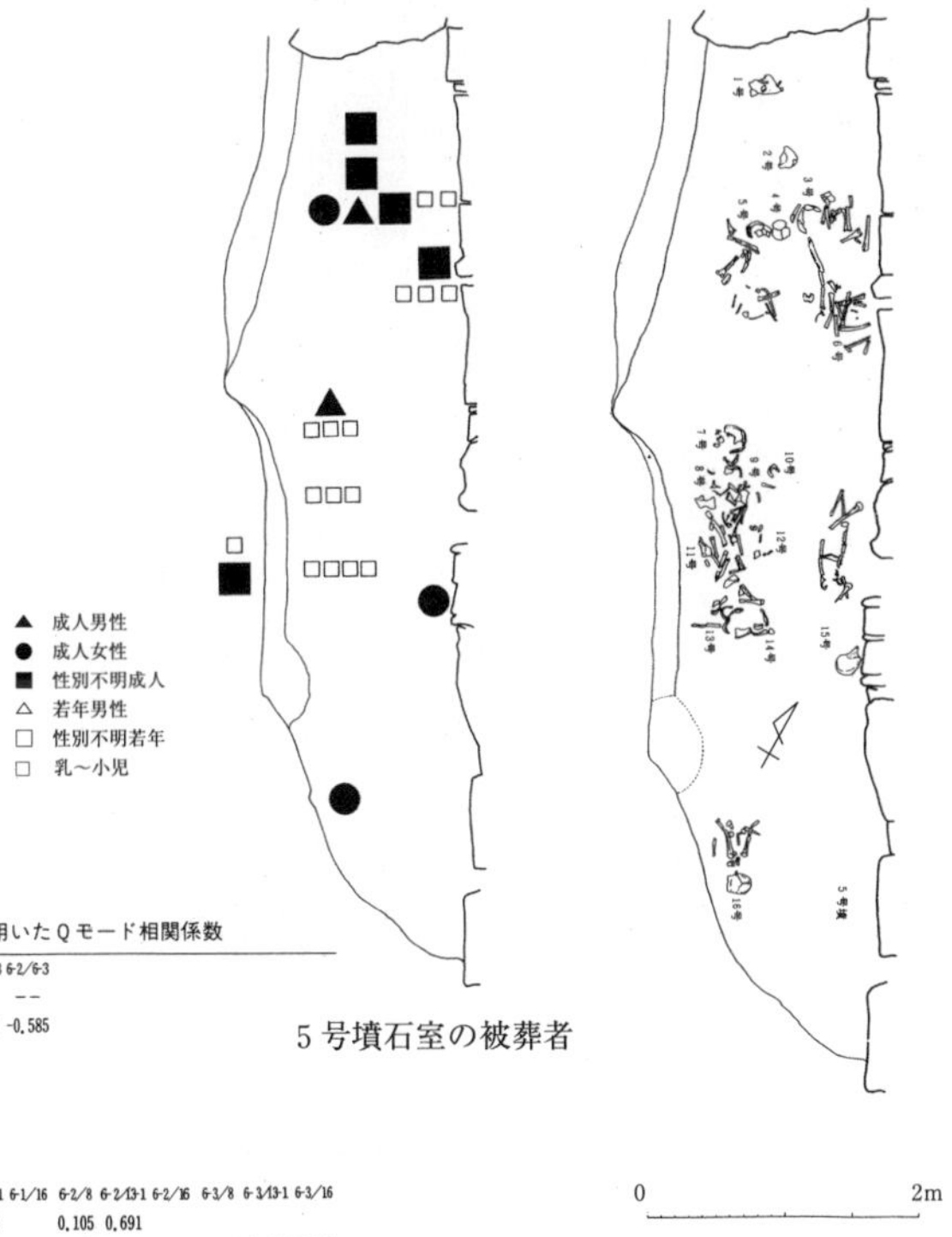

5号墳被葬者の歯冠計測値を用いたＱモード相関係数

〔北群〕	3-1/6-1	3-1/6-2	3-1/6-3	6-1/6-2	6-1/6-3	6-2/6-3
$I_1I_2CP_1P_1P_2M_1M_2$	0.564	-0.162	－－	0.374	－－	－－
$P_1P_2M_1M_2$	0.594	-0.495	0.259	-0.240	0.310	-0.585

〔南群〕	8/13-1	8/16	13-1/16
$I_1I_2CP_1P_2M_1M_2$	0.638	－－	－－
$P_1P_2M_1M_2$	0.531	-0.299	-0.270

〔群間〕	3-1/8	3-1/13-1	3-1/16	6-1/8	6-1/13-1	6-1/16	6-2/8	6-2/13-1	6-2/16	6-3/8	6-3/13-1	6-3/16
$I_1I_2CP_1P_2M_1M_2$	0.043	-0.202		0.326	0.325		0.105	0.691				
$P_1P_2M_1M_2$	0.390	0.008	-0.474	0.547	0.048		-0.406	0.103	0.093	-0.616	-0.084	-0.312
$P^1P^2M^1M^2P_1P_2M_1M_2$					-0.051							
$P^1P^2M^1P_1P_2M_1$						-0.207						
$P^1P^2M^1$						-0.067						

図58　5号墳の人骨出土状態（注5文献・調査報告書による）

時にはすでに削平され、詳細は不明。横穴式石室は全長三・一メートル、幅〇・八五メートル、高さ〇・九五メートル残存していた。出土した人骨は五体確認されており、そのうち二体は小児とされたが、分析後、成年三体（男性一・女性二）、若年二体（男性）、小児三体の計八体と判明した。

　人骨は奥壁側と石室中央の二箇所にまとまって出土している（図57）。奥壁側には四体埋葬されたが、最初に埋葬されたのは、三号人骨とする北頭位の成年男性で、刀子（および鉄鏃）はこれに伴うものと考えられる。一号人骨は、さらに成年女性（3－1－1）と若年男性（3－1－2）に分離でき、前者の人骨が原位置から移動していることから、埋葬後時間をあまりおかずに動かされ、若年男性（3−1−2）と小児一体の計四体が埋葬された。一方、石室中央では四〜六号人骨が出土している。四号人骨は成人女性と小児、五号人骨は成年女性、六号人骨は小児の四体と判明しており、出土状態から中央の五号人骨は最終埋葬と推定できる。副葬品は、左側壁よりに刀子一が出土し、鉄鏃も確認されているが、土器の副葬はない。

四号墳は、調査時にはすでに工事によって天井石が取り除かれていた。墳丘規模は不詳。横穴式石室は残存長六・五メートル、幅一・四四メートル、高さ二・二メートルが記録されている。人骨は奥壁左側壁寄りに一体と追葬時に片づけられた一体が確認された。そのほかは盗掘による撹乱で出土状況が把握しがたい状態にあった。分析の結果、成人五体（男性一・女性一・性別不明三）、小児二体、乳幼児一体の計八体が埋葬されていることが判明した。副葬品には鉄刀一、鉄鏃片、須恵器（高坏一以上・𤭯一・直口壺一・長頸壺二）、土師器片が出土している。

五号墳の墳丘規模などは不詳。横穴式石室は残存長七・三八メートル、玄室長五・八メートル、幅一・六五メートル、高さ一・四三メートル、羨道は残存長二・六メートル、幅一・三メートル、高さ一・四三メートルを測る。石室内に盗掘の痕跡はなく、出土した人骨は奥壁側の北群では一号〜六号人骨が、玄門付近の南群では七〜一五号人骨が、そして羨道には一六号人骨が屈葬した状態で出土していた（図58）。分析の結果、石室内には成人八体（男性二・女性三、性別不明三）、若年一体、小児一〇体、乳幼児五体の計二四体と判明した。なお、羨道での一六号人骨は人骨そのものの遺存状態から、中世頃の埋葬人骨と判断された。

北群のうち一・二号人骨は年齢・性別とも不明であったが、出土位置から最初に埋葬されたと想定でき、奥壁側から出土した鉄刀はこの人骨に副葬されたと推測できる。その手前の三号人骨（成年）、四号人骨（二〇歳前後男性）、五号人骨（二〇歳前後の女性）の頭は並んで出土していたが、三号人骨はさらに性別不明成年一体（5−3−1）と小児二体（5−3−2、5−3−3）に分離でき、その隣の6号人骨としたなかには、成年一体（5−6−1）、若年一体（5－6－2）、小児一体（5－6－3）と乳幼児一体（6－5－4）が片づけられて集積していたことが判明した。以上のように北群では成人六体（男性一・女性一・性別不明四）、若年一体、小児三体、乳幼児一体の計一一体が埋葬された。

一方、南群は一五号人骨（成年女性）が本来の埋葬位置を維持しているものの、ほかの人骨は側壁側にまとまって出土している。その七号人骨から一四号人骨のうち、東頭位にする七号人骨（成年男性）および八・九・一〇号人骨（小児）と西頭位とする一三号人骨（若年・小児・乳幼児）および一四号人骨（小児）は、埋葬当初から対置にあった可能性もあることが指摘された。以上のように南群では、羨道の一六号人骨を除いた成人三体（男性一・女性一・性別不明二）、小児八体、乳幼児二体の計一三体が埋葬されていることが判明した。

副葬品は鉄刀一、刀子三、鉄鏃一、ガラス玉（勾玉二、小玉二四、切子玉四）、金環六、須恵器（坏一組・坏蓋二・坏身一・高坏四・有蓋高坏一組・𤭯二・短頸壺一・細頸瓶二・長頸壺一、平瓶五）、土師器坏一が出土している。羨道部では土師器甑、甕片が出土している。六号墳は調査時にはすでに墳丘および横穴式石室の玄室を失っており、残存した石室長は一・九三メートルにすぎなかった。副葬品は須恵器甕片を採集したのみである。

（三）各古墳の造墓時期

調査された石室のうち、一括して須恵器が出土している古墳に一号墳と五号墳がある。一般に横穴式石室の場合、奥壁側に副葬された群が古い様相を呈し、袖部・羨道へいくにつれて新しい傾向にあるが、一号墳と五号墳の場合にはこれまでの須恵器編年にあわせてみると、型式学的に新しいものが奥壁寄りに出土し、古いものが石室入口付近にある。またセット関係となる坏身と坏蓋が離れて出土していることなどを考慮すると、出土位置からの時期比定は慎重にならざるを得ない。そこで花岡山古墳群から出土した須恵器を群として取り扱い、それらの新古関係を

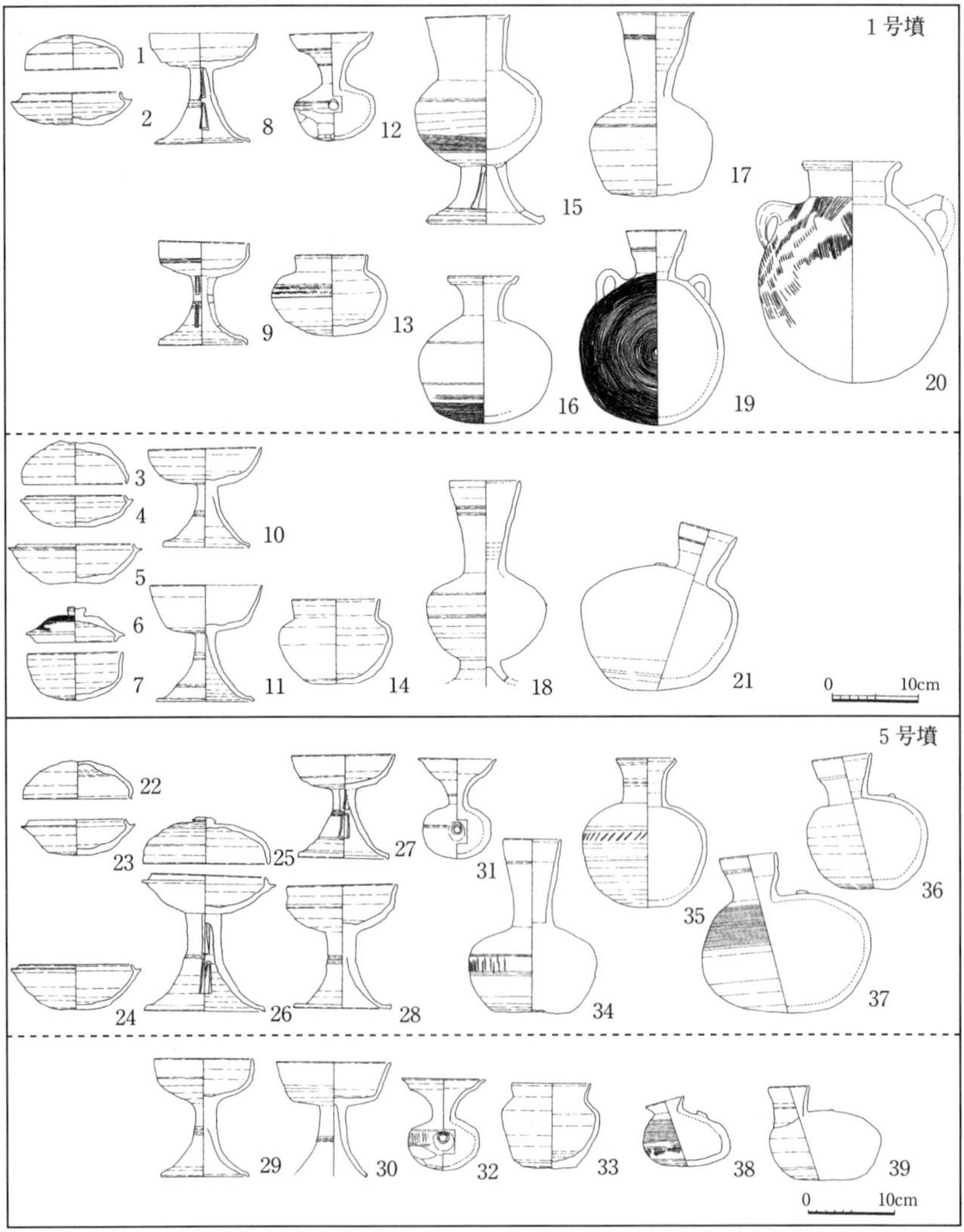

図59　出土須恵器（注5文献・調査報告書による）

検討してみた（図59）。この図では型式学的にやや古相の須恵器を上段に、下段に新相のものを並べている。

坏については一号墳では身と蓋がセットとなるものはなく、五号墳のみみられる。全体に口径の小型化、たちあがりの矮小化、ヘラ切り未調整などの粗雑化が見られる。宝珠つまみをもつ蓋6は、底がやや深い碗に伴うものと考えられ、無蓋高坏は脚部が二段二方透かしと無透かしに分けられ、唯一、二段三方透かしが一号墳で一個体出土している。この二段三方透かしは坏部がやや内傾して立ち上がり、新しい要素が含まれている。最も新しい特徴を示すものは11と30で、坏部は深く立ち上がり外反する。有蓋高坏は五号墳から一個体出土している。𤭯は櫛状工具により肩部に施文を施した丁寧な12が古い要素を残しているが、排水溝からの出土である。短頸壺は櫛状工具により肩部に施文を施した丁寧な13は、口縁部の立ち上がりも短く古い段階と考えられる。14と33などは口縁部の立ち上がりが長く、外反するものは新しい傾向である。台付直口壺は脚の透かしが一段三方透かしである。長頸瓶のうち脚が取り付くのは新しい傾向である。提瓶は一号墳のみの出土である。平瓶は一号墳で一個体、五号墳では五個体出土している。これら花岡山古墳群から出土した須恵器は従来の須恵器編年に照らし合わせると、齊藤編年の第Ⅱ期末から第Ⅲ期初頭に位置づけることができる。(7)

さらに、細かくみると一号墳や五号墳の坏身は、立ち上がりが短く、内傾気味となり口径が一〇～一一センチ前後を測るもので、齊藤が指摘する坏Hを逆転したような蓋を伴う坏Aはほとんど含まない。さらに坏Bを含まないことや擬宝珠つまみをもつものも含まれないことから、東山五〇窯式期から岩崎一七窯式期古段階に併行するものと考えられる。この中で比較的古い要素としては長脚二段に長方形透かしを三方に設ける高坏であるが、新しい要素としては坏Aが存在する点である。こうした高坏については「有蓋高坏の蓋では古いタイプの余韻を残す傾向にあることが指摘され、(8)「古相をより保守的に残すと見られる東海地方」という地域性に起因すると解釈できる。(9)

この東山五〇窯式期から岩崎一七窯式期は畿内飛鳥編年の飛鳥Ⅰ期からⅡ期に併行するため、(10)暦年代では七世紀中頃から後葉とみることができる。したがって、花岡山古墳群は須恵器の編年からは追葬を著しく長くみることはできず、極めて短期間に造墓され多数埋葬が終了したとみなすことができる。

3　各古墳の親族関係

(一) 三号墳の親族関係

親族関係については前述したような田中良之の分析によって提示されている。その手順としてはまず歯の保存状態が良好な三号墳を取り上げて、この石室に埋葬された被葬者の親族関係について、人骨の出土状態と歯冠計測値を参考に世代構成を復元するものであった。

三号墳の場合についてみると、その石室内では最初に玄室西にあたる奥壁側に埋葬が行われ、次に一定期間おいて玄室東に埋葬されたと考えられた。この玄室西群のうち、最初に埋葬されたのは成年男性（三号人骨）で、次に成年女性（3―1―1）、そして若年男性（3―1―2）と人骨の出土状態から復元している。その成年男性（三号人骨）と成年女性（一号人骨3―1―1）間の歯冠計測値はマイナス値を示したため、血縁関係はなく「夫婦」と考えられた。そして同一群にあるものの若年男性（3―1―2）は別世代で、時間を経ている玄室東群の成年女性（五号人骨）とともに世代差があると推定し、小児（四号・六号人骨）と「混合」人骨（若年・小児）の四体はさらに別世代（第三世代）というモデルを復元している。

以上のことから、全長三・一メートルあまりの三号石室は、第一世代の「家長」である成人男性の死を契機に造墓され、時をおかずして妻の追葬が行われ、時間をおいたのち第二世代「家長」のキョウダイにあたる成人女性が埋葬された。これらの埋葬期間は、第三世代にあたる四体の子供が第二世代の成人女性の子供と推定でき、その埋葬は成人女性の埋葬前後と考えられることから、実際の埋葬期間はそれほど長期間に及ぶものではないと結論づけた。

(二) 五号墳の親族関係

一号墳では三号石室に埋葬された八体の二倍に相当する人骨が確認されたものの、その出土状況に不明な点が多いことと歯の保存状態が悪いことから親族関係の復元には至っていない。しかし、五号墳では人骨の出土状態や人骨そのものの情報から次のような復元案が提示されている。

五号墳の石室奥壁側の北群では、成人六体（男性一・女性一・性別不明四）、若年一体、小児三体、乳幼児一体の一一体が埋葬されており、このうち三号人骨（性別不明成年5−3−1）と六号人骨（性別不明成年5−6−1）間の歯冠計測値が高く、血縁者を含む集団と考えられた。先の三号墳のモデルを参考にすれば、最初の埋葬者である一号人骨もしくは二号人骨が鉄刀を伴う成人男性で「家長」に相当すると考えれば、三〜六号人骨の成年は第二世代のキョウダイである可能性が高く、三号人骨の小児二体と六号人骨の若年、小児、乳幼児の三体を含む五体は、第二世代のキョウダイの子供を含んでいるとも考えられる。

一方、玄門付近では成人三体（男性一・女性一・性別不明一）、小児八体、乳幼児二体の計一三体が埋葬されていたが、このうち八号人骨（小児）と一三号人骨（小児5−13−1）間の歯冠計測値が高く、血縁者を含む集団と考えられた。また、北群の六号人骨（若年5−6−2）と南群の八号人骨（小児）・一三号人骨（若年）との間に見る歯冠計測値は高く血縁関係にあることから、この二つの群（=集団）は一定の血縁関係にあったことが推定され、北群と南群の二つの群は、「家長」を継承する親族（=直系親族）と「家長」を継承しなかった親族（=傍系親族）と解釈された。これらの埋葬期間は前述したとおり須恵器からみて、人骨数から想像されるような長期間とは考えられず、七世紀前半から中葉までに埋葬行為は終了していると思われる。

以上のように三号石室では、「家長」夫妻とその子・孫という親族構成が推定され、埋葬人数や石室規模がほぼ二倍に相当する一号墳や五号墳では、直系親族と傍系親族が共に埋葬された石室と解釈された。すなわち、一号墳や五号墳はいずれも「家長」の直系親族のみならず、「家長」を継承できなかった子のキョウダイやさらに孫までを含む傍系親族をも、先代「家長」の石室に埋葬されつづけたと読みとったのである。このような親族構成は田中良之が設定する「基本モデル」に当てはまるが、花岡山古墳群のようなケースは厳密には第二世代の子までも埋葬される「変異型」とされた。

4　花岡山古墳群の形成過程

花岡山古墳群は、三号墳でみられたような「家長」の直系親族のみで構成された横穴式石室と、一号墳や五号墳のように「家長」の直系親族と傍系親族が共に埋葬された横穴式石室が同じ墓域に築造されたことになるが、このことをもう少し掘り下げて考えてみたい。

それぞれの古墳の墳丘規模の比較はすでに墳丘が削平されていたため比較はできないが、横穴式石室の全長をみると一号墳の石室は八・六七メートル、五号墳が七・三八メートル（推定）、四号墳が六・五メートル（推定）、三号墳が三・一メートルと不揃いで、三号墳が最も短く狭い空間を有する。そこで、三・四号墳をここでは「短小石室」、一・五号墳を「細長石室」と相対化した上でひとまず議論を進める。また、奥壁や玄門の石の使い方をみると、一号墳と五号墳は奥壁には大型の石を一枚基底に据えるが、三号墳と四号墳は二枚併せている。また、一号墳と五号墳には玄室を区切る立柱石がみられるが、三号墳と四号墳にはないなど前者の二石室と後者の二石室間には

石室規模を考慮しなければ、その石室の構造は極めて共通性が高い。副葬品をみると、盗掘にあった一号墳と四号墳は正確さを欠くものの、一号墳には馬具、鉄鏃、刀子を、五号墳では鉄刀と鉄鏃が、四号墳には鉄刀が、そして三号墳にも鉄鏃と刀子が備わるなど、階層性を鉄製品からある程度読みとることができる。

ところで、古墳群の間に位置する直径二二・八メートルの円墳である二号墳は、横穴式石室を採用しないやや先行する古墳であるとともに、その規模からして有力首長層の古墳とみてよい。さらに、古墳の位置関係からみて横穴式石室を採用した造墓集団とは無関係ではなく、むしろ、二号墳の粘土槨に埋葬された被葬者と密接な関わりをもった集団が、この地に新たな造墓活動を開始したと解釈したくなる。

こうした前提が許されるならば、二号墳築造後の造墓活動は、その被葬者の系譜を引く集団が一定の範囲においてその同祖同族意識を共有するかのように墓域を同じくして、新たに横穴式石室を採用した古墳を構築したと考えられる。その場合、これまでの考古学的検討と親族関係の復元から次のような三つの造墓過程と親族関係を推定することができる。

【ケース一】三・四号墳の短小石室と一・五号墳のような細長石室を採用した古墳間に、時間差を認めた場合である。つまり、最初の造墓は石室石材の使い方から三号墳（四号墳も可能性あり）で、その後三号墳からの系譜を引く一号墳、さらには四号墳の系譜をひく五号墳がほぼ同時期に造墓されたと仮定するものである。このときすでに両集団は、石室の構造や規模の差だけではなく、馬具や武器の保有からして三・四号墳より一・五号墳の被葬者集団の方がやや優位であったと考えられる。このように解釈するならば、三号墳でみられた直系親族の集団は、次の第二世代「家長」の段階でそのキョウダイが新たに一号墳を構築し、その後一号墳の集団が先代「家長」を上回る墳丘と細長石室を有し、「家長」夫妻やその子や孫という直系親族のみならず、キョウダイにあたるものやその子ら傍系親族をも同一石室に埋葬したと考えることができる。この場合には石室構築にあたっては、あらかじめ前述

1　ケース1（3号墳築造後、5号墳が造墓された場合）

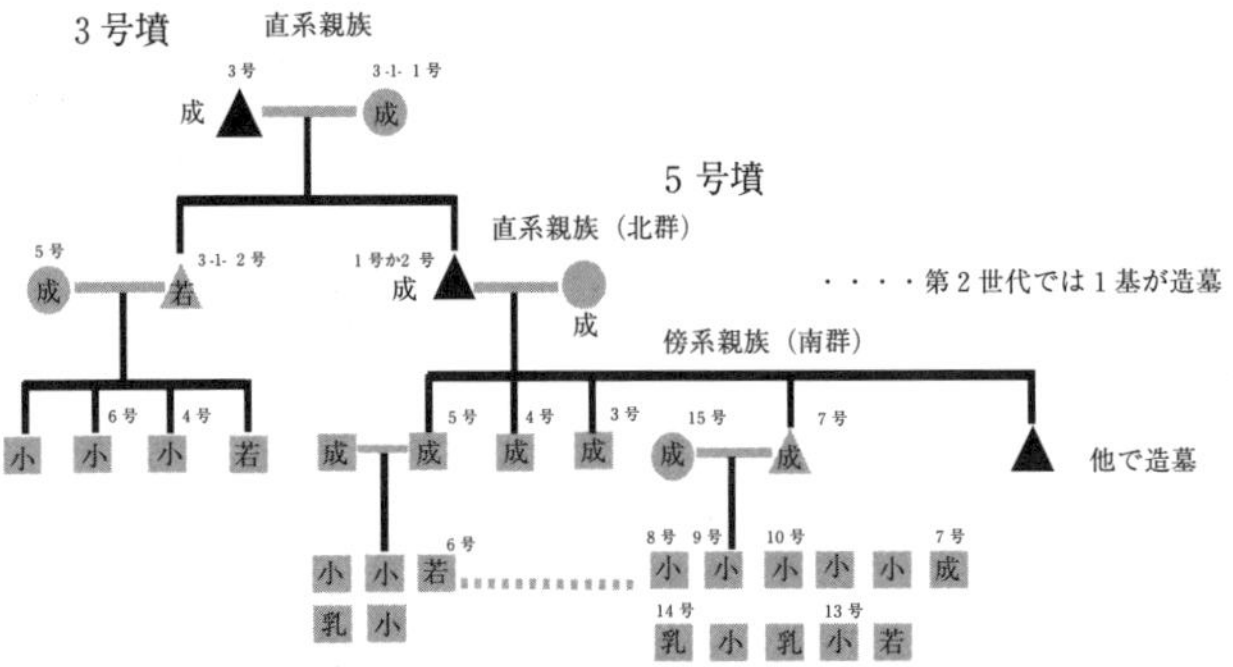

2　ケース2（5号墳築造後、3号墳が造墓された場合）

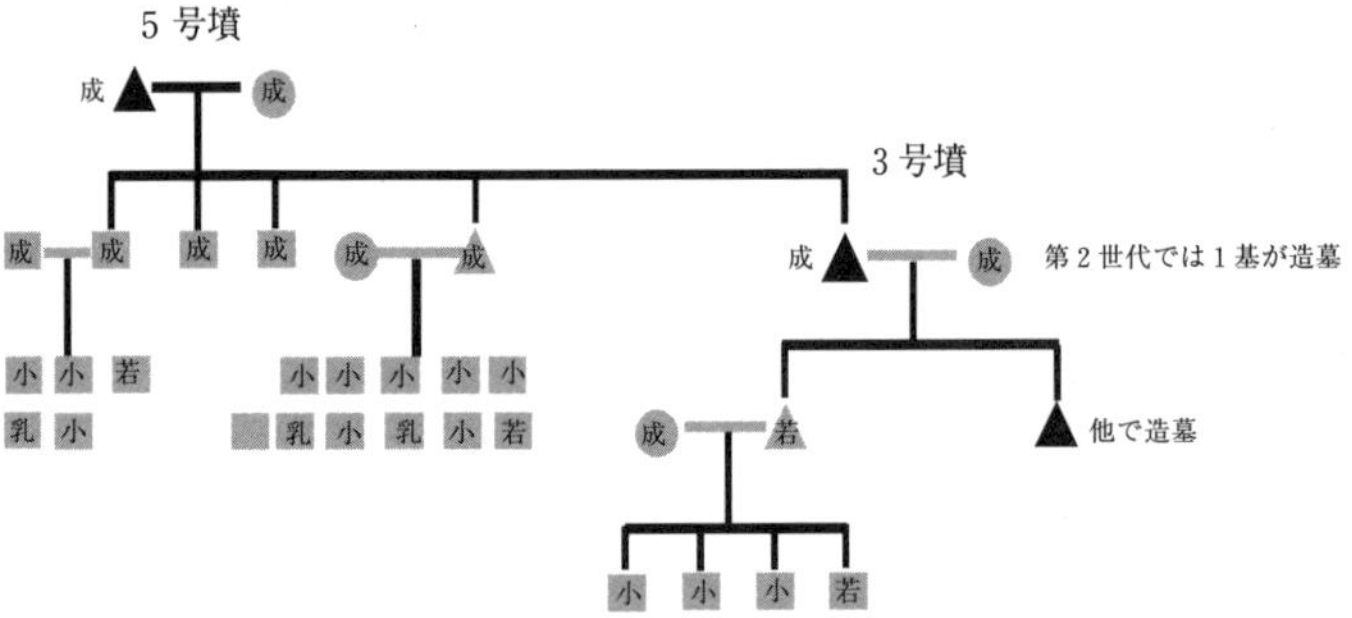

3　ケース3（3号墳と5号墳がほぼ同時期に造墓された場合）

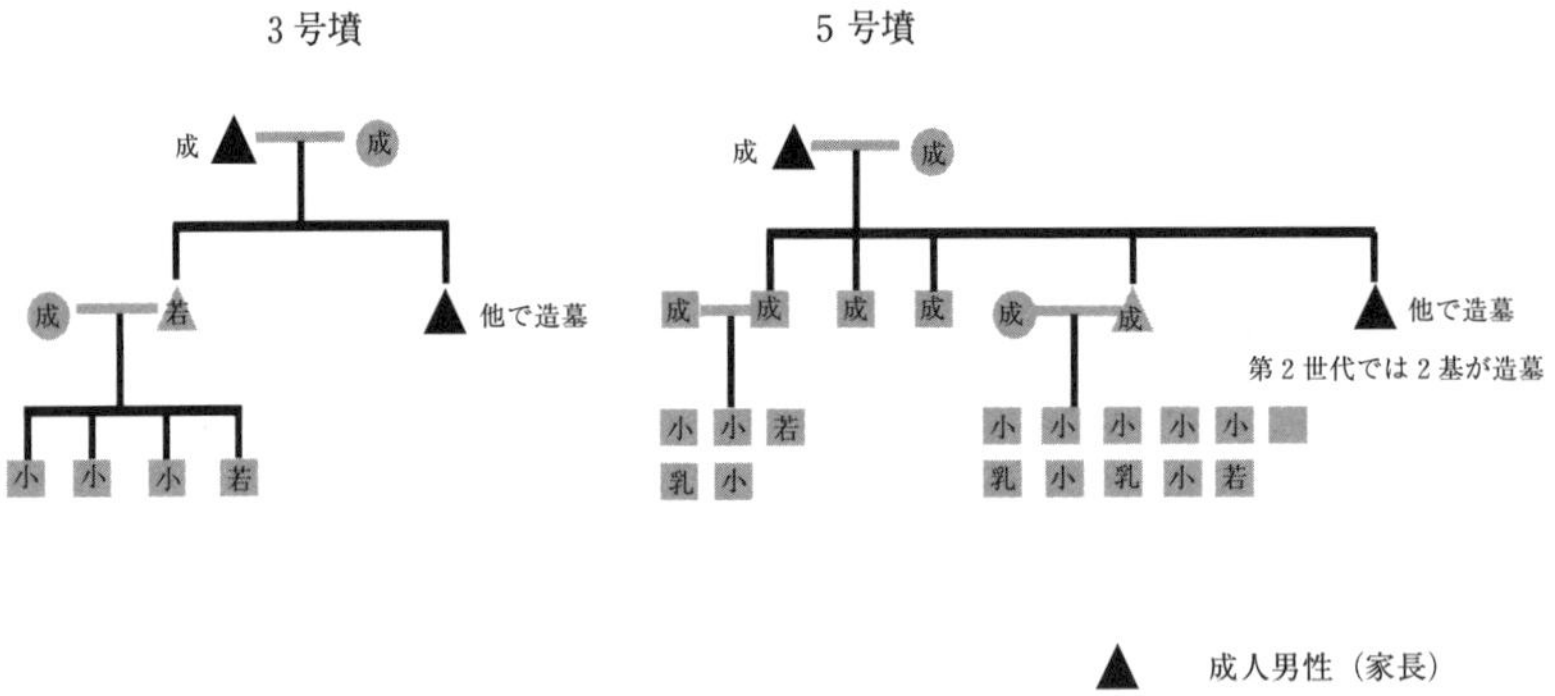

図60　花岡山古墳群の親族関係と古墳築造過程（黒太線は血縁関係を示す）

の人数を埋葬するだけの空間を用意していた計画性のある石室であったとみなすことができる。こうした解釈を親族関係を参考にしてモデル化すると図60－1のようになる。一号墳では親族関係の復元がうまくいっていないため、ここでは五号墳を取り上げている。これを前提にすると、現象面では短小石室から細長石室に移行することから、予め造墓計画段階でその規模（墳丘規模や石室の長さ）を設計していることになる。また親族関係の側面からみれば、直系親族のみの集団構成から短期間に分節化した傍系親族が登場することとなり、集団関係における変化を読みとることができる。すなわち、集団社会のなかでも横穴式石室を構築した造墓階層は限られていたにも関わらず、直系親族から傍系親族が分節化していく社会現象が一定の規制のために起こり得なかったこととなる。

【ケース二】 ケース一の逆のケースである。最初の造墓は一号墳と五号墳で、その「家長」は自分の妻や子以外に、キョウダイとその子までの傍系親族までも埋葬することを前提とし、細長石室を構築したとするものである（図60－2）。その後傍系親族は、造墓活動の規制が緩んだ段階に新たな造墓を行い、小さいながらも直系親族のみで埋葬される三号墳や四号墳を造墓したものと考えることができる。現象面では細長石室から短小石室が出現し、造墓数が増加した可能性もある。また、親族関係の側面では直系親族と傍系親族を同一石室内に埋葬する造墓習俗がのちには継承されず、直系親族のみの短小石室が増加することにつながる。このことは傍系親族が独立して直系親族が増加することになるため、集団内での分節化が促進される社会構造、つまり分節化の規制緩和があったことを推定させる。

【ケース三】 三・四号墳と一・五号墳の造墓に時間差を認めず、三号墳でみられた直系親族のみの埋葬と、一号墳や五号墳で推定された「直系親族＋傍系親族」の埋葬が、この地でほぼ同時に展開した場合である（図60－3）。この場合だと、現象面では短小石室と細長石室が併存し、両者が同一墓域のなかで共生して造墓活動を行ったとみることができ、多くの古墳群が短期間に造墓されたことも推測できる。しかし、異なる親族構成の集団が活発な造墓活動を行う一方で、親族関係の側面からは傍系親族が新たな直系親族へとなかなか分節化できなかった社会が推測される。この場合、新たに造墓活動に着手しえた傍系親族とそれを果たし得ず、直系親族と共に埋葬される傍系親族の差をどのように考えるのか課題は残る。

以上のように、親族関係の復元を参考にしながら、造墓と埋葬過程に三つのケースを提示して花岡山古墳群の造墓活動を推定してみた。そこには仮説的な前提条件があるものの、従来の石室や副葬品研究以外から造墓集団の実態や横穴式石室を有する群集墳の形成過程を読みとることができる。

5　横穴式石室の地域差と埋葬習俗

(一) 石室の形態にみる地域差

花岡山古墳群の埋葬過程からは一つの横穴式石室に直系親族のみが埋葬されるケースと、直系親族と傍系親族が埋葬されるケースの二者があることがわかった。花岡山一号墳や五号墳の事例は血縁関係がありながらも、玄室部分と羨道部分に離れて埋葬されていたことになるわけで、石室構築段階から予め決められていなければ、こうした石室の構築と埋葬形態は採れない。田中良之が指摘するように、岐阜県の横穴式石室の形状に細長いものが多い点は、親族構成にみる埋葬習俗による影響ではないかと思われるのである。[11]

このような石室の空間利用の視点から石室の構造をみてみると、三河や尾張地域で顕著な複室構造を採用する横穴式石室に注目できる。これまで複室構造の石室に対しては、美濃地域の西部ではみられないなどの地域差として捉えられてきたところであるが、明らかに複室構造の石室には玄室以外に埋葬に適する空間（前室）が用意されているのを確認できる（図61）。実際にこの前室部分に埋葬があったと考えられる調査事例があることから、[12]花岡山古墳群の一号墳や五号墳でみたような羨道部分での埋葬が、この前室で行われていたとみることは可能である。複室構造の石室はまさに玄室以外での埋葬を、あらかじめ用意した空間とみなすことができる。

さらに前項のモデルケースを援用するならば、玄室以外の空間すなわち石室の羨道部分や複室構造の前室に埋葬を予定する集団は、その古墳の造墓主体となった直系親族からの傍系親族と考えられることから、こうした埋葬習俗が濃尾平野の特定の地域社会に広まっていたことが推測される。また造墓活動の側面からすれば、直系親族の造墓の主体的な活動に加え、細長石室や複室構造の石室にみた二つの空間に埋葬される現象は、他地域ですでに分節化を成し遂げた傍系親族が、まだ何らかの規制によってこの地域では果たせない状況にある社会構造を読みとることにもつながる。

以上のような親族関係を意識した造墓と地域社会の埋葬習俗という二つの側面から、横穴式石室の研究を今後深めていくならば、新たな地域像がみえてくるのではなかろうか。

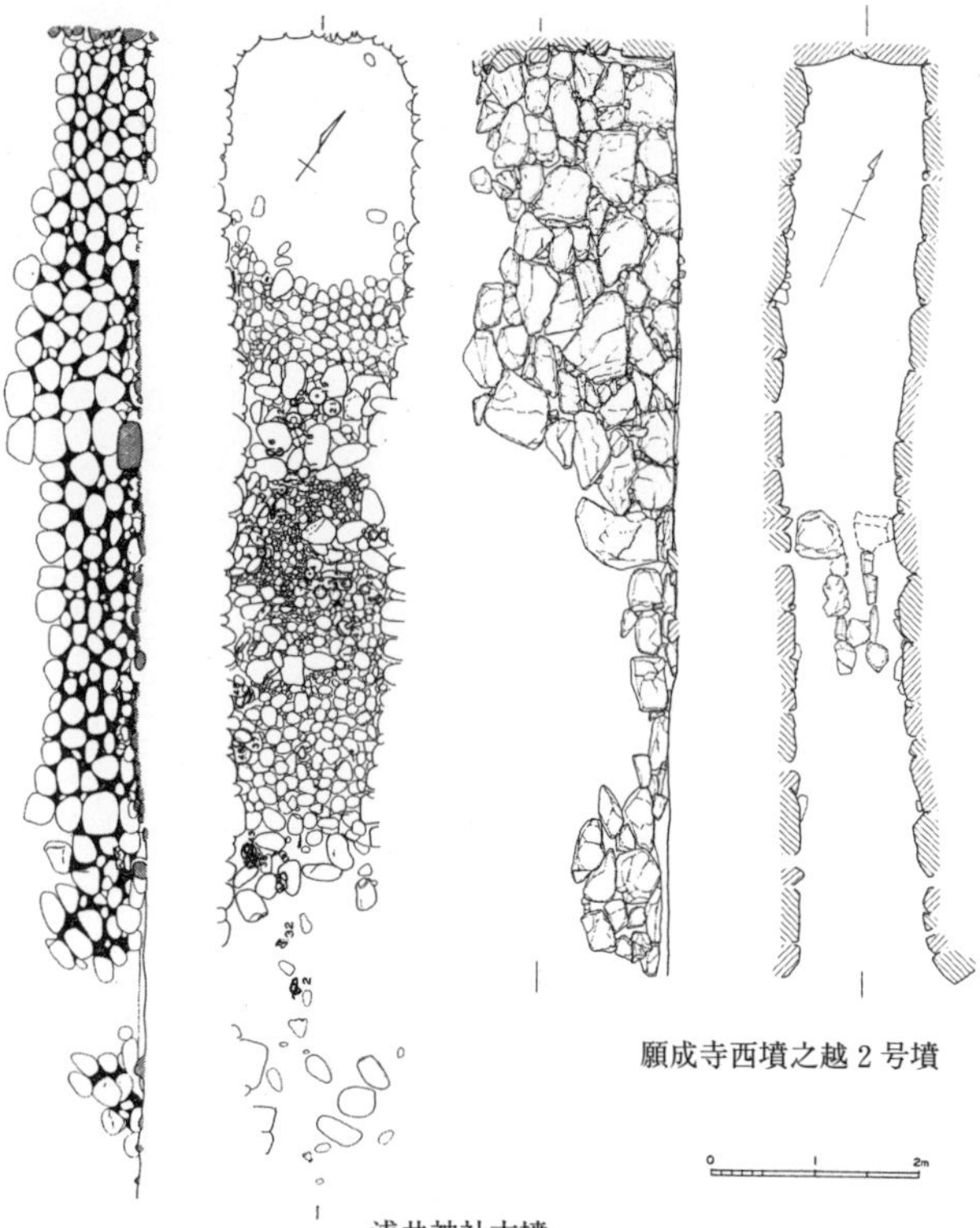

図61　複室石室と細長石室（注12, 14文献による）

例えば、群集墳の形成と横穴式石室の地域性の問題を射程に入れると、西濃地域では複室構造を採用しない石室が広く採用され、その一方で東濃地域から尾張・西三河地域では複室構造を採用した石室が分布するという現象は、傍系親族の分節状況に加えて群集墳の偏在現象ともむすびつけて考えることもできよう。つまり、六世紀後半から七世紀にかけて西濃地域では願成寺西墳之越古墳群や池田町櫨山《はぜやま》古墳群あるいは船来山古墳群など一〇〇基単位での群集墳が展開するが、この現象を前述の花岡山古墳群の形成過程でみたような傍系親族の集団が規制緩和によって分節化を果たした姿として積極的に評価することができる。一方、群集墳の形成が顕在化しなかった尾張や三河地域などでは、傍系親族の分節化が著しく遅れたか、あるいは成し遂げられなかった社会構造が考えられるのである。

(二)　石室の開閉と儀礼

これまでは花岡山古墳群にみることができた多数埋葬の事例を通して、親族関係の構成から推測される横穴式石室の空間利用について考察し、そこからこの地域に特有の石室形態についても言及した。ここでは、視点を変えて横穴式石室を対象にした儀礼行為について、これまで追葬と理解されてきた痕跡のなかにも儀礼行為が指摘できることを紹介し、横穴式石室の空間利用を見直してみたい。このことは前述の花岡山古墳群の事例からも指摘しえることで、この場合も人骨が遺存していなかったら、恐らく須恵器の型式変化や副葬品の構成からして一～二回の追葬の指摘に止まったに違いない。偶然の人骨遺存によって埋葬過程などに迫ることもできたが、こうした人骨が遺存しない場合でも石室の空間利用や儀礼行為の手がかりを得る努力や調査視点を持ち合わせていたいからである。

それではまず、九州の横穴墓からその事例をみてみよう。

①上《うえ》ノ原《はら》四八号横穴墓と瓜状炭化物

まず俎上にあげるのは、飲食物供献儀礼と死の認定に関する興味深い調査事例である。上ノ原四八号横穴墓は、大分県中津市に位置する五世紀後半から六世紀にかけての横穴墓群の一つである。この横穴墓群は内部での人骨の遺存状態が良好で、ここから田中良之らが親族関係の論考を立ち上げた学史的にも注目すべき横穴墓である。このうちの四八号墓は長さ二・五メートル、幅一・五〜一・六五メートルの前庭部をもつ横穴墓で、玄室は長さ一・三メートル、最大幅二・二メートルの平面を測り、楕円形を呈している。天井はドーム状をなし、中央部付近で〇・六七メートルと低い。五世紀後半の築造と報告されている(13)。

この横穴墓からは人骨が一体のみ完全な状態で検出されており、被葬者の横には鉄鏃や刀子が副葬されていたほか、注目される「瓜状炭化物」が頭の右横と左足の外側に二個供えられていた（図62）。また、閉塞部にあたる前庭部の土層観察から、初葬時の埋土とそれを切り込む初葬以降の埋土が確認され、少なくとも二回以上にわたる開閉があったことが考古学的に明らかにされている。さらに、土層からの観察によって初葬時埋土の上面がやや黒色化していたことから少なからず時間の経過のあったことを窺わせ、内部の埋葬が複数あってもおかしくないことが指摘されている。しかし、人骨は明らかに一体のみであったことから、埋葬後何らかの目的で前庭部を掘り返して内部に入り込み、そして再び閉塞したものと考えられた。

そして、人骨の出土状況を詳細に検討した結果、胸部の乱れが不自然であったり、右膝蓋骨が玄室内の別の場所で検出されるなど移動が認められ、瓜状炭化物を頭の右横に置こうとした

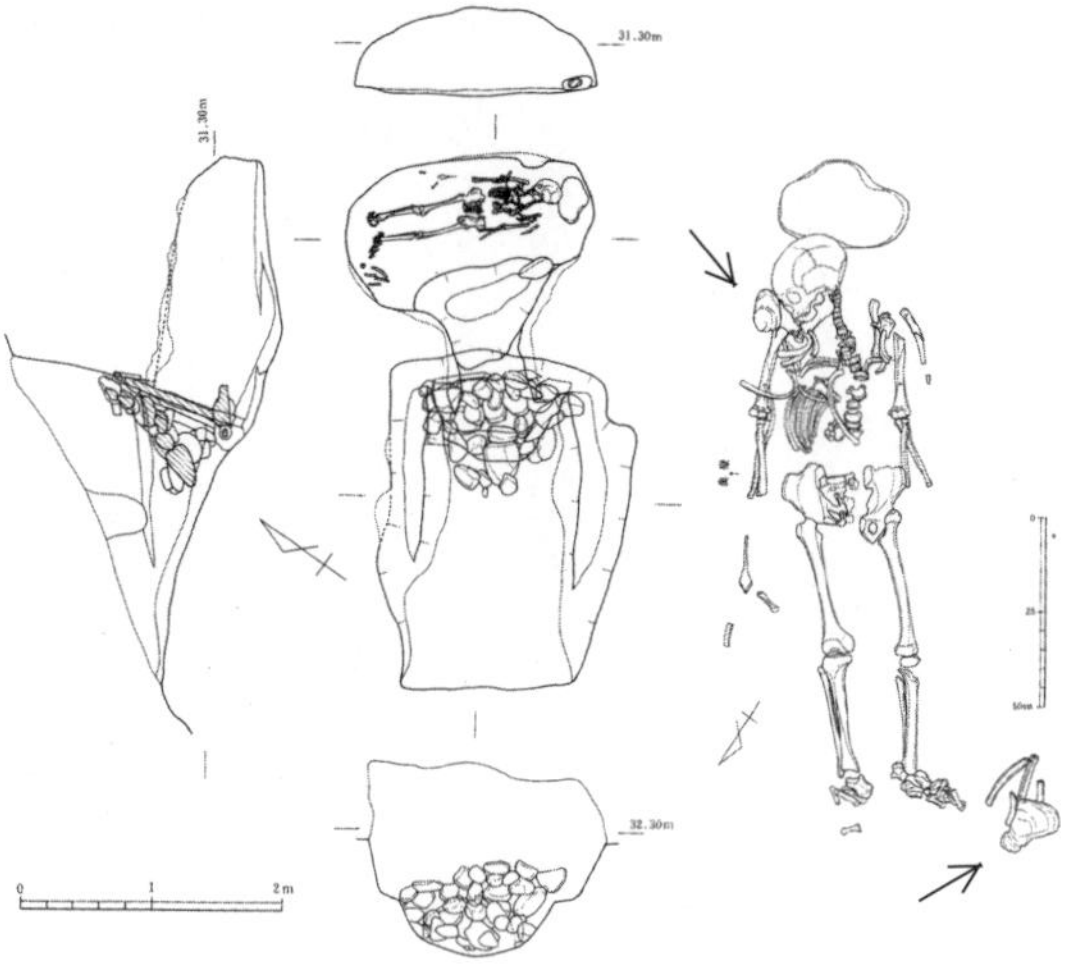

図62　上ノ原48号墓と人骨の出土状態（注13文献による）
（矢印が瓜状炭化物）

結果、人骨に影響を与えたものと判断された。また、足下側の瓜状炭化物については右膝蓋骨を遺体から抜き取り、その周囲に鹿骨製品を配置し、それから瓜状炭化物を置いたことが推定された。つまり、何らかの理由によって遺体の一部に手を加えているのである。こうした行為を山口県土井ヶ浜遺跡出土の人骨例から断体儀礼とも考えられたが、田中は六世紀後半以降から顕著となる集骨、改葬、人骨の再配置に連続していくような行為と捉えている。いずれにしても一度埋葬が終了した後に、埋葬を伴わない開閉があって、何らかの儀礼が行われた可能性をここから読みとることができるのである。次はこうした事例を、人骨が出土していなくても明らかにした調査事例を示す。

②願成寺五一号墳の埋葬過程

岐阜県池田町願成寺西墳之越古墳群は花岡山古墳群の北部の池田山山麓にあって、これまでに約一〇〇基の古墳が一定の墓域内で形成されていることが調査で明らかになっている。[14] そのなかでもとりわけ五一号墳では、横穴式石室の天井石が石室内に陥没していたために内部の状況が比較的当時のままに残されており、追葬など複数回に及ぶ開閉を明らかにしている。[15]

ひとまず古墳の概要を調査成果に沿って記述する。五一号墳は直径一八メートル、高さ三・五メートルを測る二段築成の円墳で、南に開口する横穴式石室が確認されている。調査後に判明した石室は、全長一一・四六メートル、玄室長四・九五メートル、奥壁幅一・一九メートル、奥壁高さ一・九二メートルで、羨道長六・五一メートル、幅は玄門部で一・二九メートル、高さは一・六六メートルある。

横穴式石室への埋葬行為は、追葬を含め三回想定されている（図63）。初葬は玄室東側壁側に配置された二号棺で、これに伴う副葬品の須恵器坏身と長頸壺3が棺の両小口に置かれた。この埋葬時期は須恵器から七世紀後半と考えられている。次の埋葬は先の二号棺に隣接するように置かれた一号棺で、先と同じく須恵器長頸壺4と提瓶が棺の両小口側に置かれた（追葬1）。この時期は八世紀前半とみなされている。またこのとき畿内産土師器は棺上に置

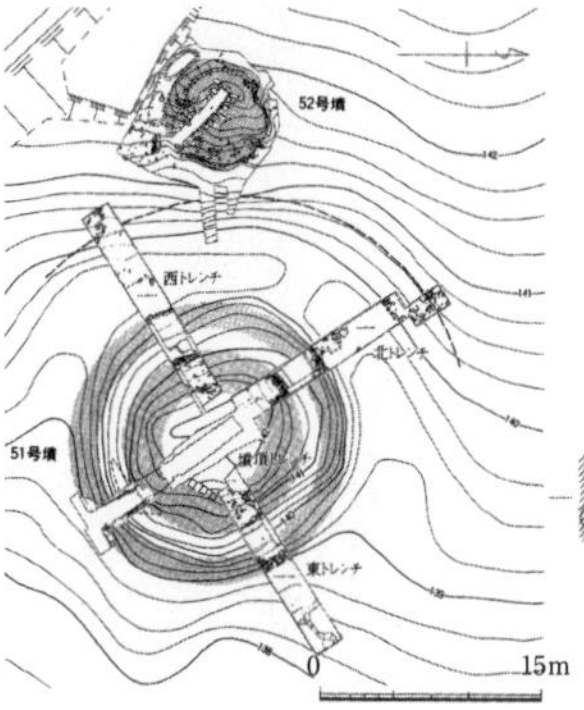
52号墳
西トレンチ
北トレンチ
51号墳
東トレンチ
0
15m

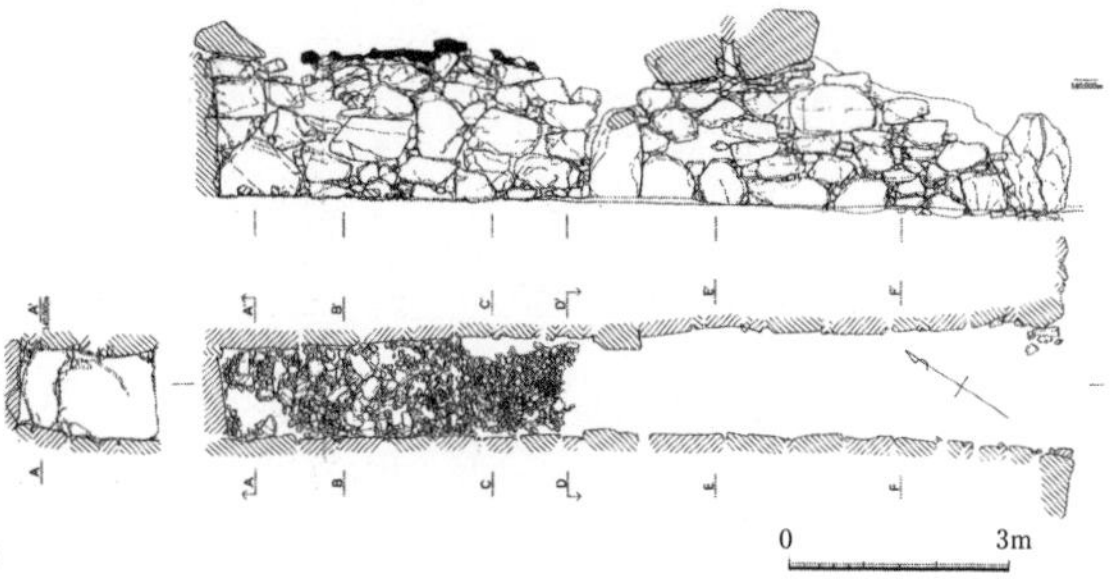
0
3m

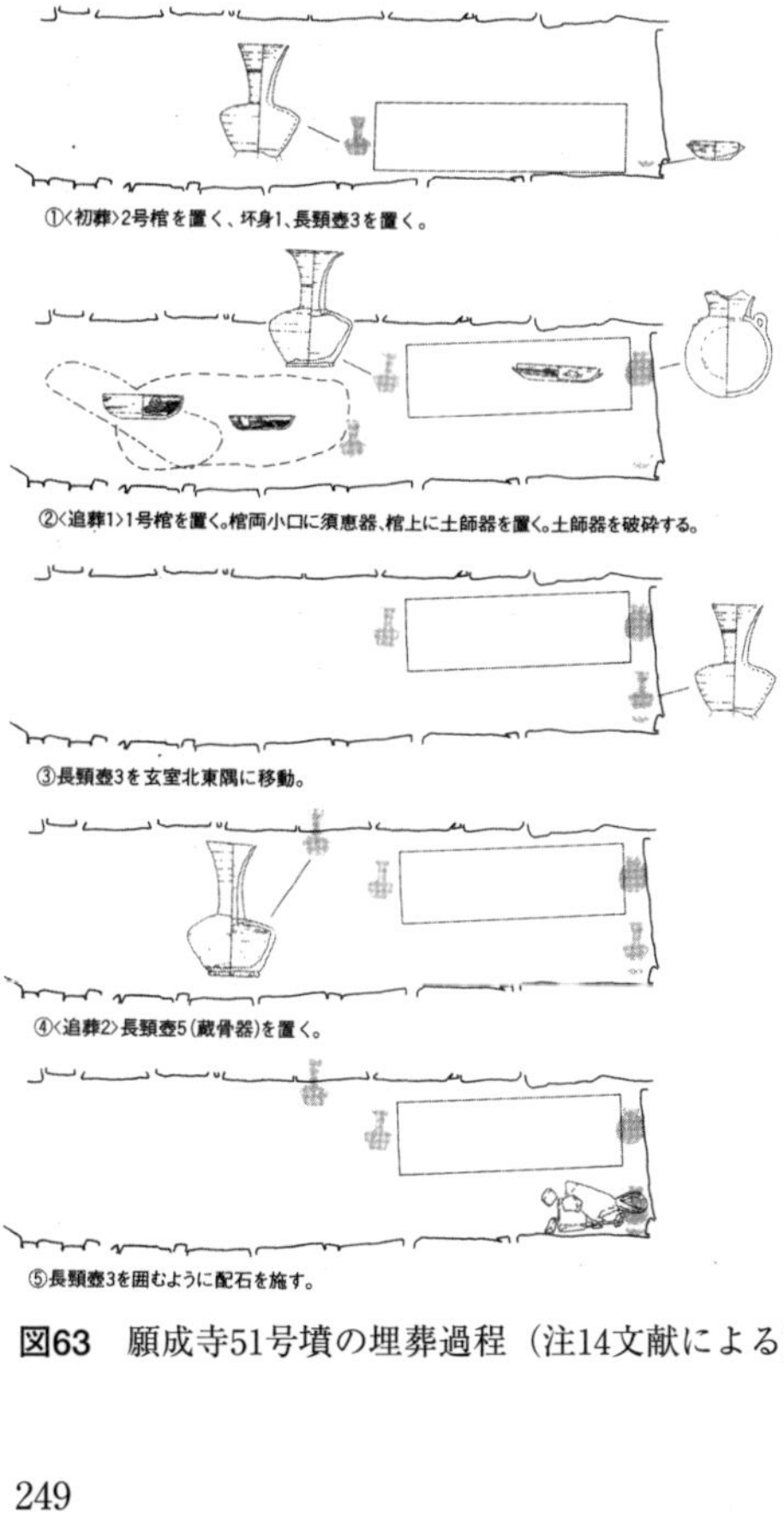
①〈初葬〉2号棺を置く、坏身1、長頸壺3を置く。
②〈追葬1〉1号棺を置く。棺両小口に須恵器、棺上に土師器を置く。土師器を破砕する。
③長頸壺3を玄室北東隅に移動。
④〈追葬2〉長頸壺5（蔵骨器）を置く。
⑤長頸壺3を囲むように配石を施す。

図63　願成寺51号墳の埋葬過程（注14文献による）

かれ、土師器は手前で意図的に破砕され、一号棺の被葬者に対する絶縁を意図した破砕儀礼と考えられている。最終段階の埋葬は、須恵器の長頸壺5に火葬骨を入れた蔵骨器を入れた八世紀前半である。この時期にはすでに美濃において火葬墓が確認されているので、過渡的な様相を示すものと理解されている(16)（追葬2）。

こうした埋葬に伴う痕跡以外に、実は追葬1の段階と蔵骨器を納入した追葬2の後に、それぞれ玄室内に土砂が堆積し、一定期間放置されていたことが指摘されている。その間に長頸壺3が一度は二号棺の小口側に置かれたものが玄室北東隅に移動し、さらにその後それを囲むような配石が認められているのである。このことは石室内に埋葬行為とは別に、何らかの目的のために内部へ入り、そして長頸壺を移動したものと考えられる。こうした行為は先にみた上ノ原四八号横穴墓で考えられた儀礼行為によるものかも知れないが、人骨や有機質の遺存が良好ではないため、これ以上の推測は差し控えたい。しかし、いずれにしても埋葬以外の目的で石室内に入ったことには間違いなく、横穴式石室への問題意識をもった調査と記録が求められる。

横穴式石室にみる造墓形態やその集合体としての群集墳の研究は、今後もこうした側面からの視点を発展させることによってまだまだ研究を深化させることができ、地域史の文献ではみられない社会集団の構成や親族関係などに迫ることができる。

（1）真田幸成『花岡山古墳群発掘調査概要』大垣市教育委員会、一九七一年。

（2）吉備登・寺門之隆「花岡山古墳群（岐阜県）出土の人骨について」（『第三七回日本人類学会・日本民族学会連合大会研究発表抄録』信州大学人文学部比較文化論研究室、一九八三年）七三頁。吉備登・寺門之隆「花岡山古墳群（岐阜県）出土の人骨について」（『第三八回日本人類学会日本民族学会連合大会研究発表抄録』昭和大学、一九八四年）三九頁。

（3）楢崎彰一「中河内郡石切町大藪古墳」（『大阪府文化財調査報告書』第二輯、大阪府教育委員会、一九五三年）一三―四五頁。島五郎・山崎秀治「河内国石切大藪古墳人骨、特に其の黒色彩色歯牙に就いて」（前掲書）五六―六五頁。

このほか一石室多数埋葬の例に、愛知県豊橋市萬福寺《まんぷくじ》古墳がある。ここでは石室長約八メートルの横穴式石室に、約一三体もの人骨が確認されたと報告がある。また横穴墓では、岐阜県高山市杉ヶ洞横穴や桧山《ひのきやま》第二号横穴で管見でき、桧山第二号横穴では成人約三〇体を含む計五〇体近い人骨が報告されている。

・芳賀陽・久永春男・丸地古城『萬福寺古墳』瓜郷遺跡調査会、一九六八年。

・田中彰・石原哲弥・池田次郎『桧山第一～三号横穴発掘調査報告書』高山市埋蔵文化財調査報告書第一六号、高山市教育委員会、一九八九年。
（4）田中良之・土肥直美「古墳被葬者の親族関係について」（『日本考古学協会第五二回総会発表要旨』日本考古学協会、一九八六年）四三頁。同「出土人骨から親族構造を決定する」（『新しい研究法は考古学になにをもたらしたか』第三回「大学と科学」公開シンポジウム組織委員会、クバプロ、一九八九年）一六九―一八五頁。同「発掘人骨が明かす古代家族」（田中琢・佐原真編『発掘を科学する』岩波新書、一九九四年）九三―一〇九頁。
（5）田中良之「一石室多数埋葬の被葬者―大垣市花岡山古墳群の事例から」（『九州文化史研究所紀要』第三七号、九州大学文学部、一九九二年）三五―六五頁。同「花岡山古墳群被葬者の親族関係について」（『花岡山古墳群』大垣市埋蔵文化財調査報告書第一集、大垣市教育委員会、一九九二年）八一―九一頁。のち『古墳時代親族構造の研究―人骨が語る古代社会』柏書房、一九九五年、二〇四―二一六頁に改筆所収。
（6）中井正幸・鈴木元・高田康成「考古学的調査」（『大垣市遺跡詳細分布調査報告書』大垣市埋蔵文化財調査報告書第五集、大垣市教育委員会、一九九七年）一五九―一六七頁。
（7）齊籐孝正「猿投窯第Ⅲ期坏類の型式編年」（『名古屋大学総合研究資料館（古川資料館）報告』第四号、名古屋大学総合研究資料館（古川資料館）、一九八八年）一〇五―一一三頁。
（8）齊籐孝正氏のご教示による。
（9）藤原学「古墳時代須恵器の終焉」（関西大学文学部考古学研究室編『関西大学考古学研究室開設参拾周年記念考古学論叢』関西大学、一九八三年）五四五―五九二頁。
（10）城ヶ谷和広「律令体制の形成と須恵器生産」（『日本考古学』第三号、日本考古学協会、一九九六年）八三―一〇〇頁。
（11）田中良之『古墳時代親族構造の研究―人骨が語る古代社会』柏書房、一九九五年）二七八頁。「花岡山古墳群で認められた長大とも狭長ともいえる細長い平面プランをもつ石室は、この古墳群に特有のものでなく、美濃地方に共通してみられるものである。すなわち、花岡山古墳群のように複数単位を同一石室に葬るということが当時の美濃地方に普遍的な習俗であり、それゆえにこのような石室形態を採用させたのか、もしくは石室形態そのものは別の要因によって成立し、したがって基本的には埋葬される単位は一つであったのかが問題」と指摘している。

(12) 複室構造をもつ横穴式石室でその前室に埋葬が確認できる例がある。浅井古墳群（六号墳・一四号墳）、浅井神社古墳（一宮市）、上野一号墳、坂下一号墳（犬山市）、高蔵一号墳（名古屋市）など。浅井六号墳では前室内から鉄釘とともに人骨が出土しており、一四号墳では前室奥側の、後室玄門に近い位置で鉄釘や須恵器が出土している。また浅井神社古墳では前室に棺床状配石が認められるとともに鉄釘が出土している。上野一号墳の前室には家形石棺が置かれ、坂下一号墳では後室と前室それぞれから人骨が出土している。高蔵一号墳では後室に二体と前室に二体の埋葬が推定されている。

・一宮市「浅井古墳群」『新編一宮市史　資料編三』一九六三年。
・一宮市「浅井神社古墳」『新編一宮市史　資料編四』古墳時代・古代、一九七四年。
・犬山市教育委員会『愛知県犬山市埋蔵文化財調査報告上野古墳群』一九六八年。
・犬山市教育委員会『上野第六号墳岩神古墳坂下第一号墳』犬山市埋蔵文化財調査報告第四集、一九七八年。
・楢崎彰一「名古屋市熱田区高蔵第一号古墳の調査」『名古屋大学文学部研究論集』XⅠ、史学四、一九五五年）一―二一頁。

(13) 村上久和・田中良之・土肥直美「四八号横穴墓」（『上ノ原横穴墓群Ⅱ―一般国道一〇号線中津バイパス発掘調査報告書（Ⅱ）』大分県教育委員会、一九九一年）六四―六八頁。
(14) 横幕大祐編『願成寺西墳之越古墳群資料調査報告書』池田町教育委員会、一九九九年。
(15) 横幕大祐編『願成寺西墳之越古墳群五一・五二号墳発掘調査報告書』池田町教育委員会、二〇〇〇年。
(16) 横幕大祐「美濃における古墳終末に関する覚書」（八賀晋先生古稀記念論文集刊行会編『かにかくに』三星出版、二〇〇四年）二四一―二五〇頁。

［補記］本節は、二〇〇二年一二月の群集墳研究会第一〇回例会とその後二〇〇四年九月の勢濃尾研究会にて口頭発表した内容をまとめたものである。研究会の参加者の方々から有益なご意見を頂いたことを記しておきたい。

第七節　古墳終末の過程

1　はじめに

岐阜県大垣市北西部に位置する金生山周辺には、尾根沿いに数支群に分かれつつ約三〇〇基あまりから構成される群集墳がある。しかしこのあたり一帯は石灰などの採掘による地形変貌が著しく、すでに消滅してしまった古墳も多数含まれ、当時の群集墳の様相を復元するのは極めて困難である。しかし、金生山一帯の群集墳の把握は、隣接する池田町の願成寺西墳之越古墳群などの群集墳とともに、西濃の古墳時代後期から終末期を考察する上で重要である。

ところで、美濃における群集墳は六世紀末葉から七世紀初頭にかけて、それぞれの集団が墓域を占有しながら活発な造墓活動を展開するが、なかには古墳の規模を縮小しながらも七世紀中葉あるいは七世紀末葉から八世紀初頭にかけて散在的に造墓活動を展開している群集墳がみられる(1)。こうした動向がどの程度まで金生山の群集墳と軌を一とするか不明であるが、こうした視点からもここで紹介する長胴棺の歴史的意義は小さくない。本節はこのことを念頭に置きながら当地での古墳の終末について考えてみたい。

図64　丸山出土の長胴棺（岐阜県博物館）

図65　出土時のスケッチ

2　丸山古墳出土の長胴棺

（一）これまでの経緯など

紹介する長胴棺は岐阜県博物館にて「金生山丸山出土」と記され、「古墳時代後期に何かを貯蔵するとか別の用途であったものが、のちに棺として用いられたのではないか」と展示されている[2]（図64）。この長胴棺が金生山から出土し、博物館に展示されるまでの経緯を調べるうちに、長胴棺が出土したときの状況を描いた一枚のスケッチに出会った。スケッチには「昭和四五年大垣市昼飯町字丸山一六〇〇番地」で、小山山頂の石室から崩れ落ちてきた破片を採集したことが記入されていた[3]（図65）。さらにこのスケッチからは長胴棺が長さ二・五メートル、幅一メートル程度の小規模な横穴式石室内にあったこと、須恵器が石室奥壁側の二箇所にまとまって副葬されていたことなどを読みとることができた。また、博物館でスケッチに描かれた須恵器と思われるものが保管されていたことから、長胴棺の年代を推定する手がかりを得た。

以上のような経緯から、展示してある長胴棺が大垣市丸山地区のある古墳の横穴式石室から出土した棺で、須恵器から古墳時代終末期の築造と判断できることから、ここでは丸山古墳出土の長胴棺として論を進めたい。

（二）長胴棺の概要

長胴棺は身と蓋からなる須恵質有蓋長胴棺に属する。[4] 蓋はやや歪んでおり、実際には身に挟まらない。焼成は須恵質を呈した窖窯焼成であるが、軟質で全体に褐色を呈する（図66）。身は部分的に石膏で修復されているものの、ほぼ完形に近く復元されている。図から読みとると全長九二センチ、口縁部径四三・五センチ、内側にある口縁部の内径三五センチ、体部最大径四七・五センチを測る。仮に蓋が覆い被されば、その全長は約一〇〇センチになるものと推定できる。底は球形ではなくやや先細り気味で、身自身で正位で安定しない。整形は底部より粘土紐を巻き上げ、叩き板で叩き締めているのが内外面の痕跡から観察できる（図67−1）。内面にはそのときの粘土の巻き上げが残る（図67−2）。体部下半分はまさに甕の形状に近似し、須恵器の甕の成形を踏襲しながらそのまま上部に粘土を上積みしていくように観察できた。内面では須恵器甕でよく見られる青海波文が、外面には部分的に格子状の叩き目が残る。頸部では二又状となり、その間に蓋を差し込むようになっている。外側の口縁

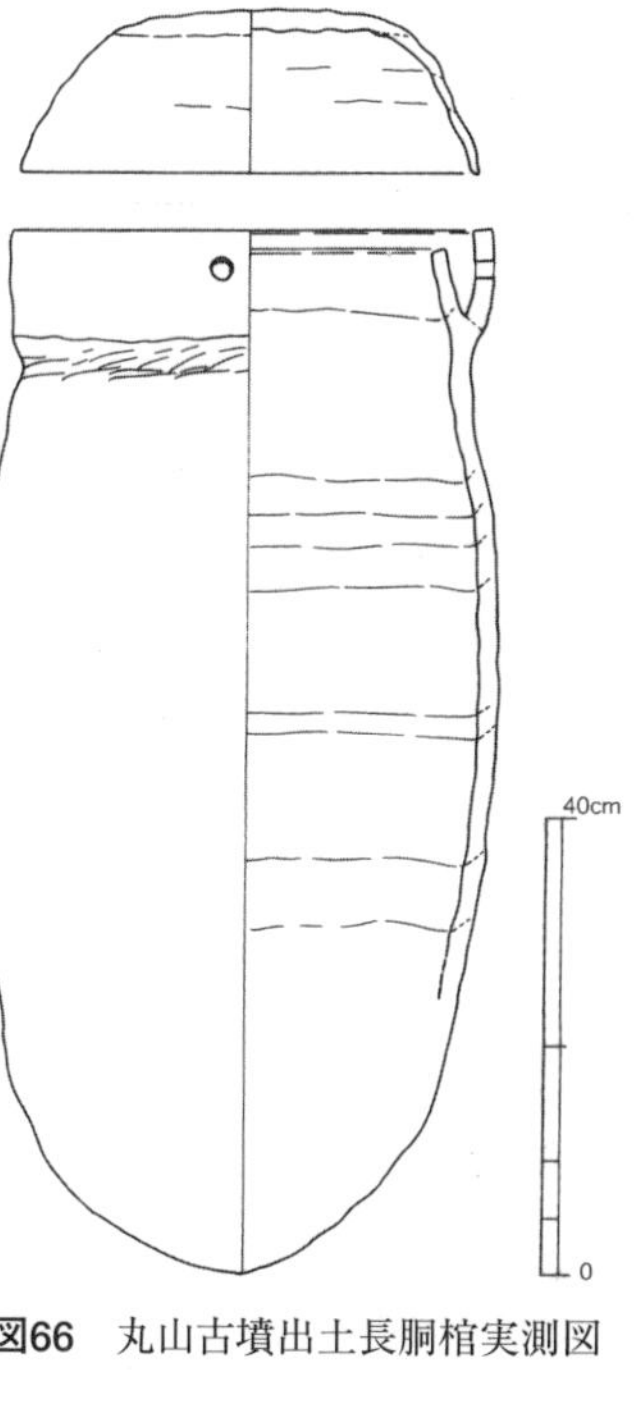

図66　丸山古墳出土長胴棺実測図

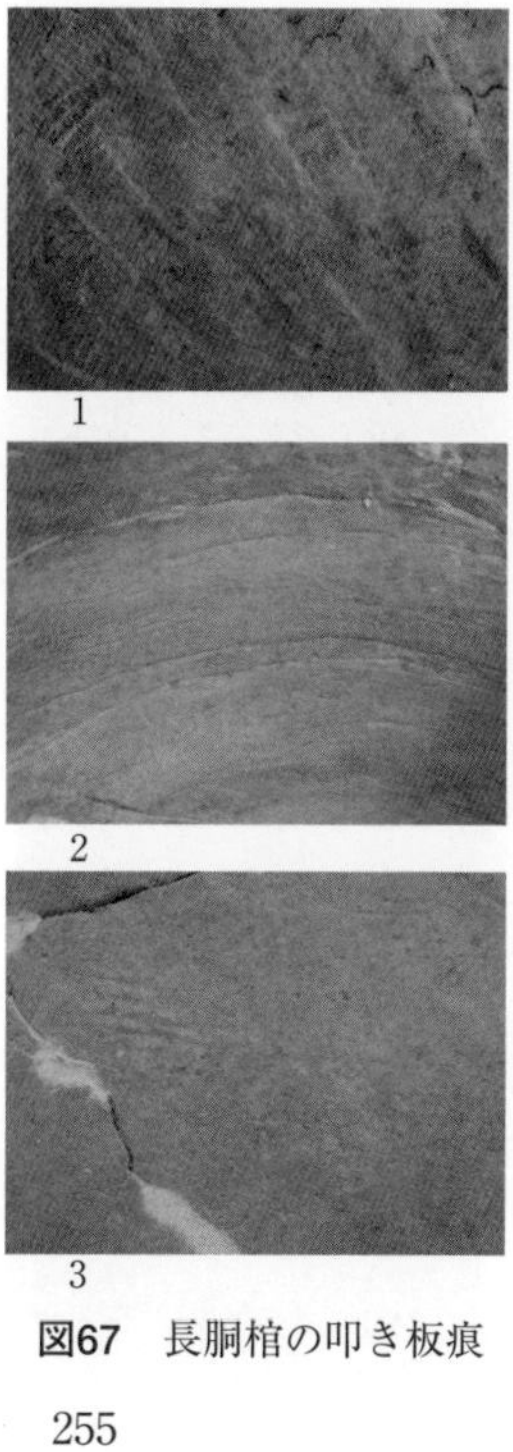

図67　長胴棺の叩き板痕

部はこの頸部に後から貼り付けており、その接合範囲を粗く指で撫でている。三箇所には直径約二センチの穿孔が見られ、欠損した部分を想定すると四箇所に配置されていたことがわかる。これに対応するような孔が蓋にはみられないが、紐などをとおして蓋を固定するための意図があったと考えることは可能である。(5)

一方、蓋は鉢状の形態をなし、部分的に欠損するところがみられるものの概ね原形を止めている。整形段階における歪みによってややいびつな形状をなす。口縁の直径は四一・五センチ、高さは一四・五センチを測る。内外面にはわずかに叩き目が観察できる（図67―3）。焼成は軟質で身と同様な色調を呈する。蓋は身の口縁に作りだした受け部に覆い被さるように作られたものであるが、実際には蓋の歪みによって収まらない。

（三）須恵器と陶棺の時期比定

保管されていた須恵器は、坏蓋一、坏身二、平瓶一、高坏一、台付長頸壺一など七点である。これらが出土した須恵器のすべてかどうかは判断できないものの、スケッチの形状と概ね一致する。ここではこれらの須恵器のうち六点を図示している（図68）。坏蓋は、口径一一・八センチの小型の蓋で、かえりがわずかにあり、外面にヘラケズリ痕が残る。坏身は二点あり、2は口径一一・三センチ、3は口径九・〇センチを測る。高坏は坏部径一〇・〇センチ、高さ七・四センチの透か

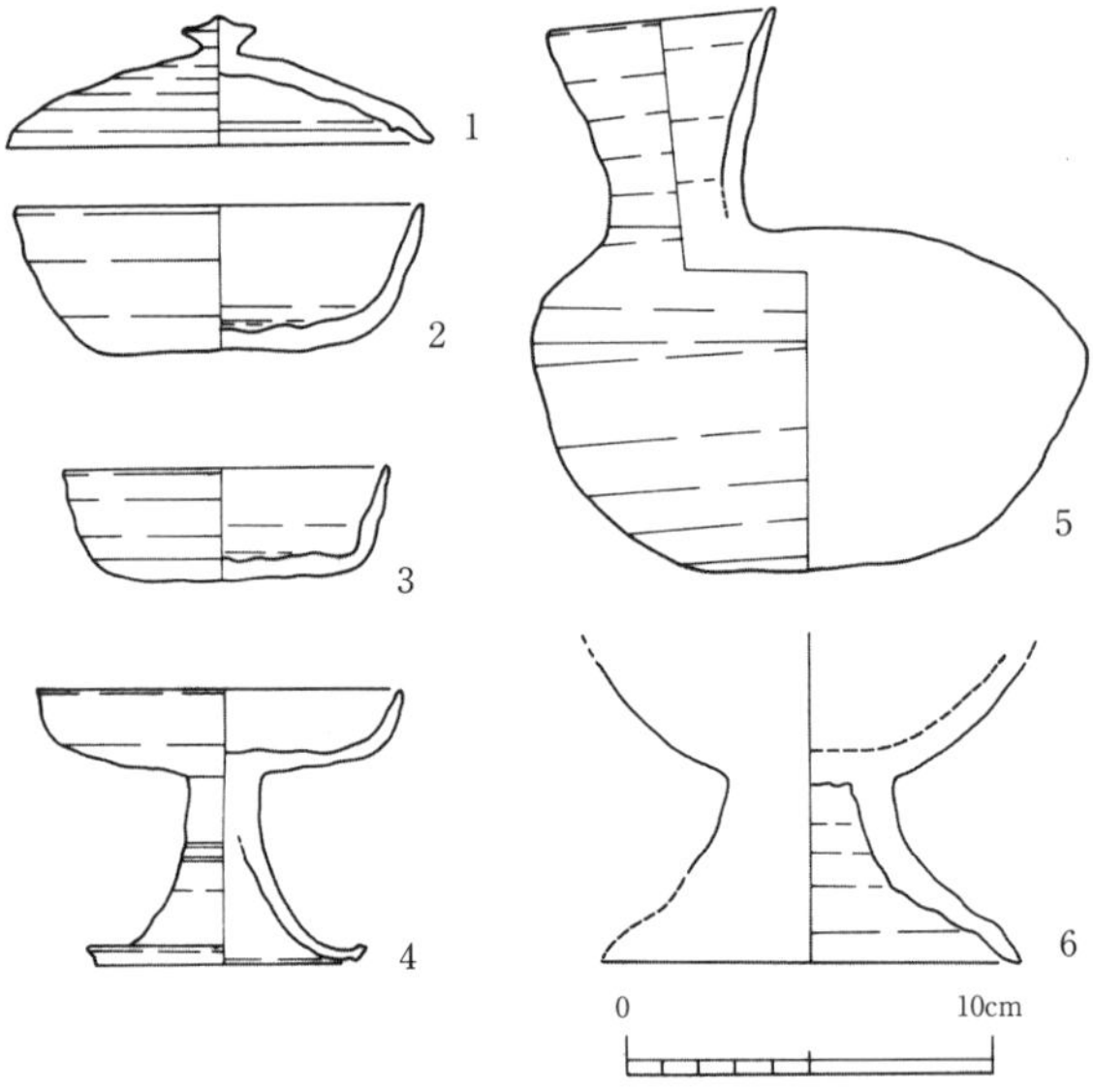

図68　丸山古墳出土須恵器実測図

しのない脚をもつ。6は台付長頸壺として石膏復元がなされているが、原形を止める脚部のみ図示している。このほかにももう一点長頸壺として石膏復元している須恵器があるが、平瓶の底部の可能性もあるのでここでは省略している。

以上の須恵器はいずれも同一胎土で焼成もほとんど変わらないため、石室に副葬された一括性は非常に高い。また、坏蓋と坏身の形態からみて、これらの須恵器の年代はその組み合わせを含め、概ね飛鳥Ⅱに併行して位置づけることができ、暦年代では七世紀の中葉から後葉と考えられる[6]。

3　須恵質有蓋長胴棺とその用途

(一)　須恵質有蓋長胴棺の出土状況

さて、丸山古墳出土の長胴棺と類似するあるいは関連する長胴棺を集成してみると、現在のところ大阪府や奈良県を中心とした近畿地方に多く、西は兵庫県、東は三重県から岐阜県のあたりにまとまって分布するようである[7]。このうち発掘調査によって出土状態が明らかなものを提示してみる（図69）。

兵庫県篠山市沢の浦二号墳[8]

この古墳は山頂に位置する直径約九メートルの円墳で、六世紀末葉から七世紀初頭に築造された。長胴棺は無袖式の横穴式石室奥壁右よりに一個体主軸方向に沿って出土している。石室には合計三回に及ぶ埋葬が行われているが、長胴棺はこのうち第三次の追葬時に使用されたと考えられ、その時期は七世紀中葉頃とされる。長胴棺の中からは人骨が出土していることからも、明らかに埋葬棺とわかる事例である。これに伴う副葬品は出土していない。

大阪府堺市原山四号墳（原山四号古墳[9]）

この古墳は七世紀中葉の小墳で、横穴式石室からは長胴棺二個体分が出土している。これらの長胴棺は石室主軸方向に沿って並び、蓋をして横位に置かれていた。その上には鴟尾や須恵器蓋の破片や窯壁片で覆われ、さらにその上部に完形の筒形土製品があったというやや特異な出土状態をもつ。なお、報告ではこの長胴棺を蔵骨器として扱っている。

滋賀県栗東市新開西三号墳[10]

この古墳は七世紀中葉に築造された小方墳で、石室内部からは一個体の長胴棺が須恵器、土師器甕、金環などと共に出土している。長胴棺は石室の主軸に沿った方向で奥壁側に蓋と粘土塊を介して身が羨道側にあった。復元された長胴棺の幅からして石室内の幅いっぱいに納められ、長胴棺を前もって意識した造墓が考えられ、追葬はない[11]。

以上のような類例とその出土状態からみた長胴棺は、古墳時代終末期、概ね七世紀中葉頃の古墳に用いられた棺であって、小さな無袖の横穴式石室内に横向けにして入れられているなどの共通点が多い。したがって、大垣市丸山古墳出土の長胴棺の場合も、残されたスケッチの信憑性も高く、そのほかの長胴棺と同じく七世紀中葉前後のものとみて矛盾はない。ただし、その用途や性格をめぐっては、兵庫県沢の浦二号墳のように明らかに埋葬棺であるとみて疑いないものや、原山四号墳で報告されているように蔵骨器とする解釈、そして「七世紀前半の須恵器窯近くの古墳で使用され」ていることから、「須恵器工人専用の棺」とも解釈されるなど[12]、遺構との関係を考慮しつつ個別実証が求められる。

(二) 長胴棺の用途

さて、長胴棺を広義の「陶棺」としてみることは、これまでの調査事例からみても大方妥当であろう。しかし、突き詰めて埋葬棺でも小児棺なのかあるいは屈葬または改葬骨棺（以下、改葬棺）を行った成人棺なのかは決めが

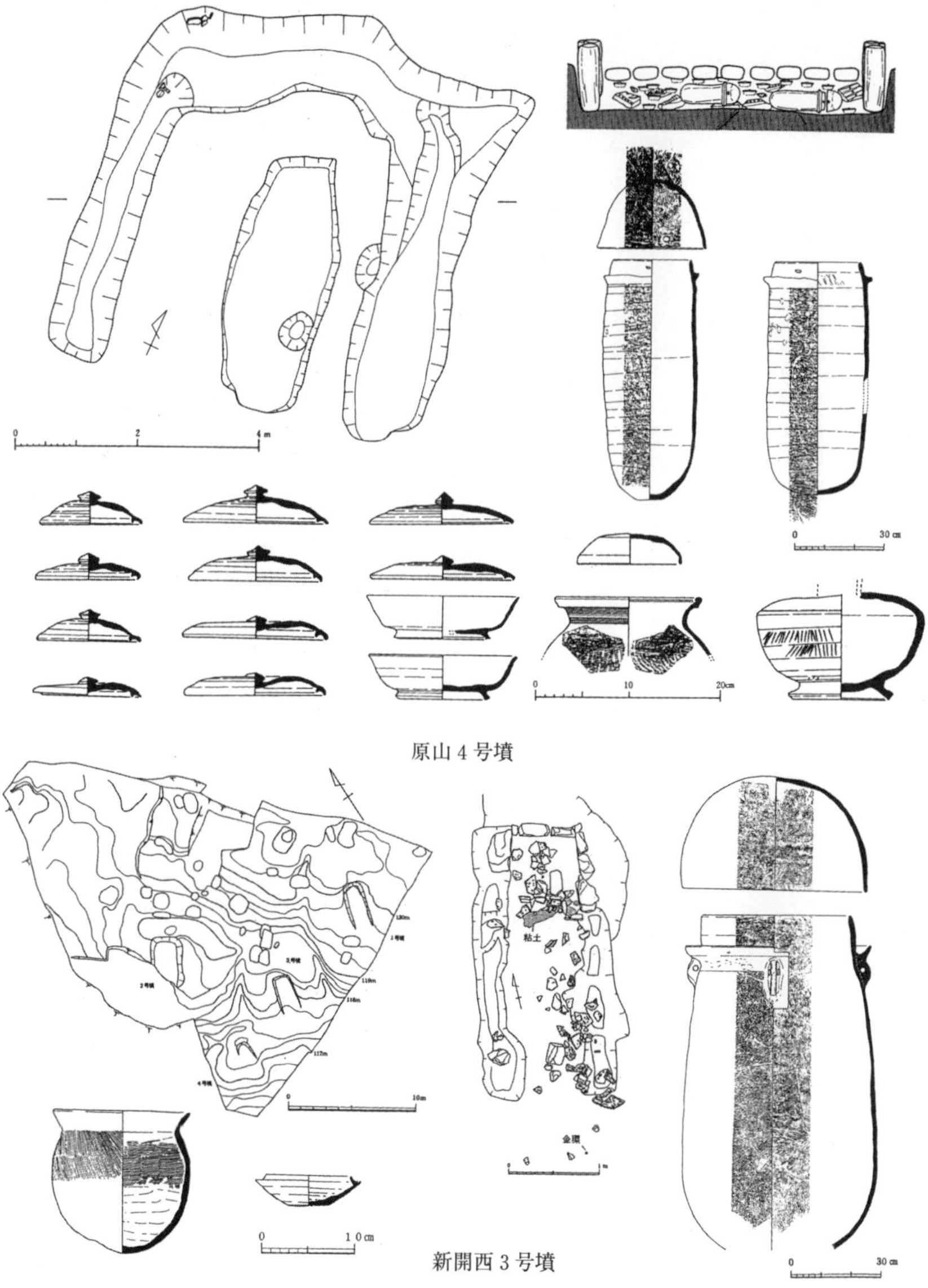

図69　長胴棺の出土状況（注９, 10文献による）

たく、まして蔵骨器などに使用されていた可能性も考慮せねばならない。仮に埋葬棺でなくても、これまでの須恵質陶棺の検討からみて、複数の人骨が検出されること、火葬骨の痕跡がないこと、人骨に欠損部分が多いことを理由に、棺外での改葬が想定できる改葬棺の可能性も否定できない。[13] また、陶棺以外でも横穴式石室などの小石室において、改葬墓とみなすような調査事例や研究があることを前提にすれば、現状において長胴棺を埋葬棺としてのみに限定するのはやや早計かもしれない。[14]

ところで、これまでに知られている長胴棺を大きく分類すると、全長が六〇センチ前後となる小形のものと、九〇～一〇〇センチ前後の大形となる二者に分かれる。後者は少ない事例であるが、ほとんど大きさが同じであることから棺に規格性があったものとして理解できる（図70）。全長が一〇〇センチ前後は、須恵質陶棺のM型に近く「M型以下の大きさの一部が改葬に利用されたことは確か」[15] とあるのは、長胴棺の用途を考える上で傾聴すべき事実である。

また、用途の問題と関連して留意する必要があるのは、長胴棺の身にある穿孔である。穿孔は長胴棺の口縁部付近

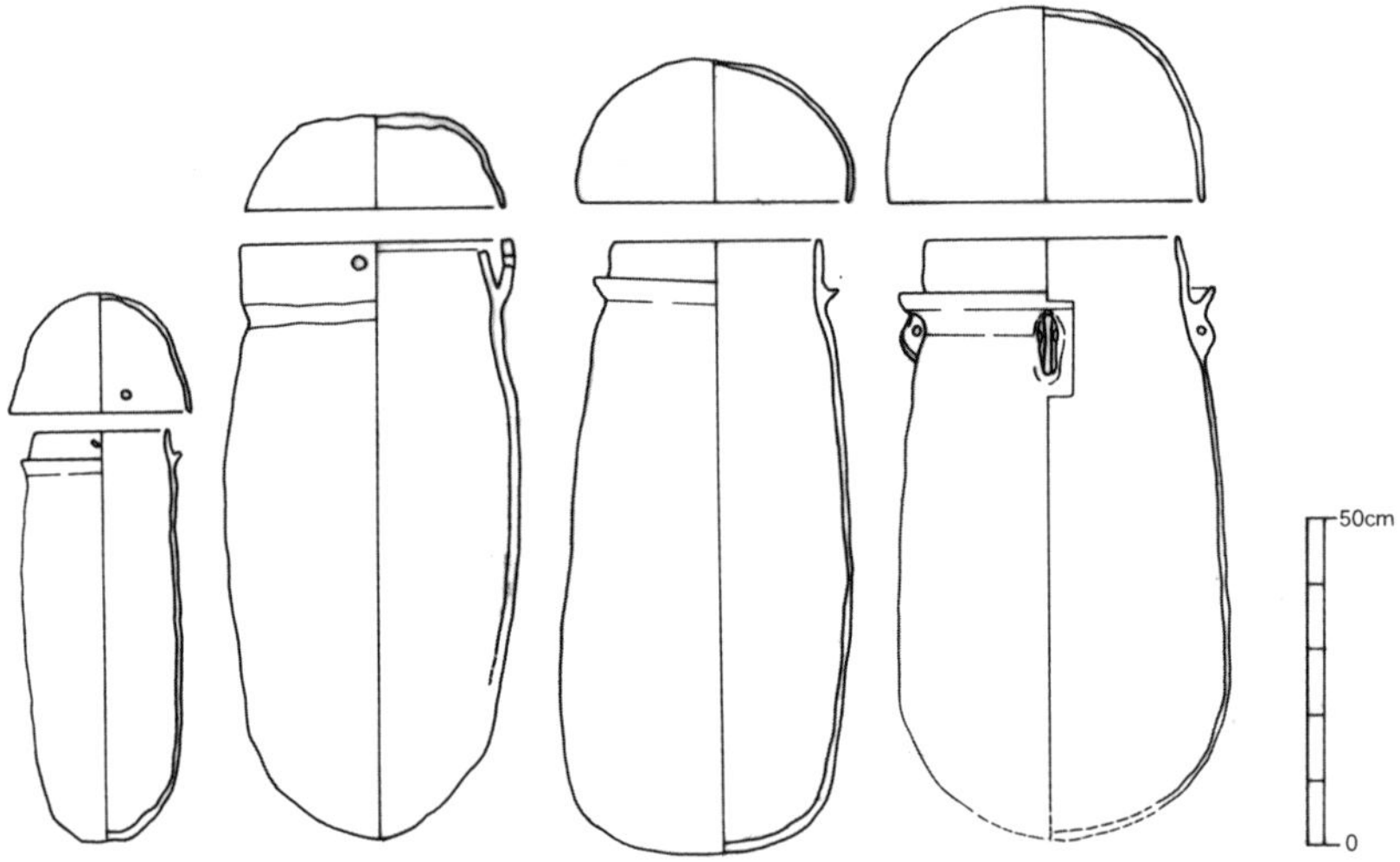

1　原山４号墳　　2　丸山古墳　　3　沢の浦２号墳　　4　新開西３号墳

図70　長胴棺の類例と大きさ（注８, ９,10文献によるトレース）

にあるものの、個体ごとにバリエーションがある。しかし、その役割は蓋と身を固定するためのものと考えれば、棺に埋葬した後あるいは改葬骨を入れた後に、横穴式石室へ運ぶまでの間や横穴式石室に安置した際に、蓋がはずれないように固定するためのものと考えれば納得がいく。ここから密閉性を要求された棺であったと推測することもできよう。

4　金生山における造墓活動の変化

以上のことから、丸山古墳から出土した長胴棺は、七世紀中葉から後葉前後にかけて横穴式石室内に埋葬棺もしくは改葬棺として用いられたものと考えられる。またそれは製作技法などから須恵器工人が直接関与した棺である可能性は高いが、他地域の事例からこうした製作の背景に、須恵器生産や渡来系の要素と結びつけて考えることも無理ではない。そこで最後に長胴棺を採用した丸山古墳とその被葬者について、現状で考えられる範囲で考察し、金生山古墳群のなかにおける位置づけをしてみたい。

丸山古墳の位置は、採集者による記録から東中尾古墳群とする支群の西側にある広義の丸山古墳群に属すると思われる。しかし、そのあたりは丸山古墳群からやや離れた西斜面にあって、現状では古墳が全く確認できていない。おそらく踏査では確認しずらい小石室か、もしくは墳丘が極めて低い古墳と思われる。金生山古墳群の造墓年代は、これまでの発掘調査事例からは概ね六世紀末葉から七世紀前半代を中心に捉えることができるが[16]、丸山古墳の事例は長胴棺と共伴した須恵器からやや新しい時期の造墓とみなすことができる。したがって、周辺の様相が不鮮明のため明確なことが言えないものの、こうした長胴棺の存在からどうやら七世紀中葉から後葉にかけて新たな造墓活動が金生山において展開していた可能性が高い。

こうした時期の造墓活動は、美濃のなかでも願成寺西墳之越古墳群や大野町カイト古墳群、各務原市船山北古墳群や蘇原東山古墳群においても認められ、普遍的でないにしろ特定の古墳群のなかでみられる現象である。[17]そのことはつまるところ、七世紀後半を境に石室が小型化したり、複次埋葬から単次埋葬へ変化していく動きと同調する。こうした歴史的背景を考慮しながら、七世紀の石室形態の多様性を被葬者の階層差に起因するものとする考えに立てば、小石室とそこに持ち込まれた長胴棺は従来の石室を構築した階層と異なることは充分考えられる。

ところで、この金生山山麓では七世紀に入って、遊塚須恵器窯や社宮司《しゃぐうじ》須恵器窯などの古墳時代須恵器窯が相次いで成立する。これは六世紀後半以降に金生山一帯に形成されつつあった群集墳の造墓活動と連動して展開することが推測できるが、こうした須恵器生産などの手工業に従事する工人群や彼らを掌握する集団の新たな造墓は想像に難くない。そのとき、従来の墓域とは一線を画し、新たな葬送習俗にもとづいた造墓活動を展開したことが考えられる。今後は群集墳の形成過程と消長のなかに、造墓活動を行う集団を射程においた調査と研究を深化させていかなければならない。

(1) 横幕大祐「群集墳の形成―美濃地方における後期群集墳成立の契機」(八賀晋編『美濃・飛騨の古墳とその社会』同成社、二〇〇一年)七一―九一頁。同「西濃の後期古墳」(新川登亀男・早川万年編『美濃国戸籍の総合的研究』東京堂出版、二〇〇三年)二九三―三一八頁。

(2) 筆者は以前からガラスケース越しに棺の表面に須恵器甕に見られる叩き目痕がみられることから、古墳時代の遺物でそれも形態上近似するものに滋賀県守山市立入古墳や兵庫県篠山市沢の浦三号墳などと類似するのではないかと見通しをもっていた。そこに栗東市新開西古墳群の速報をみるに至って古墳時代も終末に近い時期の陶棺ではないかという確信に至った。

(3) 台帳によれば、長胴棺は一九四七年から逐次採集され、一九六〇年頃までにほぼ全破片が採集されている。破片は石灰採掘のための土砂採取により山が崩れ、断崖となった切り崩れ面から落下している。その後一九七四年から一九七五年にかけて当時岐阜県庁にあった岐阜県博物館の準備作業室にて整理復元され、現在に至っている。

二〇〇三年九月、岐阜県博物館において長胴棺を実見した際に、台帳とともに出土したときの採集者によるスケッチや共伴したと思われる須恵器の存在をはじめて知り、台帳に記載されていた「同伴出土の須恵器より七世紀中頃の陶棺」と推定する根拠がわかった。

（4）名称について研究史的にみれば、梅原末治が「円筒形の大齋瓮」や「円筒形土器」として報告、その後森本六爾が「砲弾形陶棺」として報告している。最近では菱田哲郎もこの用語を用いている。本節では栗東市での新開西古墳群の調査で用いられた「須恵質有蓋長胴棺」を使った。

・梅原末治「近江国野洲郡守山町字立入古墳調査報告」（『考古学雑誌』第七巻第一一号、一九一七年）三五―四一頁。

・森本六爾「異形の陶棺を発見したる大和国生駒郡伏見村宝来字中尾の遺跡について」（『考古学雑誌』第一四巻第五号、一九二四年）四二―六一頁。のち『日本の古墳墓』木耳社、一九八七年、二六四―二八六頁に改筆所収。

・菱田哲郎『須恵器の系譜』講談社、一九九六年。

（5）栗東市文化財センター佐伯英樹氏からのご教示。現説資料ではこうした復元でイラストが描かれている。なお、身と蓋の両者には甕の成形に使う叩き板の当て具の痕跡がよく残り、須恵質で堅緻なものが多いことから、須恵器生産に従事した工人が直接製作に関与していた可能性は充分ありうる。

（6）飛鳥Ⅰの下限を示す土器（もしくは飛鳥Ⅱの最も古い段階）が七世紀第2四半期頃、飛鳥Ⅱの新しい段階が第3四半期と位置づけているのを参照。白石太一郎「畿内における古墳の終末」（『国立歴史民俗博物館研究報告』第一集、国立歴史民俗博物館、一九八二年）七九―一二〇頁。のち『古墳と古墳群の研究』塙書房、二〇〇〇年、三七―九六頁に改筆所収。

（7）佐伯英樹氏との検討を通して確認した。

（8）市橋重喜編『沢の浦古墳群―近畿自動車道舞鶴線関係埋蔵文化財調査報告書Ⅷ』兵庫県文化財調査報告書第四八冊、兵庫県教育委員会、一九八七年。

（9）「四号古墓」（『陶邑Ⅶ』大阪府文化財調査報告書第三七輯、大阪府教育委員会、一九九〇年）一一一―一二五頁。

（10）栗東市教育委員会・財団法人栗東市文化体育振興事業団『新開西古墳群発掘調査現地説明会資料』二〇〇二年。滋賀県埋蔵

文化財センター『滋賀県埋文ニュース』第二七四号、二〇〇三年。

（11）栗東市文化財センター佐伯英樹氏からご教示いただいた。これらのほかに同形態の長胴棺が滋賀県守山市立入古墳や安養寺山笹谷古墳からも出土していることからみても埋葬の一部であることがわかる。

（12）菱田哲郎（前掲注4『須恵器の系譜』講談社）八一頁。

（13）中塚良「長野丙古墳群第二次（4PHANM—2地区）～長野岡田古墳～発掘調査概要」（『向日市埋蔵文化財調査報告書』第四六集、財団法人向日市埋蔵文化財センター、一九九八年）一八九—二六九頁。

（14）入江文敏「公州付近の陶棺—百済・近畿交流史の一側面」（石野博信編『古代近畿と物流の考古学』学生社、二〇〇三年）五〇三—五一一頁。

（15）中塚良「長野丙古墳群第二次発掘調査概要」（前掲注13）二四四—二四六頁。

（16）中井正幸編『花岡山古墳群』大垣市埋蔵文化財調査報告書第一集、大垣市教育委員会、一九九二年。

（17）横幕大祐・成瀬正勝両氏のご教示による。

〔謝辞〕岐阜県博物館にて展示されている長胴棺の実見・実測には岐阜県博物館長屋幸二氏に便宜を図って頂き、新開西三号墳の長胴棺の観察においては、栗東市教育委員会松村浩氏ならびに栗東市出土文化財センター佐伯英樹氏のご配慮を頂いた。また、守山市立入古墳の現状や文献探索にあたっては守山市埋蔵文化財センター大岡由記子氏の協力を得た。

〔補記〕本節は、八賀晋先生の古稀を記念する論文集に献呈したものを基礎においている（中井正幸「古墳終末の過程—岐阜県大垣市丸山出土の長胴棺」八賀晋先生古稀記念論文集刊行会編『かにかくに』三星出版、二〇〇四年）。執筆のきっかけとなったのは、栗東市で調査された新開西古墳群によるところが大きいが、地元で長い間破壊されつつあった遺跡を見守るように、小片を丁寧に採集され保管されてきた方の努力があってのことであることを付記しておきたい。

第三章　古墳の造営と儀礼の共有

第一節　古墳研究にみる儀礼と造墓

第一、二章では伊勢湾沿岸および濃尾平野における各地域圏について、おもに古墳の造墓活動に焦点をあてて政治的地域社会の形成を追求し、古墳時代を通してそれぞれの地域社会における造墓活動が共通する段階と画期をもち、首長墓系譜上にもその影響がみられることを明らかにした。すなわち、古墳時代前期においては中央政権による関係を新たにもちながらの自律的な立場の造墓を、中期段階には中央政権の地方政策が拠点的に貫徹すること、そして後期には新たに尾張地域を中核とした中心的勢力が台頭するように、常に中央と地方との関係は一定ではなく、強弱のあることを指摘した。

さて、これだけでは古墳を築造する立場にあった政治的地域首長の実態や盛衰に迫ることはできない。なぜならば、対象としてきた考古資料が墓であり、その被葬者の生前の諸活動や政治的関係などを必ずしもすべて反映しているものではないからである。かといって、考古学の方法により被葬者の生前の活動を復元することは不可能である。そこで、造墓活動においてそこから抽出できる儀礼に着目することで、その行為を復元的に考察して首長像に迫ることを試みたい。つまり、古墳の造形などのハードな側面は被葬者の政治的関係が色濃く反映されたと考えられる一方で、葬送儀礼などの側面では儀礼を執行する次代の首長との関係が投射されているところが少なくないと考えるからである。前者は古墳の墳形や構造、そして外表施設である葺石の有無や葺き方、埴輪や壺などの装飾的な部分に投影されていることが多く、後者は考古資料ではこれまでにあまり取り扱われてこなかった儀礼などの行為・行動を復元的に迫ることで検討が可能と考える。本章ではこうした儀礼行為を考古資料から考察することにより、ここから導き出せる当時の首長間の連携や中央政権との関わりについても触れる。

古墳を「世襲的首長の地位の恒常性の外的承認」の場と考え、その発生の歴史的意義を唱えた小林行雄は、前方後円墳の前方部を祭壇や儀礼の場としてみなし、墳丘上での儀礼を前提に考えた(1)。そして、墳丘上での出土遺物から「共飲共食儀礼」を復元した近藤義郎は、「亡き首長の霊魂と共に祖先の神々の霊威を受け継ぐ」場として「次代の首長候補をはじめ参列した集団の主な人々」の墳丘上での儀礼行為を想定し、前方後円墳を祖霊継承儀礼の場の創出と理解した(2)。その是非についての議論は別にして、古墳や前方後円墳の出現の歴史的意義を考える上で「儀礼」というフィルターは有効な分析視角といえることをここで確認しておきたい。

これ以外に古墳に関する儀礼として研究の対象となったのは、おもに埋葬施設内から出土する副葬品であった。それは本来副葬品自身の性質を究明するために、遺体に対して盛装させるものであるのか、あるいはもともと被葬者の所有品であるのか、さらには同一のものであってもその配置や数量の差異から埋葬過程における儀礼と関係するものとむすびつけて解釈していた(3)。そこから導かれた解釈は、副葬品の「納置の形式が種々に発達」し、これが「儀礼にしたがった形式が生じた」結果と考えたのは、本章の目的に示唆的である。

その一方で、古墳の発掘調査—とりわけ埋葬施設—の精緻さから得られた情報のもと、埋葬施設の構築作業と副葬品の配列を、棺内、棺外、石室外（粘土槨外）という空間で段階復元し、反復と対置という要素で構成された儀礼行為に迫った研究も重要である(4)。このほかにも石室における朱の付着から構築段階での中断を推察した儀礼行為(5)や盛土に混在する炭の存在から墳丘構築の中断と儀礼など、調査の視点や方法で偶発的に確認される儀礼行為の蓄積は今日一定度認められる。また、古墳上で執り行われた儀礼の中枢の「場」として後円部頂の平坦面の広さに着目し、墳丘の規模や構造の変化とともに前期前葉での画期と後期前葉から中葉の画期が、それぞれ王権にとっての儀礼の「場」の変質とむすびつけている点は、古墳を遺構として捉える上で重要な視点といえる(6)。

こうした副葬品としての遺物とそれが出土する状況や段階を遺構面と絡めて考察する手法はこれまでにも多く取られているが、調査段階からそうした視点が意識的に行われる調査は決して多くない。それは様々な目的をもつ調査や古墳の遺存状況にも制約を受けているものと考えられるが、研究の手法の研鑽もまた重要な研究テーマである(7)。

このような古墳研究にみる儀礼の実態を踏まえた上で、本章ではおもに埴輪と石製祭器を取り上げ、発掘調査や過去の出土状態を復元しながら、それらがどのように取り扱われ遺構のなかで意味をなしたのかをまず検討し、そののち儀礼の系譜や共有関係を考察して、儀礼が造墓活動にどのような役割を担っていたのか明らかにしたい。

なお、本書で扱っている地域において、とりわけ埴輪や石製祭器が多く確認されているのは西濃地域―不破領域―であることから、第二節と第三節では埴輪の製作集団の関わり方を古墳間で確認した上で、原位置や配列が明らかとなった昼飯大塚古墳の後円部頂での埴輪配置をもとに、製作者とその配置の意味について考える。また、そのとき意識的に行った後円部頂での調査成果から、何を求めることができたのかについても触れ、調査視点や手法についても論じておきたい。そして、第四節と第五節では過去に出土している腕輪形石製品や農工具形石製品の出土状態を復元的に確認し、それぞれが持ち得た意味を考察し、滑石製の石製祭器についてはその用途についても言及する。最後に第六節では遺構と遺物を同じ古墳のなかでどのように関連づけて儀礼行為と考えるのか、仮説を提唱したい。それはこうしたことが今後の古墳研究や調査方法に結びついていくことを願うからである。

（1）小林行雄「古墳発生の歴史的意義」（『史林』第三八巻第一号、一九五五年）一三四―一五九頁。のち『古墳時代の研究』青木書店、一九六一年、一三五―一六〇頁に加筆所収。

（2）近藤義郎『前方後円墳の時代』岩波書店、一九八三年。同『前方後円墳と弥生墳丘墓』青木書店、一九九五年。同『前方後円墳の成立』岩波書店、一九九八年。
（3）小林行雄「なぜ品物をたくさん入れたか」（『古墳の話』岩波新書、一九五九年）一五二—一六二頁。
（4）今尾文昭「古墳祭祀の画一性と非画一性—前期古墳の副葬品配列から考える」（『橿原考古学研究所論集』第六、吉川弘文館、一九八四年）一一一—一六六頁。
（5）都出比呂志「雪野山古墳の石室の特徴と構築過程の復元」（雪野山古墳発掘調査団編『雪野山古墳の研究』考察篇、八日市市教育委員会、一九九六年）二二五—二三三頁。
（6）今尾文昭「大形前方後円墳・墳頂平坦面の整備と変遷」（『橿原考古学研究所論集』第一一、吉川弘文館、一九八四年）九七—一三八頁。
（7）土生田純之「古墳時代論への試み」（『古事』第六冊、天理大学考古学研究室、二〇〇二年）一八—二六頁。

第二節　埴輪の製作と造墓

1　はじめに

美濃における埴輪研究は先駆的な紹介[1]があるのみで、各地で行われているような活発な編年研究や地域色の問題、墳丘における配列などに関する研究は進んでいるとは言いがたい。[2]それは古墳の調査研究の状況にも比例すると思われるが、それ以上に恐らく埴輪自身の受容に地域差があり過ぎて、そのため周辺地域よりも確認例が少なく、研究の対象としてなりにくかった事情も考えられる。ここでは美濃における古墳への埴輪の導入や受容のあり方を調べることで、各地の首長層がどのように埴輪祭式を通して葬送儀礼を受け入れたかを考えてみたい。こうした問題は前方後円墳の波及動向とも併せて前期古墳の地域性を議論する上でも重要な視点になりうるからである。また、美濃の前期古墳の場合、特定地域に大型の首長墓が集中する傾向があり、これらの首長墓間あるいは地域首長間の相互関係を考えるには、墳形や墳丘の構築技術、埋葬施設の構造や埴輪などの違いを少しずつ明らかにしていく作業が必要である。[3]こうした作業の一環として、埴輪の導入に積極的であった大垣周辺の大型古墳を対象に、発掘調査などによって埴輪の様相がわかりはじめた矢道長塚古墳、昼飯大塚古墳、青墓の粉糠山古墳と遊塚古墳の四首長墓の埴輪を取り上げて検討を試みる。このことは同時に前期から中期にかけての埴輪製作の実態を調べることにも通じる。それではまずそれぞれの古墳から出土した埴輪について触れておく。

2　四古墳の埴輪

矢道長塚古墳は墳丘長八七メートルの前方後円墳で、四古墳の中ではやや離れた扇状地上に立地する。埋葬施設の調査は一九二九年に三回にわたり実施されており、二つの粘土槨と副葬品の内容がほぼ明らかにされている。一九九〇年に行われた範囲確認調査により埴輪をもつ古墳であることが明確となった(4)。まとまって出土したのはくびれ部の周濠底に堆積した一群である。鰭付埴輪は未確認であるが、発掘以前には家形埴輪、蓋形埴輪や盾形埴輪の形象埴輪破片が採集されている。円筒埴輪の胎土は灰白色系（イ類）、茶褐色系（ロ類）、褐色系（ハ類）の三つに分類できる。円筒埴輪および朝顔形埴輪の外面調整は一次調整と二次調整に分けることができ、一次調整はタテハケでヨコハケは顕著ではない。内面はナデ調整が施される。透かし孔は長方形で、過去に出土している半円形の透かし孔は形象埴輪の基部と考えられる。突帯の貼り付けには一次調整のタテハケ後に方形刺突をもつものがある。

昼飯大塚古墳は墳丘長約一五〇メートルの前方後円墳で、早くから埴輪が出土することについては小川栄一や林魁一らの報告がある(5)。一九七九年には周壕の確認調査が実施され、周壕内から埴輪片をそして墳丘部分では二個体の埴輪列を確認している(6)。さらに一九九四年からはじまった範囲確認調査においては、墳丘が三段築成となりそれぞれの平坦面と墳頂部に埴輪列が巡ることが判明している(7)。ここでは第一次調査から出土した埴輪や採集埴輪を中心に扱い、二次調査以降で出土した埴輪については次節で改めて触れたい。円筒埴輪の胎土は橙色系（a類）と黄灰色系（b類）に分かれ細分も可能である。外面調整は一次、二次調整ともタテハケが基調であるが、わずかに二次調整としてB種ヨコハケ技法が観察できる。透かし孔は長方形で、円形も少数ではあるが認められる。

遊塚古墳は墳丘長八〇メートルの二段築成の前方後円墳である。発掘調査は一九六〇年に行われ、埴輪列は墳丘

図71　赤坂古墳群と四古墳の位置（注９文献一部改変）（1/30000）

１花岡山古墳　２花岡山頂上古墳　３昼飯大塚古墳　４東町田遺跡　５車塚古墳　６東山田古墳　７寺前１号墳　８村北古墳　９荒尾１号墳（以上，昼飯グループ），ａ粉糠山古墳　ｂ遊塚古墳　ｃ東中道古墳　ｄ八幡山古墳　ｅ遊塚東円墳　ｆ遊塚中央円墳（以上，青墓グループ），ｘ高塚古墳　ｙ矢道長塚古墳（以上，矢道グループ）　網目は段丘と扇状地を示す裾と第一段目の平坦面に樹立していたのが確認されている。[8] 埴輪は野焼きの円筒埴輪と朝顔形埴輪がみられ、透かし孔は半円形が確認できる。

粉糠山古墳は墳丘長一〇〇メートルの大型の前方後方墳である。一九八七年に行われた墳丘北側の範囲確認調査によって墳丘裾が明らかとなり、その形態から後方部を確定することができた。[9] 埴輪は前方部葺石の崩落石の間から出土しており、墳丘裾には一個体の埴輪底部が原位置で検出されている。トレンチの幅が二メートルなので墳丘裾の埴輪列の間隔は二メートル以上と推測できる。なお一段目以上の埴輪の樹立についてはたかではない。出土した円筒埴輪は肉眼観察で赤橙色系（A類）、黄灰橙色系（B類）と橙色系（C類）の三種類の胎土に分類できる。外面の調整はタテハケを基調とするが、二次調整は認められない。内面はナデ調整が主流であるものの、わずかに横方向のハケメが一部の個体に観察できる。

3　円筒埴輪の口縁部と突帯

さて、四古墳のいずれからも円筒埴輪が出土しており比較が可能である。しかしながら、完形に復元できる個体はなく、破片での検討にならざるを得ない。そこで破片でも分析が可能な口縁部や突帯の形態などの諸属性に注目し、口縁部の断面形態の分析を福永伸哉の研究に習いながら検討する[10]（図72）。

四古墳の円筒埴輪全体に言えることは、まず器壁が薄い一群と厚い一群に分類できることである。これらの群と胎土・製作調整との関係は別の検討を要するが、ひとまず器壁の薄い一群をA系統、厚い一群をB系統として話を進めたい。矢道長塚古墳で口縁部が確認できる破片は少なく、口縁部から突帯までの間隔も不明である。少ない資料の中で観察すれば、器壁は薄く端部はやや外反する傾向にある。胎土はイ類でA系統のものである（N１～N５）。

昼飯大塚古墳の口縁部断面は三つのタイプに分類できる。これをAからCとすれば、Aタイプは口縁部全体が突帯付近から外反して開くもので端面は外方に向く（H１〜H４）。Bタイプは Aタイプ同様に外反するものの端部付近にて外方に開くもので、端面には一条の凹線がめぐる（H５〜H７）。中にはH６のように極端に端部を屈曲させるようなものも含む。Cタイプは突帯から外反することなくそのまま立ち上がり端部も丁寧な仕上げを行わないものである（H８）。器壁の厚さは三つのタイプはそれほど変化なく、平均して一・〇センチ前後を測るA系統に属する。

遊塚古墳のそれはここでは模式図で示している（A１〜A５）。胎土では二種類に分かれるようだが、円筒埴輪そのものの器壁が厚くB系統に属する。口縁部断面は昼飯大塚古墳で見られたBタイプに近似する外反口縁がわずかに確認できるが（A４）、大半は口縁部端部を直角に屈曲させる水平口縁である（A１〜A３）。これはほとんど昼飯大塚古墳にはみられなかったタイプでこれをDタイプとする。

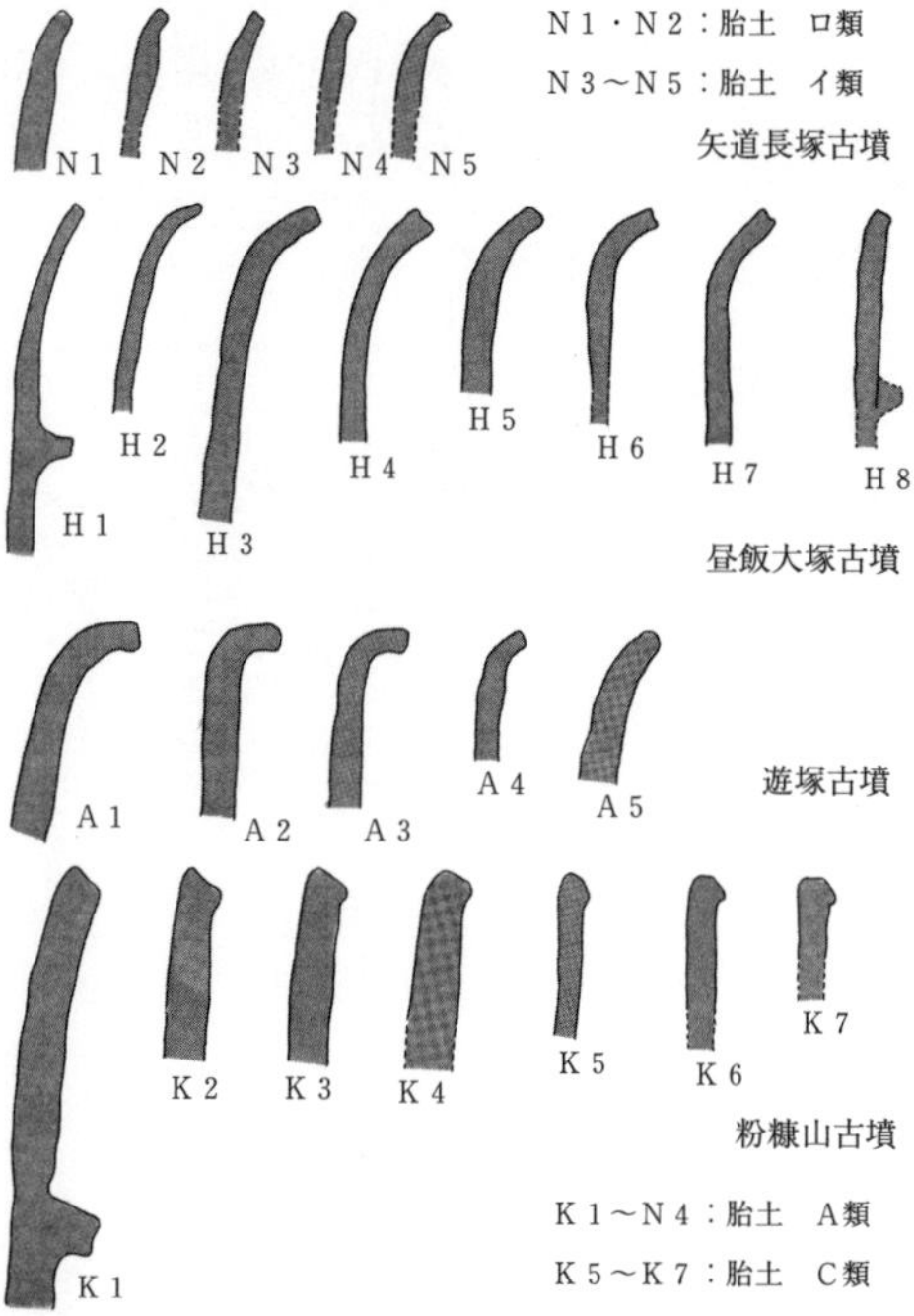

図72　円筒埴輪の口縁部断面図（1/6）

粉糠山古墳はかつて報告書にて掲載したものを図示している。胎土は三種類（A〜C類）に分かれ、器壁は一・五センチもあるB系統と薄いA系統が併存する。B系統には胎土A類（K１〜K４）とB類が、A系統には胎土C類（K５〜K７）というように対応する。A系統とB系統の埴輪ではいずれもCタイプの口縁部断面を有する。

以上の四古墳の口縁部形態を整理すればAからDの四つのタイプに分類でき、比較的古い要素をもつAタイプから新しいDタイプへと変化すると考えられる。タイプ別にみればAタイプは昼飯大塚古墳に顕著に認められ、矢道長塚古墳にも少量存在する。Bタイプは昼飯大塚古墳にも多くみられるが、遊塚古墳でも少数観察できる。Cタイプは昼飯大塚古墳でも若干みられるが、主流を占めるのは粉糠山古墳である。Dタイプは昼飯大塚古墳でごく少数、遊塚古墳では主流派となる。

次に、突帯断面についてみてみる（図73）。矢道長塚古墳では図示する良好な資料はないが、細く突出度の大きい突帯が主流を占める。昼飯大塚古墳も同様な突帯が多く、突帯表面に凹線を施すものも含まれる（H1・H2）。この二古墳は突帯貼り付け前の方形刺突をもつことでも共通する。また、器壁の厚いB系統の遊塚古墳と粉糠山古墳の突帯は大きく、端面には凹面が形成される（K1～K4）。突帯部分には強いヨコ方向のナデが観察できるなどの共通点がみられる。しかし、遊塚古墳では突帯の貼り付け後ナデ調整やB種ヨコハケ技法が施されるなどの二次調整が観察できるが、粉糠山古墳では二次調整がないなどの相違点もある。

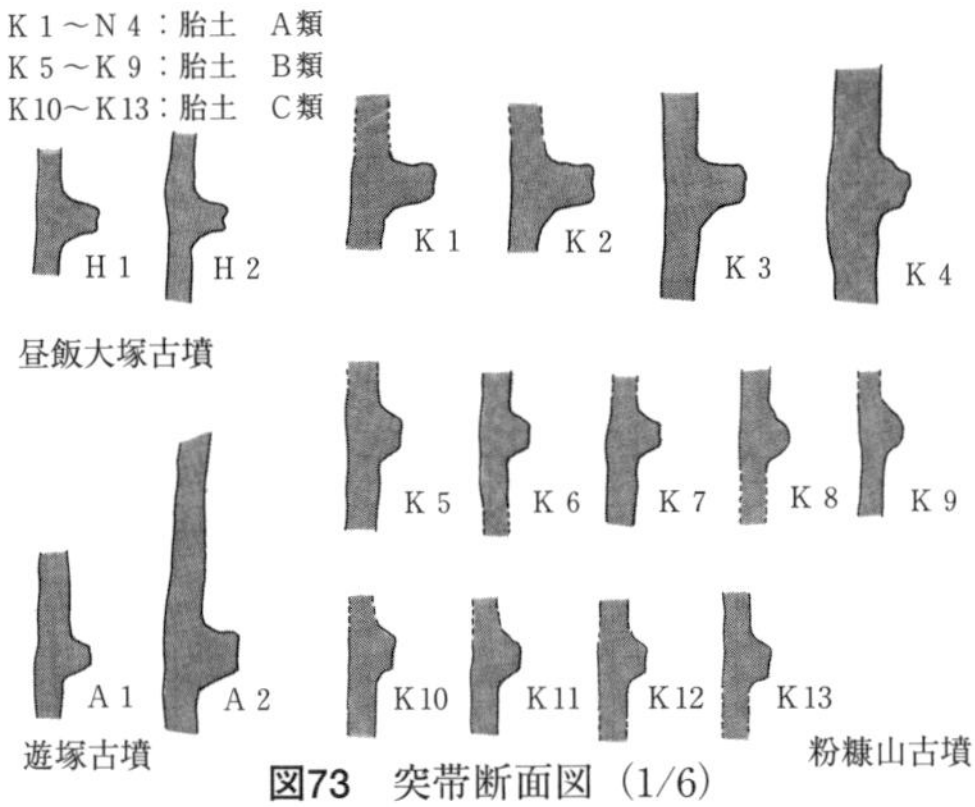

図73　突帯断面図（1/6）

ところで、粉糠山古墳では突出の大きなものから低く台形となる突帯まで四種類ほどに分かれる（K1～K4、K5～K7、K8・K9、K10～K13）。これは他の要素からみても時間的変化を反映しているものではなく個体差と考えられ、同じ古墳からでも突出度の大きいものと断面が低い台形をなす突帯が共伴することを確認しておきたい。

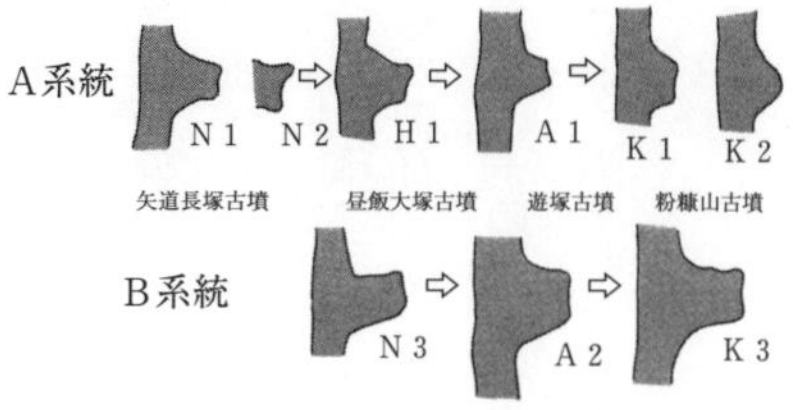

図74　突帯の系譜（1/4）

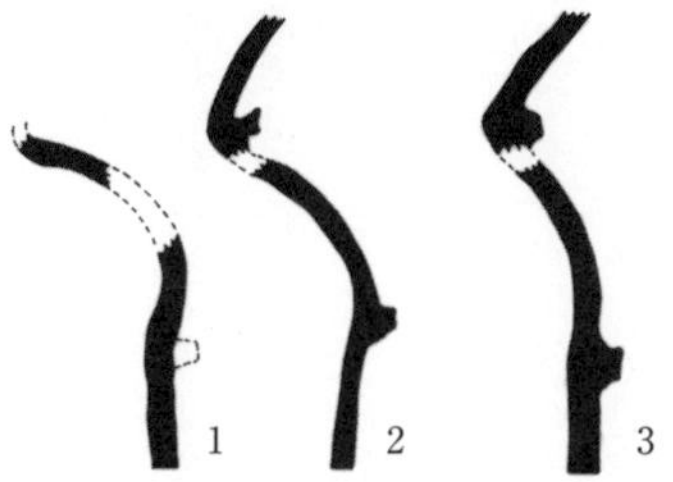

図75　朝顔形埴輪の比較（1/8）
1・2矢道長塚古墳　3　粉糠山古墳

以上の突帯の特徴と貼り付けの諸調整を考慮に、四古墳の突帯を並べて系譜を推定したものが図74である。全体的にA系統のものとB系統の流れが共存し、後者は遊塚古墳や粉糠山古墳の埴輪において顕著で突出度だけみれば粉糠山古墳がやや大きい。器壁の薄いA系統では、矢道長塚古墳や昼飯大塚古墳で観察できるシャープなものから断面が台形状となり低い突帯となる遊塚古墳、粉糠山古墳と連続する。

4　朝顔形埴輪の比較

四古墳からは円筒埴輪だけでなく朝顔形埴輪が出土している。すべて図示できないため矢道長塚古墳と粉糠山古墳の朝顔形埴輪を比較する（図75）。矢道長塚古墳では現在三個体が確認できる。いずれもくびれ部から出土しており、胎土から二種類に分かれる。二個体に頸部が残る（1・2）。1の頸部径は三四センチ、突帯径約三五センチを測り、頸部は大きく張り出すような形態を呈する。2は円筒部径三一センチ、頸部径三三・五センチ、突帯径三六センチを測り、外面は一次、二次調整ともにタテハケが施される。2では突帯貼り付け部に方形刺突痕が残り、長方形の透かし孔が交互にみられる。一方、粉糠山古墳では一個体確認できる（3）。頸部径三二センチ、突帯径三四・八センチを測り、外面の一次調整はタテハケ調整であるが、二次調整は円筒埴輪と同様省略されている。ただし、頸部ではハケメ調整後にナデ調整が観察できる。内面はヨコハケである。

これらの形態から矢道長塚古墳の朝顔形埴輪のように、やや頸部が膨らむ初期の朝顔形埴輪の要素を残しているものと、その膨らみが徐々になくなり粉糠山古墳のように膨らみの意識すらなくなる変化を読みとることができる。そして頸部と円筒部突帯との間隔が広くなる傾向も看取できる。このように矢道長塚古墳と粉糠山古墳の朝顔形埴輪では、粉糠山古墳の方が後出する要素を含んでいることは、円筒埴輪などの観察結果とも矛盾しない。

5　形象埴輪の製作とその特徴

さて、次に形象埴輪について整理してみたい。これまで墳頂部を発掘調査したのは遊塚古墳と昼飯大塚古墳のみで、矢道長塚古墳のように粘土採取で削平されたり、粉糠山古墳のように墓地として利用されているため後円部での埴輪の比較検討ができない。以上のような条件の違いを踏まえた上で形象埴輪を一覧してみると、四古墳のなかでもとりわけ昼飯大塚古墳が家形埴輪のほか、蓋形埴輪、盾形埴輪、靫形埴輪、甲冑形埴輪が認められ、豊富な形象埴輪が備わっている。[11] ここでは昼飯大塚古墳から表採されている破片を中心に報告し、その編年的位置や特徴について述べる（図76）。

1は岐阜大学に収蔵されている靫形埴輪の破片である。[12] 破片の裏面に「美濃赤阪《「原文ママ」》おーつか」と書かれている。埴輪の表面には線刻表現が良好に残り、側面に一部巴状の透かし孔が観察できる。この破片は靫形埴輪の背板下部の左側の羊の角状表現の一部と思われる。採集地点は不明なものの、これまでの報告からみて後円部の可能性が高い。[13]
なお、靫形埴輪は後円部頂以外に前方部斜面からも出土しており、前方部頂にも樹立していたことが明らかとなっている。[14]

2は、甲冑形埴輪の草摺部分である。上面には端面が観察でき、短甲と草摺を別々に作り組み合わせたものである。表面には少なくとも二段にわたる綾杉文が施されているが、段差表現にはなっていない。

4は、蓋形埴輪の立ち飾りとも考えられる破片で、以前さしばと報告したものである。[15] 片方の端面には二箇所に鰭がついており、両表面には直線と曲線で表現された線刻がみられる。破片からは透かし孔などはみられない。また、6のような蓋形埴輪の笠部とも思われる破片もあり、表面には段差表現が観察でき布貼りの重ね合わせが表現されている。これらの器財埴輪のほかに家形埴輪の破片も数点出土している。

3は家形埴輪の屋根の網代を表現したものである。5はくびれ部にて採集された破片であるが、家形埴輪の側廻りの破片と考えられる。短辺と長辺にはそれぞれ剥離痕が認められる。[16]

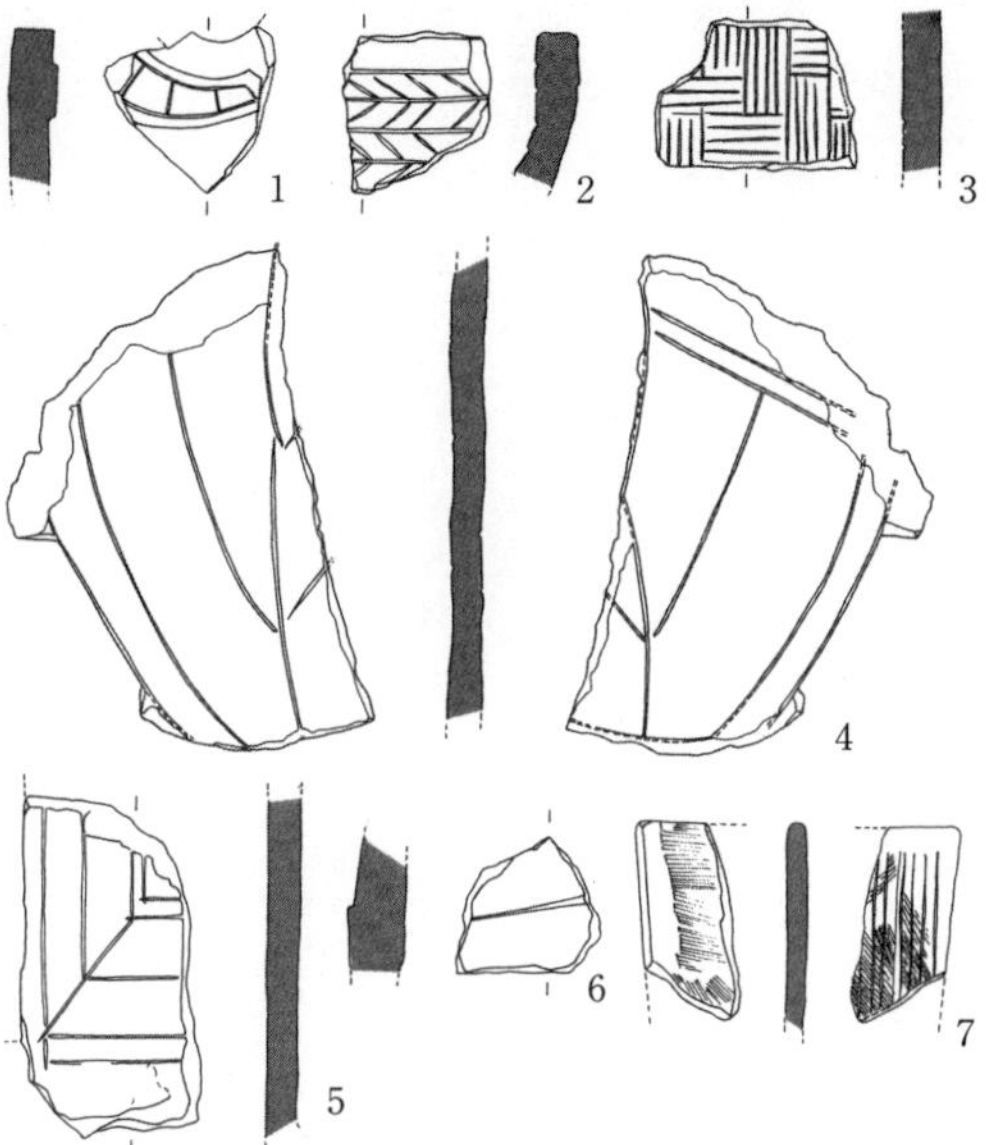

図76　昼飯大塚古墳と矢道長塚古墳の形象埴輪（1～6昼飯大塚古墳，7矢道長塚古墳）（1/6，ただし4のみ1/12）

以上のうち器財埴輪の破片について編年的位置や特徴を整理してみよう。蓋形埴輪は笠部に段差表現を持つことや立ち飾りに鰭がつくなどの古い要素が認められ、肋木の有無は不明なものの高橋克壽による分類の1類か2類に相当する。[17] 靫形埴輪では箱形の矢筒部に背板がとりつくI類にあたり、製作時期を羊角表現などから奈良県宮山古墳を下限に置くことができる。草摺形埴輪では短甲と別々に成形する四世紀後半頃のI類1式に属するが、施文が綾杉文になるなど簡略化傾向にある。これらのことから昼飯大塚古墳の器財埴輪は、高橋編年のII期に属し四世紀末葉から五世紀初頭の間に位置づけることができる。この年代観は、これまで考えられてきた昼飯大塚古墳の年代と大きく齟齬するものではない。

6　造墓と埴輪製作

これまでの埴輪の検討から、美濃において最初に埴輪を採用し墳丘に配置した古墳は、矢道長塚古墳と考えられる。そして次に昼飯大塚古墳と青墓の遊塚古墳、そして粉糠山古墳などの大型前方後円（方）墳に採用されていく。埴輪はおそらく大型古墳の造墓を契機として製作されたものと思われるが、このように不破領域の前方後円（方）墳に葺石や段築と併せて広く埴輪が採用されていることは、前期古墳が集中する可児領域において埴輪が全く採用されていない事実と対照的である。美濃東西での二領域の古墳群の築造過程において、画一的な葬送儀礼が導入されていないことを示唆するものとして重要である。

ところで、これまでに検討してきた四古墳が連続して埴輪を採用し墳丘に配置したということは、当然近接地での埴輪の製作が想定されるところであるが、野焼き段階ではその製作場所を特定することは困難である。しかし、連続した埴輪製作があったからには、その埴輪群での相違が埴輪の製作地（製作者）の差として現われていると考えられることから、それを手がかりに当時の埴輪生産の実態に迫ってみたい。

これまでみてきた四古墳間の埴輪を整理すれば図77のようになる。これから指摘できることは矢道長塚古墳と昼飯大塚古墳の円筒埴輪が、口縁部や突帯、透かし孔や調整などにおいて古い様相を保持しつつ各要素が共通することと、遊塚古墳と粉糠山古墳との間には断絶する要素が多い点、さらに遊塚古墳と粉糠山古墳の間では口縁部や調整技法の点でも異なる点である。口縁部の成形テクニックから埴輪製作者の系譜や技術の伝習形態を推定することができるという指摘があるため[18]、これを参考にすれば昼飯大塚古墳の埴輪製作にあたっては、矢道長塚古墳の埴輪製

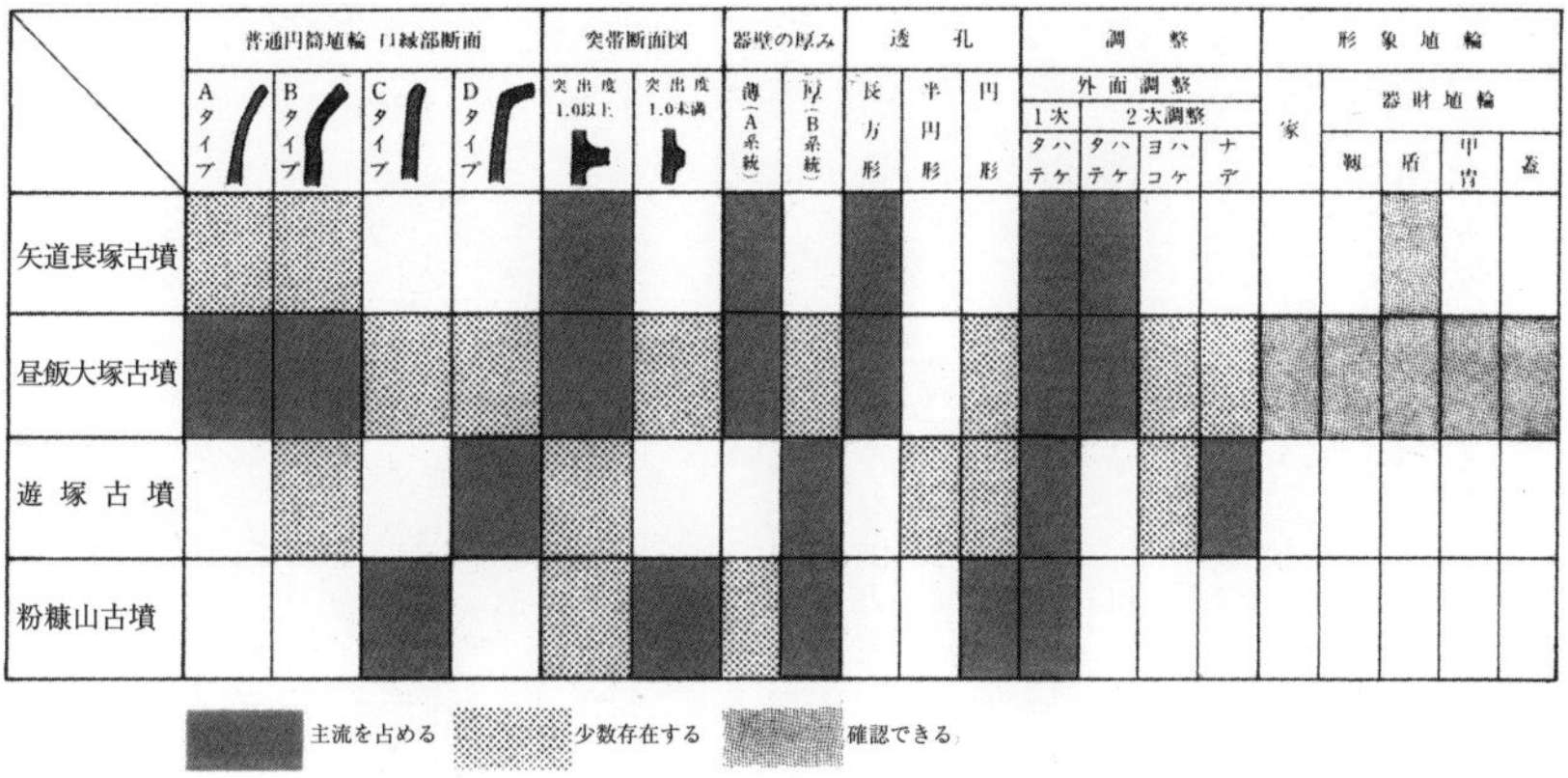

※突出度の指数は、注10文献より

図77　4古墳の埴輪一覧

作に従事した後、同一製作者あるいは伝習者が昼飯大塚古墳の埴輪製作に従事したことが推測できる。ただし、昼飯大塚古墳では先にみたような形象埴輪の拡充や円筒埴輪におけるヨコハケ技法の導入が認められることから、この時期大和盆地から直接埴輪製作にかかる指導または形象埴輪の製作者らの派遣があったことは充分推定できる。さらにこうした昼飯大塚古墳にみられる畿内からの影響は、二次調整にみられるヨコハケ技法やナデ調整からして遊塚古墳の埴輪に引き継がれていくようである。

ところで、四古墳の中でやや異質にみえる粉糠山古墳の埴輪に注目してみたい。外面調整からみた円筒埴輪は、矢道長塚古墳以来のタテハケを基調とするものの二次調整が省略されたり、Cタイプの口縁部断面や突出度の小さい突帯が多くなるなど、簡略化の方向にあることは否めない。しかしながら、このことが粉糠山古墳が遊塚古墳の埴輪より後出する根拠とは必ずしもなりえないのは次のような理由による。粉糠山古墳と昼飯大塚古墳の埴輪では、Cタイプの口縁部断面や突帯付近を強くヨコナデする技法がみられ、遊塚古墳の埴輪にはない共通の要素があること、器壁の薄いA系統の埴輪が一定の割合であることなどから、昼飯大塚古墳の埴輪製作集団あるいは製作者が、粉糠山古墳の埴輪製作に従事した可能性があるからである。したがって、

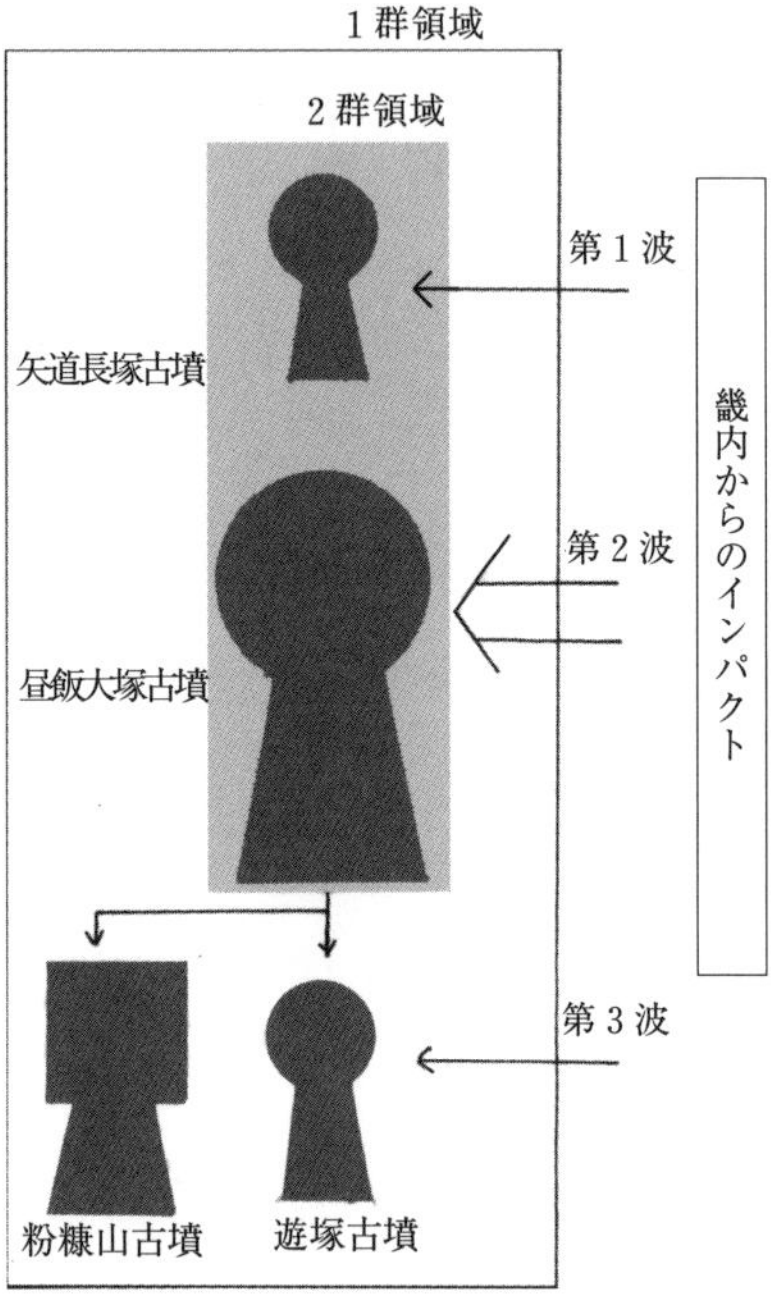

図78　4古墳間の埴輪系譜

現段階では昼飯大塚古墳の埴輪製作に従事した集団が、その後遊塚古墳や粉糠山古墳の築造にあたって、遊塚古墳では新しい外来の技法を新たに導入する一方で、粉糠山古墳では在地集団のみによる埴輪製作が行なわれていたと解釈しておきたい。埴輪から導き出される前後関係は両古墳の埴輪の製作された時間が比較的短期間であったことを指摘するに留めたい。

また、矢道長塚古墳以来の連続した埴輪製作の背景には、この地に大型前方後円墳が築造されるという歴史的契機によるものと考えられるが、なかでも昼飯大塚古墳や遊塚古墳のような前方後円墳と一〇〇メートルにも及ぶ大型前方後方墳である粉糠山古墳の築造背景には異なる背景があったと考えられることから、これに呼応するかのような埴輪生産も推測できる。すなわち、前者の前方後円墳にはじめて埴輪製作を導入した第一波、そして形象埴輪を墳頂部に配列する埴輪祭式をもたらした第二波、そしてDタイプの口縁部断面をもつ水平口縁を導入した第三波というような大和盆地を含む畿内からのインパクトが造墓に応じてあった一方で、粉糠山古墳では新しい技法や形態を採用することなく、在地の土器製作集団のみで埴輪製作に従事していた可能性があるからである（図78）。

以上は考古学的な観察結果に基づくものであるが、自然科学分析からも興味深い結果が提示されている[19]。すなわち、蛍光X線分析によれば、矢道長塚古墳と昼飯大塚古墳では一群と二群の二つの領域、粉糠山古墳は一群のみの領域が示されており、三つの古墳の埴輪には一群領域という共通する生産地があるというのである。このうち矢道長塚古墳と昼飯大塚古墳においては二群領域というもう一つの生産地が推定されている点は、先に検討した考古学的な観察事項とも一致する。伝統的な在地集団による埴輪製作が仮に一群領域の生産地とすれば、矢道長塚古墳や昼飯大塚古墳、粉糠山古墳の埴輪は在地の埴輪製作に従事した集団から供給される一方で、矢道長塚古墳と昼飯大塚古墳においては、畿内からの派遣工人が指導あるいは製作に従事した集団からの供給がもう一つ想定できるのである。このことは在地の製作者集団と畿内の製作者集団が別々の粘土採取を行っていた可能性も指摘しうるのである。

(1) 林魁一「美濃発見の埴輪」(『考古学』第二巻第四号、一九三一年)一二〇―一二二頁。のち「美濃発見の埴輪につき」(『岐阜史学』第一五号、一九五五年)一七―一八頁に再所収。小川栄一「美濃発見の埴輪に就いて」(『岐阜史学』第二二号、一九五七年)一一七―一一八頁。
(2) これまでの埴輪研究のなかでは、赤塚次郎が東海地域の埴輪を三系統一〇類に整理している。赤塚次郎「東海」(『古墳時代の研究』第九巻、古墳Ⅲ、埴輪、雄山閣、一九九二年)四七―五六頁。
(3) 都出比呂志「はじめに―古墳研究における新しい視点の必要性」(『竪穴式石室の地域性の研究』大阪大学文学部国史研究室、一九八六)一―五頁。
(4) 中井正幸編『長塚古墳』大垣市埋蔵文化財調査報告書第三集、大垣市教育委員会、一九九三年。
(5) 小川栄一「美濃発見の埴輪に就いて」(前掲注1)一一七―一一八頁。
(6) 楢崎彰一・荻野繁春『昼飯大塚古墳範囲確認調査報告』大垣市教育委員会、一九八〇年。
(7) 大垣市教育委員会による一九九四年の第二次調査から一九九九年の第七次調査までの成果がある。中井正幸・阪口英毅・林正憲・東方仁史編『史跡昼飯大塚古墳』大垣市埋蔵文化財調査報告書第一二集、大垣市教育委員会、二〇〇三年。
(8) 楢崎彰一「古墳時代」(『岐阜県史』通史編原始、岐阜県、一九七二年)二九〇―三七三頁。
(9) 中井正幸編『粉糠山古墳』大垣市埋蔵文化財調査報告書第二集、大垣市教育委員会、一九九二年。
(10) 福永伸哉「円筒埴輪の編年的位置」(『鳥居前古墳―総括編』大阪大学文学部考古学研究報告第一冊、大阪大学文学部考古学研究室、一九九〇年）三三―三八頁。
(11) 昼飯大塚古墳をはじめ、その後の所見にもとづいて作成し直している。
(12) 岐阜大学蔵。埴輪の実見にあたっては、岐阜大学早川万年先生にご配慮いただいた。
(13) 小川栄一「美濃発見の埴輪に就いて」（前掲注1）一一八頁。
(14) 前方部北側の七トレンチ三段斜面の葺石転落石間から出土している。
(15) 中井正幸「大垣地域の前期古墳」（美濃古墳文化研究会編『美濃の前期古墳』教育出版文化協会、一九九〇年）一九―四七頁。
(16) 中井正幸「大塚古墳出土形象埴輪二」（『大垣市埋蔵文化財調査概要―平成元年度』大垣市文化財調査報告書第一七集、大垣市教育委員会、一九九一年）二二―二四頁。
(17) 高橋克壽「器財埴輪の編年と古墳祭祀」（『史林』第七一巻第二号、一九八八年）六九―一〇四頁。
(18) 福永伸哉「円筒埴輪の編年的位置」（前掲注10）三五頁。
(19) 三辻利一「大垣市周辺の古墳出土埴輪の蛍光X線分析」（『長塚古墳』大垣市埋蔵文化財調査報告書第三集、大垣市教育委員会、一九九三年）一〇九―一一九頁。

［謝辞］遊塚古墳の調査成果について楢崎彰一先生から、そして昼飯大塚古墳の形象埴輪については高橋克壽氏からご教示を頂いた。

［補記］本節は、旧稿「昼飯大塚古墳周辺の埴輪系譜」（『美濃の考古学』創刊号、美濃の考古学刊行会、一九九六年）を基礎にしているが、若干の補訂を行っている。また、昼飯大塚古墳では史跡整備に伴う一九九四年からの発掘調査で飛躍的に埴輪に関する情報量が増えているため、そのことについては次節のところで補強した。旧稿を執筆した前後は昼飯大塚古墳の発掘調査が本格化し、埴輪に関するデータも徐々に蓄積されつつあったが、この段階では小さな破片からでも考察できることを示したく論じたものである。

第三節　昼飯大塚古墳と埴輪生産

1　美濃における埴輪の受容と展開

美濃における主要な古墳はこれまでにも詳述してきたように、特定領域に集中して築造される傾向にある。首長墓系譜を取り上げても、古墳時代前期には揖斐川水系の不破や大野領域、木曽川水系の那加や各務領域、そして可児領域に形成され、中期には大野領域の野古墳群に、そして後期には各務原台地に移動して形成された。本節ではこうした造墓にともなって墳丘に配置される埴輪がどのように持ち込まれ、その要因が何によるものかを考察する。さらに、一古墳の造墓にあたっては、その埴輪生産の実態がどのようなものであったのかを、第一節に引き続き具体的に昼飯大塚古墳の埴輪群をもとに検討してみたい。

さて、古墳時代前期を中心に埴輪を備えた古墳の様相をみてみると、揖斐川水系では前節でみた矢道長塚古墳、粉糠山古墳、昼飯大塚古墳、遊塚古墳の赤坂古墳群の大型の前方後円（方）墳に連続して採用されている。しかし、同時期に比定できる大型古墳で構成する上磯古墳群には全く埴輪は受容されていないという対照的な様相をみせる。こうした現象を古墳ごとにみてみても、木曽川水系では坊の塚古墳のような大型前方後円墳に埴輪の導入が単発的にみられるのみで、前期古墳が集中する可児では全く埴輪が持ち込まれていないのである。可児では埴輪に替わる外表装備として、在地的な底部穿孔の二重口縁壺（壺形埴輪）が西寺山古墳に取り入れられるなど、当地の伝統的な壺を採用しつづけているのである。西寺山古墳の属する前波古墳群には後続する大型円墳にも埴輪が備わらないことから、当時の首長層にとって埴輪は葬送儀礼上重要視されていなかったことがわかる。また、そのことは裏返してみれば埴輪祭式を共有しないということにむすびつき、埴輪を介した大和盆地の特定勢力との関わりが希薄であったと読みとることもできる。なお、この地域では五世紀後半以降になると須恵質埴輪が、宮之脇一一号墳、一二号墳、後平茶臼古墳などでみられるようになり、古墳時代前期と後期においては外表施設においてやや異なった様相をみせる。ただし、後者の様相は前期に比べると中央政権との関係というよりは、尾張地域との埴輪を介した紐帯を示す現象と解釈すべきであろう。

このように美濃における埴輪の受容は、揖斐川水系と木曽川水系とではそれぞれ不破と鵜沼の地において大型前方後円墳の築造を契機として導入され、主要な首長墓の造墓活動と密接に連動していた[1]。またその一方で、すべての古墳に導入されたわけではなく、前期段階にはむしろその背景に埴輪を創出した大和盆地の特定勢力との関係が濃密に働いている結果であると理解できるのである。次節ではその候補地に言及してみたい。

2　埴輪祭式とその系譜——器財埴輪からみた系譜——

当時円筒埴輪や形象埴輪の創出を成し遂げた大和盆地から、どのような経路や背景でもって美濃に普及したのだろうか。このあたりのことは早くに赤塚次郎は、S字甕と三角縁神獣鏡の分布をもとに桑名から南濃を通り養老山地沿いに向かう経路と、桑名から津島そして庄内川水系をぬける経路を重視した[2]。また、高橋克壽は器財埴輪や鰭付埴輪の検討から、伊賀から亀山をぬけ西濃地域に至る経路を指摘している[3]。さらに、五世紀後半から六世紀前半にかけて伊勢湾沿岸から遠江にかけて広がる淡輪系円筒埴輪が、伊勢から美濃そして越前に分布することから、美濃や越前の淡輪系円筒埴輪は伊勢のそれから何らかの影響下のもとで拡散したと考えられており[4]、最近その中間に

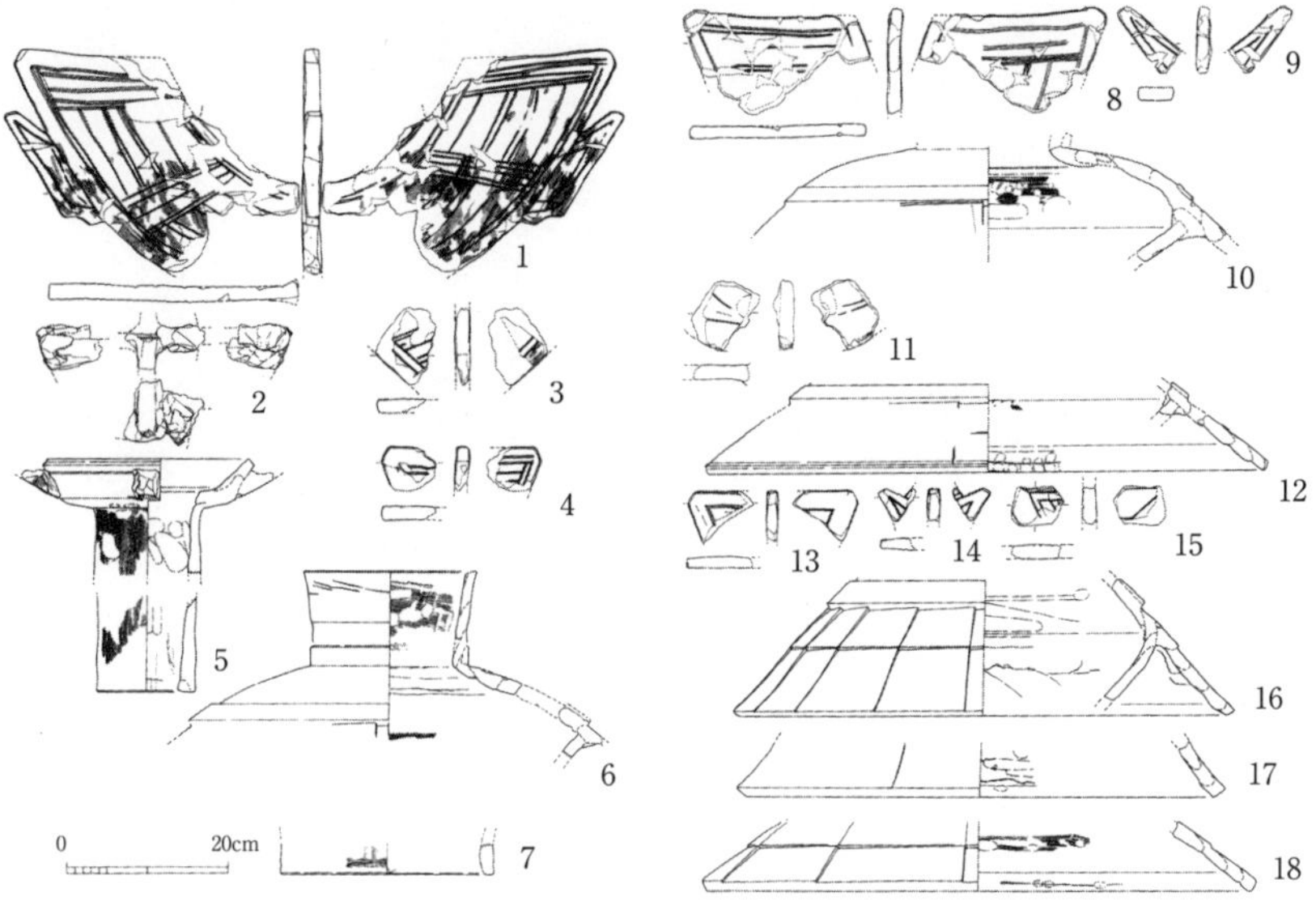

図79　昼飯大塚古墳の蓋形埴輪（注6文献による）
蓋1（1～7），蓋2（8～10），蓋3（11・12），蓋4（13～16），蓋5（17），蓋6（18）

あたる三重県桑名市の横山古墳群からも淡輪系円筒埴輪が確認されるに至って、[5]伊勢から美濃そして北陸へと繋がる北上ルートが注目されている。

こうした大和盆地から美濃に至る経路に、伊賀・伊勢を経由しているということは重要で、これまで濃尾平野へのルートは、どちらかというと後の東山道に相当する「山の道」と、伊勢から三河へぬける「海の道」という東海地域を東西に通りぬけるルートしか考えられていなかったため、伊勢から美濃へ北上する経路はおそらく埴輪だけでなく当時の物流や人の動きを考える上で重要な経路と考えられる。ここでは各務原方面への長良川や木曽川などの大河川や中小河川を利用した往来をも考慮して「河の道」を提唱しておきたい。

さて次に昼飯大塚古墳から出土した器財埴輪のうち特に蓋形埴輪を俎上に挙げて、大和盆地での淵源地を推定してみたい。昼飯大塚古墳の蓋形埴輪については、その分類や系譜を東方仁史が考察している[6]（図79・80上）。それを参考にしつつ指摘するならば、蓋形埴輪の笠部下半にみられる段差表現は、現在のところ奈良県佐紀陵山古墳、マエ塚古墳、京都府瓦谷《かわらだに》一号墳（以上A類）、奈良県櫛山《くしやま》古墳、富雄《とみお》丸山《まるやま》古墳、山陵町《みささぎちょう》遺跡、不退寺《ふたいじ》裏山《うらやま》古墳、大阪府五手治《ごてじ》古墳（以上Ba類）などで出土例が知られる。これらの古墳はいずれも前期後半以後、大和盆地東南部と北部そして河内平野の古市古墳群の嚆矢となる古墳に限定される。したがって、昼飯大塚古墳から出土したタイプの蓋形埴輪を製作した集団は、前述した古墳の近くにその拠点をもっていた可能性が高く、埴輪製作に従事していた工人が移動したか、あるいは在地製作者がこの地で習熟していたと考えることができる。

ここに、埴輪製作者集団の移動を証左する上で興味深い事象がある。奈良県佐紀《さき》石塚山《いしづかやま》古墳に近い山陵町遺跡では、昼飯大塚古墳の蓋形埴輪に近似する破片が出土しているが、この遺跡から出土した埴輪群は本来佐紀石塚山古墳に供給する予定であったものが、何らかの理由により製作後破棄されたものと考えられている[7]。注目すべきは、この溝から埴輪とともに布留Ⅱ式期からⅢ式期の土器と濃尾平野のS字甕C類が共伴して出土していることである（図80下）。この段階のS字甕の大和盆地への搬入状態を調べた橋本輝彦の研究によれば、それまでの先行するS字甕A類やB類などは大和盆地でも東南部などに集中するのに対して、C類は東南部では少なくなる一方でそれと相反して北部に集中することを明らかにしている[8]。こうしたS字甕の搬入状態を考慮するならば、山陵町遺跡での埴輪製作場において、濃尾平野からの人々の往来を推定することができる。おそらく昼飯大塚古墳における器財埴輪の製作にあたっては、現地の製作者集団が大和盆地の最先端の製作技術を習得に行った可能性もあるし、大和の地から美濃の地まで造墓に伴って派遣されてきた製作集団を推定することもできよう（図81）。いずれにしても美濃独自で製作された可能性がない器財埴輪については、現在のところ大和盆地北部との関係が最も濃いと言える。

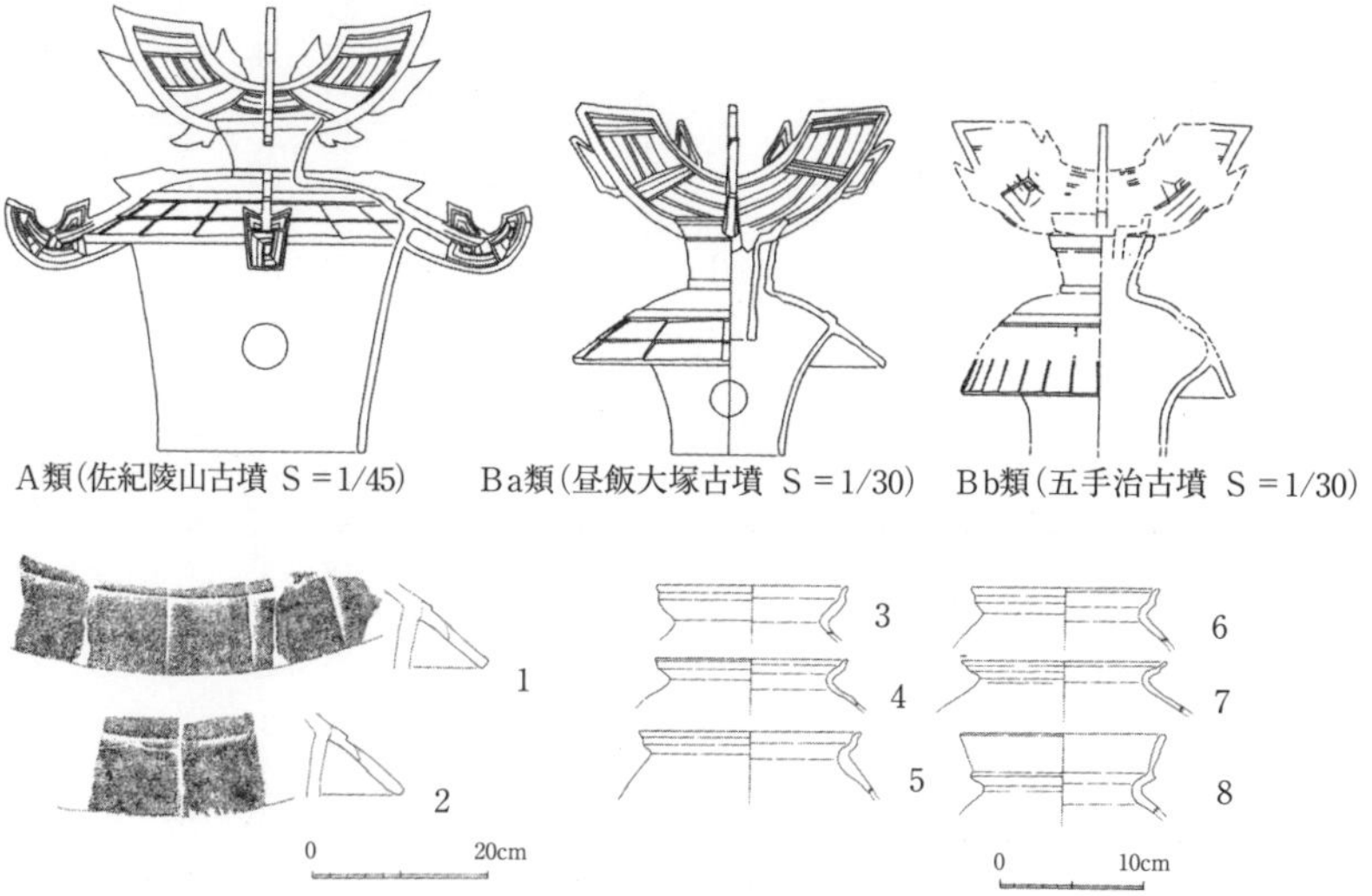

図80　蓋形埴輪の分類と山陵町遺跡出土遺物（蓋形埴輪１・２，Ｓ字甕３～７）（注6, 7 文献による）

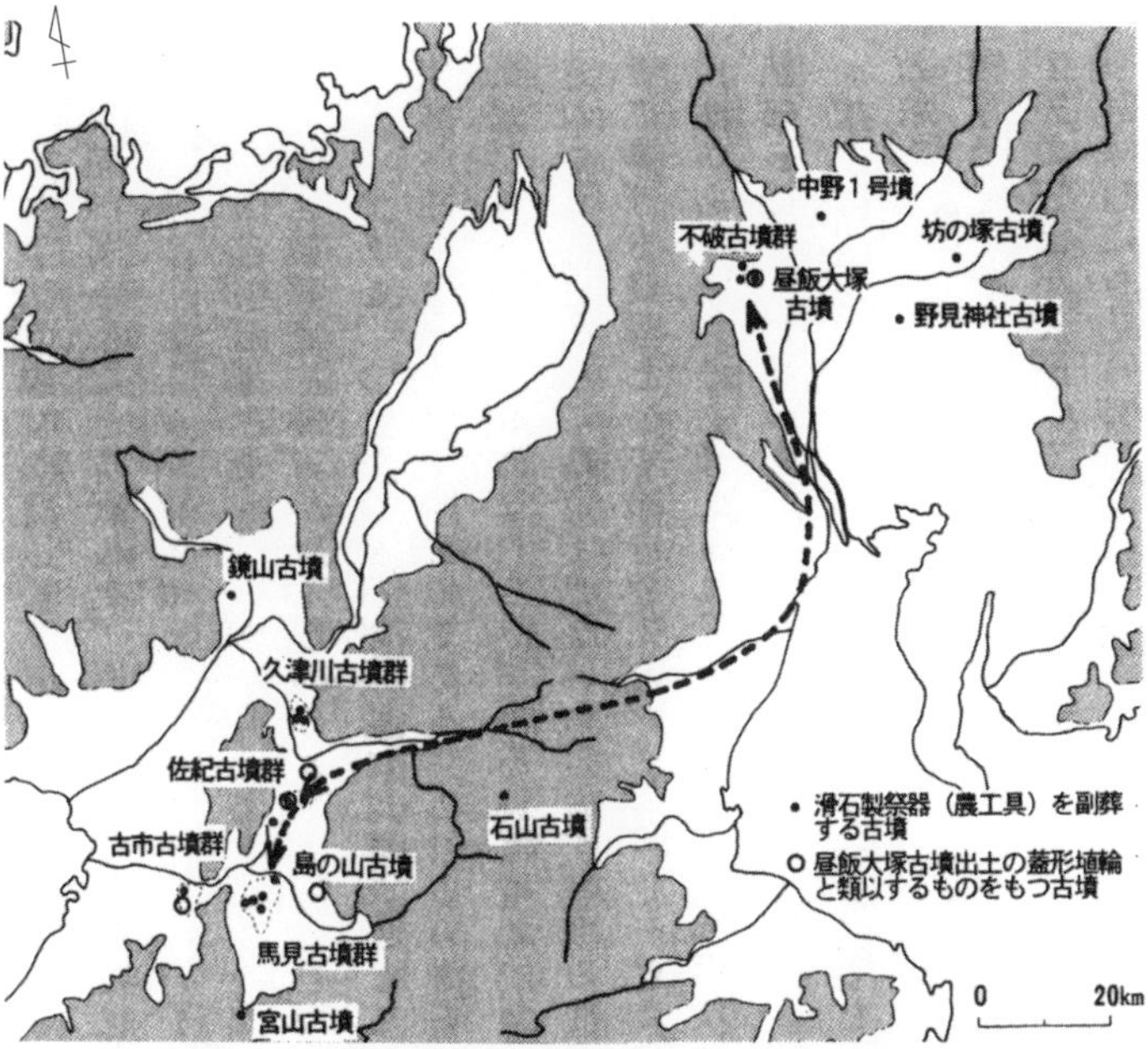

図81　形象埴輪の系譜と主な滑石製祭器の副葬古墳

3　埴輪群とその構成

前項までに美濃の前期古墳のなかでも揖斐川水系の西濃地域、とりわけ不破領域に属する大型前方後円墳の造墓に伴って積極的に埴輪が受容されたことを指摘し、それらに関与した集団が形象埴輪の特徴からみておそらく大和盆地の北部を中心とする地から派遣されてきたことも推定した。そこで、ここでは多数の埴輪製作にあたって、大和盆地の製作者集団と在地の集団がどのような関わり方で埴輪を製作していたのか、このあたりの問題について昼飯大塚古墳に配置された埴輪群を取り上げながら考えてみたい。まず調査報告書に沿って円筒埴輪についての分類を提示し、それらがどのようにほかの形象埴輪や土器などと関係するのかをみてみる。

円筒埴輪は次のⅠ～Ⅲ群に分類されている[9]（図82）。まず、Ⅰ群埴輪は内外面をナデ調整し、突帯設定の際には断続凹線技法を用いている。透かし孔は方形が多く、胎土は細かい砂礫で含有量は少なく緻密で、色調は橙色を呈するものが多い。三条突帯四段となる。Ⅱ群埴輪は外面調整をタテ方向のハケメで調整するもので、二次調整にもタテハケを施すものも含み、突帯の設定には凹線技法を用いている。透かし孔は方形をなす。胎土はほぼⅠ群と同じである。三条突帯四段となる。Ⅲ群の埴輪は外面調整にヨコハケ技法を、突帯設定には凹線技法と方形刺突技法を用いている。透かし孔には方形と円形がある。胎土はⅠ・Ⅱ群とは異なり大きめの砂礫を含むもので、色調は黄橙色をなすものがみられる。四条突帯五段となる。これらの分類は、その他の朝顔形埴輪、楕円筒埴輪、鰭付円筒埴輪にも適用することができ、楕円筒埴輪はⅠ・Ⅱ群に、朝顔形埴輪はⅡ群に、そして鰭付円筒埴輪はⅠ群に属する。

次に形象埴輪であるが、完形に復元できる形象埴輪はないものの、その破片から推定できる様々な形象埴輪などと円筒埴輪の関係については、東方仁史の報告がある[10]。先の円筒埴輪の分類で胎土は、砂礫を多量にそして大きな粒子を含む一群（B類）と砂礫が少なく緻密な一群（A類）に分かれたが、形象埴輪の胎土は一部の家形埴輪の個体（家2・家3）を除いて、ほとんどがどちらかの胎土に属する。すなわち、ヨコハケ技法を採用した円筒埴輪Ⅲ群は、盾形埴輪の1～5と蓋形埴輪β、そして切妻に復元した家形埴輪1と同じB類であった。また、A類とした胎土と共通するものに入母屋に復元した家形埴輪4や、家形埴輪6・7と大型の家形埴輪5が、そして蓋形埴輪や鰭付円筒状盾形埴輪があった。

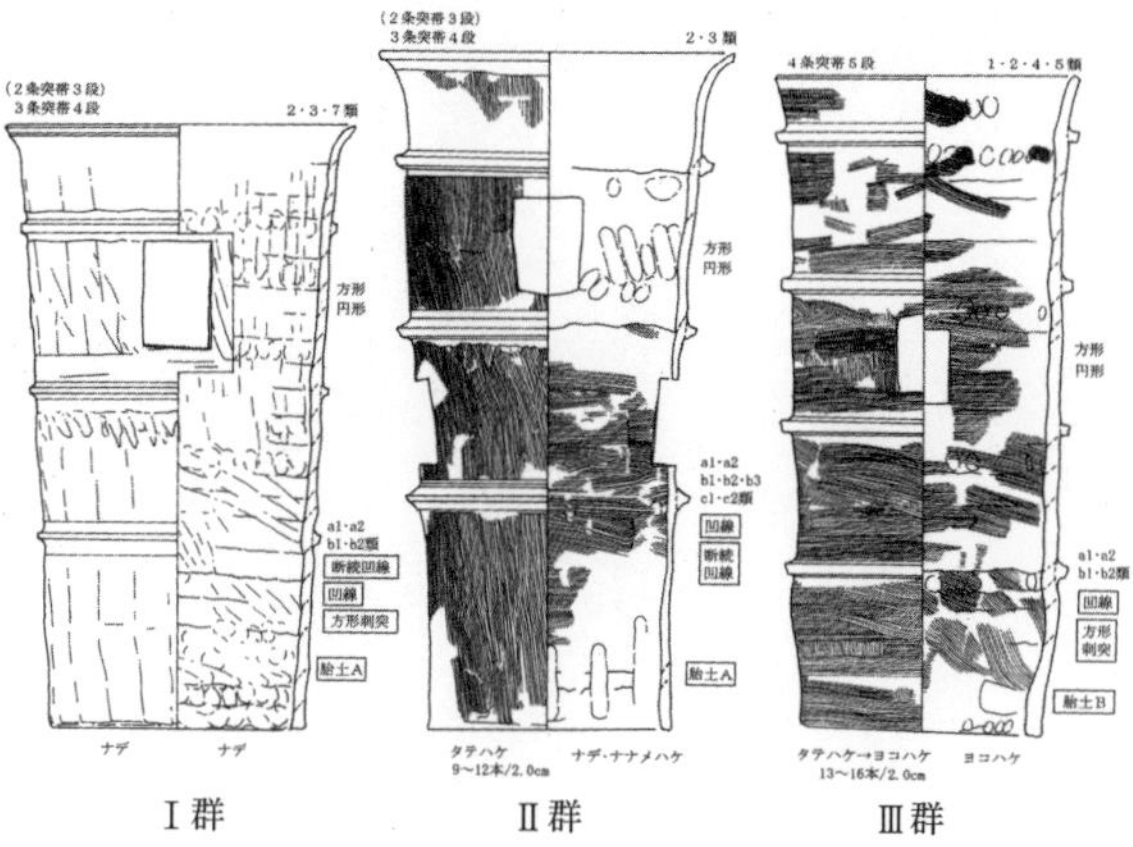

図82　昼飯大塚古墳の円筒埴輪（1/16）（注6文献による）

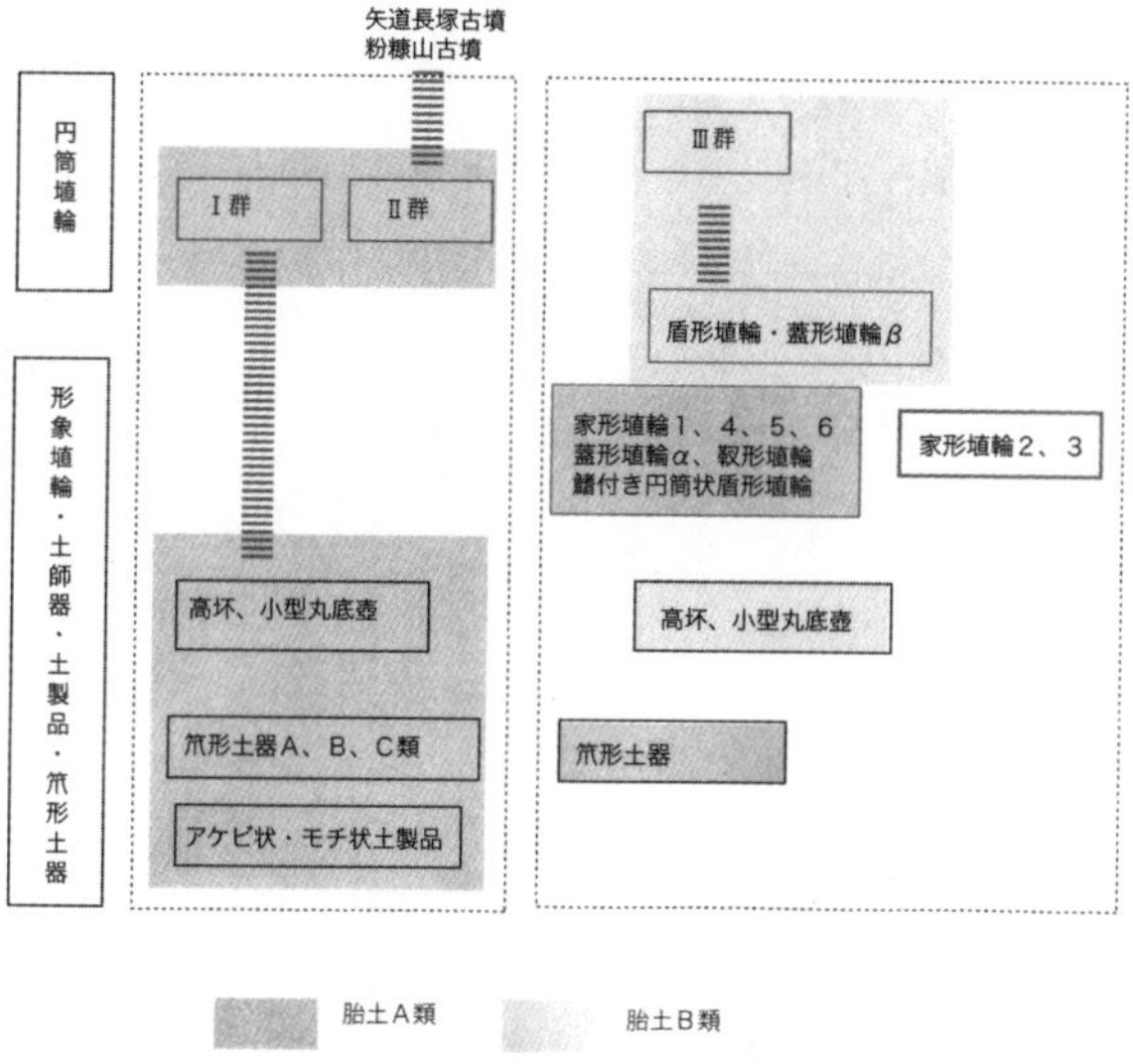

図83　昼飯大塚古墳の埴輪群の構成
（注13東方発表要旨を一部改変）

さらに、墳頂から出土した土師器も大きく胎土は二群に大別でき、異なる二種類の胎土が使用された[11]。しかし、笊形土器や土製品などはそこまで分離はできず、同じ胎土（A類）の使用が想定されている[12]。以上のことを模式的に表示するならば図83のようになる[13]。

このようにこれまでの分類を整理すると、三つに分かれた円筒埴輪のなかでヨコハケ技法をもつⅢ群の製作者は盾形埴輪の製作技法とも近似することから、少なくとも在地の製作者ではなく外来系の製作者の関与が認められる。そしてそれが円筒埴輪の胎土の違いとも一致するということは、形象埴輪の製作者が円筒埴輪の一部の製作にも関わった可能性が極めて高いことを示している。このことは盾形埴輪のみならず、その他の形象埴輪の個体からも言及することができ、少なくとも二つ以上の製作集団が存在したことを窺わせ、見方を変えればそれは外来系と在地系という側面を含んでいる。

また、円筒埴輪のⅠ群とⅡ群の胎土が、土師器や笊形土器・土製品などと同じであるということは、土師器などを含め笊形土器と土製品は搬入品ではなく、在地の製作者（集団）が地元の粘土でつくっている可能性が高く、新たな儀礼にもとづく器物であるものの、「かたち」のみが伝えられたことを示唆するにほかならない。このことについては後で詳しく触れたい。

4　埴輪配置と調査方法

さて、昼飯大塚古墳の埴輪群は幸いにもその三分の二ほどが原位置を留めていた。その配置の意味などについては次項で述べるが、ここではその調査にあたって最初から破片を意識的に峻別しながら掘り下げていったことを記述しておきたい。それは今後の埴輪を伴う（埴輪列を伴わない場合においても）古墳を発掘調査する場合に、調査の方法によってその後の研究や保護に対して、一定の方向性を導いてくれると確証したからである。

発掘調査に着手する前の後円部頂は、現況で直径約二三メートルほどの広い平坦面をもっていた。過去の明治年間にあった盗掘や竹の子栽培のために埴輪片が逐次採集されていたことから、少なからず埴輪列への影響も懸念されていた。しかし、現状で大きな凹凸がなく比較的平坦になっていたことから、埴輪列の存在も一定度期待できた。こうした状況を考慮して、後円部頂の表面を機械的に掘り下げていく前に、埴輪片を採集しその採集データと発掘後のデータを照合する分布調査の方法を導入した(14)。

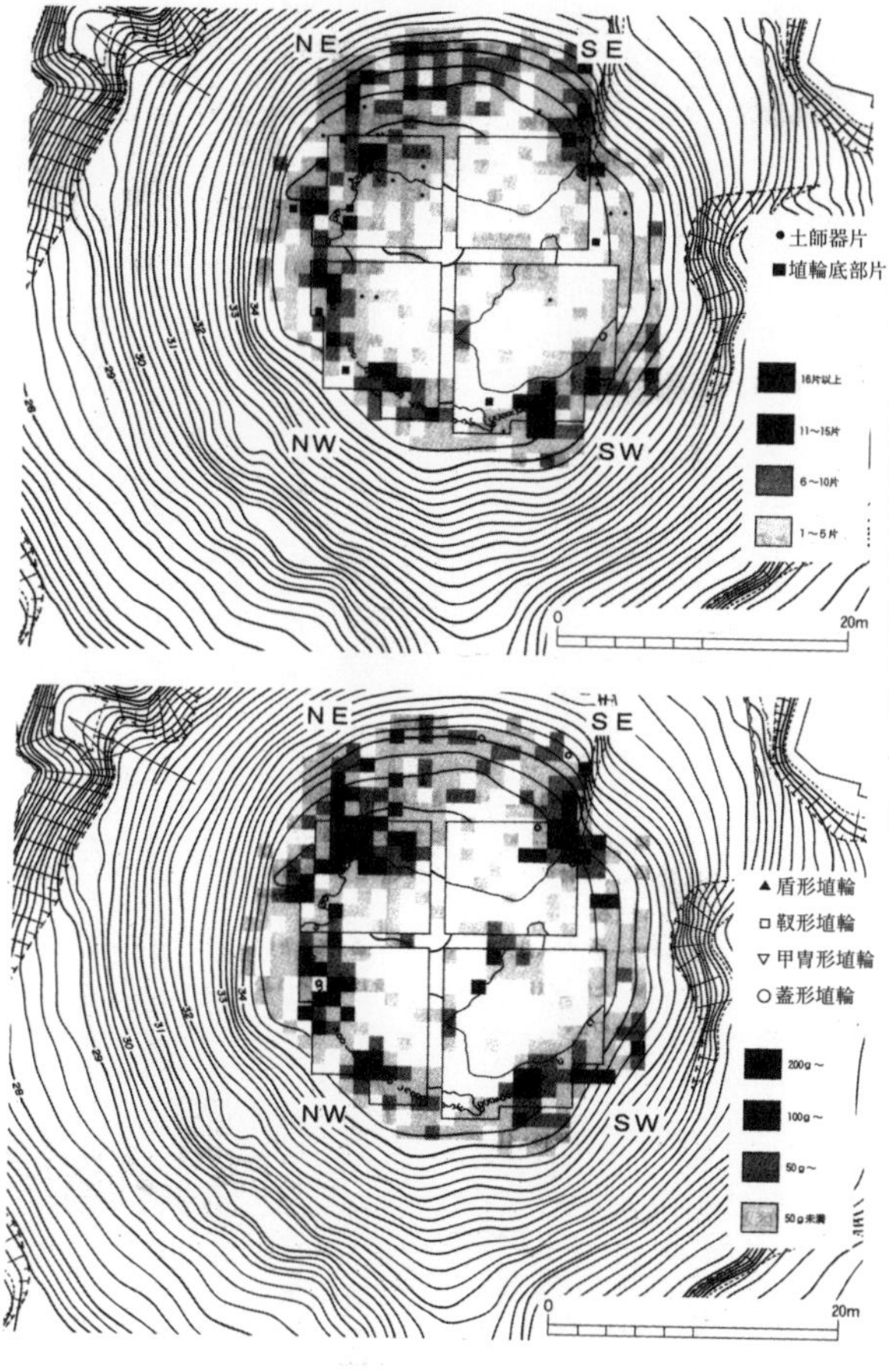

図84　後円部頂の埴輪（上：破片数，下：重量）（注15文献による）

埴輪の分布調査では、物理探査で得られた墓壙や埋葬施設などの位置情報をもとに、一メートルメッシュの枠を設定し、その区画ごとに採集した埴輪片を破片数と重量の二種類の属性で測定し、分布図を作成したのである（図84）。後円部頂を便宜上、右上から時計回りにSE、SW、NW、NEとしているが、この図を比較しながらみると、後円部頂のほぼ中央を除いた周囲に破片が集中していることをまず読みとることができる。そのなかでＳＥ区のまとまった範囲などは、後世に溝を掘削したときに生じた集積と考えられるほかは、基本的にはその配置を反映しているものと捉えることができた。後円部頂中央にその破片数が少ないことは、現状が大きく攪乱されていないことからみても、方形区画などの埴輪が比較的良好に遺存しているか、もしくはそうした区画が存在しない二つの結果を予測できた。二種類の分布図を見比べると、重量の頻度数を表示した図は、小さな破片も大きな破片も一点としてカウントする方法に比べ破片の大小に影響されることがないため、埴輪の原位置や埴輪列の位置を敏感に反映していると思われる。

また、この方法によって破片ながらも形象埴輪の存在をわずかながらに把握することができた。確認できた種類は、靫形埴輪、盾形埴輪、蓋形埴輪で、過去の採集品から甲冑形埴輪と家形埴輪を加えることができた（第三章第二節）。主な採集範囲はＮＷからＮＥ区という主軸よりやや北側にあったことから、この周囲に形象埴輪の存在を予測できた。この結果は発掘調査後の所見と一致した。さらに、埴輪以外では小型の高坏片や二重口縁を呈する丸底壺の小片も確認することができ、墳頂に土師器が伴うことを事前に把握できた。そして後円部頂を掘り下げていった結果、図85のような埴輪配列を検出することができ、形象埴輪の配置も推測することができた。この結果は調査報告書に詳しく記されているが、[15]結果的にみて事前調査の効果と有効性が調査に充分反映されたとみられる。

さて、形象埴輪については墳頂に配置されていることを明らかにしたものの、具体的な配列を復元するまでには至っていない。しかしながら、破片の出土状況や範囲などからみて、墳頂北側にまとまって配置されていた可能性を指摘できた。なお、発掘の所見では後円部頂に方形壇や方形埴輪列は確認できていない。墳頂部の方形埴輪列については、稲村繁が指摘するように「特定の地位あるいは畿内と特別な関係にあった被葬者にのみ認められた、特別な埴輪の配列方法[16]」とみるならば、昼飯大塚古墳の場合は、形象埴輪を製作する集団（指導者）を招聘しつつ、その配列段階に至っては方形壇や方形区画を装備しなかったことになる。

この墳頂部における方形区画については、四世紀前葉からの方形壇とその配置を継承した佐紀陵山古墳が代表するように、四世紀後半前後には盾形埴輪や蓋形埴輪そして鰭付埴輪といった新たな埴輪を備えた段階で、大和盆地北部における埴輪生産の創出と関係したものと考えられている[17]。方形区画はその後靫形埴輪や甲冑形埴輪を加えつつ、列島の東には三重県石山古墳に、西へは岡山県金蔵山古墳や月の輪古墳などにダイレクトに波及している。

以上のことから、列島内において形象埴輪の創出とその配置法の共有が一致する古墳と一致しない古墳がみられるようであるが、方形壇と方形配列の系譜を引く祭式とそれらを採用しない祭式の併存は時間差というより、被葬者の階層や政治的関係に起因すると考えられる。

5　埴輪群と埴輪の配列

このように昼飯大塚古墳の発掘調査によって得られた埴輪の情報と意義は多方面におよぶが、重

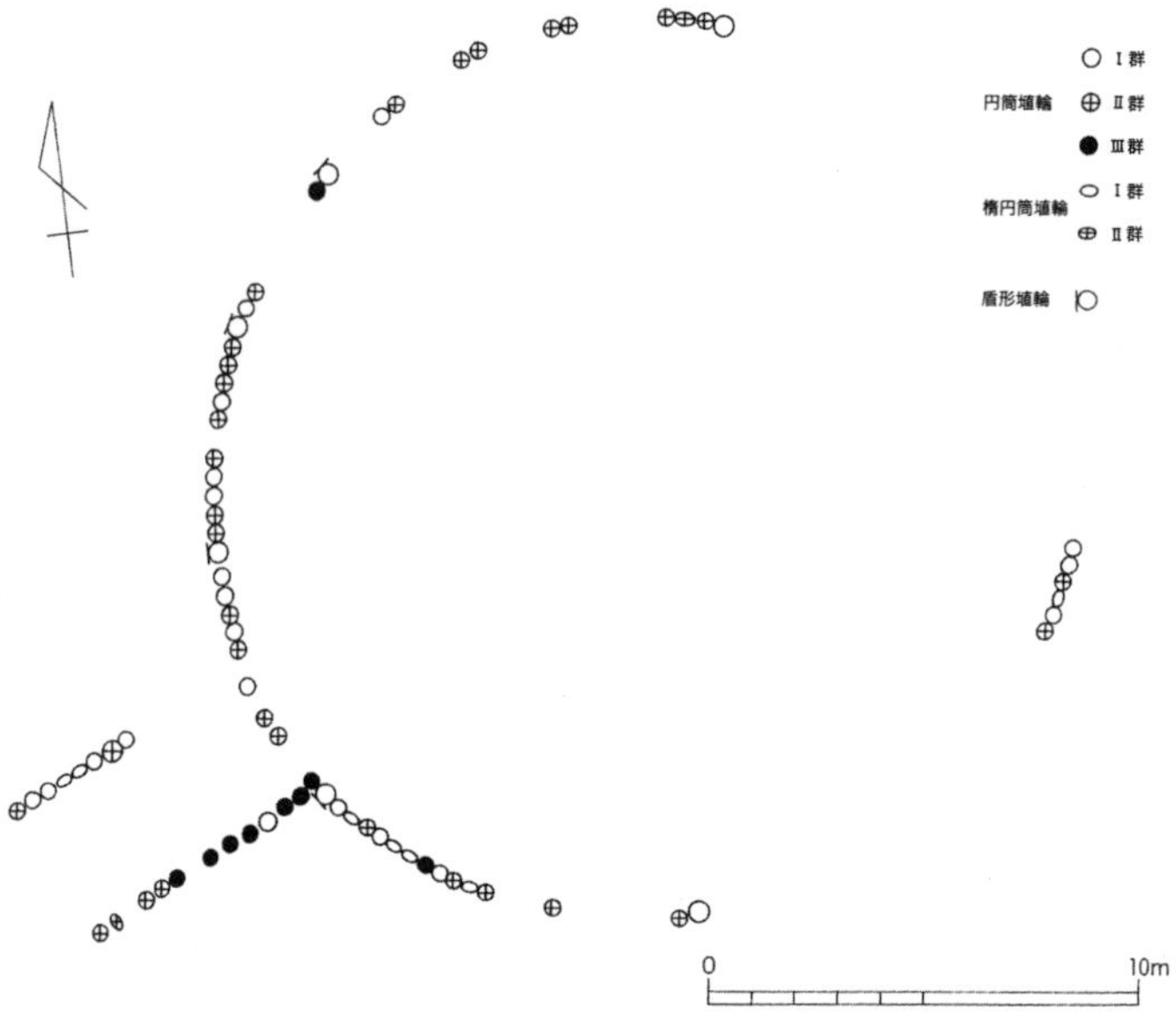

図85　埴輪の配列と埴輪群の関係（注9文献による）

要な成果の一つに埴輪の配列と配置の問題がある。方形区画の有無については前述したが、ここではその意味を含め古墳の墳丘上と後円部頂において原位置で確認された埴輪列、とりわけ後円部頂の外周を巡る埴輪列に注目したい。後円部頂での埴輪は合計約五六個体、それに続くスロープ部では北列に八個体、南列に一一個体が検出されている。後円部頂のそれは大型埴輪七個体（このうち四個体が蓋形埴輪を載せたと推測される盾形埴輪の基部）が一定の基準のもとに設置され、そのあいだを円筒埴輪で埋めていくことが確かめられている。原位置の円筒埴輪は約四九個体確認されており、復元上は約一四八個体が、スロープ部では発掘調査区内では北列一四個体、南列で一三個体というようにお互いが接するように配置されていたと推定されている。[18] これらを先の円筒埴輪の分類ごとにみてみると、それぞれの埴輪群がどこに配列されたのかをみることができる（図85）。

また、先の埴輪分類からは、Ⅰ群とⅡ群の埴輪が在地系製作者が関わった埴輪群であること、Ⅲ群の埴輪が形象埴輪の製作に指導的な立場で関わった派遣製作集団の可能性が高いものであることを指摘したが、こうした埴輪群の構成からそれぞれの埴輪の位置を確かめてみると、一見丁寧なつくりで整然としたⅢ群の埴輪は盾形埴輪の基部を除くと、後円部頂から前方部へ至るスロープ部の南列の一箇所に集中するぐらいで、後円部頂にはほとんどみあたらないのである。[19] すなわち、埋葬施設のある重要な後円部頂を取り巻く位置にあってもいいはずの埴輪群は、その大部分は在地の製作者の手によるものなのである。外来系と思われるⅢ群の円筒埴輪は、墳丘上の調査区のなかにあっては第一段目（最下段）平坦面に配置されたことが確かめられており、埋葬施設からは遠く離れている。

こうした現象は三重県宝塚一号墳の場合においても同様な傾向を読みとることができる。[20] すなわち、出島状の造り出しに配置された埴輪群は、大半が在地に系譜をもつ二重口縁壺であり、その製作も在地の製作者が関与したとみなされている。その一方で、埴輪製作の手順を踏んだ指導的な立場の製作者が関与したような埴輪群は、前方部など離れた位置に配置されているのである（図86）。つまり、造り出し部で繰り広げられる重要な埴輪祭式を担った埴輪は、家形埴輪や船形埴輪などの形象埴輪であることは言うまでもないが、その周囲を囲む埴輪群は在地の製作者による埴輪群であったのである。[21] このことの意味は、埴輪祭式の実態を考察する上でも重要な視点となりうる。

このように出土埴輪群を製作者側にたった視点で分類を行い、そして埴輪群の構成を明らかにした上で埴輪の配置を考えれば、埴輪がどのような製作者によって造形され、その埴輪がどこに何のために配列されるのかという問題にも迫ることができる。さらに、製作者集団の移動を視野に入れるならば、当時の中央政権と各地域首長との関係を背景にした埴輪祭式が復元できるのである。[22]

このことを考える契機となった昼飯大塚古墳の事例は、前期後半頃の中央と地方の政治的関係を考察する上でも、形象埴輪と埴輪生産が極めて重要な視点であることを示す。つまり、形象埴輪を昼飯大塚古墳に積極的に導入した背景には、第二節でみたように、その前後の埴輪の受容形態からして極めて特殊な事情によるものと推測でき、また、その埴輪製作にあたっては大和盆地北部地域からの新たな埴輪祭式が持ち込まれると同時に形象埴輪を製作する集団の往来が考えられる。

さらに、造墓地にはそれまでの埴輪製作に関わった製作者や土器製作にあたっていた集団が在地から招集され、派遣製作者集団とともに生産に従事していたことを読みとることができる

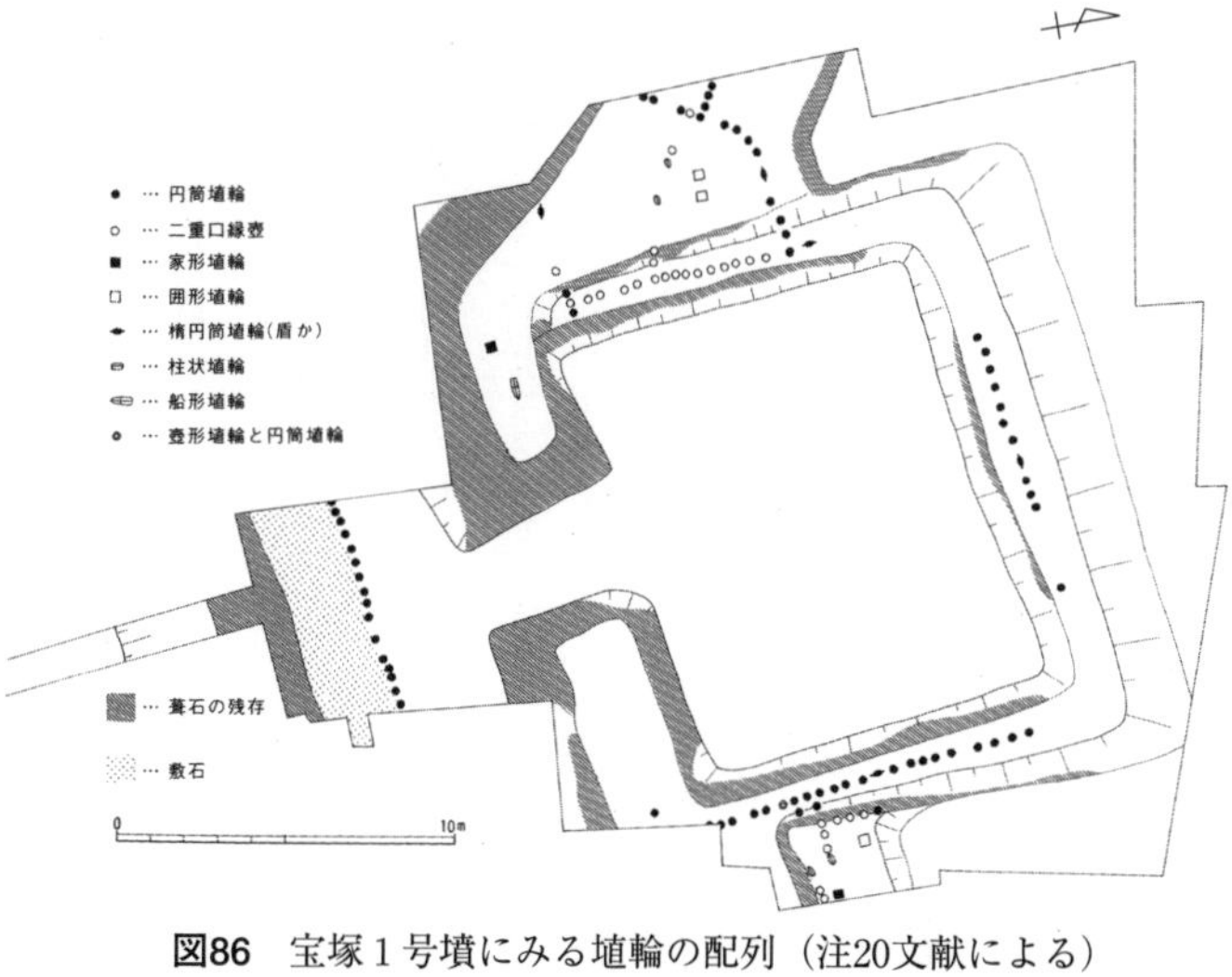

図86　宝塚１号墳にみる埴輪の配列（注20文献による）

のである。完成した埴輪を墳丘上に配列するとき、埋葬施設上では方形壇や方形配列を行わず、形象埴輪を特定位置に置くだけの埴輪祭式を実行し、このときの配置はそのほかの器物を用いた葬送儀礼とも強く関係する。しかしながら、埋葬施設を囲む重要な円筒埴輪列の主要な部分が、在地集団の手による埴輪で囲まれたことについては、彼ら製作者を含めた地域集団が、それまで地域社会を統括して導いてきた亡き首長への鎮魂や辟邪を意図するものと考えておきたい。

本節では埴輪群を円筒埴輪の分類とその構成、形象埴輪の分類と製作技術からの系譜を探る分析を通して、一つの前方後円墳の造墓にあたっての生産のあり方を考察した。第二節でみたような近接する大型前方後円（方）墳との関係も、こうした一つ一つの古墳にみる埴輪群の構成やその生産のあり方から、さらに研究を深化させていかなければならないが、こうした研究課題に取り組むためにも、発掘調査を進める段階においてどのような視点で調査に入るのか、これまた重要な問題であることを提言して本節を締めくくりたい。

（1）中井正幸「美濃における大型古墳と埴輪」（『第三回松阪はにわシンポジウム—東海の埴輪と宝塚古墳』松阪市・松阪市教育委員会、二〇〇三年）一五—二六頁。
（2）赤塚次郎「東海系のトレース」（『古代文化』第四四巻第六号、一九九二年）三五—四九頁。
（3）高橋克壽「埴輪生産の展開」（『考古学研究』第四一巻第二号、一九九四年）二七—四八頁。
（4）坂靖・穂積裕昌「「淡輪技法」の伝播とその問題」（同志社大学考古学研究室編『木ノ本釜山（木ノ本）遺跡発掘調査報告書』和歌山市教育委員会、一九八九年）七六—一〇二頁。鈴木敏則「伊勢の淡輪系円筒埴輪」（『Miehistory』vol.3、三重歴史文化研究会、一九九一年）一九—六四頁。
（5）岡田登「横山古墳群」（『多度町史』資料編一考古編、多度町、二〇〇二年）六四—七〇頁。五世紀後半には三重県多度町横山一号墳から淡輪技法を用いた埴輪が確認でき、同様な手法をもつ埴輪が遊塚中央円墳（岐阜県大垣市青墓町）や墳丘長三九メートルの前方後円墳である中川六一号墳（福井県坂井郡金津町）でみられることから、伊勢から西濃、そして北陸へ通りぬける経路がその後も継続してあったことが推測できる。

（6）東方仁史「器財埴輪からみた昼飯大塚古墳―蓋形埴輪と盾形埴輪を中心として」（『史跡昼飯大塚古墳』大垣市埋蔵文化財調査報告書第一二集、大垣市教育委員会、二〇〇三年）四〇三―四一二頁。

（7）小栗明彦「山稜町SD－〇二及びSD－一〇一出土の埴輪類について」（『平城京右京一条北辺二坊の三坪・四坪』奈良県史跡名勝天然記念物調査報告第六七冊、奈良県教育委員会、一九九四年）二六九―二九三頁。

（8）橋本輝彦「大和における東海系土器のひろがり」（『シンポジウム「邪馬台国時代の近江と大和」資料集』香芝市二上山博物館・二上山博物館友の会・ふたかみ史遊会、二〇〇一年）八六―一〇〇頁。

（9）大野壽子「円筒埴輪」（前掲注6）一九七―二三四頁。

（10）東方仁史「形象埴輪」（前掲注6）二三四―二六四頁。この他に東方が埴輪の分類と胎土分析との関係を論じたものがある。中井正幸・東方仁史・大野壽子「昼飯大塚古墳の埴輪配置と胎土分析」（『考古学ジャーナル』第四七一号、ニュー・サイエンス社、二〇〇一年）一九―二二頁。

（11）高志こころ「土師器」（前掲注6）二六四―二六八頁。

（12）東方仁史・中條英樹「土製品」（前掲注6）二六八―二七三頁。

（13）東方仁史の第一回考古学研究会東海例会発表要旨による。またこれを別の視点でまとめたものに、鈴木一有「岐阜県・昼飯大塚古墳―四、東海・中部地方における形象埴輪成立期の様相」（古谷毅編『埴輪工人の移動からみた古墳時代前半期における技術交流の政治史的研究』東京国立博物館、二〇〇三年、九四―九六頁）がある。

（14）中井正幸「美濃昼飯大塚古墳の研究Ⅱ―墳頂面調査の一事例」（『古代』第一〇五号、一九九八年）一六五―一八一頁。

（15）中谷正和「遺物分布調査」（前掲注6）一二六―一二八頁。

（16）稲村繁「墳頂部に配置された埴輪について」（『史学研究集録』第九号、國學院大學日本史学専攻大学院会、一九八四年）一―一九頁。

（17）高橋克壽「器財埴輪の編年と古墳祭祀」（『史林』第七一巻第二号、一九八八年）六九―一〇四頁。

(18) 東方仁史「埴輪列の調査」(前掲注6) 一四四―一六三頁。
(19) 大野壽子「円筒埴輪」(前掲注6) 二三〇―二三四頁。
(20) 福田昭・福田哲也ほか編『松阪宝塚一号墳調査概報』松阪市教育委員会・学生社、二〇〇一年。
(21) 穂積裕昌・古谷毅「三重県・宝塚一号墳―四、東海・中部地方における形象埴輪成立期の様相」(前掲注13) 九七―一〇〇頁。
(22) 古谷毅「研究の目的と方法」(前掲注13) 一―五頁。

[補記]

1　本節は、昼飯大塚古墳の調査報告書を作成する過程で検討したことを整理してまとめた新稿である。円筒埴輪や形象埴輪については、大野壽子と東方仁史両氏がそれぞれ考察などでも触れている。本節で考えた幾つかの点は、報告書作成過程における昼飯大塚古墳検討会で触発を受けていることを記しておきたい。

2　埴輪群の構成に関する考え方は、二〇〇三年二月古谷毅氏を研究代表とする調査研究会が、昼飯大塚古墳の埴輪群を検討した際にいっしょに議論に加わった際の成果を含んでいる。この点についてはその後東方仁史氏が二〇〇三年八月に報告しており(考古学研究会東海例会での口頭発表)、本稿の分類などは基本的にはこれを受けている。

3　本節の「1　美濃における埴輪の受容と展開」は、旧稿「美濃における大型古墳と埴輪」(『第三回松阪はにわシンポジウム―東海の埴輪と宝塚古墳』松阪市・松阪市教育委員会、二〇〇三年)の趣旨を生かしながら総括的に書き下ろし、「2　埴輪祭式とその系譜」は旧稿「造墓と儀礼の受容」(『岐阜史学』第九六号、一九九九年)を、「4　埴輪配置と調査方法」は、旧稿「美濃昼飯大塚古墳の研究Ⅱ」(『古代』第一〇五号、一九九八年)を基礎として発展させたものである。

第四節　石製祭器から読みとる葬送儀礼

1　はじめに

第二、三節では、美濃をはじめ東海地方の大型前方後円墳の造墓にあたり、その歴史的背景に中央政権との関わりが非常に濃くあったことを埴輪祭式のあり方から指摘した。そのことは同時に地域における中央と地方の構造の変化が埴輪の受容にも反映していることを意味し、先にみた首長墓系譜の断絶とも大きく関わる。ここでは古墳に副葬された腕輪形石製品や滑石製品などの「石製祭器」[1]を取り上げて、それらが威信財としての役割を果たしているばかりか、その背景に石製祭器を用いた儀礼行為の存在を指摘し、そうした儀礼の共有が当時の首長間にとって極めて重要な側面であったことを論ずるものである。本節では岐阜県親ヶ谷古墳と矢道長塚古墳の腕輪形石製品を俎上に挙げ、そして第五節で遊塚古墳から出土している滑石製の農工具形石製品を取り上げる。

2　親ヶ谷古墳の石製祭器とその意義

(一) 親ヶ谷古墳と石製祭器

親ヶ谷古墳は標高一八五メートルの尾根上に立地する墳丘長八五メートル以上の前方後円墳と考えられている。[2]
明治年間に盗掘を受け、銅鏡一四面のほか石製合子二個、石製四脚付盤一個、石製壺三個、石製高坏一個、鍬形石一個、車輪石四個、管玉八個、棗玉四個が出土している[3]。副葬品が出土した後円部は、径四二メートル、高さ六メートルで、頂上の径は一三メートルとなる。墳丘には後円部側にのみ川原石の葺石を備えており、埴輪は認められない。出土した銅鏡はその後の地元の発掘により内行花文鏡片が一面加わることから一五面以上の数にのぼるが、その詳細は不明である[4]。石製祭器などは東京国立博物館に保管されており、以下はそれらの観察記録である（図87）。

石製合子は、二個出土している。1の材質は灰緑色の碧玉で、やや軟質。身は隅丸長方形で、長軸九・五センチ、短軸八・一センチ、器高四・〇センチ、二二一グラムを測る。2の材質は灰緑色の碧玉で、身は隅丸長方形を呈し、長軸九・一センチ、短軸七・一センチ、器高五・三センチ、三六六グラムを測る。蓋受部は内彎し、端部上面に幅四〜五センチの研磨面がある。身上位には幅七センチの突帯がめぐり、その側面は匙面状となる。底部へはゆるやかに彎曲しながら突出し、端部は面をもつ。外面はヨコ方向の粗いケズリの後タテ方向にケズリがみられる。内面の調整は不安定で凹凸が残る。蓋は断面三角状を呈し、長軸八・二センチ、短軸六・七センチ、器高三・七センチ、一三九グラムを測る。中央の稜線から放射状に刻み（断面U字形）が施される。内外面ともにヨコ方向にケズリ後ミガキの痕がみられる。蓋および身とも全体に器壁が厚く、重さが感じられる。西谷眞治分類での碧玉製楕円形無脚無孔合子となる[5]。

石製四脚付盤は緑色凝灰岩製で、口径一七・五センチ、高さ九・三センチ、脚高六・三センチ、重さ八〇一グラムを測る。盤は口縁部が外彎しながら外上方に立ち上がり、口縁上端部に幅一・〇五センチの平坦面をもつ。また、口縁外端部には、幅〇・二五センチの面取りを施している。盤の内部は、上端径一五・四センチ、深さ一・九センチの、口縁部が直線的に外上方に立ち上がる浅皿状に彫り込んでいる。盤の外底縁部には、横断面形が三角形で、外下方に強く外彎しながら伸びる四脚を削り出している。脚外端部には、幅〇・七センチの面取りを施している。ただ、脚部は相対する二脚がやや長く、他の二脚がそれに比べてやや短いので、四脚の下底面は必ずしも同一平面上には位置していない。全体にきわめて丁寧に研磨しており、擦痕が残らない。

石製壺は二重口縁壺が一個と小型丸底壺が二個出土している。4の材質は灰緑色の碧玉である。口径八・四センチ、器高八・六センチ、体部最大径九・〇センチ、四四三グラムを測る。口縁部は若干内傾気味の頸部から屈曲し、外彎する二重口縁をもつ。口縁外面は二段の匙面から構成され、端部は幅二〜三ミリの面をもつ。口縁内面は端部に幅四〜五ミリの面がみられ、わずかに彎曲しながら頸部に至る。体部は球形で、外面は幅八ミリで二九箇所の匙面より構成される。底部は径四センチの平底である。5と6は暗灰色の滑石である。

石製高坏は灰緑色の碧玉である。坏部口縁径七・三センチ、坏部高二・一センチ、脚部底径一二・八センチ、器高五・八センチ、二一五グラムを測る。内外面ともにきわめて丁寧に磨かれ、整形痕はみられない。坏部は内彎し、端部に幅二センチの研磨面が認められる。内面はゆるやかな半球状を呈する。脚部へは鋭い稜線を境に彎曲して移行し、美しい曲線をたもちながら八の字状に大きく開く脚部となる。脚部に透かし孔はみられない。器形の特色は、まず小型高坏の中でも坏部の下位に稜線を有する。脚部は接合部から大きく開く形状で、坏部が低く口縁に向かって開く。内部は屈曲がみられず、ゆるやかな半球状を呈する。

鍬形石は緑色凝灰岩製で、全長一五・一センチ、環状部内径八・一×五・七センチ、板状部幅一〇・五センチ、重さ一九一グラムを測る。頭部は上下の幅が狭く、表面の中央に一条の沈線が横走する。頭部の裏面では、上縁から環状部の内孔まで幅広で漏斗形の凹線が貫く。環状部との境は表裏面とも段で区画する。環状部の左右両側は内彎して広がる。表面でみると、向かって右側の方が彎曲が左側よりもやや大きい。表面には、内孔に沿う幅の狭い平坦面をもつ。横断面形は五角形をなす。節部の表面は、上下両縁にそれぞれ一条ずつの匙面の隆帯がめぐる。下縁の隆帯は、左端において内孔の下縁より上に位置する。裏面では環状部と節部、節部と板状部とのそれぞれ境と、節部下縁の隆帯の上辺にあたる部分を段で区画する。板状部の各辺のうち向かって右側辺は内彎し、左側辺および下辺は直線に近い。頭部の上辺を水平においた場合、表面でみると、板状部の下辺は左上りとなる。また、側面でみると板状部は強く彎曲する。全体にきわめて丁寧に研磨しており、光沢を有する。ただ、内孔の上縁に敲打による剥離痕が一箇所残り、製作技法を窺わせる。

車輪石は四個出土しており、うち三個体は完形品である。材質はすべて灰緑色の碧玉である。これらは形態上、次の三つに大別される。Ⅰ類（10）は、外形および中央孔がともに卵形を呈するもの。表面に施された放射状の面取り部分および稜線上には刻線はない。Ⅱ類（9・11）は、外形は扁平な卵形をなし、中央孔は正円形を呈するもの。表面に施され放射状の面取り部分および稜線上に刻線を有する。Ⅲ類（12）は、外形は扁平な卵形を呈するもののやや楕円形に近く、中央孔は正円形をなす。表面に施された放射状の面取り部分は匙面状をなさない、というものである。9は長径一三・七センチ、短径一一・五センチの扁平な卵形をなし、中央孔は直径四・四センチの正円形を呈する。重量は二一一グラムを測る。表面に施された放射状の面取り面は、匙面となりややゆるやかに外曲する。その幅は、中央孔側で〇・六～〇・七センチ、外側で一・五センチを測る。また、面取り部分および稜線状には、刻線は施されていない。断面では孔壁で一・二センチと厚く、外側では〇・四センチを測る。裏面は中央孔に向かってやや傾斜し、その高さは〇・四センチと低い。10は長径一五・一センチ、短径一三・九センチの扁平な卵形をなし、中央孔直径も同様な六・〇～六・七センチの卵形を呈する。残存部分は、全体の三分の二で重量は八六グラムを測る。表面に施された放射状の面取り面は匙面となり、ややゆるやかに外曲する。その幅は中央孔側で一・五センチ、外側で二・八センチを測る。また、面取り部分および稜線上には、刻線を有する。断面では孔壁側で〇・六センチ、外側壁で〇・二センチを測り、薄い。裏面は中央孔に向かって上向きに傾斜し高さは〇・八センチである。11は長径一七・〇センチ、短径一四・九センチの卵形をなし、中央孔は直径六・二センチの正円形を呈する。重量は三九〇グラムと完形品の三個体の中では最も重い。表面に施された放射状の面取り部分および稜線上

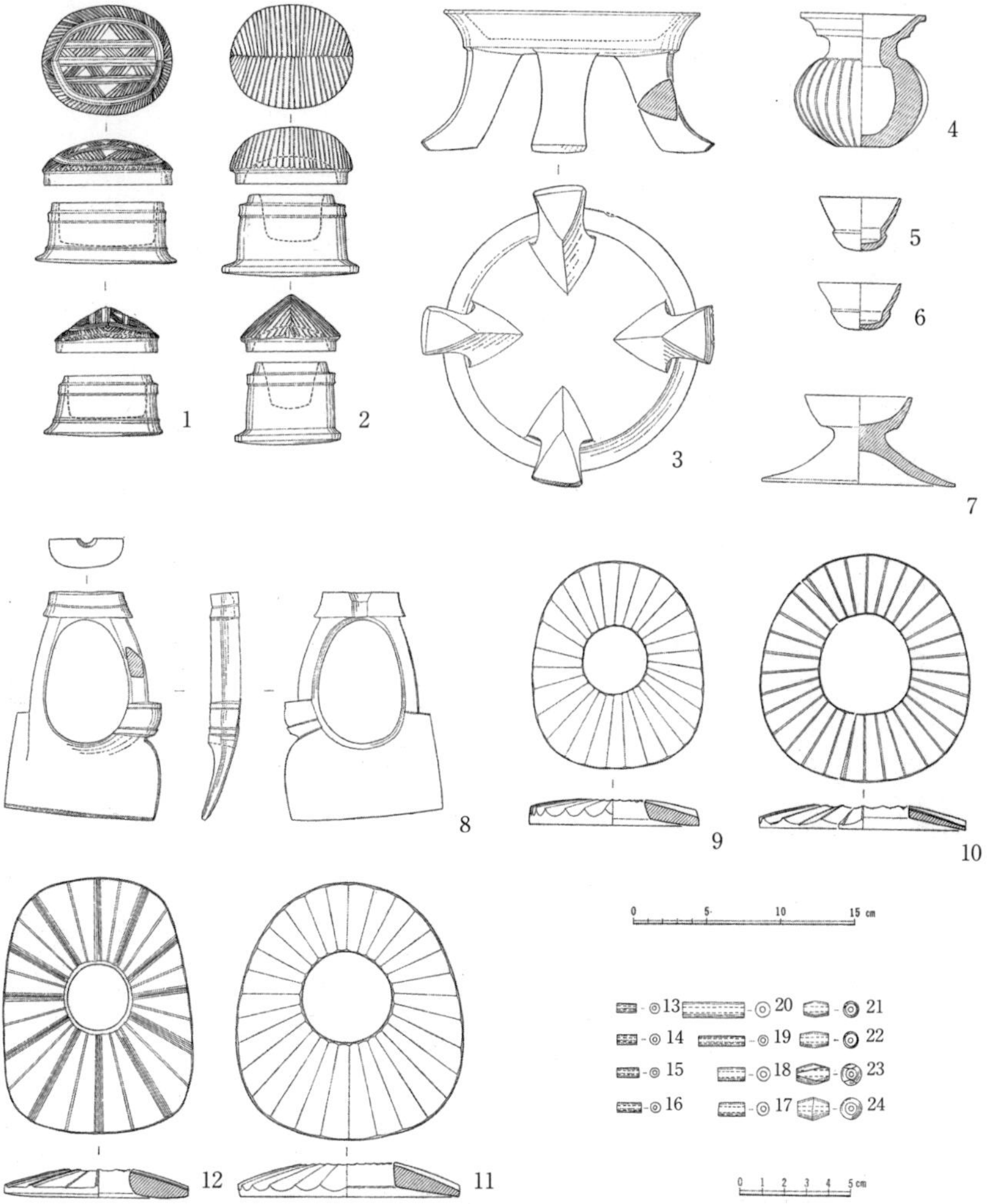

図87　親ヶ谷古墳出土の石製祭器（注２文献による）

には刻線は施されていない。断面形は直角三角形に近く、孔壁の厚さは〇・四センチを測る。なお、裏面中央孔端に一条の刻線が施されている。12は長径一六・八センチ、短径一二・九センチの楕円形をなし、中央孔は六・二〜六・九センチの円形を呈する。重量は三四九グラムを測る。表面には放射状の稜線を施し、その稜線上と面取り面には刻線が施されている。面取り部分はゆるやかな凸面となり、やや外曲する。断面は孔壁側で〇・五センチを測り、裏面では中央孔に向かって比較的平坦面をつくるものの、孔付近では内彎する。

玉類には管玉と棗玉が遺存している。管玉はいずれも碧玉製品（13〜17）で、全長六・七〜九・三センチ、径三・三〜四・四ミリの径に比べて長さが短い小型品と、全長一六・五〜二一・二ミリで、径四・二〜五・一ミリの径に比べて長さが長い大型の品がある。前者は、いずれも青白色で光沢をもつ結晶質の石材からなる。後者は、青灰色でやや光沢の乏しい緑色凝灰岩製である。なお、穿孔が両面あるいは片面であるかは未詳である。一方の、棗玉はいずれも滑石製品である（21〜24）。そのうち三個は胴部中央に稜をもたぬのに対して、一個（24）は稜を作りだしている。前者のうち最大の一個（23）は、四条の線刻文を用いて、側面に三角文を施している。線刻文内には朱が遺存する。なお、これらの品も穿孔が両面あるいは片面であるかは未詳である。

（二）石製祭器の意義

これら多数の石製祭器の出土状態はいかなるものであったのか、今ではその手がかりとなるものは少ない。明治時代の記録によれば、埋葬施設は長さ三メートル、幅一メートルあまりの粘土槨であったとされ、その北端にあった三〇センチほどの範囲から銅鏡を含めこれらの副葬品が出土したとされる(6)。したがって、多数の石製祭器は木箱のようなものになかにまとまって小口側に集積していたと推測できるのである。

これと同じような出土状態を示すものに、三重県石山古墳の西槨がある(7)。ここでは長さ三・七メートルの箱形木棺内の頭側と考えられる北端から、多数の副葬品が集積した状態で出土している。この中には腕輪形石製品のほか、滑石製の農工具形石製品や臼玉、琴柱形石製品、紡錘車形石製品、勾玉などが層をなしてあった。こうした集積状態から白石太一郎は、この西槨の被葬者を巫女とする女性が葬られたとして評価しているように、腕輪形石製品との密接な関係を示唆している[8]。親ヶ谷古墳の被葬者の性別は定まることはないけれども、このような着装を連想させない位置で出土する腕輪形石製品を、木下尚子は「装身具の形をした儀式の道具」としてみなしている[9]。こうした研究成果を受けるならば、腕輪形石製品を含む石製容器類などの石製祭器がまとめて配布され、その後埋納された経緯を解き明かすことは、当時の古墳における儀礼を考える上でも重要な視点となりうる。

以上のような石製祭器の副葬事例を意識すると、親ヶ谷古墳に後続する同じ不破領域内に造墓された矢道長塚古墳の腕輪形石製品の出土状態が気になるところである。矢道長塚古墳の築造時期は鍬形石などの型式変化からほぼ同時期かやや親ヶ谷古墳に後出するものと思われるが、被葬者はほぼ同世代とみてよい。

3　矢道長塚古墳の腕輪形石製品とその配置

(一)　記録にみる埋葬施設の構造

矢道長塚古墳は青墓村と称した一九二九年に発掘され、おびただしい副葬品が東西二つの木棺から出土した。発掘が行われた当時は、現在のような緻密な発掘調査ではなかったものの、郷土史家藤井治左衛門の手によって記録が取られ、学会にも報告された稀少な例である[10]。藤井は三回の調査後には、当時調査に参加していたもう一人の調査者である小川栄一とともに『郷土研究資料』で報告する。そこにはこれまであまり知られていなかった詳細な出土状況が描かれている[11]（図88）。本節ではこれを参考にしながら、腕輪形石製品の出土状況に注目してみるものである。まず、これまでの記録から判明する埋葬施設および遺物の出土状況について整理しておきたい。

東棺　第一回目の調査となった埋葬施設で、木棺の遺存状態は比較的良好であったことがスケッチなどから窺うことができる。木棺の底は当時の墳丘の畑面から一・四メートル～一・五メートル下（墳頂から二・三メートル～二・五メートル下で水田面から一・五メートル上）にあり、棺床は円礫敷きの上に厚さ一二センチの粘土が敷かれていたと思われる。木棺の左右からは刀剣や鉄斧、銅鏃などが出土しており、ある程度の平坦面が存在したことが推測できる。木棺の残存長は、五メートル四五センチで、棺身の幅は内法で約四五センチを測り、棺底のレベルは、北側が南側より約五七センチ高いと記録されている。木棺の模写を観察すると、棺底のレベルが緩やかな湾曲をもっていることから、割竹形木棺の可能性が高いと考えられる。[12]蓋や内部の小口板に関する情報はないが、棺底には朱が付着する。[13]朱の範囲は銅鏡や鍬形石付近と玉類が出土したあたりである。遺骸は未確認であったが、棺底が北側に高く、副葬品の配置などから北頭位に埋葬されていたと考えられる。

西棺　この施設は第二回目と第三回目の二度にわたる調査で明らかになっている。ただし、第二回目の出土は、夕方近くであったため、写真やスケッチが残されていない。第二回目と第三回目の調査の境目は、出土した合子の蓋と身あたりと想定される。第二回目の調査で遺物が出土した範囲は、長さ二・六メートル、幅六〇センチで、そのときの状態は「粘土を敷き朱をまき其上に釧勾玉管玉」があったと報告されている。東棺との距離は〇・九～一・二メートルである。第三回目の調査では木棺が出土し、写真に記録されている。[14]この部分は土を払いのけるところから調査が始まっているようで、当初から注意深く遺物が検出されている。

この木棺は藤井の報告によれば箱形木棺とされ、小川の図からは両側板が大きく開いた状況が窺える。木棺の底幅は約三〇センチと推測できる。この木棺の規模は、残存長一七六センチ、内底幅三三センチ、外法で五〇センチ、深さ二五センチを測る。棺底には東棺と同様、厚さ一〇センチの円礫上に厚さ一二センチ前後の粘土が確認され、

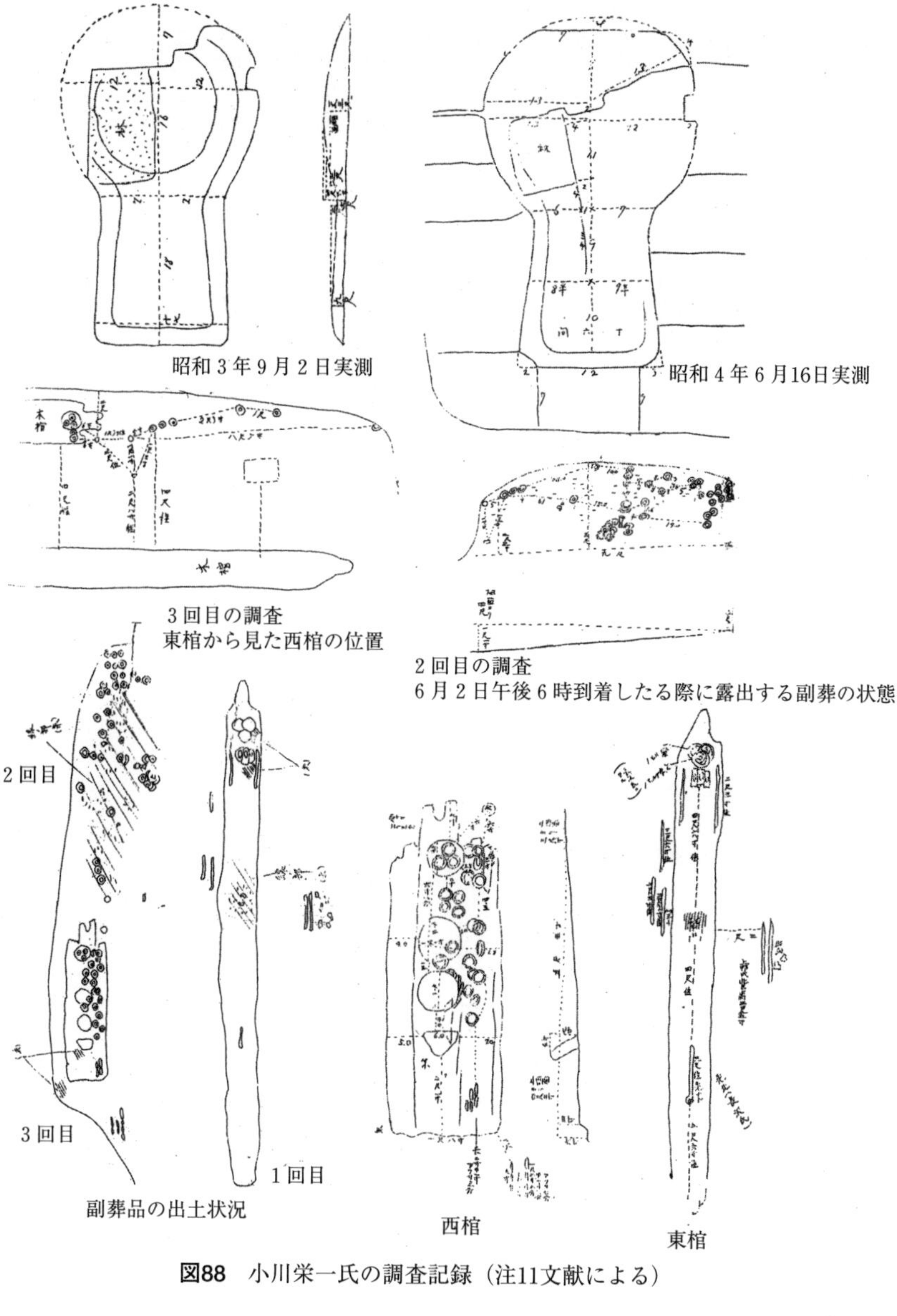

図88　小川栄一氏の調査記録（注11文献による）

南側が一二センチほど低い。棺底に敷かれた円礫の範囲は確かではないが、西棺にも同様な厚みで円礫が確認されているので、墓壙内全体に敷かれた可能性もある。二回目に遺物が出土した面の傾斜と木棺の傾斜を結んで復元すると、東棺と同様な傾斜をもって北側が高いことがわかる。

(二) 遺物の出土状況

東棺　出土した遺物は棺内と棺外に分けられる。棺外の遺物は、その位置から槨内と槨外の可能性がある。棺内には遺骸が残されていなかったが、埋葬の位置は朱の分布範囲や玉の出土状況から推定することができる。朱に混じって出土した勾玉のうち一個は、いわゆるT字頭勾玉である。頭部にあたる北端には銅鏡三面と鍬形石三個が出土しているが、銅鏡は小川の記述と模写によれば巴状に置かれており、中央の鏡が「文字アリ」とあることから唐草文帯二神二獣鏡に、その西側の鏡が「完全なる」ことから三角縁三神二獣鏡と推定することができる。鍬形石も銅鏡と同様重ねて置かれていた可能性がある。その両側には鉄刀がそれぞれ配列してある。また、被葬者足部付近に一振の大刀が出土している。藤井と小川の図では環頭の位置が逆さまであり、正確なところは不詳である。[15]木棺の六〇センチほど東に離れた遺物群は、一番最初に発見された遺物である。報告には鉄剣二振、鉄斧二個、銅鏃六個[16]が出土し、さらに鉄鏃と紡錘車形石製品のようなものも含まれていたことが記されている。木棺西側九センチのところでは、三振の刀剣が出土しており、その長さは、一〇八センチ、七八センチ、六九センチを測る。

西棺　東棺の西から出土した遺物を、ここでは二回目に出土した範囲と、木棺の小口板と仕切板の間、そして棺外に分けて説明する。

二回目に出土した範囲からは、石釧三九個、勾玉二個、管玉一四五個、ガラス玉約一〇〇個が朱と混じりながら粘土上から出土している。石釧は比較的北側に集中し、木棺に近い南側では散漫となる。石杵大小二個が出土しているが、大形品は石釧の中に頭を突っ込んだ状態で出土している。大管玉は、管玉が密に出土する位置からやや離れた合子近くから単独で出土、合子は三〇センチ離れた位置に蓋と身が別々に離れて出土した。偶然にもこれらの出土した発掘期日はずれることになるが、副葬品全体の位置に影響を与えた様子は少なかったと思われる。

三回目に出土した木棺には小口板と仕切板があり、その間に銅鏡三面と石釧三一個が納められていた。鏡は北から内行花文鏡、三神三獣鏡、三神三獣鏡の順で、南側の鏡が鏡面を上に、他二面は鏡背を上にしている。北側と中央の銅鏡の上には石釧が置かれ、南側の三神三獣鏡の下には石釧八個があったことが記録される。この石釧の上に載った鏡はほかの二面よりも割れが著しいため、本来小口板に掛けられていたものが倒れたものとも推測できる。この状態から二面の三神三獣鏡のうち二三五鏡が中央、二一五鏡が南側と復元できた[17]。この小口板と仕切板の間には朱がみられず、北側の石釧などの出土状態とはやや対照的である。石釧は内行花文鏡の上と横に二三個、三神三獣鏡の上と横に二個、次の三神三獣鏡の横に九個ある。木棺の小口板付近と南へ六〇センチ離れた位置から鉄製品が出土しているが、剣あるいは鎗の可能性もある。なお、この付近での木材の記録はない。

(三) 副葬品の配置から復元する二つの棺と被葬者

これまでの記録から、東棺と西棺の二つの棺はこれまで別々の調査日であったためにどうしても個々に取り扱われることが多かった。しかし、これまでの記録の記述を整理してみると、二つの木棺に共通したところがみえてくる。すなわち、二棺の下部構造が極めて類似していることや棺底のレベルや傾斜などがほぼ同じではないかと思われる点である。このことを考慮すると二棺が同一墓壙内にあって平行にあった可能性は充分あり、場合によっては二棺の埋葬時期も同時であることも考えられる。このことは後円部が消失しているため追認することはできないが、一定の示唆を与えてくれるものと評価しておきたい。さらに、これまで西棺とする木棺と二回目に出土した遺物群

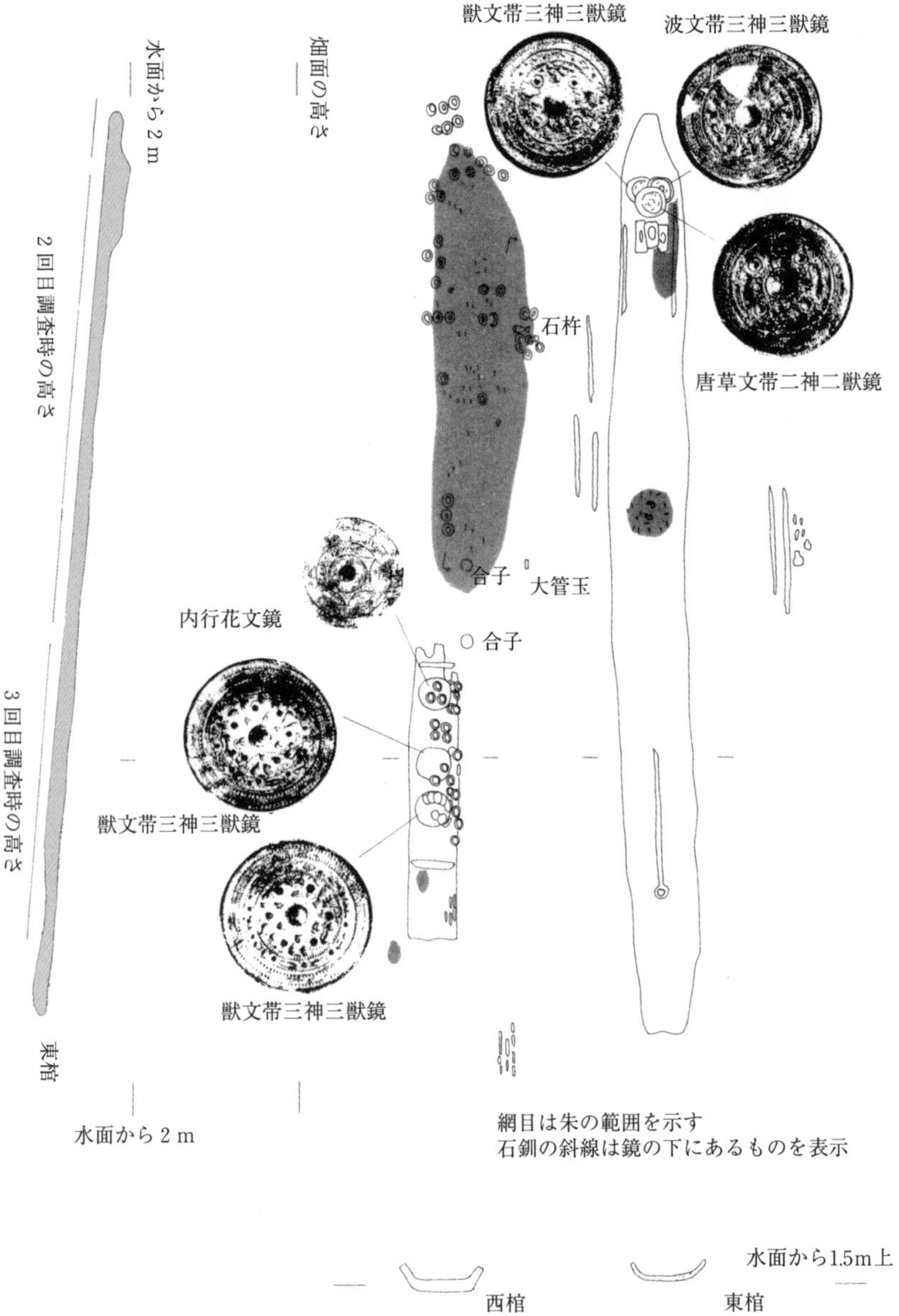

図89　遺物の出土状況推定図（約1/50）

の関係が別々に扱われがちであったが、このことについてもたまたま調査日が異なっただけで、同一施設の木棺であること、さらに北群でみられた朱の広がりや勾玉と管玉の存在を考慮すると、人体埋葬を伴う木棺と考えられ、遺物埋納施設の可能性は低い。したがって、写真にみる範囲は足部側の遺存した木棺ということになる。

以上のように考えれば、朱に混じって出土した石釧は、粘土敷きの上に置かれ、遺骸を取り巻くようにあったと推察することができ、棺内の石釧三九個と棺内仕切板外にある三一個の石釧とは予め意図的に配置が使い分けられていた可能性がある（図89）。さらに副葬品の配置の復元からは、ある程度被葬者についても言及することができる。再度武器について触れるならば、東棺は環頭大刀を含む刀剣類が少なくとも八振確認されるとともに、銅鏃や鉄鏃などの鏃が認められる。これに対して西棺では、木棺の南に鉄剣もしくは鉄槍の可能性のある鉄製品がわずかに確認されるのみである。また腕輪形石製品をみると、東棺では鍬形石三個が頭部に配列されている一方で、西棺では鍬形石はみられず石釧のみが副葬されている。腕輪形石製品から性別を考察した清家章の研究に依拠すれば、鍬形石は鏃との共伴が強くみられ、その被葬者は男性である可能性が高いという[18]。したがって、東棺は男性が埋葬された可能性が極めて高いと言える。一方、西棺の被葬者はこうした武器・武具をほとんど副葬せず、石釧のみを棺内に置くが、このことは次項にてその配置方法とともに検討したい。

4　葬具としての腕輪形石製品

前項では矢道長塚古墳の西棺から出土した石釧の状況を復元した上で、棺内で別々の空間に副葬されていたことを明らかにした。このうち朱と粘土と混じりながら出土した範囲は、奈良県島の山古墳の前方部から出土した腕輪形石製品と極めて近い状態を示す。

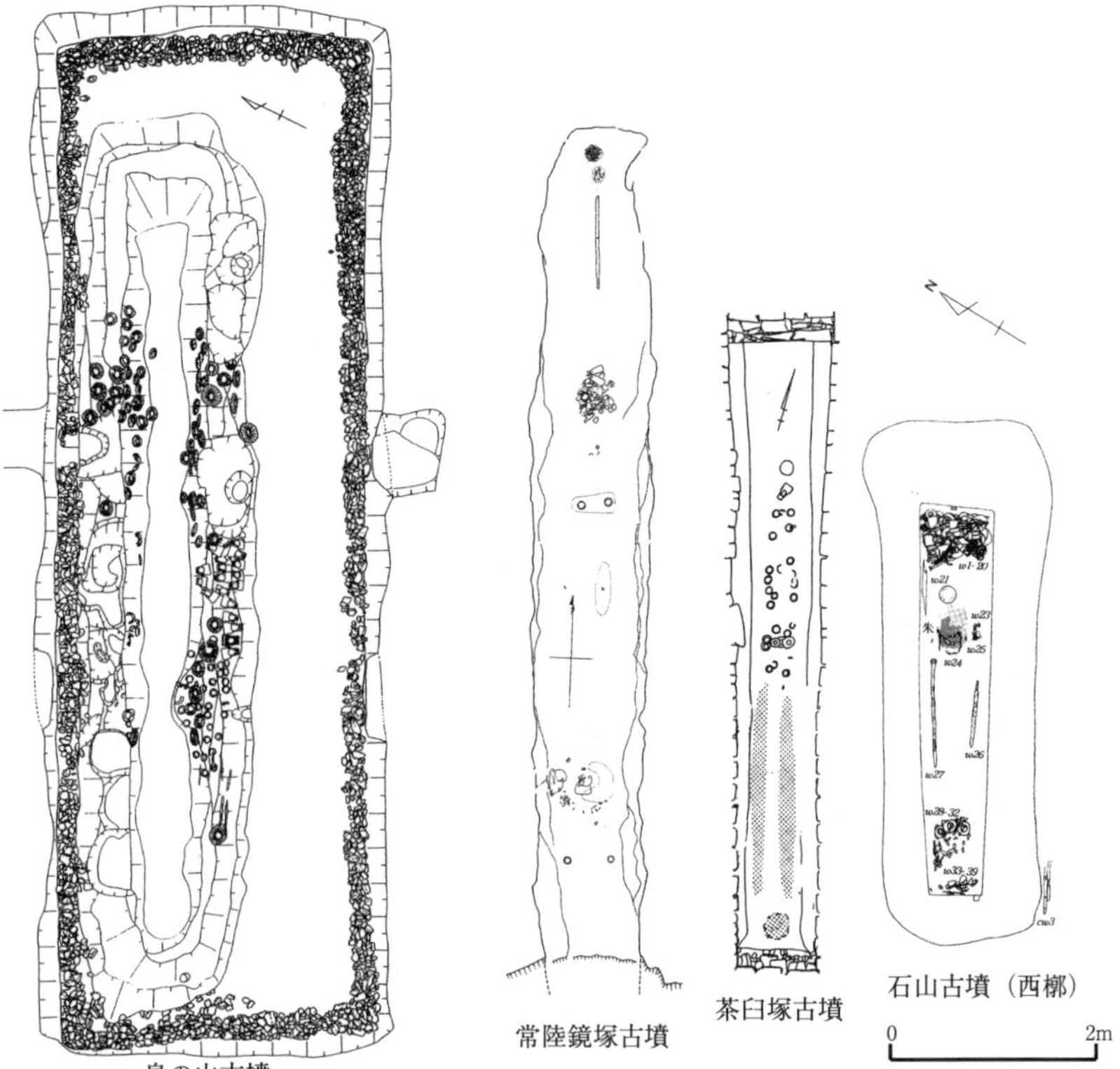

図90　腕輪形石製品の様々な配置（注7，18，20，21文献による）

島の山古墳は墳丘長約二〇〇メートルの四世紀末葉の前方後円墳で、後円部頂には竪穴式石室が備わる。その前方部頂において主軸と直交する粘土槨が発掘され、被覆粘土の上に車輪石が八〇個、石釧が三二個、鍬形石が二一個の合計一三三個の腕輪形石製品が粘土を覆うようにして出土した[19]。粘土槨の被葬者は巫女とする考えも提示されており、多量の腕輪形石製品は威信財としてではなく、遺骸を護るための辟邪を強く意識したものと解釈された[20]。

このような腕輪形石製品の出土状況は大阪府茶臼塚古墳でもみられ、ここでは竪穴式石室内を三分割するかのように三列にわたって腕輪形石製品が出土している。石室の南端部では鍬形石三個、車輪石三個、石釧一五個が、石室中央では石釧二六個が、北端では鍬形石二個、車輪石四個が遺骸を囲うように配列されている。[21] また、茨城県常陸鏡塚古墳の粘土槨内にも遺骸を挟むように滑石製石釧が配列されているし、[22] 石川県雨の宮一号墳の粘土槨内の石釧にも同様な配列をみることができる。[23] このように前期後半から中期初頭にかけての埋葬施設に、腕輪形石製品を用いた共通する配列行為を見出すことができる（図90）。おそらくこのことは、同様な性格をもった被葬者に対する共通した儀礼行為と理解できる。

ところで、こうした副葬品による配置から読みとる辟邪を意図した行為は、銅鏡についてもすでに指摘されているところである。例えば、兵庫県権現山《ごんげんやま》五一号墳では、被葬者の頭部周囲を囲むように出土した三角縁神獣鏡や、奈良県天神山《てんじんやま》古墳の多数の銅鏡の出土状況からは、遺骸を辟邪する意図とした銅鏡として解釈されている。[24] 三角縁神獣鏡においても福永伸哉[25]や藤田和尊[26]らが、頭部や足部に集中的に配置されたことを指摘しながら、政治的な関係まで深めている。この研究を踏まえると、銅鏡や腕輪形石製品などを用いて遺骸を護るという意識が、大和盆地東南部から北部の政治的勢力によって創出された儀礼行為のなかに含まれていると考えることができる。

いずれにしても、大和盆地から遠く離れた美濃の地で、ほかの古墳でみられたような共通する出土状態が確認できることは、この時期に石製祭器などに付加された共通する「意思」が伝達されており、それらが親ヶ谷古墳の石製祭器の収納や矢道長塚古墳における石釧の配置に発露していると解釈できる。このことは葬送儀礼に伴う葬具や祭器が実際に儀礼行為に用いられ、その儀礼行為を通した紐帯が実践されていた証左とみることができ、威信財として創出された石製祭器が、あるときには儀礼用具としてあるときには政治的祭器として利用されていたことを読みとっておきたい。

（1）「石製祭器」なる用語は広義の祭祀遺物を示す用語として、既に土製祭器や銅製祭器などとともに使用されている。亀井正道「信仰から儀礼へ――古墳における祭祀儀礼の展開」（『世界考古学大系』第三巻日本Ⅲ　古墳時代、平凡社、一九五九年）一四五

―一五六頁。ここでは主に碧玉製の「石製品」や滑石製品の総称でもある「石製模造品」を含めて「石製祭器」を用いる。それは碧玉と滑石の両方の材質で仕上げられた品目が存在することや、滑石製品の一部に碧玉製祭器の用途が継承されていると考えているからである。

(2) 中井正幸・赤塚次郎・中司照世「親ヶ谷古墳」(『古代』第八六号、一九八八年) 七二―八三頁。

(3) 楢崎彰一「古墳時代」(『岐阜県史』通史編原始、岐阜県、一九七二年) 三〇二頁。

(4) 藤井治左衛門「不破郡の古墳」(『不破郡史』上巻、不破郡教育会、一九二六年) 四〇―六五頁。

(5) 西谷眞治「古墳出土の盒」(『考古学雑誌』第五五巻第四号、一九七〇年) 二五三―二七九頁。

(6) 藤井治左衛門「親ヶ谷古墳」(前掲注4) 四九―五一頁。

(7) 京都大学文学部考古学研究室編『紫金山古墳と石山古墳』京都大学文学部博物館図録第六冊、京都大学文学部博物館、一九九三年。

(8) 白石太一郎「考古学からみた聖俗二重首長制」(『国立歴史民俗博物館研究報告』第一〇八集、国立歴史民俗博物館、二〇〇三年) 九三―一一七頁。

(9) 木下尚子「装身具と権力・男女」(都出比呂志・佐原真編『古代史の論点』二、女と男、家と村、小学館、二〇〇〇年) 二〇八頁。

(10) この調査は学術調査ではなく、粘土採取に伴って遺物が偶然出土したことが契機となり、当時岐阜県史蹟委員であった不破郡在住の藤井治左衛門が現地に赴き記録にあたったものである。このときの調査は実に三回にわたったが、二つの棺から出土した五面の三角縁神獣鏡と七〇数個にものぼる石釧によって、長塚古墳は全国的に著名な前期古墳となった。調査を担当した藤井治左衛門は、その後記録を『考古学雑誌』に報告し、これが現在長塚古墳の概要を知ることのできる基本文献となっている。藤井治左衛門「岐阜縣不破郡青墓村大字矢道長塚古墳」(『考古学雑誌』第一九巻第六号、一九二九年) 三六五―三七三頁。同 (『考古学雑誌』第一九巻第七号、一九二九年) 四三一―四三七頁。同 (『考古学雑誌』第一九巻第九号、一九二九年) 五七四―五七七頁。藤井治左衛門『長塚古墳写真帳』一九三〇年。

(11) 藤井治左衛門ほか『郷土研究資料―不破郡青墓村矢道長塚山古墳ニ関スルモノ』第四号、岐阜縣師範学校郷土研究室、一九三〇年。ここにはこのほかに、藤井治左衛門が「一　岐阜縣不破郡青墓村大字矢道長塚古墳調査報告書」一―二〇頁を、小川が「二　矢道長塚山古墳発掘調査図譜」二一―八二頁と「三　不破郡青墓村矢道長塚山古墳調査記録」八三―一〇三頁が収められている。

(12) 棺の材質は分析の結果、高野槙と判明している。金原正明「長塚古墳保存木棺材の樹種同定」(『長塚古墳』大垣市埋蔵文化財調査報告書第三集、大垣市教育委員会、一九九三年) 九三―九六頁。

(13) 朱についてはこれまでの分析の結果、水銀朱と判明している。安田博幸・森眞由美「長塚古墳主体部粘土槨および出土埴輪片にみとめられた赤色顔料の微量定性分析と同古墳出土埴輪片の胎土の化学分析」(『長塚古墳』大垣市埋蔵文化財調査報告書第三集、大垣市教育委員会、一九九三年) 八八―九二頁。

(14) 木棺は記録上は檜とされる。かつて樹種同定した試料に「鏡アリシ下ノ上面」の木片があった。鏡を入れておいた容器とも推定されるが、この西棺内の鏡に伴う木片であった可能性もある。

(15) この環頭大刀は突起がわずかに確認できることから素環頭大刀ではないと思われる。かつて素環頭大刀として、小林行雄「鉄製素環頭大刀について」(『福岡縣糸島郡一貴山村田中銚子塚古墳の研究』日本考古学協会古墳調査特別委員会、一九五三年、四一―五四頁) のなかの集成に挙がっている。

(16) 四個は紛失したことが小川の記述にある。発掘後に地元の人が三個表採したとも記す。

(17) 京都大学文学部考古学研究室「三角縁神獣鏡目録」(『大古墳展―ヤマト王権と古墳の鏡』奈良県立橿原考古学研究所附属博物館・京都大学・東京新聞、二〇〇〇年) 二四八―二五四頁。

(18) 清家章「副葬品と被葬者の性別」(雪野山古墳発掘調査団編『雪野山古墳の研究』考察編、八日市市教育委員会、一九九六年) 一七五―二〇〇頁。

(19) 橿原考古学研究所編『島の山古墳調査概報』学生社、一九九七年。

(20) 白石太一郎「昼飯大塚古墳の語るもの」(『昼飯大塚古墳の登場とその背景を探る』第二回大垣歴史フォーラム記録集、大垣市教育委員会、二〇〇一年) 二七―四〇頁。高橋克壽「墓域の護り」(金子裕之編『日本の信仰遺跡』、奈良国立文化財研究所埋蔵文化財研修の記録、雄山閣、一九九八年) 一三七～一五六頁。木下尚子「装身具と権力・男女」(都出比呂志・佐原真編

『古代史の論点』二、女と男、家と村、小学館、二〇〇〇年）一八八—二一二頁。
(21) 竹下賢・桑野一幸ほか『松岳山古墳群（茶臼塚古墳）』（『柏原市埋蔵文化財発掘調査概報—一九八五年度』柏原市教育委員会、一九八六年）一九—五〇頁。
(22) 大場磐雄・佐野大和『常陸鏡塚』國學院大學考古学研究報告第一冊、綜芸社、一九五六年。
(23) 中屋克彦「石川県鹿西町雨の宮一号墳の発掘調査」（『古代』第一〇五号、一九九八年）一二九—一三八頁。
(24) 小山田宏一「副葬品」（『季刊考古学』第五二号、雄山閣、一九九五年）四八—五一頁。同「鏡の多量副葬」（『日本考古学協会二〇〇二年度橿原大会研究発表会資料』日本考古学協会二〇〇二年度橿原大会実行委員会、二〇〇二年）二六三—二六六頁。菱田哲郎「副葬品からみた古墳時代の前期と中期」（京都大学文学部考古学研究室編『紫金山古墳と石山古墳』京都大学文学部博物館図録第六冊、京都大学文学部博物館、一九九三年）一一四—一一五頁。河上邦彦「石製腕飾類と鏡の配置から見た呪術性」（上田正昭編『古代の日本と渡来の文化』学生社、一九九七年）三三九—三六五頁。
(25) 福永伸哉「三角縁神獣鏡の副葬配置とその意義」（小松和彦・都出比呂志編『日本古代の葬制と社会関係の基礎的研究』大阪大学文学部、一九九九年）二五—四三頁。
(26) 藤田和尊「鏡の副葬位置からみた前期古墳」（『考古学研究』第三九巻第四号、一九九三年）二七—六八頁。

［補記］

1　本節は新稿であるが、「2　親ヶ谷古墳の石製祭器とその意義」の部分は、中司照世・赤塚次郎・中井正幸が共著した「親ヶ谷古墳」（『古代』第八六号、一九八八年）を両氏の了承のもとに掲載している。なお、記述の一部は筆者の責任において若干の補訂を行っている。また、「3　矢道長塚古墳の腕輪形石製品とその配置」は旧稿「矢道長塚古墳　もう一人の調査者」（『美濃の考古学』第二号、美濃の考古学刊行会、一九九七年）の一部を基礎として発展させたものである。

2　親ヶ谷古墳の石製品は、それまで『岐阜県史』の写真からしか窺うことのできなかったものであった。そこで、一九八七年親ヶ谷古墳の測量調査と併せて石製品の資料化を図ることになったのが経緯である。

第五節　農工具の滑石化にみる儀礼

1　はじめに

かつて筆者は古墳から出土する滑石製の農工具祭器について分析し、その葬具性を重視しながら分類を試みたことがある。(1) そのとき遊塚古墳は重要な足がかりとなった古墳である。ここでは再度遊塚古墳の滑石製祭器に焦点を当て、そこから読みとることのできる葬送儀礼に着目し、引き続き石製祭器を通して造墓と儀礼の関係について考えてみたい。まず最初に、古墳から出土した滑石製の農工具形石製品の分析視点や分析方法について簡単に触れることとする。なお、ここでは古墳から出土した広義の石製祭器のうち、滑石でつくられているものを指して「滑石製祭器」と称する。

これまでの滑石製祭器、いわゆる広義の石製模造品についての研究は、その大きさや形態による分類から始まり、精粗などを検討することで製作者に迫ったり、時間差に置き換えて議論されることが多かった。拙稿ではこれを踏まえながらも製作手法やその手順にも着目して、石製模造品を特徴づけている同種多量的傾向を検討した。(2) その結果、石製模造品は並置型祭器と懸垂型祭器の二相が混在し、(3) 刀子形石製品に代表されるような多数副葬される滑石製品の場合は、多類多数型と同類複数型という二つの原理で構成されていることを刀子の把にみられる丁寧さを比較しながら明らかにした。(4) これらの構成原理は、それぞれの祭器を使用する段階や意味を反映しており、特に懸垂型祭器となった小型祭器が同種多量的傾向にあるのは、死者に対する弔いという観念を含んだ葬送儀礼に求めた。

ゆえに、刀子を一つ一つ作り上げていく過程は、実は模倣による共感を志向した亡き被葬者への象徴的行為であり、同じ刀子や斧を複数作りだしていく背景に共有する儀礼の史的意義を見出したのである。

以上のような滑石製祭器に対する視点を意識しつつ、その副葬と出土状態が明らかな遊塚古墳を俎上に挙げつつ、造墓と儀礼についてアプローチする。

2　遊塚古墳にみる滑石製祭器の出土状況

(一) 遊塚古墳の概要

遊塚古墳は標高五〇メートルの独立丘陵上に立地した前方後円墳で、隣接して中央円墳と東円墳があった。(5) これまでは前方後円墳一基と円墳二基を含めて山頂に位置した遊塚古墳群として紹介されていた。(6) しかし、古墳群は一九六〇年から一九六一年の発掘調査後に丘陵とともに消滅している。(7)

前方後円墳である遊塚古墳は、前方部を東南に向けた墳丘長八〇メートル、後円部の直径四七メートル、高さ八メートル、前方部の長さ三七メートル、前方部幅三八メートル、高さ四・五メートルを測る。墳丘は二段築成で、斜面には葺石を、さらに墳頂外縁と墳丘平坦面には埴輪を配置する。後円部の埋葬施設は粘土槨であったが、すでに明治年間に盗掘を受け、墳頂から一メートル下にわずかな粘土槨の遺存をみるのみであった。(8) しかし、前方部頂からは主軸に平行して深さ約六〇センチのところから、長さ二・二メートル、幅八五センチの範囲で遺物埋納施設が確認され、ここから多数の副葬品が出土した。これらの遺物は黒漆塗りの革盾の上に置かれて出土したと言われる。副葬品の品目と数量は、車輪石一、陶質土器高坏蓋一、滑石製祭器（斧八・鑿一・鉇一・鎌四・刀子一三七・壺一）、鉄剣四、鉄刀一三、鉄鏃七四、銅鏃三三、鉄製工具類（斧一・鑿五・鉇五・鎌四・柄付手斧一）、板状鉄製品一である[9]（表5）。墳丘構造に関する情報は少ないが、墳丘上に設定されたトレンチからは、基底石を備えた葺石と、二段目平坦面に埴輪列がみられる。その埴輪の配列などは不明であるが、野焼き段階の円筒埴輪と家形埴輪の一部が確認できる。円筒埴輪の外面は全体にナデ調整が施され、一部の個体には二次調整としてB種ヨコハケ技法が観察できる。

遊塚古墳の築造時期については、副葬品の組み合わせから楢崎彰一は四世紀末葉の前期古墳と位置づけた[10]。その後、伽耶地域の陶質土器と遊塚古墳のそれとを比較した定森秀夫は四世紀後半と考え[11]、この年代観が長く遊塚古墳の築造年代とされてきた[12]。その後、石製模造品の検討を行った木下亘は、遊塚古墳のそれが奈良県富雄丸山古墳や三重県石山古墳と比較して形態的にも原体に近いものが含まれる点、四世紀後半とされる茨城県常陸鏡塚古墳と同じ刀子、斧、鎌、鑿、鉇という組み合わせをもつこと、そして群馬県白石稲荷山《しろいしいなりやま》古墳や上細井稲荷山《かみほそいいなりやま》古墳にみられるような新しい種類は含んでいないことから、遊塚古墳は五世紀中葉を下ることはなく五世紀前半代でも初頭に近い時期に位置づけた[13]。また銅鏃を検討した松木武彦は、規格性の崩れの度合から遊塚古墳の銅鏃群は「新沢五〇〇号のそれとともに月の輪・東大寺山《とうだいじやま》よりも新しく、船来山二四号よりも古く位置づけられ」ると考え、四世紀後半よりは五世紀前半を下限とする年代を想定した[14]。筆者も滑石製祭器の検討と前方部に埋納施設を有する点などから中期的な要素を多く含むこと、埴輪の比較から矢道長塚古墳や昼飯大塚古墳より後出、粉糠山古墳の埴輪と近似する点が多いことから五世紀前半と考えた[15]。以上のように遊塚古墳の築造年代は、四〇〇年前後という暦年代が推定され、石山古墳とならぶ代表的な中期古墳と理解できる。

（二）石製祭器の出土状況

ここでは、前方部の遺物の出土状態をもう少し詳しくみてみたい。『岐阜県史』に掲載されている写真と先に報告されている数量を参考にしながら、出土した副葬品の位置をA群からG群までの七つのグループに分類した（図91）。なお、写真からは遺構のやや中央よりと下方に後世の攪乱が認められる。下方の攪乱では近世以降の人骨が出土しており、ここに小規模な近世墓があったことが指摘されている。[16] これに影響を受けた刀子形石製品二個は、原位置から移動を余儀なくされている。

遺構を北から順に見ていくと、まず鉄鏃、銅鏃がそれぞれまとまって出土しており、出土位置からA群とB群の二つに分かれる。A群とした範囲には銅鏃三三と鉄鏃三八が混在する。B群には鉄鏃三六がまとまってみられ、先端を後円部側に向けていることから、靫に収められていた可能性が高い。[17] A群は柳葉の鉄鏃が、

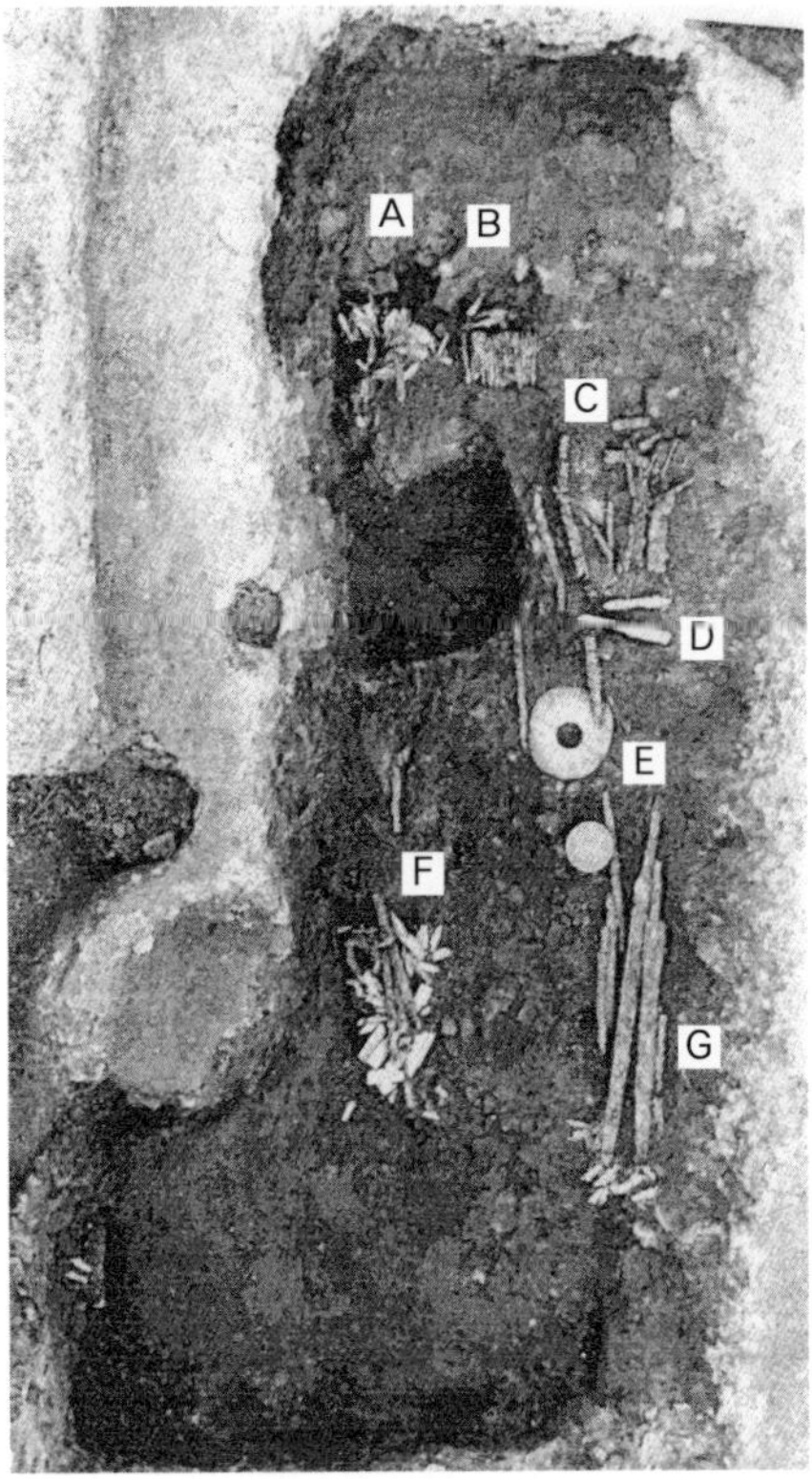

図91　前方部の埋納施設（注７文献、楢崎1972、藤井1977をもとに作成）

表５　出土遺物一覧

後円部	前方部				
滑石製合子	滑石製小型丸底壺		銅鏃33		鉄鏃74
	滑石製農工具	斧８	鉄製農工具	斧１	鉄剣４
		鑿１		鑿１	鉄刀13
		鉇１		鉇５	革盾１
		鎌４		鎌４	
		刀子137		柄付手斧１	
	車輪石１		板状鉄製品１		
	陶質土器１				

B群は片刃の鉄鏃で構成されている。C群には農工具を中心とした鉄製品が出土し、その下方のD群に滑石製の鉇形石製品と鑿形石製品が配置されている。C群の鉄製品には北から鎌四、鑿五、鉇五と板状鉄製品がある。E群には車輪石と陶質土器がある。車輪石は、緑色凝灰岩製の軟質な石材で裏面にも放射状の施文がみられる。車輪石の周囲には鉄剣が二振重なるような状態で出土し、陶質土器の蓋は裏返しで出土している。F群とG群の間には副葬品が認められないスペースがあり、その左右から遺物が出土している。F群をみてみると、鉄刀が切先を上方に向けて出土し、その中に柄付手斧が混在する。周囲全体に刀子形、斧形、鎌形の滑石製祭器が集積し、鉄製品の下層や上層にも認められる。G群は鉄剣と鉄刀が切先を下方に向けて並んでいる。切先周辺で刀子形・斧・鎌形の滑石製祭器が比較的まとまって出土し、中に一つだけ鉄斧が混在する。なお、勾玉や管玉などを含む装身具は、前方部からは全く出土していないのも特徴である。

3　滑石製祭器の特徴

ここで滑石製祭器について認められる幾つかの特徴を整理しておきたい。まず数量の点では刀子形石製品が一三七個、斧形石製品が八個、鎌形石製品が四個、鑿形石製品と鉇形石製品が一個ずつというように刀子が圧倒的な数を占める。刀子が多量に副葬される古墳は多く、寺沢知子が指摘するように「刀子の出土量が突出した古墳」に属する。(18) 同型式の刀子に注目すれば、一個ではなく複数個から構成される同類複数型となり、(19) 一部の型式によっては大・小と大きさを変えながら二〇数個からなるものもある。石材も肉眼上数種類に分類でき、型式ごとに石材もまとまるよう選択して製作されているのがわかる。刀子にはやや大きめのものに鞘の綴じ目が表現されているものもみられるが、把には丸みがなく扁平で短いなど後出する要素が観察できる。これらの刀子はF群とG群の二箇所に分かれて出土している。

斧形石製品には無肩斧を模倣したものが一個あるほかは有肩斧、すなわち手斧を模倣したものである。いずれにも袋部の両側かあるいは片方に穿孔がみられる。後者では同じ型式で大きなものと小さなものが含まれる。これらはF群とG群の二箇所に分かれて出土している。

鎌形石製品は五個出土しているが、直刃鎌と曲刃鎌への過度的な形態を示すものがあり、直刃鎌に大小二個が、後者にほぼ同じ大きさのものが三個含まれている。穿孔の位置は型式によって異なるが、これが実物の模倣による結果なのかは今後の出土事例を待ちたい。いずれもF群のみから出土している。

鑿形石製品は大型品に属し、全長約二〇センチを測る。全面丁寧に整形・研磨されているが、刃先の一部が欠損している。柄の着装は中子式と推定できる。鉇形石製品も大型品に属し、約一五センチの長さを測る。全体の表面は細部にわたり丁寧に模倣され研磨されている。上面の平坦面には鉄鉇の茎部を装着した様子を二条の線刻で表現するなど実物を忠実に模倣している。[20] 中司照世が指摘するように柄の後部の左右両側にある鰭状の凸起と模様による装飾が豊かである。[21]

さて、滑石製祭器の出土状態は概ね三箇所に分類できる。すなわち、大型品である鑿形石製品と鉇形石製品は、鉄製農工具の位置に近いところに一個ずつ置かれているのに対し、刀子・斧・鎌形石製品は鉄剣、鉄刀、柄付手斧などの武器・工具類のある二箇所に集積している。後者の中で最も多く見られる刀子形石製品は、約一五の型式に分類できるが、F群とG群の二箇所には同型式のものが別々に出土したり、同じ型式のものであっても上層と下層に散らばって出土している。仮にこれらを榊などの枝につり下げ、そのまま埋めたと仮定しても、同じ型式の刀子が榊ごとにまとまって埋納されたとは想像し難い。したがって、滑石製祭器は古墳埋納時の段階ではすでに使用済みの葬具となっていた可能性が高いと考えられる。

このように遊塚古墳から出土した滑石製祭器を検討することで、従来から指摘されてきたような石製模造品が「埋葬に先立つ儀式において使用されたものが、一種の廃棄という形で埋められ」たとする考え[22]をより積極的に説明でき、少なくとも刀子形石製品については埋納以前の段階では意味のあった型式ごとのまとまりが、埋納される段階では意味がなくなっていることを説明することができる。遊塚古墳から出土した刀子形石製品のなかには穿孔部分に有機物が詰まっていることから、何かにぶら下げる際に孔に紐でも通したことが考えられるが、刀子形石製品を埋納する段階には、その状態から解かれていたと思われる。ただし、鑿形石製品や鉇形石製品のような大型品については、刀子形石製品などの小型品とは出土位置が異なるように、この差違は二つの祭器の使用法の違い—並置法と懸垂法—を反映したものと考えておきたい[23]。

4　滑石製刀子群の分析

滑石製祭器をこれまでのような観察と方法で分析すると、刀子は図92のような大きさと精度指数を示す。刀子の大きさは約四センチから七センチ前後のものが圧倒的に多く、精度指数は一六から五〇前後までと幅広い。詳細にみると同型式であっても精粗まちまちで、刀子に施された手法は共通するものと異なるものを含んでいることから、必ずしも同一人物が複数個仕上げているとは限らないことがわかる。つまり、刀子群は短期間に一挙につくられた場合でも、同一型式の刀子群が複数の手によって模倣的につくられている可能性があるし、また、刀子群を長期間にわたって複数個つくった場合でも、複数の製作者が異なった模倣対象物を目の前にして同一型式の刀子をつくり上げていった可能性も考えられるのである。ゆえに、同一型式の刀子群は、必ずしも同一人物が仕上げたものでなく、そのまとまりの意味は石材や製作手法の差などを観察しながら検討されなければならない。

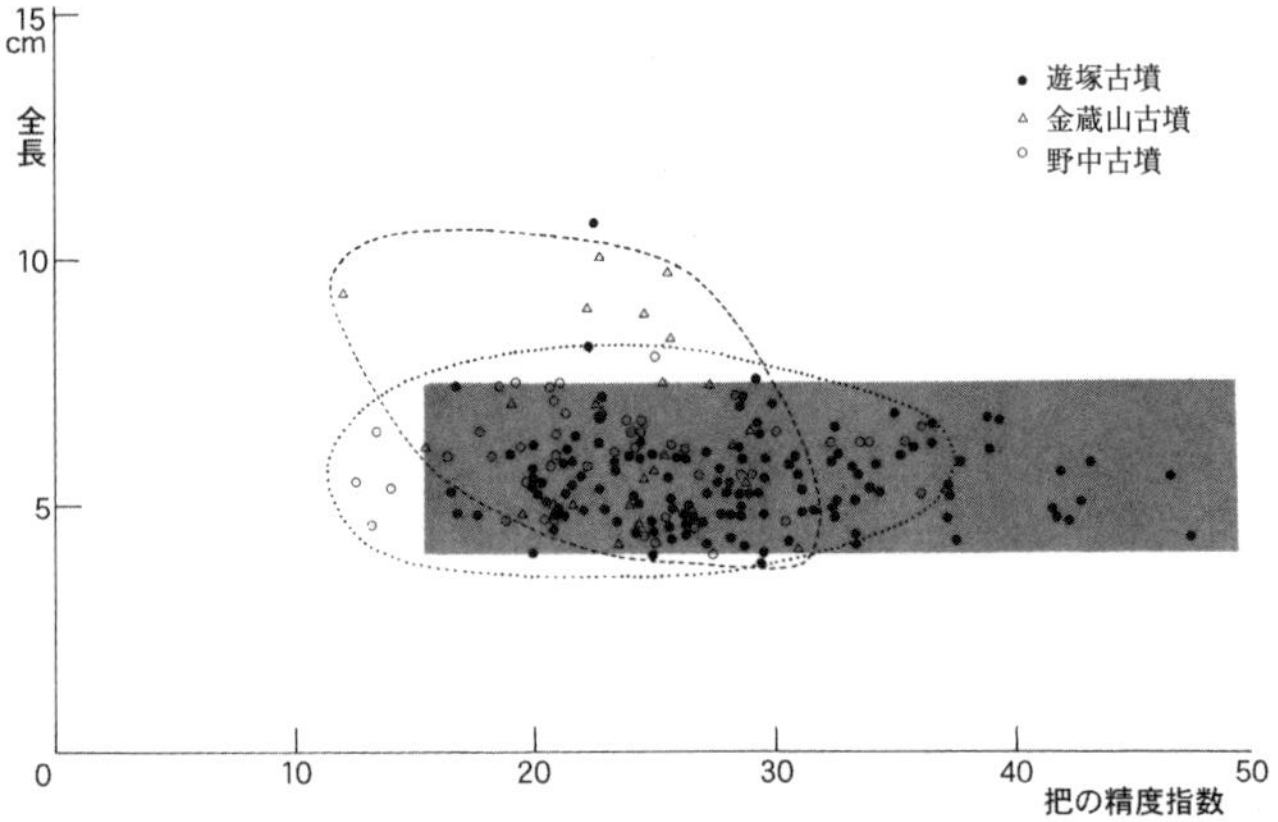

図92　刀子形石製品の比較

以上のような解釈を多数の刀子群に対して行った場合、刀子群にみられる同一型式群に過度の意味を含ませないとすると、それらを必要数仕上げることが結果的に求められたと考えることができる。その場合においても、同一型式の刀子群どうしに数のまとまりがないことからして、求められたのは数量ではなく、つくる「行為」そのものであったと考えたくなる。刀子を石で模倣してつくるという行為が、自らのケズリ行為によって被葬者への鎮魂行為に結びつくものと解釈すれば、こうした行為がモガリ儀礼中に執行された儀礼の一部とも考えることができる。

したがって、逆に同型式の刀子群が同じ人物によって製作されたことがわかれば、それらは大きさを変えながらも数量を多く累積していることで、儀礼行為の時間幅を見積ることができる。さらにこのことを用いれば、異なる古墳から出土している刀子群に対する丁寧度を比較することで、その新古を導き出すこともできると思われる。それを応用すると、遊塚古墳は大阪府野中《のなか》古墳のそれよりは古く、岡山県金蔵山古墳と同じか古い一群が含まれていると言える。

一般に副葬品の中には、古相の遺物群と新相の遺物群が混在し、時間幅を有することがある。その要因を入手した段階という時間差ではなく、滑石製刀子群でみたような本葬以前に行う儀礼行為、すなわちモガリ期間中の儀礼などに要した時間が見積られていると考えておくのも一案である。これ以上は推測の域を出ないが、遊塚古墳の前方部に納められた遺物群は被葬者のモガリ儀礼に使用した仮器を儀礼終了後まとめて納められた一群だと考えれば、古相を示す銅鏃や車輪石と新しい鉄鏃が含まれる理由も、葬具の埋納という意味で理解できる。

5　割られた滑石製祭器

ところで、刀子形石製品以外の石製品について目を向けると、G群から出土している斧形石製品二個に欠損部分が観察できる。さらにその一つには破損後穿孔されたと推定できる孔がみられる点に注目したい。この欠損が製作時に生じたものでないならば、石製品が一度何らかの目的に使用されていたことが考えられる。

このような懸垂を意図したと思われる孔をもつ石製品のなかに、何らかの儀礼に伴う行為に使われた可能性があることは留意しなければならない。同様に鑿形石製品の刃先が破損し磨滅していることからも、副葬以前に使用された証左とできるし、滑石製の小型丸底壺の口縁部が欠けて割口には磨滅が生じているのも、同様に解釈することができる。したがって、農工具形石製品のみならずほかの品目についても石製化した仮器として、被葬者が生前に行った儀礼に用いられた可能性が指摘できる。

さて、滑石製の農工具形石製品に関して、その一部に使用痕あるいは破損を受けた可能性のある斧形石製品を図93に示した(24)。現時点での欠損部分は製作段階のものか、あるいは使用段階のものかは判断し難いが、それでも破損個所の磨滅具合や破損したものどうしの接合関係などから判断すると、その状態に意味があったものと考えたくなる。例えば、京都府鏡山《かがみやま》古墳から出土した斧形石製品は袋部の片方が欠損するが、線刻による着装表現が施されており、袋部には穿孔を現状では見出すことができない。また、静岡県千人塚《せんにんづか》古墳の斧形石製品は合計四個のうち一個を除いてすべて袋部が欠損していたり、刃先が欠けている。これらが出土した造り出しの埋納施設の中には、これと接合できる破片は出土していないことから、欠損した状態で石製品が埋納されていたと思われる。さらに、奈

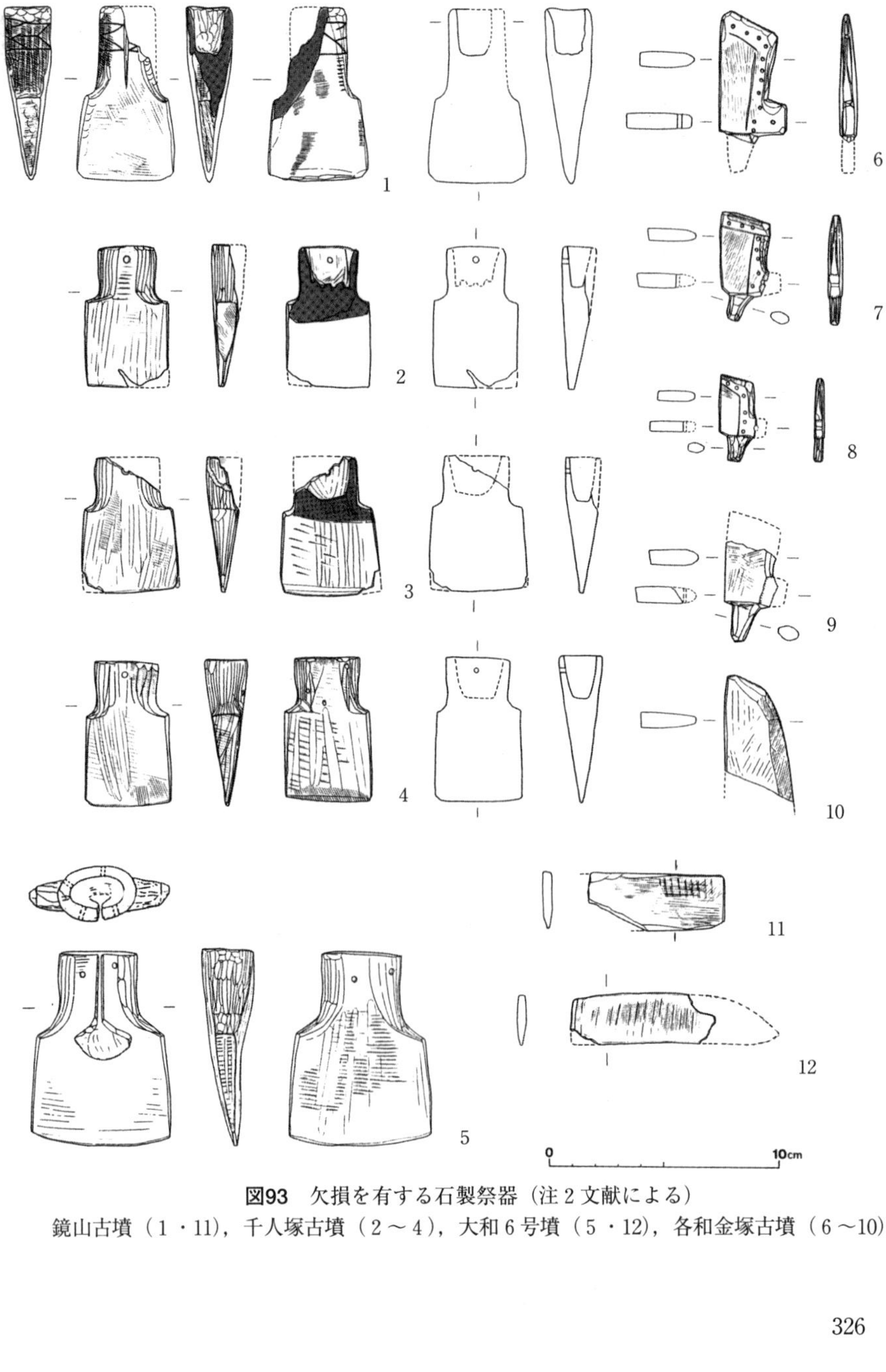

図93　欠損を有する石製祭器（注２文献による）
鏡山古墳（１・11），千人塚古墳（２～４），大和６号墳（５・12），各和金塚古墳（６～10）

良県ナガレ山古墳の墳丘裾から出土した五個の斧形石製品もすべて割れており、欠損した部位も刃部が欠けたり袋部が欠けたりしているほか、破片の大きさもまちまちである。(25)

このように斧形石製品の欠損は、出土した古墳の中で偶発的に起こったものと解釈するよりも、その欠損した状態が副葬行為に結びつく石製品の用途に関わる問題として考えておく方が整合的に説明できる。すなわち、具体的な解釈としては今後検討を要するものの、石製品の袋部に柄を着装させる所作行為などに用いた結果、その衝撃により破砕したり、欠損したと考えられるのである。ただし、すべての石製品が行為の対象になったのではなく、なかから選択された一部が所作儀礼に使用されたと考えておきたい。同じように鎌形石製品でも奈良県大和《やまと》六号墳や京都府鏡山古墳のように刃先や着装部を失っている事例があるため、今後ほかの品目についても同様な痕跡を残すものに注意しておきたい。また、斧形石製品には通常一、二箇所穿孔があるのに対して中には複数穿ったものがみられる。大和六号墳や静岡県千人塚古墳のものは遊塚古墳の斧形石製品のように欠損後に別の場所に穿孔したようなことはなく、あらかじめほかの位置に穿孔しようとした痕跡が窺え、懸垂以前の所作に伴うことも考えられる。

ところで、ナガレ山古墳のくびれ部付近の墳丘裾からは、刀子形石製品や鉇形石製品が折れたり割れたりして出土しているが、折れたほかの破片などとは離れた位置から出土し、それと接合している。前述したように斧形石製品も破砕を受けたように細かく割れており、滑石製祭器に対して明らかに意図的な破砕行為が墳丘上であったことを示している。これらの出土位置はくびれ部から墳丘に向かう埴輪列で区画された通路と考えられる入り口部分であることから、被葬者を後円部の埋葬施設へ運ぶ前後の段階の儀礼行為を示唆するものであろう。今後墳丘上から出土する滑石製祭器にも目を払わなければならない。

以上のように、滑石製祭器の中には被葬者の生前における司祭者的な側面を示唆する祭器である一方、同じ品目の滑石製祭器であってもそれが葬送儀礼などにおける所作儀礼により破損したり破砕されたものも含まれていることを指摘した。葬具として創出されたと考えられる滑石製の農工具形石製品の中には、こうした所作儀礼に伴って使用され、そして折れたり割れたりしたものがある。また、モガリ期間中の所作儀礼の間にも、農工具を模倣したケズリ行為が繰り返され、多くの人や集団の手によってつくられた同種多量の石製品ができあがったと思われる。これらを榊などの枝に懸垂し、被葬者の近くに置いて鎮魂儀礼を執り行い、終了後には葬具をまとめて木棺内外に納めたことを推測した。

6　滑石製祭器からみた遊塚古墳

遊塚古墳の前方部の出土遺物は一部に攪乱を伴いながらも、出土状況が明確である点で葬送儀礼に関連した祭器の研究にとっても重要な情報を提供してくれた。埋納された遺物には車輪石や陶質土器、そして銅鏃のような威信財のほか、鉄鏃、鉄剣、鉄刀などの武器、革盾の武具、さらに鉄斧、柄付手斧、鉄鑿、鉄鉇などの工具、鉄鎌の農具が共伴する。そして、これまでに扱ったような滑石製の農工具形石製品や小型丸底壺などの容器形石製品といった儀礼に伴う遺物も認めることができた。先の出土状況で確認したように一定の配列が認められる器物でありながら、鉄斧や柄付手斧、鉄剣、鉄刀と滑石製祭器群が混在する様相は、儀礼に使用した後の収納といった感が窺え、鏡や装身具類がみられないこの埋納施設を、葬送儀礼に用いた器物をそのまま納めた施設と推定しておきたい。今後、鉄鏃、鉄剣、鉄刀などの武器類も焼き入れがあるかないかを分析するなどして、実用品か非実用品かを確かめることも重要な研究視点である。

さて、儀礼を構成する様々な要素は、その一つ一つを取りあげても伝統的なものからあるいは本来在地にはなく中央政権との関係で習得しえた要素など、その内容は複合的で融合的である。中でも葬送儀礼はその集団や首長にとって極めて重要な位置をしめる伝統的な習俗といえるため、こうした儀礼が当地の葬送儀礼にまで浸透したり、吸収されるほどの影響をもちえたかどうかを知る必要があるだろう。そのことが中央政権と地域首長との関係を考える上での重要なバロメーターになりうるものであるからである。滑石製祭器は葬送儀礼上、モガリ儀礼中につくられた可能性の高い葬具であったことが考えられることから、これを使った所作儀礼を含めこうした習俗を理解した集団や人物が、遊塚古墳の被葬者に対する儀礼の執行者であったに違いない。

（1）中井正幸「山城における古墳出土の石製祭器―滑石製農工具を中心に」（中山修一先生喜寿記念事業会編『長岡京古文化論叢Ⅱ』三星出版、一九九二年）四五五―四六六頁。

（2）中井正幸「古墳出土の石製祭器―滑石製農工具を中心として」（『考古学雑誌』第七九巻第二号、一九九三年）三一―六一頁。

（3）並置型を証左するものとして、奈良県佐味田宝塚古墳の大型の刀子形石製品がある。この刀子形石製品の鞘の片側には丁寧な線刻や表現が施され、浮き彫り風に加工がみられる。しかし、反対側の鞘には何の表現もなく明らかに片側のみを意識したつくりとなっている。こうしたことはこの大型の刀子形石製品が本来置かれて使う目的で製作されたことを示唆するものとして評価できる。木下亘「宝塚古墳」（河上邦彦編著『馬見古墳群の基礎資料』奈良県立橿原考古学研究所、二〇〇二年）八六頁。

（4）刀子形石製品の場合、その把に施されたケズリ痕を観察し、面取り数を数え、直径（厚み）に対する比率を出して客観的な精度を求めて比較する。ここでは「精度指数」と表記する。

（5）これまでに刊行された遺跡地図の中では、遊塚古墳などの遺跡名ではなく、堤ヶ谷一号古墳、同二号墳と記述している。しかし、これらは発掘後、一号墳を中央円墳、二号墳を東円墳にあてて呼ばれることが多い。『岐阜県遺跡目録』一九六二年や『全国遺跡地図』一九六七年など。なお、遊塚窯跡も同様に堤ヶ谷一号窯址、同二号窯址と呼称されてきた。

（6）藤井治左衛門「不破郡の古墳」（『不破郡史』上巻、不破郡教育会、一九二六年）五二―五四頁。当時の所在は不破郡青墓村大字青墓となる。また、ここでスケッチを残しながら、山麓に散布する須恵器片から窯跡の存在をも指摘している。また、東円墳としている古墳は、当時すでに一・五メートルほど乱掘したままにあり、精査した結果石材も遺物も認めないと記している。その後の報告には長さ四三間、後円部径二七間、高さ二丈四尺と記され、後円部に葺石と埴輪の存在を指摘し、東円墳に長さ三尺の石材が露出することにも触れている。小川栄一「岐阜県古墳一覧（一）」（『岐阜縣史蹟名勝天然記念物調査報告書』第二回、岐阜県、一九二五年）五一頁。同「遊塚古墳」（『岐阜縣史蹟名勝天然紀念物調査報告書』第八輯、岐阜県、一九三九年）一九―二一頁。

（7）発掘調査は、名神高速道路に使用する土取りのため緊急的調査として行われ、発掘調査は二回にわかれる。最初は一九六〇年九月から一一月に古墳群の調査を、第二次として一九六一年三月に須恵器窯の調査があった。一次調査終了時に『遊塚古墳―発掘調査中間報告』（岐阜県不破郡赤坂町教育委員会・遊塚古墳発掘調査委員会、一九六一年）となる印刷物が作成され、ここに出土品の目録が提示されている。しかし、一般的には『岐阜県史』通史編に記載された内容が報告文として活用され、付図とする測量図と併せて今日の遊塚古墳の基本的文献となっている。楢崎彰一「古墳時代」（『岐阜県史』通史編原始、岐阜県、一九七二年）三〇六頁。このほかに藤井治左衛門「遊塚古墳群」（『大垣市史』青墓編、大垣市、一九七七年、九三九―九四七頁）がある。

（8）明治年間に後円部が盗掘されていることが記録に残る。これによれば後円部五箇所に長方形の坑を掘り、その時に出土した遺物について触れられている。このことからも滑石製の楕円形合子は後円部からの出土と考えてよい。

（9）現存する刀子形石製品の数量は一三七個ある。これは最初に記された目録の数量（一三五個）よりも多いが、おそらくこうした攪乱に影響を受けた遺物が数えられていない可能性がある。また同じく一覧に当初加えられていないものに口縁部を欠いた滑石製の小型丸底壺片の底部がある。底部の長径は約六センチを測る。なお、板状鉄製品とするものは写真から長さ一二センチ、幅四センチほどのものであるが、具体的な形状は不詳。

（10）楢崎彰一「古墳時代」前掲注7『岐阜県史』三〇六頁。

（11）定森秀夫「韓国慶尚南道釜山・金海地域出土陶質土器の検討―陶質土器に関する一私見」（『平安博物館研究紀要』第七輯、一九八二年）六三―九七頁。遊塚古墳から出土した陶質土器は、華明洞第七号墳出土の把手付短頸壺の蓋に近似する点から、遊塚古墳出土蓋の生産地を伽耶地域の洛東江下流域に限定しながら、陶質土器の編年上の定点として利用している。

（12）白石太一郎「年代決定論（二）―弥生時代以降の年代決定」（『岩波講座日本考古学』第一巻、研究の方法、岩波書店、一九

八五年）二二九―二三〇頁。この中で日本における須恵器の初現年代を明らかにするための方法として、朝鮮半島での陶質土器編年の重要性を指摘し、遊塚古墳出土の陶質土器が船載品として有効な遺物であり、当地での編年の実年代を参考にしている。

(13) 木下亘「更埴市城の内遺跡出土の陶質土器について」（『信濃』第三七巻四号、一九八五年）四〇二―四一五頁。

(14) 松木武彦「銅鏃の終焉―長法寺南原古墳出土の銅鏃をめぐって」（『長法寺南原古墳の研究』長岡京市文化財調査報告書第三〇冊、大阪大学南原古墳調査団・長岡京市教育委員会、一九九二年）一〇一―一一六頁。なお、銅鏃に関しては自然科学的分析の報告がある。これによれば、遊塚古墳の銅鏃は月の輪古墳とならび銅の含有量が多い点で中国北部産鉛であるという。山崎一雄ほか「鉛同位体比測定による日本及び中国出土の考古遺物の産地の研究」（古文化財編集委員会編『考古学・美術史の自然科学的研究』一九八〇年）、山崎一雄「銅鏡、銅鐸および銅利器などの化学成分」（『古文化財の化学』一九八七年）三〇三―三一八頁。

(15) 中井正幸「大垣地域の前期古墳」（美濃古墳文化研究会編『美濃の前期古墳』教育出版文化協会、一九九〇年）一九―四七頁。

(16) 吉備登氏のご教示による。

(17) 川西宏幸「儀仗の矢鏃―古墳時代開始論として」（『考古学雑誌』第七六巻第二号、一九九〇年）一六四―一九〇頁。

(18) 寺沢知子「石製模造品の出現」（『古代』第九〇号、一九九〇年）一六九―一八七頁。

(19) 中井正幸「古墳出土の石製祭器―滑石製農工具を中心として」（前掲注2）三一―六一頁。

(20) 梅原末治「上古の碧玉品の二三に就いて」（『日本古玉器雑攷』吉川弘文館、一九七一年）二一五頁。ここには鉇の実測図が掲載されている。

(21) 中司照世「滋賀県鴨田遺跡出土の鉄鉇木柄」（『土筆』第三号、土筆舎、一九九四年）七二―七五頁。

(22) 杉山晋作「石製刀子とその使途」（『国立歴史民俗博物館研究報告』第七集、国立歴史民俗博物館、一九八五年）一一五―一三三頁。

(23) 中井正幸「古墳出土の石製祭器―滑石製農工具を中心として」（前掲注2）三一―六一頁。

(24) 図93に掲げた実測図は原則として筆者の観察にもとづくものである。

(25) ナガレ山古墳の石製模造品については奈良県河合町教育委員会吉村公男氏からご教示を得た。

［補記］

1　本節の基礎となった論文は、楢崎彰一先生の古稀を記念する論集に献呈したものである（中井正幸「遊塚古墳再考」『楢崎彰一先生古希記念論文集』一九九八年）。ここでは、その後の石製祭器の研究の所見を加えながら新たに書き改めているが、石製祭器に関する見解はまとめて別の機会に論じたいと考えている。

2　農工具など同種多量の滑石祭品を死者に添える行為に対して川西宏幸は、「本来の用を果たさない粗造の仮器を大量に副葬する行為」が、「物品に対する霊威観と死者に対する斎忌観」とに由来すると考える。そして同一品目による同種多量化現象は滑石祭器にはじまるわけではなく、三角縁神獣鏡や小型仿製鏡、碧玉腕飾類やミニチュア農工具が副葬される古墳時代前期以来の葬送の場で受け継がれていると解釈する。川西宏幸「畿内の古墳文化」（『古墳時代の比較考古学—日本考古学の未来像を求めて』同成社、一九九九年）五三—九二頁。同「思念と生活の変化—葬送と祭儀」（『同型鏡とワカタケル—古墳時代国家の再構築』二〇〇四年）二七一—二七二頁。

第六節　古墳の築造と儀礼の受容

1　はじめに

第二節から第五節まで古墳の外表に樹立された埴輪や古墳に副葬された器物を手がかりに、それらが地域によって受容差がみられ、なかには質的な用途差も認められたことから、当時の造墓過程において「もの」が単に移動するだけでなく、その背景にその「もの」を用いた「儀礼（祭儀）[1]」が付加されていたことを推察した。そして、こうした儀礼が「もの」を通じて首長間で共有するような政治的な関係を指摘し、特定地域や首長墓に導入されていることを明らかにした。筆者はこうした儀礼研究が、社会構成史を探る上でも必要な集団の心性を明らかにすることのできる手がかりになりうるのではないか、と考えている。すなわち、集団が行う儀礼がその集団の秩序を維持するために生み出された「強制」もしくは「慣習」としてあること、その「儀礼を共有する集団は、集団独自の心的共通性をもつ」からである[2]。

本節ではこうした差異が生じた背景をさらに儀礼の受容に絞って、それが古墳築造に際して重要な役割を果たしたことを説くものである。そこでまず、ここで用いる儀礼について定義しておきたい。林正憲はこの点について文化人類学での使用を考慮し、「文化のなかで形式化された行動」としての儀礼を支持しているように[3]、「祭祀」と「儀礼」を本節では区別して使うこととしたい。

さて、考古資料から当時の儀礼行為を復元し、論じることは難しい。しかし、古墳上における様々な遺構やそこから出土する遺物について、その出土状況を綿密に分析することでその手がかりを得ることができると考えている。このことについて、岐阜県昼飯大塚古墳の後円部頂と兵庫県行者塚古墳の造り出しにおける遺物の出土状況をそれぞれ比較しながら、アプローチしてみたい。

2　古墳にみる儀礼行為

(一) 昼飯大塚古墳後円部頂での儀礼行為

直径約九六メートルにおよんだ後円部は、最上段の三段目平坦面では直径約二三メートルの円形の空間をつくりだしている。この外縁近くを直径二〇メートルの埴輪列が巡ったことは第三節で記述したとおりである（図94）。この埴輪列には鰭付埴輪や朝顔形埴輪が含まれたり、円筒状埴輪の上に載った蓋形埴輪で構成されており、外部からは垣根のように並んだ埴輪によって内側を覗き込むことは困難であったと思われる。こうした埴輪列で囲まれた空間へは、前方部頂からスロープ部に至る二列の埴輪列の間を通り抜けて入ることができるが、ここでは埴輪によって閉ざされていたことが明らかにされている。こうした事例は奈良県メスリ山古墳、京都府蛭子山《えびすやま》古墳や大阪府黒姫山《くろひめやま》古墳などでも確認されているが、昼飯大塚古墳の場合は、後円部斜面の葺石がこの部分にまでおよんで葺かれていなかったことから、予め通路としての機能が位置づけされ、儀礼時における空間が計画的に用意されていたと考えることができる。

ところで、後円部頂の外周埴輪列内の空間には、わずかながら家形埴輪と思われるものが原位置で検出されていることや、盾形埴輪や靫形埴輪そして甲冑形埴輪などの形象埴輪の破片がやや北よりから出土することから、このあたりに形象埴輪が配置されていたことを推定復元している。(4) こうした形象埴輪が樹立していた範囲の下には、南

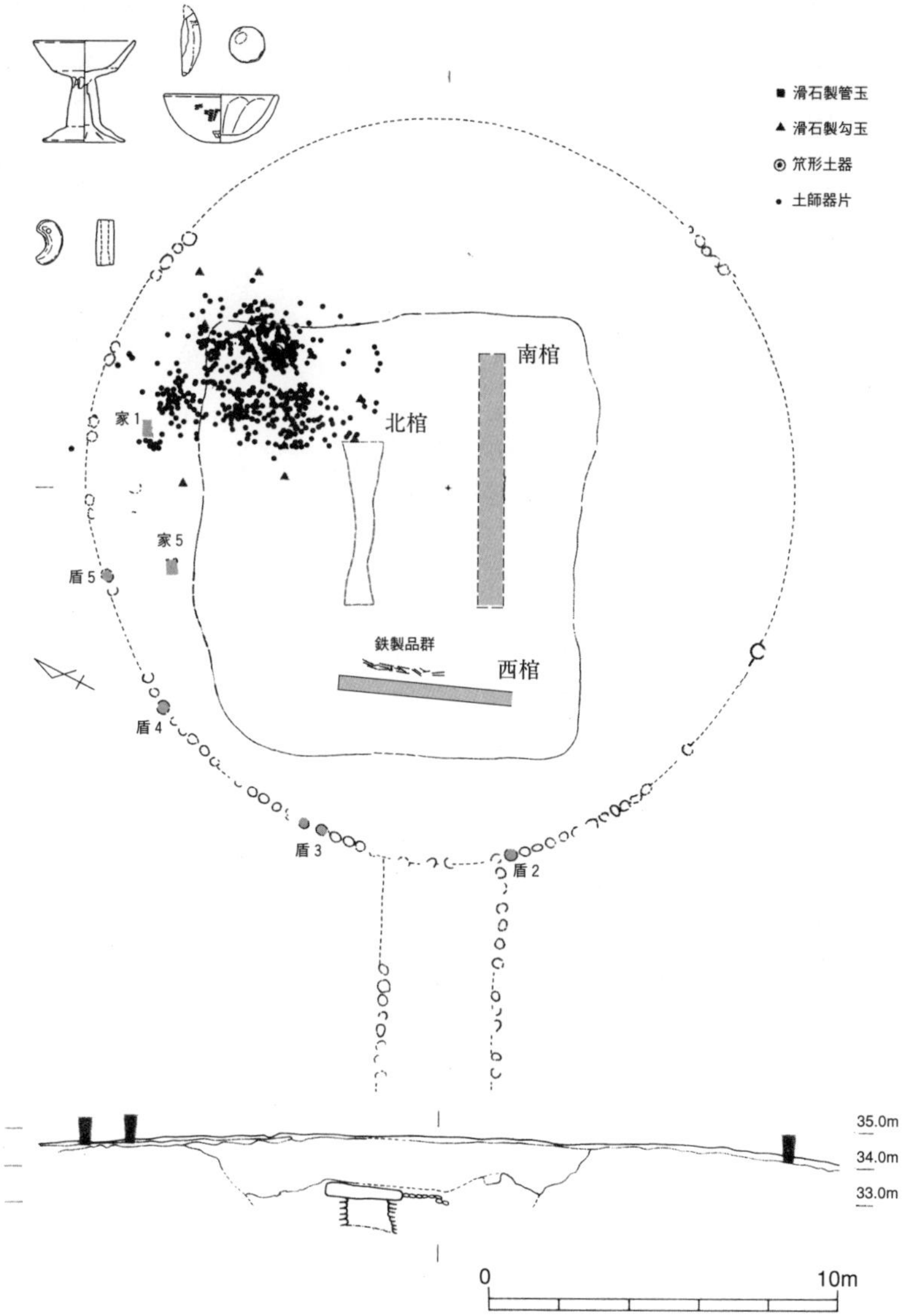

図94　昼飯大塚古墳の後円部頂と出土遺物（勾玉・管玉1/3，高坏・土製品1/10，笊形土器1/15）（注13文献を一部改変）

北一二メートル、東西一一メートルの掘り込み墓壙が確認されており、内部には墳丘主軸に平行する竪穴式石室一基（北棺）と粘土槨一基（南棺）がほぼ同時に構築されている。この墓壙を埋め戻して墳頂部が再び平坦になった後、埴輪が配置されたのである。後円部頂では同じ調査区を繰り返し精査することによって、多種多様な遺物の出土位置を把握し、これらのデータ分析から、これまであまり注目されることのなかった墳頂表面の実態について検討することができたことは第二節で触れたとおりである。ここではその墳頂出土遺物について触れておきたい。

まずその一つに滑石製勾玉と滑石製管玉がある。これらには盗掘の際に石室内から持ち出された玉も含まれているると思われるが、その一方で墳頂部のやや北東隅において意図的に配置されたような状況が窺えた。[5]また、これら滑石製玉の分析そのものからも埋葬施設内とは別の儀礼行為に用いられたことが指摘されている。[6]

二つめはこの滑石製玉類が散らばる周囲から、小さく割れた状態で出土している土師器である。土師器は小さな高坏が多く、小型丸底壺の破片を含めた破片数は二〇〇〇点以上にも及んでいる。ほかに壺などは柳ヶ坪形壺が一個体確認されたのみで甕はみられなかった。したがって、出土した土師器のほとんどが供献を目的とした器種に限定できる。これらの土師器は編年上松河戸Ⅰ式期前半に位置づけられるとともに、小型といっても簡略化されることなく通常集落で出土するような土師器と同じ製作技法で作られた葬送用の雛形品と考えられた。[7]こうした供献に用いられたと考えられる土師器は、その破片数からみても相当数の人々が参集したか、あるいは複数回にのぼる供献行為を想定しなければならない数量である。

三つめは笊形土器と食物形土製品である。これらは先ほどの土師器などと混在しながら出土しているので、詳細な使用段階が特定できないものの、土師器と同じく供献行為に用いられた器物であることは間違いない。

このように昼飯大塚古墳の後円部頂では、埴輪樹立前後に様々な器物を用いた儀礼（葬送儀礼・供献儀礼など）をその出土状態から導くことができる。

（二）行者塚古墳造り出し上での儀礼行為

行者塚古墳は、墳丘長約九九メートルの三段築成の前方後円墳で、後円部径六八メートル、前方部長三一メートルとやや前方部が短い墳丘をもつ。後円部側に「北西造り出し」と「北東造り出し」が、そして前方部側に「西造り出し」と「東造り出し」の四つの造り出しをもつことが明らかにされている(8)。このうち埋葬を伴うものは北東造り出しで、埋葬施設がないものは西造り出しであることが発掘調査によって確認されている。

北東造り出しは、東西（突出部長）八・五メートル、南北（幅）一二・五メートルを測り、斜面には葺石を備えている。造り出しの上面には方形埴輪列が検出され、その内側では盾形埴輪、靫形埴輪、甲冑形埴輪などの器財埴輪が粘土槨を取り囲むように配置され、粘土槨の上には家形埴輪が置かれていた。被覆された木棺の規模は長さ四・七メートル、最大幅一・〇メートルで箱形木棺と推定された。この陥没部からは埋葬後にまかれたとされる滑石製と緑色凝灰岩製の勾玉が出土している。以上のことから、この造り出しには木棺に安置された一人の被葬者に対して、家形埴輪を中心に盾形埴輪や靫形埴輪、甲冑形埴輪などの埴輪を並べ、勾玉を用いた辟邪を意図した行為があったことを読みとることができる(9)。

一方、埋葬を伴わない北西造り出しと西造り出しでは、北東造り出しと同じように方形状の埴輪列が配置されていた。このうち面的な調査が行われた西造り出しの様相をみてみると、東西八・〇メートル、南北九・七メートルの上面に、東西六・〇メートル、南北七・八メートルのやや長方形を呈した方形状の埴輪列が検出された（図95）。この埴輪列の一箇所で幅〇・四メートルの食い違いが認められ、ここから出入りができる。そして埴輪列の内側の特定範囲からは家形埴輪に混じって笊形土器四～五個体以上、食物を模したと推定される多数の土製品、小型高坏一〇個体以上と土師器壺二個体が出土している。以上のことからこの造り出し上では、中心部に置かれた複数の家

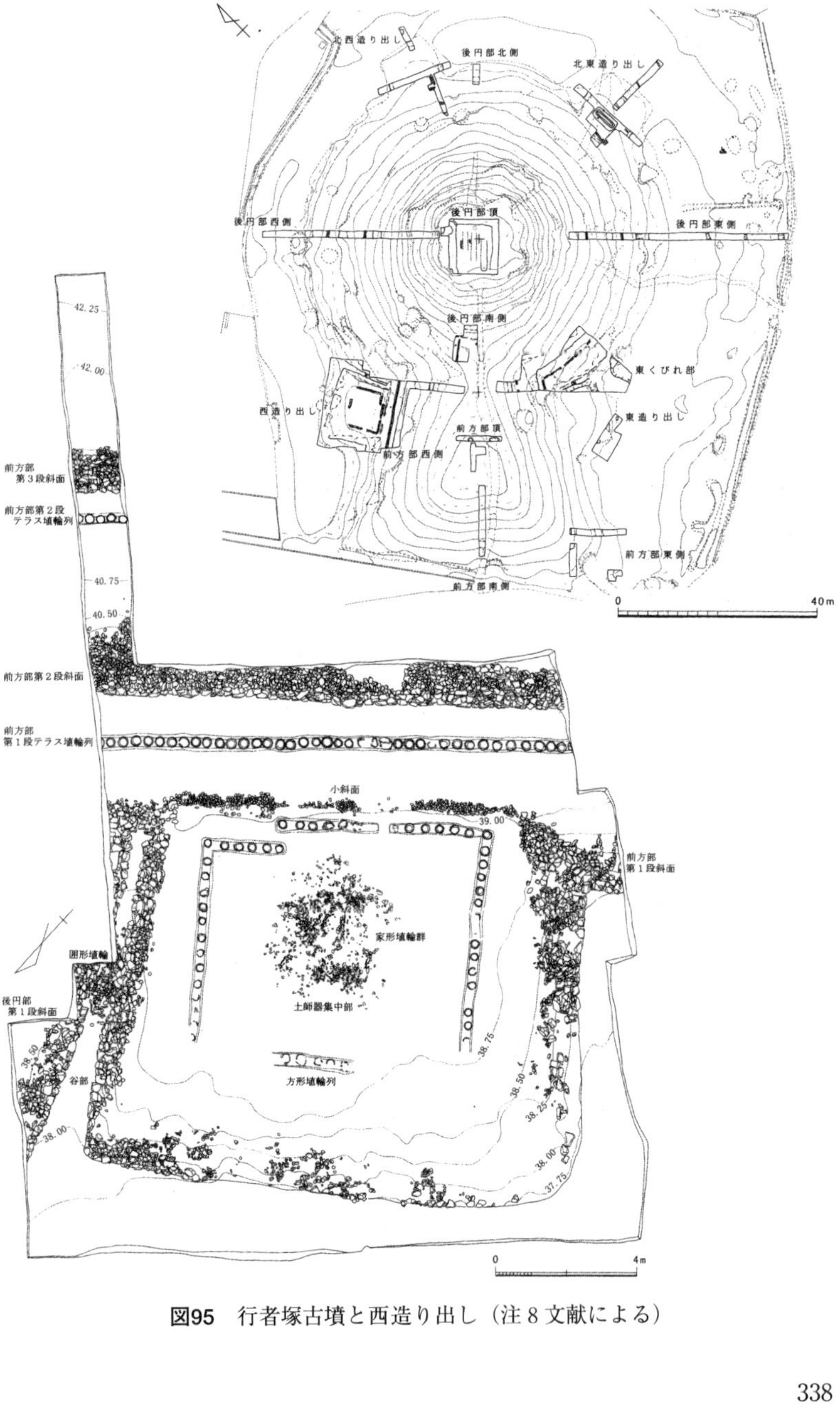

図95　行者塚古墳と西造り出し（注８文献による）

形埴輪群の前で、食物を供物として供献していた行為を想定することができる。つまり、器と供物をそれぞれ土で模倣しながらの祭祀具を使った供献儀礼が執り行われていたのである[10]。

このように同一古墳の造り出しであるにも関わらず、一方の造り出しでは埋葬に用いる遺物が、別の造り出しでは飲食物の供献に用いる遺物が出土しているという事実は、異なる儀礼が別々の空間で執り行われていたことを示唆するものである[11]。すなわち、北東造り出しの空間では盾形埴輪や靫形埴輪などの器財埴輪を配置したり、滑石製勾玉などの玉類を使う儀礼行為によって辟邪を、そして埴輪で区画した西造り出しの空間では土師器や笊形土器・土製品を用いた様々な供献的な儀礼行為を複数回か、もしくはかなりの人数で行っていたと考えることができる。

(三) 墳頂空間から造り出し空間へ

行者塚古墳の異なる造り出しから出土した遺物群を、先にみた昼飯大塚古墳の後円部頂から出土した遺物群と照らし合わせてみると、共通する遺物に気がつく。すなわち、家形埴輪などの形象埴輪や滑石製勾玉などの玉類、あるいはミニチュアの土師器そして笊形土器と食物形土製品が数量は別にして一致する。昼飯大塚古墳のそれらは、行者塚古墳での出土状態から前二者は埋葬にともなう儀礼行為に使用された遺物群で辟邪を強く意識し、後三者は葬送にともなう儀礼に供献的な意味で使われた遺物と解釈できる。したがって、昼飯大塚古墳ではこれらの遺物がほぼ重複する範囲から出土するので、二つの儀礼行為が同一空間で行われていたと考えることができる。さらに、昼飯大塚古墳と行者塚古墳の築造時期などの比較から、もともと後円部頂で行われていた性格の異なる儀礼が、五世紀前半を境に造り出しへの儀礼へと場を移すことが推測できる[12]。

以上の内容を整合的に説明するならば、昼飯大塚古墳の場合は次のような儀礼行為を復元することができる。すなわち、後円部頂における埋葬にともなう儀礼が執り行われた後、粘土で被覆して密閉したのちに墓壙を埋め戻し、そして後円部頂の北側に家形埴輪や器財埴輪を配列する。そして、その周囲で滑石製玉類などによる儀礼や小型高坏、笊形土器・食物形土製品などを用いた供献行為が参集者によって繰り返し行われたというものである。

さらに今ひとつ後円部頂の空間で指摘できることは、外周埴輪列の中心が墓壙の主軸とはややずれて南側に広めの空間が生じていることである。このことは、おそらく形象埴輪などを配置した周辺で、玉類や土製品を用いた儀礼が執り行われたとき、儀礼を執行する人々（集団）の場であったと考えられる。このようにして予め後円部頂の範囲を、埋葬空間と儀礼執行の空間に計画的に分けていたならば、古墳造墓段階から儀礼の内容や執行が予定されていたこととなり、前もってそれに必要な葬具や祭器も準備されていたに違いない。そして何よりも被葬者が厳重な密閉と反復される儀礼行為の対象者であったことを再認識できる。[13]

3　新たな儀礼とその祭器

さて、昼飯大塚古墳と行者塚古墳の事例で扱った儀礼行為はそれぞれ異なる場所であるものの、同じような器物が認められ、それぞれの出土状態から儀礼行為を推測することができた。ここではこうした儀礼に使われた祭器（遺物）に再度着目し、その構成上の特質を明らかにしてみたい。

まず、笊形土器と土製品を取り上げる。[14] 笊形土器はこれまで「籠目土器」と称されてきた内外面に笊の圧痕が付着する皿状の土器である。この笊形土器については、四世紀末葉から五世紀中葉の古墳からその墳頂部や造り出しにおいて、高坏などの土師器や土製品などとともに出土することが多く、現在約一五例ほどが確認されている。[15] これらは食物を模倣した土製品を載せる祭祀専用具と考えられ、供献的な儀礼行為に用いられたと推測されている。こうした器物を使用する行為は、これまでの古墳の葬送儀礼のなかではみられなかったものであり、この時期に登場した新たな祭祀具の組み合わせとみることができる。

一方、小型高坏に代表される多数の土師器群は、その大きさからして雛形品と考えられるが、形骸化することなく通常の土器と同じように丁寧なつくりをしていたことは前述したとおりである。[16]おそらく、通常の土器づくりの集団が祭祀具の需要に応じて製作したものと考えられるが、このように在地でつくる祭祀具は、新たな儀礼の内容を熟知していなければ形や数量を揃えることはできない。おそらく小型高坏に代表される多数の土師器群は、遺物から推定して「模倣・小型・多量」化を象徴化した雛形品と言えることから、こうした祭器を用いた新たな儀礼の登場を反映しているものと考えられる。[17]

ところで、同じような視点で捉えられる遺物に滑石製管玉や勾玉、そしてこの時期から突出して数量が増加する滑石製臼玉がある。これまで滑石製臼玉などは、中期古墳の埋葬施設から多量に出土することで知られ、碧玉から滑石へという材質の変化と時期区分の指標であった。[18]しかしながら、埋葬施設における滑石製玉類の取り扱いや墳頂部での出土状況からすると、明らかに装身具から乖離した用途、すなわち葬具としての玉類が出現している。玉類の出土状態を検討した玉城一枝によれば、四世紀後半以降、玉類は埋葬施設内の副葬品としてだけでなく、墳丘の各所での儀礼行為に本格的に用いられたと指摘し、[19]廣瀬時習は埋葬施設において装身具として装着されたとは考えにくい一群に着目し、足部や遺骸から離れた位置から出土する一群の玉類を「非着装」の玉と捉えている。[20]

例えば、大阪府和泉黄金塚《いずみこがねづか》古墳の場合をみてみると、三つの粘土槨が確認されている後円部頂の埋葬施設のうち、中央槨の木棺内からは頭から胸のあたりにあった着装用の勾玉と足部あたりの着装されない臼玉に分類することができる[21](図96)。着装されたと思える勾玉付近には、大小の管玉、棗玉、多数のガラス玉を伴い、勾玉は翡翠製T字頭の大型勾玉一個と小型勾玉八個がある。非着装とした一群は三箇所にまとまっており、そのうち脚もと付近では碧玉製の勾玉三個と多数の管玉が、さらに離れたところには滑石製勾玉一一個、滑石製管玉、棗玉、臼玉が、そし

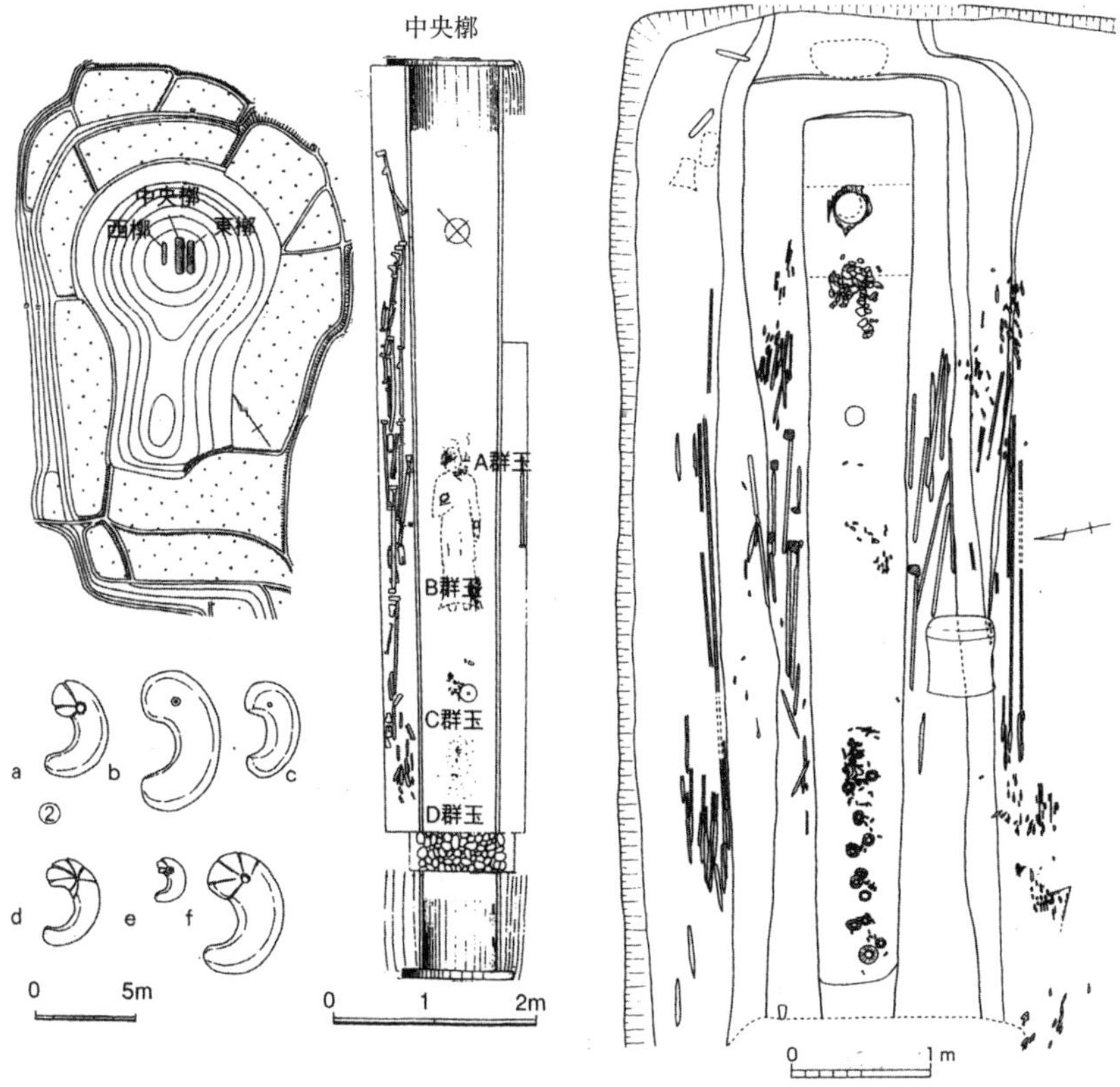

図96　黄金塚古墳(左)と園部垣内古墳(右)にみる非着装の玉類(注3，21，22文献による)

て最も離れたところでは滑石製勾玉五個を含んでいた。木下尚子はこれらを「無数の滑石臼玉や棗玉が容器に入れられてあったと思えるような状態で出土」していたとし、こうした状況から本来の勾玉に秘められていた呪術的な力を期待した装身具ではなく、材質が滑石化したりするなど多様化した儀礼的な道具へと変化したものと理解している。[22]

こうして四世紀後半以後に顕在化する非着装の玉類は、それまでみられた緑色凝灰岩やガラス以外に一度に多量に加工できる滑石を石材として用いられるようになったと理解すれば、多量の滑石製臼玉が昼飯大塚古墳の石室内や後円部頂から出土する事象を説明することができる。このような滑石製玉類の出土状況は、その他の古墳でも確認することができる。例えば、三重県石山古墳や茨城県常陸鏡塚古墳などのように、滑石製農工具を同時に副葬した古墳の中でも比較的古相段階から認めることができるし、京都府久津川車塚《くつがわくるまづか》古墳の長持形石棺内から出土した多量の滑石製勾玉(23)も、おそらくこうした効果を持ち得た玉類であったと推測することができる。前節でも扱った滑石製の刀子形石製品などは、これまで同種多量化として常に注目されるところであるが、この時期の「模倣・小型・多量」化を図った儀礼の内容を重視すれば、多量化された勾玉や臼玉にも着目すべきであろう。昼飯大塚古墳の後円部頂や竪穴式石室内での「滑石製管玉＋滑石製勾玉」という組み合わせ(24)は、このような延長線上で理解することができる。

さて、「模倣・小型・多量」化に象徴される遺物は、土師器や滑石製玉類のほかには鉄製農工具類を滑石で模倣した刀子形石製品や斧形石製品にもみられ、なかでも多量化する品目は決められた約束事にそって同種多量化現象につながっていることは、前節でも論じたところである。こうした品目と数量の関係は、それぞれがどの儀礼段階でどのくらい使用するのかなど使用内容を周知していなければ意味をなさない。おそらく、造墓と葬送という大きな社会的需要にもとづいて、具体的な儀礼も取り決められたと想像できるが、そのときに儀礼内容に熟知した集団が存在しなければ儀礼の執行もできないであろう。次項ではこうした前提にたって儀礼を共有する意義について考えてみたい。

4　儀礼の共有とその意義

笊形土器は古墳時代前期末葉から中期にかけて近畿地方を中心に分布するものの、大和盆地の東南部にはみられず、盆地でも北部や南部の古墳から出土する。西は岡山県金蔵山古墳や愛媛県笠置峠《かさぎとうげ》古墳、東は三重県宝塚一号墳や岐阜県昼飯大塚古墳というように、その広がりは極めて限られた範囲にある。このことは笊形土器や土製品を用いた儀礼行為がことさら広く拡散することなく、特定地域の首長層間のみで受容・共有されたことを意味する。また、それらの古墳は第三節でみた大型前方後円墳の出現に伴って採用された新たな器財埴輪を有する古墳とも少なからず一致することは偶然ではない。このようにほぼ同時期の古墳で畿内周辺に集中し、そして地方の古墳にもたらされているということは、こうした器物が単に流通的に移動したのではなく、古墳の造墓にあたって生前の被葬者との関係を背景とした儀礼の享受があったからこそ、このような広がり方になったものと考えられる。

墓から出土する土器に注目してみると、こうした事例は古墳時代以前の弥生時代中期から後期にかけてすでに認められる。前述したようにこれを古墳の発生と関わる「共飲共食儀礼」と理解する見解もあるが、その出土状況から参列者による「共飲共食儀礼」と死者に対する土器供献に分けて解釈する考えも用意されつつある[25]。しかし、墳丘上からの土器の出土はいったん古墳時代前期に消失した可能性が高く[26]、各地でもその途絶が予測されるところである。

こうした状況のもと今回俎上に挙げた土師器群は、高坏という供膳具にして小型化、雛形化したものであった。こうした土師器が墳丘上から出土した事例は、奈良県櫛山古墳、京都府寺戸《てらど》大塚《おおつか》古墳、大阪府摩湯山《まゆやま》古墳などでみられるが決して多いとは言えない[27]。調査事例の偏差によるものと推測するが、多くは四世紀中葉から後半頃の古墳にみられ、やはり畿内に集中する。そして昼飯大塚古墳周辺の古墳にも認めることができないので、その習俗は何らかの行為として他地域から持ち込まれたものと考えざるを得ない。ただし、前述した柳ヶ坪型壺だけは、実用の大きさのものでほかの小型高坏群とは区別された土師器と考えておきたい。それは壺の存在が、伝統的な習俗の残影として読みとっておきたいからである。

ところで、土器を意図的に廃棄したりあるいは破砕したりすることは、墳墓上の行為のなかではほかの種類の器物と同様広く認めることができる。それはまさに先にみた滑石製祭器の破砕行為にも通底する行為で、特定の専用祭器を用いた儀礼の強調につながる。土器群の破砕とその集積が墳頂で確認できるということは、少なからず儀礼実修者の存在とその人数や儀礼行為の累積を推定することができる。そしてそこで葬送儀礼に参画した多数の参列者が、同じ儀礼行為を実修することで相互確認と被葬者に対する供献を果たし得たと思われる。

また、滑石製臼玉を多量に用いる行為は、鉄製農工具を滑石化して模倣した儀礼と軌を一とし、玉を滑石化した「臼玉」の一群は、いずれも「多量化」と「粗雑化なる」傾向に沿った共通した現象と考えられる。これまでに説かれている古墳時代中期を代表する石製模造品の同種多量傾向は、その特徴でもある「小型化（雛形）」と「多量化」であったことは先に指摘したとおりである。こうした器物もある種の儀礼行為の所産であり、その行為には多数の人の参画があったものと考えられる。こうした多数の人による関与は、土師器や滑石製玉類そして滑石製の農工具形石製品に限らず、第二、三節でみた埴輪製作でも論じたとおりである。すなわち、昼飯大塚古墳の円筒埴輪の製作にあたっては、派遣製作者集団以外に在地における製作者が多数関与していたのであり、そしてその配置にあたっては古墳にとって最も重要な埋葬施設の周囲を取り囲むような場所に配列したことも指摘した。以上のように葬送儀礼への多数の参画が被葬者への鎮魂にあったことが、個別遺物の解釈から導かれた。

これまで副葬品の内容から前期古墳の被葬者が司祭者的性格を有し、中期古墳の被葬者が武人的性格を有するものとする一般的な見方がある。しかし、これまで論じてきたように、前期後半から中期にかけての遺物から、中央政権のなかの特定勢力が他地域の有力集団とこうした儀礼を共有することが明らかとなった。また、それらが政治的な背景によるものだと考える以外にも、これまでの考察からして儀礼がその地域社会集団と首長との関係や首長層と中央政権との関係を重層的に反映しているものと読みとくことができた。個別古墳や遺物を様々な角度から研究していく重要性がここにある。

(1)「祭祀」という用語には宗教的な観念も含み、考古学的な事象にもしばしば用いられることが多い。しかし、ここでは古墳上における様々な行動様式を考古学的にアプローチすることが目的であり、その行動を表現するのに「儀礼」を用いたい。
(2)吉田晶「国民的歴史学と歴史学―社会構成史研究のあらたな発展を求めて」(『現代と古代史学』校倉書房、一九八四年)六〇―八七頁。
(3)林正憲「滑石製玉類の出現とその意義」(『史跡昼飯大塚古墳』大垣市埋蔵文化財調査報告書第一二集、大垣市教育委員会、二〇〇三年)四二八頁。
(4)東方仁史「埴輪配置の復元」(前掲注3)一六〇―一六三頁。
(5)中條英樹「遺物の出土状況」(前掲注3)一三九―一四四頁。
(6)林正憲「滑石製玉類の出現とその意義」(前掲3)四二一―四二八頁。
(7)村木誠「美濃における屈折高坏の出現」(『美濃の考古学』第四号、美濃の考古学刊行会、二〇〇〇年)一七―三〇頁。
(8)加古川市教育委員会編『行者塚古墳発掘調査概報』加古川市文化財調査報告一五、一九九七年。
(9)東方仁史・松野充晶・高橋克壽「北東造り出し」(前掲注8)三三―三九頁。
(10)堀大輔・東方仁史「西造り出し」(前掲注8)一八―二九頁。
(11)高橋克壽「古墳築造システムの展開―五世紀における古墳祭式の変革」(『中期古墳の展開と変革―五世紀における政治的・社会的変化の具体相(一)』第四四回埋蔵文化財研究集会発表要旨集、埋蔵文化財研究会、一九九八年)一五―四〇頁。
(12)和田晴吾「墓壙と墳丘の出入口―古墳祭祀の復元と発掘調査」(『立命館大学考古学論集Ⅰ』立命館大学考古学論集刊行会、一九九七年)一九五―二一一頁。
(13)中井正幸「調査の総括と展望」(前掲3)五〇三―五一二頁。
(14)鐘方正樹・角南聡一郎「籠目土器と笊形土器」(『奈良市埋蔵文化財調査センター紀要』奈良市教育委員会、一九九七年)一―一五頁。
(15)中條英樹「土製品からみた墳頂における儀礼について」(前掲3)四四七―四五四頁。

（16）土器のなかで占める比率が、松河戸Ⅰ式期以降甕から供膳具である高坏に移行する現象を、それまでに甕が持っていた「共同体な一体感」とする意味が薄れていく象徴とみる。こうした土器に対する意味を考えることは、古墳の墳丘上から出土する高坏を考える場合でも興味深い。村木誠「甕の意味を問う」（『美濃の考古学』第二号、美濃の考古学刊行会、一九九七年）一七―三〇頁。
（17）岩崎卓也「古式土師器再考―前期古墳出土の土師器をめぐって」（『史学研究』第一九号、東京教育大学文学部、一九七三年）一―二六頁。
（18）小林行雄「古墳時代における文化の伝播」（『史林』第三三巻第三号・第四号、一九五〇年）三九―五一頁、六四―八〇頁。のち「中期古墳時代文化とその伝播」（『古墳時代の研究』青木書店、一九六一年）二二七―二六〇頁に改題加筆所収。
（19）玉城一枝「古墳構築と玉使用の祭祀」（『博古研究』第八号、博古研究会、一九九四年）一二―三四頁。
（20）廣瀬時習「弥生・古墳期の玉の使用形態と意義―玉副葬の歴史的意義」（『文化史学』第五二号、文化史学会、一九九六年）一―二三頁。
（21）末永雅雄・島田暁・森浩一編『和泉黄金塚古墳』日本考古学報告第五冊、総藝舎、一九五四年。
（22）木下尚子「装身具と権力・男女」（都出比呂志・佐原真編『古代史の論点』第二巻、女と男、家と村、小学館、二〇〇〇年）二〇八頁。
　こうした非着装の玉についても出土状態からわかる例に、京都府園部垣内古墳がある（図96）。この埋葬施設内では遺骸の頸部から胸部にあたる場所からは、翡翠製勾玉二と碧玉製管玉二二が出土し、装身具として理解できるものの、足下からやや距離をおいて碧玉製勾玉二と碧玉製管玉三、緑色凝灰岩製管玉一〇〇が出土しており非着装であったと解釈できる。林正憲「滑石製玉類の出現とその意義」（前掲注3）四二五―四二六頁。
（23）梅原末治『久津川古墳研究』一九二〇年。白石太一郎「神まつりと古墳の祭祀」（『国立歴史民俗博物館研究報告』第七集、国立歴史民俗博物館、一九八五年）七九―一一三頁。
（24）林正憲「滑石製玉類の出現とその意義」（前掲3）四二七頁。
（25）土生田純之「弥生王墓から古墳へ―墳頂部出土飲食器の検討」（『専修人文論集』第七号、二〇〇二年）二七九―二九六頁。

(26) 近江では弥生時代における多量の供献土器が出現期には消失することを指摘している。丸山竜平「前方部の起源と出現期古墳の祭祀」(『巨大古墳と古代国家』吉川弘文館、二〇〇四年) 一六四―二〇九頁。
(27) 古墳時代前期に登場する小型精製器種を葬送・祭祀用の土器とみて、各地で広く採用されている事実を、大和を中心とした連合の影響下に入ったとみる解釈がある。岩崎卓也「土師器―国家成立期の土器」(『アジアと土器の世界』雄山閣、一九八九年) 七二―九二頁。

[補記]

1　本節は、同じ題名の論文「造墓と儀礼の受容」(『岐阜史学』第九六号、一九九九年) の趣旨を生かしながら、新たに書き下ろした新稿である。

2　昼飯大塚古墳の後円部頂については、その後二〇〇四年に大垣市教育委員会によって再び調査され、粘土槨の規模が約八メートルあることや新たに木棺直葬が確認され、同一墓壙三棺埋葬であることが明らかにされている (大垣市教育委員会編『史跡昼飯大塚古墳』第八次調査現地説明会資料、二〇〇四年一一月)。この調査結果によって、墓壙内西側で検出されていた鉄製品群は、木棺直葬の棺外副葬品である可能性が極めて高くなった。したがって、鉄製品群を竪穴式石室や粘土槨の被覆後に行われた辟邪を意図した行為によるものとは断定しがたくなった。

終章　環伊勢湾社会の古墳時代地域構造

1　これまでの論点の整理

これまでに本書で論説してきたことをここで総括したい。まず第一章の「古墳時代における濃尾平野の地域圏と社会」では、広大な濃尾平野と木曽三川のような大河川を背景にした地形環境の復元の必要性とその試みを提示しながら、最近の発掘調査によってそれらがどのように検証されているのか検討した。地形環境の変化はこれまでに幾つかの画期が推定されているが、考古資料からはとりわけ三世紀から四世紀を大きな画期として位置づけた（第一節）。こうした地形環境の変化の要因は、もちろん自然営為によるものが大きいと言わざるを得ないが、それまでに沖積地に形成された集落とセットとなる墓域が、これを境に台地や扇状地、丘陵頂に移動するがごとく形成される点にも注意を払わなければならない。この現象は前方後円墳の波及という極めて政治的な色彩の強い影響があるにしても、単にそのことにとどまらず河川の氾濫や洪水堆積による土地利用の変化や古墳に対する視覚性が大きく働いたとみた。

また、この時期は前方後円墳の出現にみるように、政治的な地域社会を形成した段階でもある。この地域社会の構造を解明する上で必要な地域集団の領域を当該期の土器を取り上げて、その地域色から考察した。土器からはS字甕など斉一的な広がりをみせる一方で、大きく四～五つの地域圏を設定できた（第二節）。それは現在のような河川を境界とするのではなく、北近江から西濃圏域、西濃低地部から尾張低地部、中濃から東濃などというような範囲で、河川を共有するかのような領域であった。この領域を念頭におきながら、各地域における地域首長の墓である首長墓や古墳群を取り上げ、その消長を首長墓系譜として分析した。その結果、古墳時代を通して首長墓を輩出する地域は固定することはなく、絶えず移動しながら造墓基盤は様々な要因によって形成されたことや、造墓活動に対する画期を見出すことができた（第三、四節）。また、古墳群の盟主的首長を中心とした幾つかの領域的まとまりを、ここでは一つの政治単位として位置づけ、こうした領域がそれぞれの地域において重要な地域区分として分析に有効であることを論じた（第五節）。

第二章「古墳築造の諸様相と政治単位」では、第一章で明らかにした各領域において、古墳や古墳群のあり方を様々な視角から考察した。まず第一に前期古墳の築造が特定地域に集中することから、その特質を墳丘構造や外表施設そして副葬品にみる威信財から分析した。墳形では前方後円墳と前方後方墳が、外表施設では埴輪や二重口縁壺（壺形埴輪）が同一墓域のなかで共存していることに注目し、前方後円墳が画一性と階層性をもった求心的な政治構造の産物とみながらも、それを受容する地域社会には温度差があることを指摘した。前方後円墳などの墓制による政治的な秩序へ組み込まれるのは、次の「中期」段階であることを論じた（第一節）。

墳形で問題とした前方後方墳については、その系譜が弥生時代の方形墓に突出部をもつ「前方後方墳」（本書では第一群前方後方墳）と、前方後円墳秩序のなかで中央政権によって再編された前方後方墳（本書では第二群前方後方墳）の二者が併存することを提唱し（第二節）、濃尾平野において弥生時代から古墳時代にかけて前方後方墳が成立するとの一元的解釈を牽制した。

ところで、古墳時代前期は前方後円墳や前方後方墳そして円墳や方墳など様々な墳形が併存するが、それは各地域首長の造墓活動における自律的側面を反映している結果と考えた。威信財の入手もその証左であると考えられるが、それはどちらかと言えば、中央政権の最高首長と地域首長との個別関係が背後にあると思われる。こうした点からも各地における大型円墳の存在は重視すべきで、前方後円墳を中心とする政治的秩序は、拠点的にしか浸透していなかったのである。各首長層は独自に中央政権との政治的関係を結びながらも、実態としては弥生時代以来の地域社会の政治構造を継続していたのである。

しかし、前期後半にみられる旧国レベルでの大型前方後円墳の造墓を通して、中央政権が特定の地域首長と強く連携し、それまでに勢力基盤のなかった地域への造墓活動に対して大きな影響を及ぼした。そういう意味では地方と中央との関係は大きな転換期となった。なお、この背景にはさらに朝鮮半島の政治的な動揺があったことを、半島系の影響を受けた金属製品などから推測し、こうした現象が列島規模において興っていることにも触れた（第三節）。その後各地での首長墓と首長墓系譜は収斂され、野古墳群に代表される階層型の古墳群の登場をみる。そこには様々な規模の墳形が、一つの墓域のなかで明確に秩序化された姿を読みとることができ、この地域における新たな古墳時代社会の特質を見出すことができた（第四節）。

古墳時代後期では横穴式石室にみる新しい葬制の導入過程を、石室の変化や変遷そして系統に焦点をあてながら明らかにした。ここでも西濃と東濃、尾張と三河そして中勢などで大きく石室の地域色が顕在化するなど、地域圏での差を認めることができた。その背景には水系や交通の要衝となる地域が石室の受容の基軸になったことや、横穴式石室が旧来の地域社会や首長層に受容されるには温度差があったこと、さらに新興層ともいうべき中小首長層が横穴式石室を積極的に受け入れたことなどが要因として挙げられる（第五節）。

横穴式石室を積極的に地域社会の葬制として採用した古墳群は、願成寺西墳之越古墳群や桅山古墳群そして船来山古墳群など美濃側に顕著にみることができ、墓域を定めて密集するいわゆる「新式群集墳」の形成へと結びついた。こうした群集墳の形成に美濃と尾張で大きな差が生じたのは、尾張側の造墓活動そのものに停滞もしくは規制があったためと考えた。つまり、花岡山古墳群の親族構造で明らかにしたように、造墓主体には直系親族と傍系親族の二つの血縁集団が関わるが、それぞれ別々の石室を造営して埋葬される場合と、直系親族から分節しても新たな石室を構築せず造墓におよばない傍系親族があることが、古墳の造墓数に影響しているのではないかと考えた。こうした親族構造にみる社会規範が、群集墳の造営規模にも反映したと考えればその偏差も理解できる。さらに、細長石室が美濃に、複室構造の石室が尾張・三河に多いという石室の形態差を埋葬習俗の差と捉えるならば、石室の空間利用は重要な研究視点となりうる（第六節）。

第三章「古墳の造営と儀礼の共有」では、各地域における古墳築造の契機や造墓活動が自律的側面のみならず、対外的、政治的な関係が強くその背後にある中で、儀礼を介した関係が特定の古墳の造墓活動に色濃く反映されていることを読みとろうとした（第一節）。儀礼を象徴するもしくはその行為に用いる祭具あるいは葬具として捉えることのできる考古資料として、本書では古墳の外表施設を飾る埴輪と威信財として取り上げられる腕輪形石製品や農工具形石製品などの石製祭器を対象として検討した。こうした葬具・祭器を副葬した古墳は、第一章と第二章で考察した古墳にみられることから、古墳群領域なる地域圏との関わりを造墓儀礼からも考察することができた。

埴輪では円筒埴輪をおもに対象として分析をすすめ、連続する首長墓に備えられた埴輪群には、共通する属性とそれぞれに無関係な属性が混成している様相を見出し（第二節）、それらが昼飯大塚古墳の調査事例から在地の製作者集団と形象埴輪を製作した技術者を含む外来系の製作者集団の二相の反映とみた。外来系の埴輪製作者集団の出自は、形象埴輪の特徴などから大和盆地北部から河内平野の古市古墳群の嚆矢となる地が候補として挙がった。埴輪の配置からは昼飯大塚古墳の後円部頂でみたように埋葬施設の周囲を取り囲んだり、宝塚一号墳の造り出しのような視覚的に重要な位置には、在地の製作者による埴輪（土器）が多数占めている事実から、埴輪祭式の中でもその配列が葬送儀礼において重要な意味をもっていたことを明らかにした（第三節）。

一方、石製祭器では、親ヶ谷古墳にみる埋納的集積や矢道長塚古墳での辟邪的な意図が窺える配置状況から、前期後半から中期にかけての儀礼行為による痕跡をそこから推定した（第四節）。そして同様な視点により農工具形石製品についても、腕輪形石製品に替わる新たな祭器の登場と位置づけ、その役割について私見を述べた。それは祭器に「多量」「小型」「模倣」という要素が加わる中、前期後半から中期にかけて中央政権の地方政策の変化とともに創出された葬具として読みとった。次項ではこれらの内容を集約しながら、序章で提示した課題について触れていきたい。

2　古墳時代の首長墓系譜と地域圏

本書では濃尾平野における各領域で抽出した首長墓系譜が、政治的な拠点として表象されていることを前提に、それらが各地域ごとの政治的醸成を考える上で一つのバロメータになりうると考えて論を展開してきた。

首長墓系譜は第一章で詳述したように、揖斐川、長良川および木曽川水系、そして庄内川水系など大河川を基軸とした流域を中心にして、約二〇ほどの領域で系譜を設定することができた。揖斐川流域では海津系譜、不破の系譜（垂井・赤坂）、池田系譜と大野の系譜（上磯・野・揖斐）が、揖斐川と長良川で挟まれた地域では本巣の系譜（船木山・文殊・真正）、長良川流域では方県の系譜（常磐・長良）、山県系譜、武儀の系譜（藍見・小瀬）と厚見の系譜（瑞龍寺山・那加）が、加茂野盆地では加茂野の系譜（富加・加茂野）、各務原台地を含む木曽川流域では各務の系譜（蘇原・稲羽・鵜沼）と可児の系譜（前波・身隠山・伏見）である。同じ木曽川水系でも尾張側に葉栗・中島の系譜と丹羽の系譜（小木・曽本）、庄内川水系では土岐系譜、春日部の系譜（春部・味美）、山田の系譜

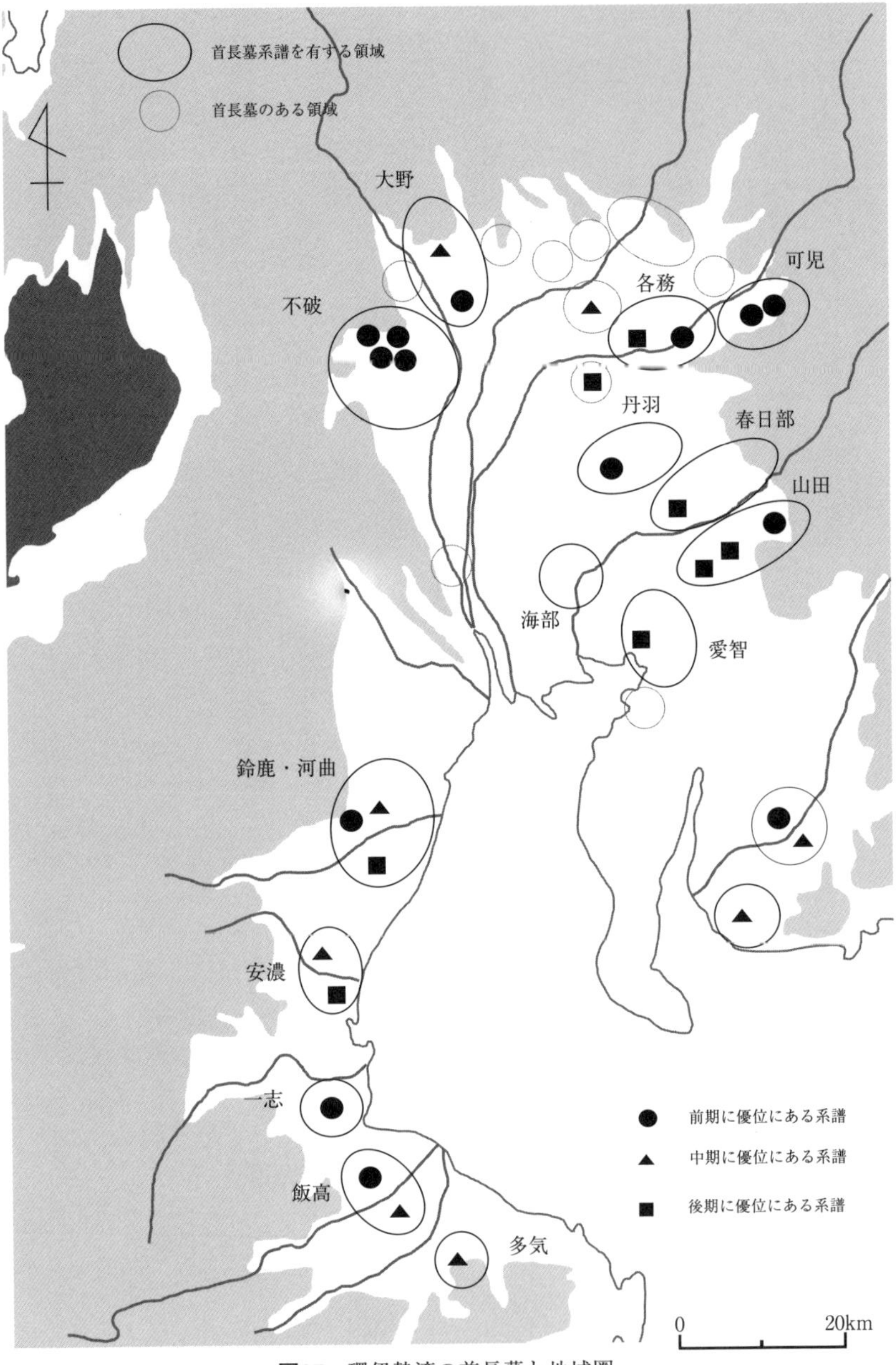

図97　環伊勢湾の首長墓と地域圏

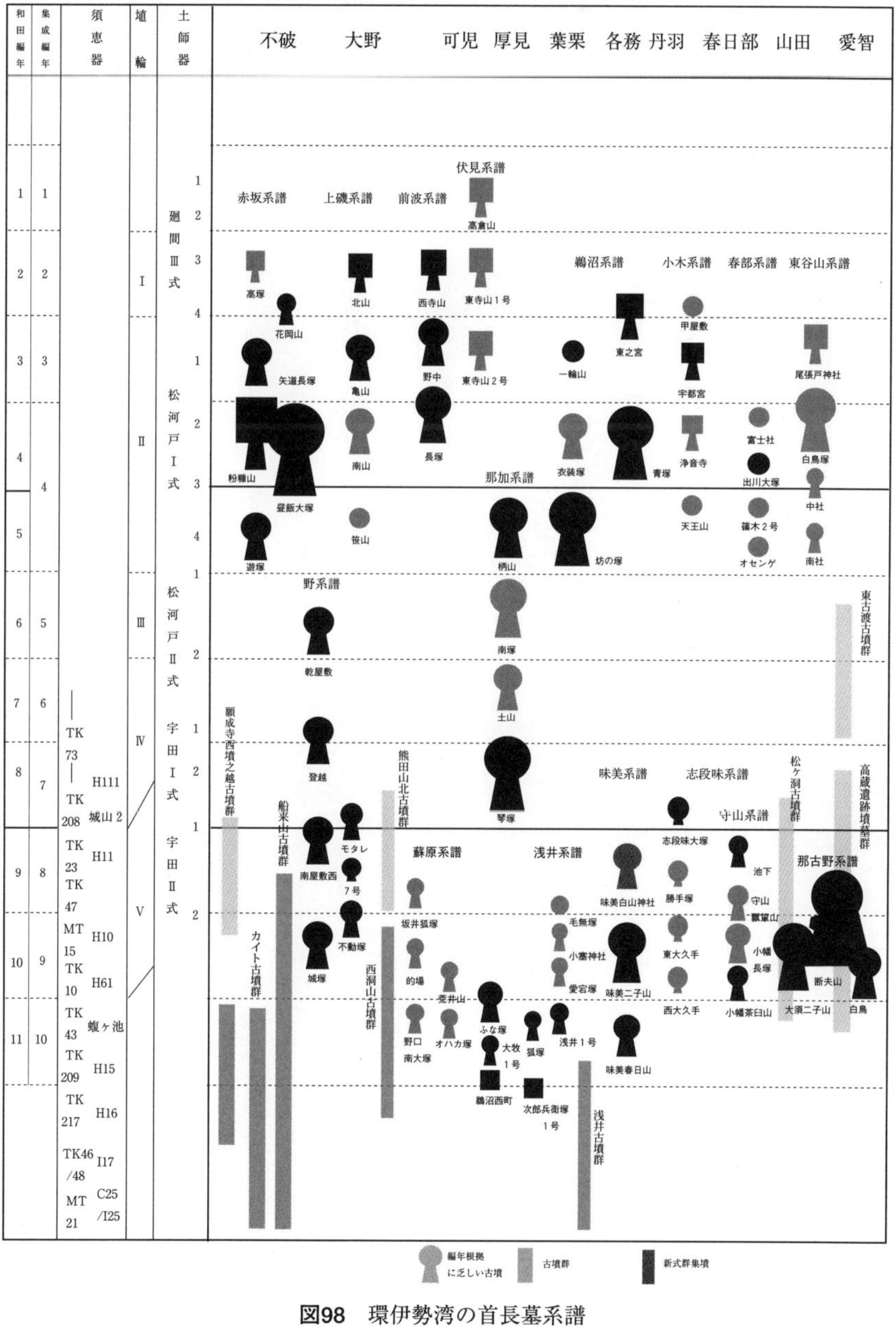

図98　環伊勢湾の首長墓系譜

（東谷山・守山・小幡）、あゆち潟では愛智の系譜（那古野・瑞穂・笠寺）と智多系譜である。そして平野低部での海部系譜である。

これらの首長墓系譜のうち古墳時代前期に台頭するのは、海津領域の海津系譜、不破領域の垂井北・矢道・青墓・昼飯系譜、大野領域の上磯系譜と揖斐系譜、本巣領域の船木山系譜、方県領域の常磐系譜、各務領域の鵜沼系譜、可児領域の前波・身隠山・伏見の系譜、丹羽の小木系譜、山田領域の東谷山系譜である。このうちやや先行する系譜は、象鼻山一号墳や白石五号墳、東之宮古墳などの前方後方墳が嚆矢となって形成された不破領域や大野領域、そして可児領域と丹羽領域の首長墓群であった。このうち前者は象鼻山古墳群や白石古墳群のように方形墓（墳）が群集するなかで中核的な前方後方墳が出現するなど、それぞれが属する首長墓系譜のなかに前方後円墳がみられない築造パターンをみる。

ここでは各地域首長が独自の墓域のなかで首長墓を築いており、この段階では墳形や外表施設などに定式的な枠組みはなく、弛緩された中央と地方の関係を読みとることができた。こうした代表格が第一群「前方後方墳」と定義した前方後方墳であり、それまでの地域首長が伝統的な造墓体系に沿った造墓活動の継続の結果とみた。また美濃において、前期では大きく揖斐川流域と木曽川流域を中心に、前方後円墳の築造のみならず前期古墳が密集し、政治的地域圏を形成しており、この段階の地域社会の特質の一つとした。ここから地域首長の連続した統治が推測されるほど、首長墓系譜が強化していることの意義は大きい。地域社会の統合が二つの流域で着実に進みつつあった。

中期に優位にたった系譜をみると、大野領域の野系譜、厚見領域の那加系譜、愛智領域の瑞穂系譜である。古墳群としては揖斐川流域の野古墳群と各務原台地の那加古墳群、そして熱田台地の瑞穂古墳群である。このうち野古墳群は河内平野における古市古墳群や南山城の平川古墳群などのように、一つの墓域の中で大型の前方後円墳を頂点として墳形と規模による政治的に階層化・序列化された複数系譜型古墳群となる。遠く離れたこの地で中央政権が示した墓制の枠組みが拠点的にでも貫徹されたことの意義は大きいと言える。

野古墳群は第二章で詳述したように、五世紀中葉から六世紀中葉にかけて登越古墳→南屋敷西古墳→城塚古墳となる大型前方後円墳が三基続く系譜と、不動塚古墳→モタレ古墳の中規模墳の系譜という二つの首長墓系譜が重層する。そして周囲に方墳や円墳が随伴して秩序化されている。こうした墓制のあり方はこれまでにはみられないものであり、中央政権が各地の首長層を直接的に掌握するためのシステムが確立したことを物語る。このように野古墳群のあり方から、揖斐川水系の領域は中期にはいち早く中央政権による掌握の傘下に入ったとみたいが、一方で墳丘構造や墳形などは在地の要素を多分に残しており、造墓における地域の主体性をかすかに読みとることもできる。そして古墳群の造墓地がそれまで前期段階の不破や上磯から離れた地にあることは、やはり中央政権との政治的な変動を敏感に反応した地域集団の選択であったと考えたい。

一方、ほぼ同時期に各務原台地で造墓活動を展開した那加古墳群では、墳丘長が八〇メートルほどの柄山古墳を嚆矢に、南塚古墳→土山古墳→琴塚古墳という有力な盟主的首長の首長墓系譜を形成している。このうち琴塚古墳では二重周濠の可能性も高く、周囲に小古墳を随伴させることが指摘されていることから、単発的に中央政権との関わりが想定できるものの墓域を定めることはなく、前期的な築造パターンを繰り返した。したがって、野古墳群が地域社会そのものを中央政権と同じくしたことと対照的であり、この段階においても中央政権の力は面的には及んでいない前期と同一の政策であったことを窺わせる。ただし、前期にみた二極構造は、造墓地を変えてそのまま遺存しているかのようにみえる現象ではあるが、その実態は古墳群の造墓パターンの違いにも現われているように、本質的には異なるものであった。それは葬制に新たな墳形——帆立貝形古墳、造り出し円墳など——を採用する中小首長層のあり方からみても明らかである。

ところで、この中小首長層の実態に注目すれば、前期には前方後方墳を盟主とする古墳群のなかでは方墳として同一墓域のなかに造墓活動を展開し、なかには前期後半に円墳として造墓するなどして、対外的にも中央政権との関係から三角縁神獣鏡や腕輪形石製品などの威信財を獲得した階層がみられた。しかし、中期中葉になると、野古墳群のように前方後円墳の下位としての位置づけが墳形からも規模からも視覚的に明確となり、再び同一墓域のなかに取り込まれる。その立場はもはや直接的な対外交渉や中央政権との関係を結ぶようなものではなかったと思われるが、中には砂行一号墳、南青柳古墳などのように武具を保有するような中小首長層として異なる道を歩んだ階層もあった。志段味大塚古墳を嚆矢とする東大久手古墳や西大久手古墳などにもみられる新興勢力などは後者に位置づけられよう。後期はそうした中小首長層や渡来系集団の活動によって、熱田・瑞穂周辺の勢力が顕在化した。第三の地域圏の勃興である。なお、この時期に台頭するのは、各務領域の蘇原系譜、葉栗領域の浅井系譜、山田領域の志段味・守山系譜、春日部領域の味美系譜、愛智領域の那古野系譜が挙げられる。

こうした地域圏で上位にたったのが、五世紀後半から六世紀前半にかけて盛行する尾張各地の諸勢力である。断夫山古墳をはじめとする名古屋台地、味美二子山古墳をはじめとする味美古墳群そして守山の小幡古墳群などは地理的にはやや離れているものの、この時期に勃興する中小首長層や方墳群にみる集団層との密接な関係が、他地域を圧倒する背景に結びついていると考えた。また、首長墓間における墳丘構造や墳形の相似、そして地域特有の円筒埴輪の製作技法の共有を通した強い地域紐帯によって維持された政治的社会が読みとれた。

以上のように首長墓とその首長墓系譜からみた地域圏は、政治的には当初よりその範囲が確定していたわけでなく、むしろ弥生時代からの伝統的地域集団から盟主となる地域首長を輩出したとき、濃尾平野内の首長間との連携と中央政権を含む対外的な勢力との自律的関係を重視した政治的社会が形成され、その後社会は幾度かの中央政権との連携や再編によって変質・変容したのであった。そして五世紀後半を境とし、地域主導型の連携が再び前方後円墳を中核として再編されたのである。

3　造墓にみる地方と中央

古墳の出現や造墓にはこれまで様々な政治的あるいは文化的な解釈が試みられてきた。しかし、古墳の発掘調査が各地で実施され、その調査成果が蓄積された今も統一的な見解には至っていない。それは古墳造営の行為を自律的側面に比重をおくのか、あるいは他律的な側面に比重をおくのかによって大きく解釈が異なっているからであろう。それは裏返せば「大和政権」との政治的関係をどのように読み解くかにも通底している問題でもある。また、古墳を輩出する地域と社会、そして首長間相互の連携や関係について、充分議論することなくそれらを埋没させてしまっていたことにも大きな理由があるかもしれない。昨今の古墳の調査成果はそれを可能にする情報を内包していることから、中央と地方との関係をみるにあたっては中央政権という対外的側面ばかりでなく、首長間の連携や交渉を造墓活動から読みとる調査姿勢と努力が必要である。

こうした視角にたって第一章と第二章では、墳形や外表施設の相違点、弥生時代からの墓制の継続性と断絶性、威信財の偏在性から古墳時代前期段階の前方後円墳の出現を評価した。その結果、その波及時期や大型前方後円墳の築造が前半期にみられないことから、環伊勢湾社会における弥生時代以後の大きな変革は前期後半から中期前半にかけてと論じた。一〇〇メートルを越す大型前方後円墳の出現はこの象徴と言える。また、造墓活動にみる特質は、中央政権などの他律的側面よりも地域の自律的側面がより強く墓制に反映している点であった。前方後方形を呈する墳丘が前方後円墳出現以後にも各地域に残影し、なおかつ前方後円墳とも墓域を同じくしたり、初期の古墳とするものに前方後方墳が多いという現象はこうした伝統的地域社会の持続が背景にあると考えられる。

さて、このように中央との関係をみるならば、かつての「初期大和政権の勢力圏」とする見解と本書の結論はどのように関わるのであろうか。確かに第二章第一節でみたように、古墳に副葬された三角縁神獣鏡やそのほかの銅鏡、腕輪形石製品などの石製祭器は、東海地方のなかでも濃尾平野に集中する。しかし、重要な点はそれを保有した首長墓が、前方後円墳以外の前方後方墳あるいは方墳や円墳など規模や墳形に関わらず各地で認められ、さらに同一首長墓系譜上にも連続して保有されている点である。このことはつまり各地域首長がその勢力規模いかんに関わらず、独自に対外交渉や中央政権との関係を維持していたことの証左であり、弥生時代後期からの地域構造がそのまま継承され、その上に台頭した首長の造墓活動の自律的動態が重なったためと考えられる。ゆえにこの地域が「初期大和政権の勢力圏」にあったとしても、それは対外的交渉や中央政権との政治的関係をもった首長層が、それまでの地域社会からそのまま持続・定着し、ある時期までは中央政権との連携や首長間関係においても同等に近い政治的構造にあったことを踏まえて解釈すべきである。

こうした関係が収斂されるのは前述した大型前方後円墳の出現を契機とした。この時期に列島各地で首長墓系譜に断絶現象が生じたり、あるいはそれまでの造墓地から移動するような造墓活動が展開するといった現象が起こることとも関係する。このことはさらに第三章で明らかとした葬具・祭器を用いた新たな儀礼の受容地域とも一致する。

4　儀礼共有の歴史的意義

前方後円墳そのものの波及と定着は、地方にとってはある意味で祭祀儀礼の享受でもあった。しかし、前方後円墳がこの地に波及され定着した後も、墳丘や外表施設あるいは副葬品などの品目が決して一様ではなかったように、その古墳上で執り行われた古墳祭祀や儀礼も一様ではないことは容易に推察されるところである。前方後円墳が連続的に造墓され、首長墓系譜を形成した不破領域と大野領域においても墳形や外表施設、副葬品などの差異は明確で、古墳での儀礼の差が各地に存在したのである。

その不破領域のなかでも中央政権から配布されたと考えられる三角縁神獣鏡や腕輪形石製品などの石製祭器を検討してみると、中央政権から「もの」が単に配布されただけでなく、そこに埋葬や葬送に至る様々な場面で使用された祭器や葬具であったことを読みとった。儀礼に用いた葬具が、腕輪形石製品から農工具形石製品に移行する段階に、不破領域では親ヶ谷古墳、矢道長塚古墳から遊塚古墳へと比較的スムーズに首長層に受け入れられていることを見逃してはならない。そして埴輪からはその製作にあたって、大和盆地北部を核とする技術集団の関与が推察され、古墳への配置に至っては埋葬施設や造り出しなどの周囲を巡らし、儀礼行為を盛り上げるための視覚的装置として「意志」が込められていたのである。

以上のことからも遠く離れた首長間でも同じ儀礼を共有していたことを明らかにしたが、こうした現象は必ずしも首長墓系譜上で連続して起こるとは限らない。同じような墳形や外表施設あるいは副葬品の品目があっても、そのなかの特定の古墳にしか儀礼行為を象徴するような痕跡がみられないのは、その祭式が葬具を与えた側すなわち中央政権側からすれば、生前の被葬者との間の重要な象徴的行為であるからと考えた。このことはおそらく中央政権の地方政策の一環でもあったに違いないし、同時に地方側からすれば儀礼習俗を共有するだけの密接な関係が中央政権側とあったことを対内外に象徴的に示すことのできる絶好の場でもあった。

象徴的な行為が古墳上での「空間」と「儀礼」に集約されたとき、それまで維持されてきた地域圏とその地域社会そのものが、ある種の行為を共有するという人間にとって非常に意義あるものとして結実するように、古墳時代社会を特徴づける政治的側面を充分に発露させる契機にもなったことであろう。

以上のように環伊勢湾沿岸周辺における古墳時代前期後半の造墓活動において、古墳に現われた遺構や遺物を考察した結果、葬送儀礼などに用いられたと考えられる葬具・祭器は、儀礼の形式を徐々に変質させながら特定の首長層へと浸透していったことが、遺物やその出土状況から復元することができた。

5　むすび

東海—とりわけ環伊勢湾と仮称した東海西部—の地域圏の構造について、古墳時代を中心に分析を試みてきた。その結果、首長墓系譜とその造墓活動からみた地域圏は、独自の地域社会の形成を持続する意思と中央政権にみた他律的な意思が相互に融合し合い形成されていた。そしてそれが政治的な関係に変換されたとき、その地域に重層的な関係が拠点的に成熟したと思われる。なかには弥生時代社会の継承に重点をおいた地域も認められたが、必ずしも中央政権からの一元的な政治関係によってのみ地域社会が形成されたわけではない。しかしながら、首長墓系譜の優位性が物語るように、徐々に中央政権とのつながりが重視され、それが地域圏を形成する上でも重要な契機に転化していったものと思われる。

本書ではこのことを明らかにする過程で、次の重要な歴史的事象を確認した。それは弥生時代終末期から古墳時代前期にかけて顕著にみられる「前方後方墳」の過多性であり、二つめに古墳時代後期に現われる愛智領域の大型前方後円墳の造営であった。さらに七世紀の美濃に登場する大型方墳も、その前後に建立された寺院との関係からして「壬申の内乱」とも関わる看過できない興隆である。

さて、弥生時代から古墳時代にかけての東日本において、前方後方形を呈する墳丘墓あるいは小型の前方後方墳が卓越し、濃尾もその分布圏の一つを構成する重要な地域であることは、先学がすでに明らかにしている。このことはおそらく前方後円墳秩序が、列島にモザイク状に浸透する間、地域首長が伝統的な墓制のなかで自律的な立場を表象した結果であり、前方後円墳が必ずしも古墳時代前期において中央政権の地域支配の道具立てとはなっていないことを示唆するものである。つまり、各地に登場する前方後円墳は、このような前方後円墳のあり方からみてもその出現段階から中央政権との一元的な関係に包摂されていないのである。

また、前方後方形墳丘墓がのちに前方後方墳として姿を現わすような現象を取り上げても、前方後方形墳丘墓から前方後方墳への変化と前方後円墳の影響を受けた前方後方墳とが併存したように、これも一元的な解釈では説明することはできないのである。したがって、前方後方墳は前方後円墳のような政治的秩序をそれ自身に求めることはできず、古墳が中央政権との政治的関係のみで造墓されていない以上、この段階の前方後円墳の希薄性や前方後方墳の多寡性を過大評価しては地域の歴史を見失しかねない。このような墓制の動向と濃尾平野を淵源とする土器の東への波及やその影響が相互作用としてあったと議論される場合にも、集団の移動を推測する大きな材料にはなりうるが、地域圏の形成過程を解き明かすためにはその他の要素も考慮しなければならない。

一方で首長間のむすびつきは、弥生時代以来それぞれの地域社会では物流や交流などを通してごく自然に行われていたと考えてよいが、前方後円墳の波及や特定儀礼の享受において、この関係が政治的なものに特化していく過程があり、このことが古墳時代社会の地域圏の形成に大きな飛躍をもたらしたと考えられる。そして地域社会を構成し、また維持していくための社会組織の確立は、こうした過程を幾たびか経た結果であると思われる。

さて、古墳時代後期における尾張地域の大型前方後円墳の造営については、六世紀前半としては環伊勢湾社会にとどまらず、東日本においてもその優位性は揺るぎないものである。断夫山古墳はその首長墓系譜からしても連続性が希薄で、突発的な造墓であったことを窺わせる。断夫山古墳の被葬者が特定の大王とむすびつく婚姻関係を背景にしていたとしても、それを考古学的に実証することは困難である。しかし、その造墓にみられる立地はそれれまでの立地と異なる特徴が認められる。それはすでに先学が明らかにしているように、半島状に突き出た熱田台地の縁辺部にあって、その造墓行為そのものが海に対する象徴的行為として映るのである。つまり、海を意識した造墓行為そのものは、列島各地でもラグーンを背景として散見でき、海を重要なルートとしてその地を掌握した首長層が推測される。こうしたことはそれまでの古墳にもみられないわけではないが、この場合は伊勢の鈴鹿・河曲領域や安濃領域での津の掌握と無関係とは考えにくい後期の首長墓の動向とも同調している点で重要である。したがって、このことから海人などを含む航海技術を保持した集団を掌握する動きと結びつけて考えるのはやや早計かもしれないが、五世紀末葉の横穴式石室の導入ルートや、おじょか古墳や中ノ郷古墳などの初期横穴式石室が北部九州に系譜を求めることができる点を考慮すれば、その造墓行為は先駆的なシンボルとみることが許されよう。こうした動静は前期及び中期にみられた造墓の歴史的背景とはやや異質なものとして評価でき、それまでの河川を軸とした地形環境に対応した地域圏の構造とも変質している。環伊勢湾では歴史的にみて河川から海、海から河川と陸地をむすぶ交通路を巧みに活かす地域社会へと成長し、それを中央政権が取り込む意図がみうけられるのである。

地形環境の特質とそれを巧みに活かした集団、またそれを統率する首長層の把握は、畿内政権の確立を目論む中央政権にとっては重要な政治的課題であったに違いない。七世紀に勃発する壬申の内乱は、それにさらに拍車をかけたと考えられる。このことは尾張地域に比べて美濃―とりわけ西濃地域―に顕著な群集墳が形成されることともむすびつく。その意味からも味蜂間評に設定された湯沐邑にみる皇族との関わりは留意する必要がある。こうした歴史的課題に差し迫るためにも、環伊勢湾社会の地域構造は重要な鍵を握るのである。

以上が、本書で明らかにした内容である。列島社会のなかでこの事実がどのように編まれるのか、それは今後の課題としなければならないが、地域社会の形成過程をある側面から明確にあとづけることはできたと思う。

収録論文初出一覧

本書は過去に発表した旧稿などを基礎にしているところもあるが、約三分の二は新たに書き下ろした論文で構成している。なお、旧稿との照合ができるようその関係を左記に記しておく。

序　章　歴史学と地域研究　　新稿

第一章　古墳時代における濃尾平野の地域圏と社会

第一節　地形環境と古墳時代の遺跡立地　　旧稿「揖斐川水系と大垣周辺の遺跡」(『第一〇回春日井シンポジウム資料集』春日井シンポジウム実行委員会、二〇〇二年一一月)を改稿・基礎としている。

第二節　土器の地域色　　新稿

第三節　美濃における古墳群の形成とその展開　　旧稿「美濃における古墳群の形成とその画期」(『古代文化』第四八巻第三・四号、一九九六年三・四月)を基礎としている。

第四節　尾張の首長墓系譜とその画期　　旧稿「濃尾の首長墓系譜の展開と特質」(『古墳時代の政治構造』青木書店、二〇〇四年五月)を改稿・基礎としている。

第五節　濃尾平野の首長墓と造墓活動にみる特質　　新稿

第二章　古墳築造の諸様相と政治単位

第一節　前期古墳の地域性　　新稿

第二節　前方後方墳の系譜　　旧稿「二つの前方後方墳―群構成からみた東海地方の前方後方墳」(『古墳時代の政治構造』青木書店、二〇〇四年五月)を改稿・基礎としている。

第三節　大型前方後円墳の築造契機　　新稿

第四節　野古墳群の登場とその史的意義　旧稿「野古墳群の研究」（『岐阜史学』第八四号、一九九一年七月）を改稿。
第五節　後期古墳と横穴式石室の特質　新稿
第六節　群集墳の成立と展開　新稿
第七節　古墳終末の過程　旧稿「古墳終末の過程―岐阜県大垣市丸山出土の長胴棺」（八賀晋先生古稀記念論文集刊行会編『かにかくに』二〇〇四年五月）を基礎としている。

第三章　古墳の造営と儀礼の共有
第一節　古墳研究にみる儀礼と造墓　新稿
第二節　埴輪の製作と造墓　旧稿「昼飯大塚古墳周辺の埴輪系譜」（『美濃の考古学』創刊号、一九九六年九月）を改稿・基礎としている。
第三節　昼飯大塚古墳と埴輪生産　新稿
第四節　石製祭器から読みとる葬送儀礼　中司照世・赤塚次郎・中井正幸「親ヶ谷古墳」（『古代』第八六号、一九八八年九月）と旧稿「矢道長塚古墳―もう一人の調査者」（『美濃の考古学』第二号、一九九七年一二月）を基礎としている。
第五節　農工具の滑石化にみる儀礼　旧稿「遊塚古墳再考」（『楢崎彰一先生古希記念論文集』一九九八年三月）を基礎としている。
第六節　古墳の築造と儀礼の受容　新稿

終　章　環伊勢湾社会の古墳時代地域構造　新稿

あとがき

本書は立命館大学へ提出した学位請求論文である。ここでは少し紙面をいただいて、本書ができるまでの過程について触れ、研究の背景を紹介したい。それは行政のなかに身をおきながら、どのように地域を考古学から解き明かそうとしたのか、軌跡をたどりながら論文には書けなかったその背景を記しておきたいからである。。

本書の構想はそもそも専修大学土生田純之先生から単著のお話をいただいたことに起因するが、その当時はまだ昼飯大塚古墳の発掘調査が進行中で、その後も調査報告書の編集作業に追われて長らく保留したままにあった。そんななか、学生時代よりお世話になっている大阪大学都出比呂志先生が二〇〇五年春に定年退職されることを耳にして、それまでに都出先生からいただいていた宿題を、地域史に焦点をあてた論文集として提出することを決心したのが経緯である。その後本書刊行前に学位請求論文として提出することとし、出身校である立命館大学へ二〇〇四年一一月に提出した。論文審査には立命館大学の和田晴吾先生をはじめ木立雅朗先生そして奈良大学白石太一郎先生に当たっていただいた。三人の先生方に感謝の意を表するとともに、大学等の縁故もないわたくしに声をかけてくださった土生田先生に改めてお礼を申し上げる次第である。

本書の内容は序章でも触れたように、私が勤務する大垣市において行った調査を踏まえたものや、学生時代以来関心をもっているテーマを中心に構成しているが、早いものは執筆が一〇数年前のものもあれば、最近執筆したものも含んでいる。本来そのままの原稿を掲載する予定にあったが、古墳の概要など重複して登場することもあって読みづらく感じたため、できるだけ新たな事実や修正を加えながら改筆した。しかしながら、執筆時期による見解の相違が必ずしも解消されていない部分がある点はご寛容をいただきたい。

ところで、私と考古学の接点は大学時代に溯る。大学は立命館大学文学部史学科に属しながら、東洋史を専攻した。たまたま友人に誘われて入会した京都考古学研究会が、その後の考古学との関わりを深めることになる。このときのチューターが新納泉さん（現岡山大学）で、前任者が都出先生であった。この京考研では谷本進、木立雅朗、竹内英昭、中塚良さんらの先輩や百瀬正恒、木村泰彦さんらのOBと巡り逢い、徐々に考古学に対する関心が強くなっていった。

発掘調査との出会いは、京考研とも関わりの深かった乙訓地域の長岡京市の調査現場であった。大学一回生の夏休みにはじめて経験した調査現場では、OBでもある調査員の山本輝雄さんに大変な迷惑をおかけしたが、このときの経験が考古学への想いにつながった。長岡京市にはそれ以後四回生までお世話になったが、年度末になると調査報告書作成のためプレハブに泊まり込む日々が続き、そこから大学に通った。この乙訓で中山修一先生をはじめ高橋美久二先生、山中章先生、大阪大学の考古学研究室の皆さんと出会った。また発掘調査のかたわら、地域に向かう姿勢や文化財保護などをめぐる様々な問題について考えを深めることができた。現在の文化財保護行政に通じる基礎のほとんどをこの乙訓で学んだ。

卒業論文は東洋史専攻にありながら、京考研がフィールドとした東山・伏見地域で測量した製鉄遺跡をきっかけに漢代の製鉄史を考古学的に扱った。そして卒業後も考古学を学びたく、名古屋大学の大学院に進学して専攻を考古学に移した。名古屋での二年間を終える頃、考古学を続けていくためさらに進学するか就職するか悩んだ。そんなとき都出先生から「今は市町村でいい仕事をする人が増えてきています」と助言をいただき意を決した。修士論文を作成する過程で大垣市との縁ができ、ここでの採用試験を受け就職が決まった。その冬には粉糠山古墳の発掘調査を担当するように楢崎彰一先生から言われ、修士論文の原稿を片手に大垣に張り付いたことは今でも忘れることはできない。先生からは卒業時に「むこう三年間は考古学をやろうとしてはいけません」との言葉を贈られた。

四月以降新たな環境で考古学に接することに期待していた私にとって、その真意をつかむことはできなかった。

一九八七年からは大垣市教育委員会に配属され、社会教育課文化係五名の一員となった。このころ岐阜県には埋蔵文化財の専門担当者は少なく、西濃一市一九町村で最初の担当者であった。また私の場合は、長期の発掘調査に備えての採用ではなかったため、採用後は西美濃大パレード、戸田氏共《うじたか》公顕彰事業、「奥の細道まつり」と称した奥の細道サミット、全国俳文学会や全国俳句大会そして所郁太郎顕彰事業などの市制七〇周年関連行事に追われた。こうした業務を約三年間経てみると、それまで大学院卒業の専門性をもった私に対して、周囲の目は他の職員と同様に扱われるようになった。ここにきて楢崎先生の言葉がようやく理解できた。

こうした公務のかたわら、一九八八年から一九九二年までの間は、岐阜県の前方後円墳の実態を把握するため、福井県の中司照世さんといっしょに踏査させていただく機会が多かった。中司さんは古墳を見るだけではなく、自らがテープをもって計測して歩き回り、自分の目と足で観察した。そして私に岐阜県の古墳を知るには、岐阜県はもちろんのこと周辺の主な古墳をすべて踏査し、相対的にみることが重要だと話された。そしてほぼ五年ほどの間に岐阜県、滋賀県、愛知県や三重県の主要な古墳を歩いた。そのときに記録した野帳は何冊にも及び、ぼろぼろになるまでいつも繰り返しめくった。このときの踏査をもとに執筆したのが本書第一章第三節となる。

またこの頃から主要な古墳の測量調査を愛知県の赤塚次郎さんを中心とするメンバーと行った。岐阜県の親ヶ谷古墳にはじまり、象鼻山一号墳、北山古墳、乾屋敷古墳、モタレ古墳、不動塚古墳そして愛知県の断夫山古墳など次々に図化していった。このように行政を越えて自主的に活動する研究から第二章第四節が生まれ、基礎的な考古学情報を蓄積する必要性を感じた。そのことが第二章第五節、第六節、第七節や第三章第二節、第四節につながっている。そして今では過去の資料も現在の研究視点で振り返る必要性を強く感じている。

一九八九年頃からは少しずつ埋蔵文化財の業務ができるようになった。そのとき最初に取り組んだのが、大垣市内の遺跡詳細分布調査であった。一九九七年まで継続したこの事業では、地理学者である青木哲哉、足利健亮、伊藤安男、日下雅義、高橋学の諸先生の協力を得たが、先生方からは様々な視点や刺激を受けた。そして考古学が都市計画や防災にも有効な学問であることを確信した。第一章第一節の着想はここによるものである。そしてこの延長線上に沖積地への発掘調査があり、第一章第二節の土器の問題にも言及できるようになった。またこのときの分布調査を通して八賀晋先生からご指導を頂けるようになり、本書の序を賜った。

一九九四年からは、岐阜県最大の前方後円墳である昼飯大塚古墳の史跡整備事業に取り組むことになった。整備に先立つ範囲確認調査は、一九九九年まで第七次に至るほど長期化したが、その過程で各地の大学からの参加があり、大学を越えた調査に遭遇した。一九九八年の夏には調査整備委員である福永伸哉先生の協力を得て、大阪大学考古学研究室との合同調査を展開することができた。学生時代以来行政発掘しか経験していない私が、唯一学術調査に接触できた一瞬でもあった。調査終了後の三年間は、調査報告書の刊行に向けた作業と古墳の用地買収に関する業務が併行した。調査報告書の作業には阪口英毅、林正憲、東方仁史さんを中心に、調査に参加したメンバーが自主的に「昼飯大塚古墳検討会」を設け、それに当たった。その過程で様々なことを繰り返し議論でき、第二章第三節、第三章第一節、第三節、第六節の基礎となった。一方、用地買収はこれまでにない経験であったが、このことによって地域住民や学校教育、そして都市公園などへの視点を広げるいい機会となった。

一九九九年から二〇〇二年までの三年間は、当時奈良女子大学におられた広瀬和雄先生に声をかけていただいた「古墳時代政治構造研究会」に参加し、各地の古墳を見てはその画一性のなかに多様性を見出すことができた。第一章第四節、第五節、第二章第一節、第二節はこのときの研究が基礎となっている。この研究会で宇垣匡雅、大久保徹也、岸本道昭、藤沢敦、北條芳隆さんらの白熱する議論を目のあたりにして、大変強い刺激を受けた。また、これに重複しつつ二〇〇一年からは、北條芳隆さんらと弥生時代から古墳時代の玉・石製品研究会を発足させ、これに参加した。ここでは副葬品などを通して古墳時代全般の議論を進めることができ、第三章第四節と第五節の構想を練る上で重要な機会となった。

私は冒頭で述べたように、とりわけ古墳や遺跡が好きであったわけではなく、学生時代からの様々な人との出会いから、徐々に地域のなかで果たす考古学の役割の大きさに魅了され没頭していった人間である。生まれ故郷において、一八年間勤務するかたわら古墳を中心とするテーマで二〇年間の研究蓄積を、このような一冊に凝縮することができたのは望外の喜びであり、一つの節目でもある。今後は大垣という地域をさらに知るため、視野を広げて研究を深化させていきたいと考えている。

最後に、本書を編集するにあたって多くの文献探索に労を費やしたが、梶原義実、阪口英毅、瀬川貴文、廣瀬覚さんらをはじめ、大垣市史編纂室や京都大学、名古屋大学、立命館大学の各考古学研究室の協力を賜わった。そして藤井康隆、渡辺令子さんには挿図や校正の手伝いをしていただいた。また刊行にあたっては、雄山閣の宮島了誠編集長に大変お世話になり、多くのわがままを聞いていただいた。このように多くのみなさんの協力の上に本書があることを痛感し、深く感謝したい。

二〇〇五年四月

中井正幸

ラ

雷神山古墳（宮城県名取市） 171

リ

龍門寺古墳群（岐阜県岐阜市） 61
龍門寺１号墳（岐阜県岐阜市） 61，128，131，132
龍門寺12号墳（岐阜県岐阜市） 61
龍門寺15号墳（岐阜県岐阜市） 61
良洞里古墳群（韓国慶尚南道金海市） 169

ワ

若宮１号墳（愛知県吉良町）165

船来山98号墳（岐阜県岐阜市）　130
ふな塚古墳（岐阜県各務原市）　69, 90, 219, 221
船山北古墳群（岐阜県各務原市）　262
古村遺跡（岐阜県美濃市）　117, 118
古市古墳群（大阪府羽曳野市・藤井寺市）　162, 286, 352

ヘ

別所茶臼山古墳（群馬県太田市）　171

ホ

宝珠古墳（岐阜県本巣市）　60, 76
坊の塚古墳（岐阜県各務原市）　68, 73, 89, 90, 111
坊山１号墳（三重県松阪市）　164
ホケノ山古墳（奈良県桜井市）　43
洞ひさご塚古墳（岐阜県各務原市）　69
堀田・城之内遺跡（岐阜県岐阜市）　41

マ

マエ塚古墳（奈良県奈良市）　286
前波古墳群（岐阜県可児市）　65, 122, 153
前山古墳（岐阜県坂祝町）　64
松ヶ洞古墳群（愛知県名古屋市）　112, 217
松原遺跡（岐阜県関市）　41
的場古墳（岐阜県各務原市）　69
馬走塚古墳（愛知県名古屋市）　96
摩湯山古墳（大阪府岸和田市）　344
丸山古墳（岐阜県大垣市）　254〜257, 261
丸山塚古墳（山梨県甲府市／中道町）　172
萬福寺古墳群（愛知県豊橋市）　250

ミ

身隠山古墳群（岐阜県可児市）　65
山陵町遺跡（奈良県奈良市）　286
美佐野高塚古墳（岐阜県御嵩町）　68
御嶽古墳（岐阜県可児市）　65
三ツ山古墳群（岐阜県小牧市）　91
美濃須衛窯（岐阜県各務原市）　114
南青柳古墳（岐阜県関市）　63, 132
南大塚古墳（岐阜県垂井町）　51, 207, 208, 210, 222, 224
南塚古墳（岐阜県各務原市）　62
南屋敷西古墳（岐阜県大野町）　58, 178, 179, 186〜188, 194, 195
南社古墳（愛知県名古屋市）　92
南山古墳（岐阜県大野町）　58, 140, 153
南山５号墳＜扇子平古墳＞（岐阜県垂井町）　53
美旗古墳群（三重県名張市・伊賀市／上野市）　192
宮之脇遺跡（岐阜県可児市）　27, 41
宮之脇10号墳（岐阜県可児市）　66, 68
宮之脇11号墳（岐阜県可児市）　66
宮山古墳（奈良県御所市）　277
妙感寺古墳（愛知県犬山市）　90
明音寺古墳群（岐阜県岐阜市）　60
明音寺１号墳（岐阜県岐阜市）　60
明音寺２号墳（岐阜県岐阜市）　60
三輪古墳群（岐阜県岐阜市）　62

ム

武儀古墳群（岐阜県関市）　63
向山古墳（三重県松阪市／嬉野町）　127, 139, 164

メ

メスリ山古墳（奈良県桜井市）　334

モ

物集女車塚古墳（京都府向日市）　219
モタレ古墳（岐阜県大野町）　58, 59, 178, 179, 191
守山白山神社古墳（愛知県名古屋市）　92
守山瓢箪山古墳（愛知県名古屋市）　94
文殊古墳（岐阜県本巣市／糸貫町）　60

ヤ

八代１号墳（岐阜県岐阜市）　62
八代２号墳（岐阜県岐阜市）　62
谷津山古墳（静岡県静岡市）　159
山村古墳群（岐阜県上石津町）　205
山村２号墳（岐阜県上石津町）　202
大和６号墳（奈良県奈良市）　327
矢道長塚古墳（岐阜県大垣市）　53, 72, 74, 124, 127, 128, 151, 270〜281, 305〜311, 314

ユ

夕田茶臼山古墳（岐阜県富加町）　64
雪野山古墳（滋賀県八日市市）　120

ヨ

陽徳寺裏山１号墳（岐阜県関市）　28, 200, 209, 212, 214
陽徳寺裏山４号墳（岐阜県関市）　200, 212
四郷遺跡（岐阜県輪之内町）　19
横山古墳群（三重県桑名市）　285
鎧塚古墳（岐阜県岐阜市）　61

野10号墳（岐阜県大野町） 182
野11号墳（岐阜県大野町） 182
野12号墳（岐阜県大野町） 182
野13号墳（岐阜県大野町） 182
野14号墳（岐阜県大野町） 182
野15号墳（岐阜県大野町） 182
野16号墳（岐阜県大野町） 182
野17号墳（岐阜県大野町） 182
野口南大塚古墳（岐阜県各務原市） 69
野中古墳（岐阜県可児市） 65, 76, 122, 124, 128, 153
野中古墳（大阪府藤井寺市） 324
登越古墳（岐阜県大野町） 58, 178, 180, 187, 191
野見神社古墳（愛知県一宮市） 92

ハ

白山古墳（岐阜県可児市） 65, 96
白山1号墳（愛知県大口町） 90, 141
白山神社古墳（愛知県春日井市） 94
白山藪古墳（愛知県名古屋市） 94
羽崎大洞3号墳（岐阜県可児市） 209, 212, 213
廻間遺跡（愛知県清洲市／清洲町） 42, 50, 110, 118, 119, 140, 141, 148, 209, 212, 213
羽沢貝塚（岐阜県海津市／南濃町） 17, 18
箸墓古墳（奈良県桜井市） 4
櫨山古墳群（岐阜県池田町） 246
八王子古墳（岐阜県関市） 64
八高古墳（愛知県名古屋市） 96
八幡山古墳（岐阜県大垣市） 54, 96
花岡山古墳（岐阜県大垣市） 54, 128, 144
花岡山古墳群（岐阜県大垣市） 229～250
花岡山1号墳（岐阜県大垣市） 206, 208, 210, 231
花岡山2号墳（岐阜県大垣市） 241
花岡山3号墳（岐阜県大垣市） 238
花岡山4号墳（岐阜県大垣市） 234
花岡山5号墳（岐阜県大垣市） 234
花岡山6号墳（岐阜県大垣市） 229
原山4号墳（大阪府堺市） 257
半ノ木洞古墳（岐阜県各務原市） 209

ヒ

東大久手古墳（愛知県名古屋市） 92
東北浦古墳（岐阜県岐阜市） 62
東寺山1号墳（岐阜県御嵩町） 66
東寺山2号墳（岐阜県御嵩町） 66
東天神古墳群（岐阜県海津市／南濃町） 69
東天神18号墳＜狐山古墳＞（岐阜県海津市／南濃町） 69, 72, 73, 87, 128
東中尾古墳群（岐阜県大垣市） 224, 261
東中道古墳（岐阜県大垣市） 55
東之宮古墳（愛知県犬山市） 90, 124, 128, 139, 142, 150
東古渡遺跡（愛知県名古屋市） 112
東町田遺跡（岐阜県大垣市） 117, 118, 140, 141, 144, 148, 149
東山田古墳（岐阜県大垣市） 82
東山窯（愛知県名古屋市） 96, 190
常陸鏡塚古墳（茨城県大洗町） 171, 313, 319, 343
火塚古墳（岐阜県坂祝町） 64, 210, 224
桧山2号横穴（岐阜県高山市） 250
姫小川古墳（愛知県安城市） 165
平川古墳群（京都府城陽市） 192
平田12号墳（三重県津市／安濃町） 201
昼飯大塚古墳（岐阜県大垣市） 28, 50, 55, 72, 75, 111, 139, 160, 166, 167, 169, 270～281, 283～296, 334～336, 344
昼飯車塚古墳（岐阜県大垣市） 55

フ

福泉洞古墳群（韓国慶尚南道釜山市） 169
富士塚古墳（愛知県江南市） 91
伏見古墳群（岐阜県御嵩町） 66
伏見大塚1号墳（岐阜県御嵩町） 68, 74
富士社古墳（愛知県春日井市） 94
不退寺裏山古墳（奈良県奈良市） 286
不動塚古墳（岐阜県大野町） 59, 178, 179
二ツ寺神明社古墳（愛知県美和町） 97
二又・山村古墳群（岐阜県上石津町） 202, 205, 217
二又1号墳（岐阜県上石津町） 200, 202, 209, 211, 213
二又4号墳（岐阜県上石津町） 203
二又5号墳（岐阜県上石津町） 202, 209
船来山古墳群（岐阜県本巣市・岐阜市／糸貫町・本巣町・岐阜市） 112, 131
船来山5号墳（岐阜県本巣市／糸貫町） 112
船来山24号墳（岐阜県本巣市／糸貫町） 59, 129, 130, 132, 319
船来山27号墳（岐阜県本巣市／糸貫町） 59

タ
大成洞古墳群（韓国慶尚南道金海市）　169
大丸山古墳（山梨県甲府市／中道町）　172
高蔵遺跡（愛知県名古屋市）　112, 118
高蔵1号墳（愛知県名古屋市）　212, 252
高倉山古墳（岐阜県御嵩町）　66, 68
高地蔵1号墳（三重県松阪市）　164
高田古墳＜五中山古墳＞（愛知県名古屋市）　96
高田2号墳（三重県松阪市）　164
高塚古墳（岐阜県大垣市）　53, 54, 151
高根山古墳（静岡県磐田市）　172
鷹之巣大塚古墳（岐阜県美濃加茂市）　64
宝塚1号墳（三重県松阪市）　111, 159, 161, 162, 166, 294, 344
立入古墳（滋賀県守山市）　262, 264
玉丘古墳群（兵庫県川西市）　192
太郎丸古墳（岐阜県岐阜市）　62
段尻巻古墳（岐阜県土岐市）　80, 216
淡輪古墳群（大阪府岬町）　192
断夫山古墳（愛知県名古屋市）　96, 109, 112
チ
茶臼塚古墳（大阪府柏原市）　313
銚子塚古墳（山梨県甲府市／中道町）　172
ツ
塚越古墳（愛知県安城市）　165
塚原古墳群（岐阜県関市）　206, 221
月の輪古墳（岡山県美咲町／柵原町）　293, 319
筒野1号墳（三重県松阪市／嬉野町）　155, 164
テ
出川大塚古墳（愛知県春日井市）　94, 127
出目地山古墳（岐阜県垂井町）　81
寺戸大塚古墳（京都府向日市）　344
寺前1号墳（岐阜県大垣市）　231
天神山古墳（奈良県天理市）　66, 313
天王山古墳（愛知県小牧市）　91
でんやま古墳（愛知県一宮市）　92
ト
土井ヶ浜遺跡（山口県下関市／豊北町）　248
東大寺山古墳（奈良県天理市）　319
遠見塚古墳（宮城県仙台市）　55
常磐古墳群（岐阜県岐阜市）　61
土田古墳（岐阜県可児市）　81
殿岡古墳（岐阜県美濃市）　64
斗西遺跡（滋賀県東近江市／能登川町）　44
富雄丸山古墳（奈良県奈良市）　286, 319
富田茶臼山古墳（香川県さぬき市／大川町）　111
富塚古墳（岐阜県岐阜市）　61, 92
土山古墳（岐阜県岐阜市）　62
鳥栖神明社古墳（愛知県名古屋市）　96
鳥栖八剣社古墳（愛知県名古屋市）　96
ナ
那加古墳群（岐阜県各務原市）　62, 75
中切1号墳（岐阜県御嵩町）　68, 217
長塚古墳（岐阜県可児市）　65, 74, 122, 154, 314
中野1号墳（岐阜県岐阜市）　61
中ノ郷古墳（愛知県幡豆町）　165
中社古墳（愛知県名古屋市）　92
中八幡古墳（岐阜県池田町）　55, 72, 175, 191
ナガレ山古墳（奈良県河合町）　325, 327
那古野山古墳（愛知県名古屋市）　95
ニ
西大久手古墳（愛知県名古屋市）　92
西上免遺跡（愛知県一宮市／尾西市）　43, 44, 110, 119, 140, 148, 149
西塚古墳（愛知県名古屋市）　96
西寺山古墳（岐阜県可児市）　65, 122, 140, 153, 283
西中尾古墳群（岐阜県大垣市）　224
西町1号墳（岐阜県各務原市）　69
西山1号墳（三重県松阪市／嬉野町）　164
西山2号墳（青野古墳）（岐阜県大垣市）　54
仁所野遺跡（愛知県大口町）　90, 119
庭田貝塚（岐阜県海津市／南濃町）　17
忍勝寺山古墳（岐阜県垂井町）　51
ネ
猫島遺跡（愛知県一宮市）　30
ノ
能万寺古墳群（岐阜県恵那市）　203, 205
能万寺1号墳（岐阜県恵那市）　205, 210
野古墳群（岐阜県大野町）　50, 58, 73, 75, 109, 177〜193, 217
野7号墳（岐阜県大野町）　59, 178, 182
野8号墳（岐阜県大野町）　182
野9号墳（岐阜県大野町）　182

五色塚古墳（兵庫県神戸市）　172
五手治古墳（大阪府羽曳野市）　286
琴塚古墳（岐阜県岐阜市）　63, 73
粉糠山古墳（岐阜県大垣市）　54, 74, 139, 143, 145, 154, 272～281
小平沢古墳（山梨県甲府市／中道町）　172
小松古墳（滋賀県高月町）　141
米野遺跡（岐阜県大垣市）　18, 20, 44, 118
権現山51号墳（兵庫県龍野市／御津町）　313

サ

坂井狐塚古墳（岐阜県各務原市）　69
坂下１号墳（愛知県犬山市）　252
坂尻１号墳（岐阜県岐阜市）　61, 124
坂本１号墳（三重県松阪市）　142
佐紀石塚山古墳（奈良県奈良市）　286
佐紀陵山古墳（奈良県奈良市）　170, 286, 293
佐久米大塚山古墳（三重県松阪市）　164
桜井二子古墳（愛知県安城市）　139, 165
桜神明社古墳（愛知県名古屋市）　96, 104
笹山古墳（岐阜県大野町）　58, 82
猿投窯（愛知県名古屋市）　113
佐波古墳（岐阜県岐阜市）　62
錆山古墳（三重県松阪市／嬉野町）　164
佐味田宝塚古墳（奈良県河合町）　329
更木山古墳（岐阜県各務原市）　81
沢の浦２号墳（兵庫県篠山市／西紀町）　257, 262

シ

重竹遺跡（岐阜県関市）　27
獅子塚古墳（福井県美浜町）　200, 212
志段味大塚古墳（愛知県名古屋市）　92
篠木２号墳（愛知県春日井市）　94
篠木９号墳（愛知県春日井市）　94
島の山古墳（奈良県川西町）　312
下原窯（愛知県春日井市）　94, 100, 114, 190
社宮司須恵器窯（岐阜県大垣市）　262
浄音寺古墳（愛知県小牧市）　91
正法寺古墳（愛知県吉良町）　111, 162, 165
松林山古墳（静岡県磐田市）　159, 172
白石古墳群（岐阜県揖斐川町）　59, 120, 134
白石５号墳（岐阜県揖斐川町）　120
白石６号墳（岐阜県揖斐川町）　120
白石稲荷山古墳（群馬県藤岡市）　319
白鳥古墳（愛知県名古屋市）　96, 227
白鳥塚古墳（愛知県名古屋市）　92
次郎兵衛塚１号墳（岐阜県可児市）　66, 78, 222, 224
城塚＜南出口＞古墳（岐阜県大野町）　58, 178, 180, 217
城山古墳（岐阜県海津市／南濃町）　72
新開西３号墳（滋賀県栗東市）　258
神福神社古墳（愛知県大口町）　91

ス

瑞龍寺山古墳群（岐阜県岐阜市）　28, 62
瑞龍寺山山頂墳（岐阜県岐阜市）　28, 118, 140, 141, 150
瑞龍寺山第２-１号墳（岐阜県岐阜市）　62
瑞龍寺山第３-１号墳（岐阜県岐阜市）　62
末福遺跡（岐阜県揖斐川町／谷汲村）　18
杉ヶ洞１号墳（岐阜県関市）　200
杉ケ洞横穴（岐阜県高山市）　250
砂行遺跡（岐阜県関市）　28, 118
砂行１号墳（岐阜県関市）　63, 132
炭焼古墳（岐阜県土岐市）　216
巣山古墳（奈良県広陵町）　326

セ

清生茶臼山古墳（三重県松阪市）　127, 164
浅間山古墳（群馬県高崎市）　171
善光寺沢南古墳（愛知県吉良町）　165
千田・能万寺古墳群（岐阜県恵那市）　203, 205
千田17号墳（岐阜県恵那市）　203, 205, 210, 213
千田21号墳（岐阜県恵那市）　204, 205
千田26号墳（岐阜県恵那市）　203
千人塚古墳（静岡県浜松市）　325, 327

ソ

宗慶大塚古墳（岐阜県本巣市／真正町）　60, 119
象鼻山古墳群（岐阜県養老町）　53, 120
象鼻山１号墳（岐阜県養老町）　53, 120, 142, 149
園部垣内古墳（京都府園部町）　347
蘇原古墳群（岐阜県各務原市）　69, 262
蘇原東山古墳（岐阜県各務原市）　216, 262
曽本・小折古墳群（愛知県江南市・大口町）　91
曽本二子山古墳（愛知県江南市）　91

遺跡名索引

押ヶ谷古墳（岐阜県大野町）　59
おじょか古墳（三重県志摩市／阿児町）　201
御旅所古墳（愛知県春日井市）　94
乙塚古墳（岐阜県土岐市）　80
小幡茶臼山古墳（愛知県名古屋市）　94, 211, 214, 219
オハカ塚古墳（岐阜県各務原市）　90
小幡長塚古墳（愛知県名古屋市）　94
オフジ古墳（愛知県春日井市）　94
御前塚古墳（岐阜県関市）　64
親ヶ谷古墳（岐阜県垂井町）　51, 72, 299～305
大足1号墳（三重県松阪市）　140, 164
尾張戸神社古墳（愛知県名古屋市）　92

カ

カイト古墳群（岐阜県大野町）　262
各務古墳群（岐阜県各務原市）　68
鏡山古墳（京都府京都市）　325, 327
笠置峠古墳（愛媛県西予市）　344
片山西塚古墳（岐阜県関市）　63
片山東塚古墳（岐阜県関市）　63
勝手塚古墳（愛知県名古屋市）　92
金蔵山古墳（岡山県岡山市）　172, 293, 324, 344
金ヶ崎遺跡（岐阜県御嵩町）　118
甲塚古墳（愛知県犬山市）　90
兜塚古墳（岐阜県垂井町）　53, 206, 208, 210, 211, 216, 222
兜山古墳（岐阜県東海市）　96, 127
鎌磨1号墳（岐阜県岐阜市）　61
上磯古墳群（岐阜県大野町）　55, 151, 153
上城田寺長屋1号墳（岐阜県岐阜市）　210
上細井稲荷山古墳（群馬県前橋市）　319
亀井遺跡（大阪府八尾市）　32
華明洞7号墳（韓国慶尚南道釜山市）　168, 330
亀塚古墳（大分県大分市）　172
亀山古墳（岐阜県大野町）　58, 140, 151, 153, 158
柄山古墳（岐阜県各務原市）　62

瓦谷1号墳（京都府木津町）　286
神崎山古墳（岐阜県可児市）　209
願成寺墳西之越古墳群（岐阜県池田町）　55, 207, 229, 262
願成寺西之越1号墳（岐阜県池田町）　207, 208, 210
願成寺西之越51号墳（岐阜県池田町）　248
観音寺山古墳（岐阜県美濃市）　28, 63, 73, 127, 140, 141, 150

キ

北ヶ谷古墳（岐阜県本巣市）　60
北谷11号墳（滋賀県草津市）　168
北道手遺跡（愛知県一宮市）　44
喜多町遺跡（岐阜県多治見市）　117
北山古墳（岐阜県大野町）　58, 74, 139, 151
狐塚古墳（岐阜県可児市）　65, 221
久宝寺遺跡（大阪府八尾市）　32
行基寺古墳（岐阜県海津市／南濃町）　69, 72
経塚古墳（愛知県吉良町）　165
行者塚古墳（兵庫県加古川市）　337～340
清塚1号墳（岐阜県垂井町）　51
清塚4号墳（岐阜県垂井町）　51
吉良八幡山古墳（愛知県吉良町）　165
金縄塚古墳（岐阜県各務原市）　68

ク

櫛山古墳（奈良県天理市）　286, 344
久津川車塚古墳（京都府城陽市）　343
久保古墳（三重県松阪市）　124, 127
栗原古墳群（岐阜県垂井町）　53
黒姫山古墳（大阪府堺市／美原町）　334
桑原野山1号墳（岐阜県各務原市）　68

ケ

毛無塚古墳＜浅井10号墳＞（愛知県一宮市）　91

コ

江東遺跡（岐阜県岐阜市）　19, 44
郷戸古墳（岐阜県各務原市）　69
荒神塚古墳（岐阜県瑞浪市）　80
顔戸遺跡（滋賀県近江町）　44
弘法山古墳（長野県松本市）　141
甲屋敷古墳（愛知県小牧市）　91
小木古墳群（愛知県小牧市）　91
虎渓山1号墳（岐阜県多治見市）　200
五社神古墳（奈良県奈良市）　160

遺 跡 名 索 引

1　本文中の遺跡名および古墳・古墳群について五十音順に配列した。

2　別の呼称があるものには、〈　〉に記した。

3　所在地については2005年4月1日現在のものと合併前を併記した（新／旧）。

ア

藍見古墳群（岐阜県美濃市）　63
青塚古墳（愛知県犬山市）　91, 111, 160, 161, 164, 166
浅井古墳群（愛知県一宮市）　91, 252
浅井神社古墳（愛知県一宮市）　252
朝倉山古墳（岐阜県垂井町）　53
味鋺大塚古墳（愛知県名古屋市）　94
味鋺長塚古墳（愛知県名古屋市）　94
味美春日山古墳（愛知県春日井市）　94
味美二子山古墳（愛知県春日井市）　94, 112
遊塚古墳（岐阜県大垣市）　28, 54, 72, 140, 168, 169, 270〜281, 317〜321
遊塚須恵器窯（岐阜県大垣市）　262
遊塚中央円墳（岐阜県大垣市）　81, 191, 296
愛宕古墳（岐阜県各務原市）　64
愛宕塚古墳〈浅井20号墳〉（愛知県一宮市）　91
後平茶臼古墳（岐阜県富加町）　63
雨乞塚2号墳（岐阜県池田町）　55
雨の宮2号墳（石川県中能登町／鹿西町）　313
綾戸古墳（岐阜県垂井町）　54
荒井山古墳（岐阜県各務原市）　69, 90
荒尾南遺跡（岐阜県大垣市）　19, 22, 28, 44, 117, 118
荒川南遺跡（岐阜県大垣市）　17
安養寺山笹谷古墳（滋賀県守山市）　264

イ

飯野坂古墳群（宮城県名取市）　171
居倉大塚古墳（岐阜県瑞穂市）　60, 83
伊久倉河跡（岐阜県瑞穂市）　83
池下古墳（愛知県名古屋市）　94
池尻大塚古墳（岐阜県関市）　64, 73
石山古墳（三重県伊賀市／上野市）　172, 293, 305, 319, 343
衣裳塚古墳（岐阜県各務原市）　68, 73, 90
和泉黄金塚古墳（大阪府和泉市）　342
伊瀬粟地遺跡（岐阜県美濃加茂市）　118
井高1号墳<火塚古墳>（岐阜県富加町）　64
一輪山古墳（岐阜県各務原市）　68, 73, 89
斎山古墳（愛知県東海市）　96
一本松古墳（愛知県名古屋市）　96, 104
一本松遺跡（岐阜県大垣市）　117
稲荷塚古墳群（岐阜県可児市）　66
稲荷塚1号墳（岐阜県可児市）　66
稲荷山古墳（岐阜県御嵩町）　209
乾屋敷古墳（岐阜県大野町）　58, 178, 180
井ノ内稲荷塚古墳（京都府長岡京市）　219
今伊勢車塚古墳（愛知県一宮市）　92
今宿遺跡（岐阜県大垣市）　20, 22, 38〜44
岩場古墳（愛知県吉良町）　165

ウ

上ノ原48号横穴墓（大分県中津市／三光村）　246, 250
牛牧離レ松古墳群（愛知県名古屋市）　217
内山1号墳（岐阜県岐阜市）　62, 128
宇都宮古墳（愛知県小牧市）　91, 127
鵜沼古墳群（岐阜県各務原市）　68
鵜沼西町古墳（岐阜県各務原市）　69, 90, 224

エ

蛭子山古墳（京都府与謝野町／加悦町）　334
円満寺山古墳（岐阜県海津市／南濃町）　69, 72, 73, 128

オ

大須二子山古墳（愛知県名古屋市）　95
太田大塚古墳（岐阜県美濃加茂市）　64
大鶴巻古墳（群馬県高崎市）　171
大牧1号墳（岐阜県各務原市）　69, 90, 216, 219, 221, 222
大牧4号墳（岐阜県各務原市）　69
大藪古墳（大阪府東大阪市）　229
奥津社古墳（愛知県愛西市／佐織町）　97, 104
男狭穂塚（宮崎県西都市）　172

事項索引

1　重要な事項について五十音順に配列した。
2　論文（章）全体、あるいは節全体に関わるような項目については章・節全体の頁数を2～15のように記した。
3　本文および注記のなかで、事項について一定の説明がある部分に特定した。

《著者略歴》

中井正幸（なかい　まさゆき）

略　歴

1961年　岐阜県大垣市に生まれる
1985年　立命館大学文学部史学科東洋史専攻卒業
1987年　名古屋大学大学院文学研究科（考古学専攻）博士課程前期修了
1987年　岐阜県大垣市役所に勤務
2005年　立命館大学にて博士（文学）取得
現　在　大垣市教育委員会文化振興課に勤務

主な著作・論文

『美濃の前期古墳』（共著）教育出版文化協会，1990年
『美濃の後期古墳』（共著）大衆書房，1992年
「美濃昼飯大塚古墳の研究Ｉ」『立命館大学考古学論集Ｉ』1997年
「美濃国分寺跡」『空から見た古代遺跡と条里』条里制研究会，1997年
「赤坂お茶屋屋敷の復元」『地図と歴史空間』足利健亮先生追悼論文集，2000年
「山階製鉄考」『製鉄史論文集』たたら研究会，2000年
「考古学的視点からの災害研究」『古代学研究』第155号，2001年
など

東海《とうかい》古墳《こふん》文化《ぶんか》の研究《けんきゅう》

2005年５月10日　印刷
2005年５月20日　発行

著　者　中井正幸

発行者　宮田哲男

発行所　株式会社　雄　山　閣

〒102-0071　東京都千代田区富士見２－６－９
振替 00130-5-1685　電話 03-3262-3231
FAX 03-3262-6938

組版　有限会社創生社
印　刷　株式会社あかね印刷工芸社
製　本　協栄製本株式会社

ISBN4-639-01890-8